·财务管理轻松学·

建筑施工企业会计核算操作指引

李桂君　孙　震　李慧玲　胡相球　王飞跃　编著

中国建筑工业出版社

图书在版编目（CIP）数据

建筑施工企业会计核算操作指引／李桂君等编著.
北京：中国建筑工业出版社，2018.9
（财务管理轻松学）
ISBN 978-7-112-22452-4

Ⅰ.①建… Ⅱ.①李… Ⅲ.①建筑施工企业－工业
会计 Ⅳ.①F407.906.72

中国版本图书馆CIP数据核字（2018）第159440号

本书以最新的会计准则及其解释和最新的税收政策为依据，力求从实务出发，让实际操作人员有章可循，结合编者多年从事建筑施工企业会计教育的经验和施工企业会计实践调研的情况，通过列举和剖析大量建筑施工企业会计实际案例，翔实地说明了建筑施工企业具体业务最新的账务处理及最常用的税法知识。

本书由具有丰富的建筑施工财务管理知识人员和具有近20年实操经验的一线人员联合编写，在最大程度上体现了理论与实践的结合，期望能够给广大建筑施工企业的财务工作人员予以借鉴和参考。

本书不仅适合建筑施工企业的高级管理人员、财务人员、税务人员、会计师事务所和税务师事务所从业人员使用，也可作为财税专业师生的参考教材。

责任编辑：赵晓菲　朱晓瑜
责任校对：张　颖

财务管理轻松学

建筑施工企业会计核算操作指引

李桂君　孙　震　李慧玲　胡相球　王飞跃　编著

*

中国建筑工业出版社出版、发行（北京海淀三里河路9号）
各地新华书店、建筑书店经销
北京锋尚制版有限公司制版
北京京华铭诚工贸有限公司印刷

*

开本：787×1092毫米　1/16　印张：28¾　字数：576千字
2018年10月第一版　2018年10月第一次印刷
定价：65.00元
ISBN 978-7-112-22452-4
（32315）

前　言

自2006年以来，我国的会计改革出现了前所未有的变化，2006年2月，财政部颁布了一项基本准则和三十八项具体准则；2014年7月，又重新修订了长期股权投资及职工薪酬等五项具体准则，并新增了公允价值计量等三项具体准则；2016年5月，全行业“营改增”正式实施；2017年5月和7月，再次分别修订了第16号具体准则“政府补助”、第14号具体准则“收入”，同时，新增了第42号具体准则“持有待售的非流动资产、处置组和终止经营”等。

而我国的建筑施工行业的兴起发展至今不到30年，在会计核算、税务处理等方面还有很多不规范和不成熟的地方，不少企业虽然实施了新的《企业会计准则》体系，但在具体执行过程中，也遇到了一些新情况、新问题。使得建筑施工企业会计陷入困惑之中。因此，在新的形势下，如何正确、规范地处理建筑施工过程中的会计核算及纳税问题，笔者结合最新的企业会计准则和国家有关建筑施工方面的税收政策，进行了系统整体研究，从理论和实践两方面编写出建筑施工行业财税人员的实用工具书，意在为广大从事建筑施工及其他相关行业企业会计提供一本具有借鉴意义和参考价值的实操丛书。

本书以最新的会计准则及其解释和最新的税收政策为依据，力求从实务出发，让实际操作人员有章可循，结合编者多年从事建筑施工企业会计教育的经验和施工企业会计实践调研的情况，通过列举和剖析大量建筑施工企业会计实际案例，翔实地说明了建筑施工企业具体业务最新的账务处理及最常用的税法知识。这使得本书更加符合建筑施工企业的会计核算的实际情况，突出了行业特色。本书的主要特点如下：

一是依据最新的企业会计准则及其解释和相关财税法规编写。本书以财政部颁布的《企业会计准则》《企业会计准则解释》《企业会计准则讲解》及全行业营改增后涉及的建筑施工服务增值税等相关税收政策为依据，结合建筑施工企业特点，对建筑施工企业相关会计科目的设置、具体业务的会计核算和有关的涉税问题等方面做了较为系统和详细的论述。

二是突出建筑施工企业会计核算的特点。与一般非建筑施工企业相比，建筑施工企业生产经营活动具有流动性、单件性、长期性等显著的特点，这些特点决定了反映建筑施工企业生产经营活动的会计核算具有其特殊性。本书在会计核算方面，结合建筑施工企业业务的特性来介绍会计核算的内容和方法，举例讲解时尽可能考虑建筑施工活动中的各项经济业务，把相关的会计政策、方法及税收政策做尽可能全面的介绍。

三是内容新颖。本书所涉及的如BOT（建设—经营—转让）项目会计处理、建筑施工企业涉税问题等均是一般教材尚未涉及的内容，而且本书所采用的相关政策法规都是最新颁布的政策法规。

本书由具有丰富的建筑施工财务管理知识人员和具有近20年实操经验的一线人员联合编写，在最大程度上体现了理论与实践的结合，期望能够对广大建筑施工企业的财务工作人员给予借鉴和参考。在编写本书的同时，也借鉴了各位专家和学者的成果，这使得本书的内容更加完善和丰富。

本书不仅适合建筑施工企业的高级管理人员、财务人员、税务人员、会计师事务所和税务师事务所从业人员使用，也可作为财税专业师生的参考教材。

本书由中央财经大学李桂君教授担任主编，负债拟定全书提纲并对全书进行了修改和总撰，中国建筑集团审计局局长孙震担任副主编，具有资深财务工作的李慧玲、胡相球、王飞跃全面参与了本书的编写和修改。在本书编写过程中，北京城乡建设集团总会计师高亮英和中国地质工程集团有限公司李万庆对本书的相关内容给予了大力的支持并多次提出修改意见。

由于作者水平有限，加之财税政策的不断变化，书中疏漏和不足之处恳请读者批评指正。

目　录

第一章

总　论

第一节

建筑施工企业会计核算的特点

一、建筑产品的特点

施工企业的特点主要由建筑产品的特点所决定。与其他制造业产品相比，从物理形态上看，建筑产品一般体积庞大、形态各异、整体难分、不易移动；从经济技术形态上看，建筑产品一般投资规模大，建设周期长，构成建筑物实体的材料纷繁复杂，需采用的施工工艺迥然不同。建筑产品的施工建造过程具有以下特点：①施工建造的流动性。一是施工机构随着建筑物或构筑物坐落位置变化而转移生产地点；二是在一个工程的施工过程中施工人员和各种机械、电气设备随着施工部位的不同而沿着施工对象上下左右流动，不断转移操作场所。②施工工艺的非重复性。因建筑物所处的地理环境和用途的不同，工程的结构、造型和材料亦不同，施工方法必将随之变化，很难实现标准化、流水线生产。③施工组织的复杂性。建筑施工常需要根据标的建筑物的结构进行多工种（土石方、土建、吊装、安装、运输等）交叉配合施工，所用的物资和设备种类繁多，施工组织和施工技术管理难度大。

二、施工企业生产经营方式的独特性

（一）经营模式特殊

由于建筑产品建设周期长，施工场地分散，时有跨区甚至跨境的情况，施工企业一般采用矩阵式项目部来组织施工生产。

（二）生产方式特殊

虽然建筑产品是固定的，但就施工企业而言，每个作业对象位于不同的地理位置，施工企业的机构、人员、材料、物资等要在不同的地区、不同项目的工程间流动施工，其资源配置的流动性很大。由于不同的项目施工地点的不同，施工企业还要建设大量的临时设施和专项设备才能完成项目建设，大部分临时设施和专项设备可以周转使用，但有些就只能使用一次。

（三）结算收款方式特殊

由于项目建设周期长、投资金额大，项目从开工建设，经历正常施工、完工验收、交付使用，直到质保期满，是一个长期复杂的过程，这就需要分期、分部位来确认合同完成情况，进行工程款支付。

三、增值税对施工企业会计核算组织的影响

从2016年5月1日开始，建筑业告别营业税，改征增值税。增值税的计税方式分为一般计税和简易计税。就增值税一般纳税人而言，适用一般计税方法的应纳税额等于当期销项税额（当期销售额乘以适用税率）减当期进项税额；适用简易计税的应纳税额等于当期销售额乘以征收率，与其相关的进项税额不允许抵扣。纳税人兼营一般计税和简易计税项目的，应分别核算一般计税和简易计税项目，未分别核算的，按一般计税征税，且适用简易计税的部分不得抵扣进项税额；纳税人兼营销售货物、劳务、服务、无形资产或者不动产，适用不同税率或者征收率的，应当分别核算适用不同税率或者征收率的销售额，未分别核算的，从高适用税率；纳税人兼营免税、减税项目的，应分别核算免税、减税项目的销售额，未分别核算销售额的，不得免税、减税；从事货物的生产、批发或者零售的混合销售行为，按照销售货物缴纳增值税，其他的混合销售行为，按照销售服务缴纳增值税；纳税人跨县（市、区）提供建筑服务，应按照工程项目分别向建筑服务发生地主管国税机关分别预缴税款，向机构所在地主管国税机关申报纳税。

四、施工企业会计核算的组织

建筑产品及施工企业生产经营方式的特殊性，加上增值税的影响，决定了施工企业必须采取与其他行业有区别的会计核算形式，才能完整、准确反映其生产经营全过程，并满足其生产经营管理需要。施工企业会计核算具有以下几个主要特征：

（1）采取分级分项核算：

施工企业在组织会计核算时，要适应施工分散、流动性大等特点，采取分级分项核算，使会计核算与施工生产有机地结合起来，特别要严格区分简易计税和一般计税项目并分别核算，对兼营不同税率或免税、减税的营业收入应分别核算。

（2）单独计算每项工程成本：

建筑产品的多样性和施工生产的单件性，决定了施工企业的施工生产费用必须紧紧围绕着工程成本核算对象，采用“订单成本计算法”来进行归集和分配，且严格遵循收入与费用配比的会计原则。同时，由于不同建筑产品之间的差异

大、可比性差，不同建筑产品之间的实际成本之间不便进行比较，因此，施工企业工程成本的分析、控制和考核不是以可比产品成本为依据，而是以预算成本或者工程量清单成本为依据。

（3）由于施工周期长，对于跨年度施工的工程，施工企业还需要根据工程的履约进度，采用产出法或投入法分别计算和确认各年度的工程价款结算收入和工程施工费用，以确定各年的经营成果。

（4）成本开支受自然力影响：

施工企业由于建筑产品体积庞大，决定了施工企业一般只能露天施工，有些施工机械和材料也只能露天堆放，受自然力侵蚀的影响很大。因此，成本核算应考虑风、霜、雨、雪等气候因素造成的停窝工损失；施工机械除了在使用中磨损外，受自然力侵蚀而造成的有形损耗也较为严重，其折旧率相对较高；在进行材料核算时，也要考虑因自然损耗造成的损失。

（5）为适应施工生产流动性的特点，施工企业还须做好有关临时设施的搭建、施工过程中的价值摊销、维修、报废、拆除等方面的会计核算工作。同时要重视施工现场的施工机具、材料物资等的管理和核算，及时反映它们的保管和使用情况。

（6）项目部会计核算应完整地反映与其相关销售额、销项税额、进项税额、预缴税款及税费的期末清缴情况。企业总部应能完整地反映与公司作为一般纳税人相关的全部销售额、销项税额、进项税额、预缴税款及税费的期末清缴情况。

第二节

会计基本假设和会计基础

一、会计基本假设

会计基本假设是企业会计确认、计量和报告的前提，是对会计核算所处时间、空间环境等所作的合理设定。会计基本假设包括会计主体、持续经营、会计分期和货币计量。

（一）会计主体

会计主体，是指企业会计确认、计量和报告的空间范围。为了向财务报告使用者反映企业财务状况、经营成果和现金流量，提供与其决策有用的信息，会计处理和财务报告的编制应当集中于反映特定对象的活动，并将其与其他经济实体区别开来，才能实现财务报告的目标。在会计主体假设下，企业应当对其本身发生的交易或者事项进行会计确认、计量和报告，反映企业本身所从事的各项生产经营活动。明确界定会计主体是开展会计确认、计量和报告工作的重要前提。

明确会计主体，才能划定会计所要处理的各项交易或事项的范围。在会计工作中，只有那些影响企业本身经济利益的各项交易或事项才能加以确认、计量和报告，那些不影响企业本身经济利益的各项交易或事项则不能加以确认、计量和报告。会计工作中通常所讲的对资产、负债的确认，收入的实现，费用的发生等，都是针对特定会计主体而言的。明确会计主体，才能将会计主体的交易或者事项与会计主体所有者的交易或者事项以及其他会计主体的交易或者事项区分开来。例如，企业所有者的经济交易或者事项是属于企业所有者主体所发生的，不应纳入企业会计核算的范围，但是企业所有者投入企业的资本或者企业向所有者分配的利润，则属于企业主体所发生的交易或者事项，应当纳入企业会计核算的范围。

会计主体不同于法律主体。一般而言，法律主体必然是一个会计主体。例如，一个企业作为一个法律主体，应当建立财务会计系统，独立反映其财务状况、经营成果和现金流量。但是，会计主体不一定是法律主体。例如，在企业集团的母公司拥有若干子公司，母子公司虽然是不同的法律主体，但母公司对于子公司拥有控制权，为了全面反映企业集团的财务状况、经营成果和现金流量，就有必要将企业集团作为一个会计主体，编制合并财务报表。在这种情况下，尽管企业集团不属于法律主体，但它却是会计主体。

（二）持续经营

持续经营，是指在可以预见的将来，企业将会按当前的规模和状态继续经营下去，不会停业，也不会大规模削减业务。会计准则体系是以企业持续经营为前提加以制定和规范的，涵盖了从企业成立到清算（包括破产）的整个期间的交易或者事项的会计处理。一个企业在不能持续经营时就应当停止使用这个假设，否则如仍按这个假设选择会计确认、计量和报告的原则与方法，就不能客观地反映企业的财务状况、经营成果和现金流量，会误导会计信息使用者的经济决策。

在持续经营前提下，会计确认、计量和报告应当以企业持续、正常的生产经营活动为前提。企业是否持续经营，在会计原则、会计方法的选择上有很大差别。一般情况下，应当假定企业将会按照当前的规模和状态继续经营下去。明确这个基本假设，就意味着会计主体将按照既定用途使用资产，按照既定的合约条件清偿债务。会计人员就可以在此基础上选择会计原则和会计方法。例如，如果判断企业会持续经营，就可以假定企业的固定资产会在持续经营的生产经营过程中发挥作用，企业就可以根据历史成本对固定资产进行记录，并采用折旧的方法，将历史成本分摊到各个会计期间或相关产品的成本中。如果判断企业不会持续经营，企业对固定资产就不应采用历史成本进行记录并按期计提折旧。

（三）会计分期

会计分期，是指将一个企业持续经营的生产经营活动划分为一个个连续的、间隔相同的期间。会计分期的目的，在于通过会计期间的划分，将持续经营的生产经营活动划分成连续、相等的期间，据以结算盈亏，按期编报财务报告，从而及时向财务报告使用者提供有关企业财务状况、经营成果和现金流量的信息。在会计分期假设下，企业应当划分会计期间，分期结算账目和编制财务报告。会计期间通常分为年度和中期。中期，是指短于一个完整的会计年度的报告期间。

根据持续经营假设，一个企业将按当前的规模和状态持续经营下去。但是，无论是企业的生产经营决策还是投资者、债权人等的决策都需要及时的信息，都需要将企业持续的生产经营活动划分为一个个连续的、间隔相同的期间，分期确认、计量和报告企业的财务状况、经营成果和现金流量。明确会计分期假设意义重大，由于会计分期，才产生了当期与以前期间、以后期间的差别，才使不同类型的会计主体有了记账核算的基准，进而出现了折旧、摊销等会计处理方法。

（四）货币计量

货币计量，是指会计主体在财务会计确认、计量和报告时以货币计量，反映会计主体的生产经营活动。在会计的确认、计量和报告过程中之所以选择货币为基础进行计量，是由货币的本身属性决定的。

在有些情况下，统一采用货币计量也有缺陷。某些影响企业财务状况和经营成果的因素，如企业经营战略、研发能力、市场竞争力等，往往难以用货币来计量，但这些信息对于使用者来讲也很重要。为此，企业可以在财务报告中补充披露有关非财务信息以弥补上述缺陷。

二、会计基础

企业会计的确认、计量和报告应当以权责发生制为基础。

权责发生制基础要求，凡是当期已经实现的收入和已经发生或应当负担的费用，无论款项是否收付，都应当作为当期的收入和费用，计入利润表；凡是不属于当期的收入和费用，即使款项已在当期收付，也不应当作为当期的收入和费用。在实务中，企业交易或者事项的发生时间与相关货币收支时间有时并不完全一致。例如，款项已经收到，但销售并未现；或者款项已经支付，但并不是为本期生产经营活动而发生的。为了更加真实、公允地反映特定会计期间的财务状况和经营成果，基本准则明确规定，企业在会计确认、计量和报告中应当以权责发生制为基础。

第三节

会计信息质量要求

会计信息质量要求是对企业财务报告中所提供会计信息质量的基本要求，是财务报告中所提供的会计信息对投资者等使用者决策有用所应具备的基本特征，它主要包括可靠性、相关性、可理解性、可比性、实质重于形式、重要性、谨慎性和及时性等。

一、可靠性

可靠性要求企业应当以实际发生的交易或者事项为依据进行确认、计量和报告，如实反映符合确认和计量要求的各项会计要素及其他相关信息，保证会计信息真实可靠、内容完整。会计信息要有用，必须以可靠的信息为基础，如果企业以虚假的经济业务进行确认、计量、报告，就会对投资者等使用者的决策产生误导，使其遭受损失。为了贯彻可靠性要求，企业应当做到：

（1）以实际发生的交易或者事项为依据进行确认、计量，将符合会计要素定义及其确认条件的资产、负债、所有者权益、收入、费用和利润等如实反映在财务报表中，不得根据虚构的、没有发生的或者尚未发生的交易或者事项进行确认、计量和报告。

（2）在符合重要性和成本效益原则的前提下，保证会计信息的完整性，其中包括应当编报的报表及其附注内容等应当保持完整，不能随意遗漏或者减少应予披露的信息，与使用者决策相关的有用信息都应当充分披露。

（3）包括在财务报告中的会计信息应当是中立的，无偏的。如果企业在财务报告中为了达到事先设定的结果或效果，通过选择或列示有关会计信息以影响决策和判断的，这样的财务报告信息就不是中立的。

二、相关性

相关性要求企业提供的会计信息应当与投资者等财务报告使用者的经济决策需要相关，有助于投资者等财务报告使用者对企业过去、现在或者未来的情况作出评价或者预测。会计信息是否有用，是否具有价值，关键是看其与使用者的决策需要是否相关，是否有助于决策提高决策水平。相关的会计信息还应当具有预测价值，有助于使用者根据财务报告所提供的会计信息预测企业未来的财务状况、经营成果和现金流量。

例如区分收入和利得、费用和损失，区分流动资产和非流动资产、流动负债和非流动负债以及适度引入公允价值等，都可以提高会计信息的预测价值，进而提升会计信息的相关性。会计信息质量的相关性要求，需要企业在确认、计量和报告会计信息的过程中，充分考虑使用者的决策模式和信息需要。但是，相关性是以可靠性为基础的，两者之间并不矛盾，不应将两者对立起来。也就是说，会计信息在可靠性前提下，尽可能地做到相关性，以满足投资者等财务报告使用者的决策需要。

三、可理解性

可理解性要求企业提供的会计信息应当清晰明了，便于投资者等财务报告使用者理解和使用。企业编制财务报告、提供会计信息的目的在于使用。而要使使用者有效使用会计信息，应当能让其了解会计信息的内涵，弄懂会计信息的内容，这就要求财务报告所提供的会计信息应当清晰明了，易于理解。只有这样，才能提高会计信息的有用性，实现财务报告的目标，满足向投资者等财务报告使用者提供决策有用信息的要求。

会计信息毕竟是一种专业性较强的信息产品，在强调会计信息的可理解性要求的同时，还应假定使用者具有一定的有关企业经营活动和会计方面的知识，并且愿意付出努力去研究这些信息。对于某些复杂的信息，如其交易本身较为复杂或者会计处理较为复杂，但对使用者的经济决策相关的，企业就应当在财务报告中予以充分披露。

四、可比性

可比性要求企业提供的会计信息应当相互可比。

（一）同一企业不同时期可比

为了便于投资者等财务报告使用者了解企业财务状况、经营成果和现金流量的变化趋势，比较企业在不同时期的财务报告信息，全面、客观地评价过去、预测未来，从而作出决策。会计信息质量的可比性要求同一企业不同时期发生的相同或者相似的交易或者事项，应当采用一致的会计政策，不得随意变更。但是，满足会计信息可比性要求，并非表明企业不得变更会计政策，如果按照规定或者在会计政策变更后可以提供更可靠、更相关的会计信息的，可以变更会计政策。有关会计政策变更的情况，应当在附注中予以说明。

（二）不同企业相同会计期间可比

为了便于投资者等财务报告使用者评价不同企业的财务状况、经营成果和现金流量及其变动情况，会计信息质量的可比性要求不同企业同一会计期间发生的相同或者相似的交易或者事项，应当采用规定的会计政策，确保会计信息口径一致、相互可比，以使不同企业按照一致的确认、计量和报告要求提供有关会计信息。

五、实质重于形式

实质重于形式要求企业应当按照交易或者事项的经济实质进行会计确认、计量和报告，不仅仅以交易或者事项的法律形式为依据。企业发生的交易或事项在多数情况下，其经济实质和法律形式是一致的。但在有些情况下，会出现不一致。例如，以融资租赁方式租入的资产，虽然从法律形式来讲企业并不拥有其所有权，但是由于租赁合同中规定的租赁期相当长，接近于该资产的使用寿命；租赁期结束时承租企业有优先购买该资产的选择权；在租赁期内承租企业有权支配资产并从中受益等，因此，从其经济实质来看，企业能够控制融资租入资产所创造的未来经济利益，在会计确认、计量和报告上就应当将以融租赁方式租入的资产视为企业的资产，列入企业的资产负债表。

六、重要性

重要性要求企业提供的会计信息应当反映与企业财务状况、经营成果和现金流量有关的所有重要交易或者事项。在实务中，如果会计信息的省略或者错报会影响投资者等财务报告使用者据此作出决策的，该信息就具有重要性。重要性的应用需要依赖职业判断，企业应当根据其所处环境和实际情况，从项目的性质和金额大小两方面加以判断。例如，企业发生的某些支出，金额较小的，从支出受益期来看，可能需要在若干会计期间进行分摊，但根据重要性要求，可以一次计入当期损益。

七、谨慎性

谨慎性要求企业对交易或者事项进行会计确认、计量和报告应当保持应有的谨慎，不应高估资产或者收益、低估负债或者费用。在市场经济环境下，企业的生产经营活动面临着许多风险和不确定性，如应收款项的可收回性、固定资产的使用寿命、无形资产的使用寿命、售出存货可能发生的退货或者返修等。会计信息质量的谨慎性要求，需要企业在面临不确定性因素的情况下作出职业判断时，应当保持应有的谨慎，充分估计到各种风险和损失，既不高估资产或者收益，也不低估负债或者费用。例如，对于企业发生的或有事项，通常不能确认或有资产，只有当相关经济利益基本确定能够流入企业时，才能作为资产予以确认；相反，相关的经济利益很可能流出企业而且构成现时义务时，应当及时确认为预计负债，就体现了会计信息质量的谨慎性要求。谨慎性的应用也不允许企业设置秘密准备，如果企业故意低估资产或者收益，或者故意高估负债或者费用，将不符合会计信息的可靠性和相关性要求，损害会计信息质量，扭曲企业实际的财务状况和经营成果，从而对使用者的决策产生误导，这是不符合会计准则要求的。

八、及时性

及时性要求企业对于已经发生的交易或者事项，应当及时进行确认、计量和报告，不得提前或者延后。会计信息的价值在于帮助所有者或者其他方面作出经济决策，具有时效性。即使是可靠、相关的会计信息，如果不及时提供，就失去了时效性，对于使用者的效用就大大降低，甚至不再具有实际意义。在会计确认、计量和报告过程中贯彻及时性，一是要求及时收集会计信息，即在经济交易或者事项发生后，及时收集整理各种原始单据或者凭证；二是要求及时处理会计信息，即按照会计准则的规定，及时对经济交易或者事项进行确认或者计量，并编制财务报告；三是要求及时传递会计信息，即按照国家规定的有关时限，及时地将编制的财务报告传递给财务报告使用者，便于其及时使用和决策。

在实务中，为了及时提供会计信息，可能需要在有关交易或者事项的信息全部获得之前预先进行会计处理，这样虽满足了会计信息的及时性要求，但可能会影响会计信息的可靠性；反之，如果企业等到与交易或者事项有关的全部信息获得之后再进行会计处理，这样的信息披露可能会由于时效问题，对于投资者等财务报告使用者决策的有用性大大降低。这就需要我们在及时性和可靠性之间作出权衡和选择，以满足投资者等财务报告使用者的经济决策需要为判断标准。

第四节

会计要素及其确认与计量

会计要素是根据交易或者事项的经济特征所确定的财务会计对象所进行的基本分类。会计要素按照其性质分为资产、负债、所有者权益、收入、费用和利润，其中，资产、负债和所有者权益要素侧重于反映企业的财务状况，收入、费用和利润要素侧重于反映企业的经营成果。会计要素的界定和分类可以使财务会计系统更加科学严密，为投资者等财务报告使用者提供更加有用的信息。

一、资产的定义及其确认条件

（一）资产的定义

资产是指企业过去的交易或者事项形成的，由企业拥有或者控制的，预期会给企业带来经济利益的资源。资产具有以下几个方面的特征：

1. 资产应为企业拥有或者控制的资源

资产作为一项资源，应当由企业拥有或者控制，具体是指企业享有某项资源的所有权，或者虽然不享有某项资源的所有权，但该资源能被企业所控制。企业享有资产的所有权，通常表明企业能够排他性地从资产中获取经济利益，通常在判断资产是否存在时，所有权是考虑的首要因素。在有些情况下，资产虽然不为企业所拥有，即企业并不享有其所有权，但企业控制了这些资产，同样表明企业能够从资产中获取经济利益，符合会计上对资产的定义。如果企业既不拥有也不控制资产所能带来的经济利益，就不能将其作为企业的资产予以确认。

例如，某施工企业以融资租赁方式租入一项固定资产，尽管企业并不拥有其所有权，但是如果租赁合同规定的租赁期相当长即接近于该资产的使用寿命，且企业控制了该资产的使用及其所能带来的经济利益，则应当将其作为企业资产予以确认、计量和报告。

2. 资产预期会给企业带来经济利益

资产预期会给企业带来经济利益，是指资产直接或者间接导致现金和现金等价物流入企业的潜力。这种潜力可以来自企业日常的生产经营活动，也可以是非日常活动；带来的经济利益可以是现金或者现金等价物，或者是可以转化为现金或者现金等价物的形式，或者是可以减少现金或者现金等价物流出的形式。资产预期能否会为企业带来经济利益是资产的重要特征。例如，企业采购的原材料、购置的固定资产等可以用于生产经营过程，制造商品或者提供劳务，对外出售后收回货款，货款即为企业所获得的经济利益。如果某一项目预期不能给企业带来经济利益，那么就不能将其确认为企业的资产。前期已经确认为资产的项目，如果不能再为企业带来经济利益的，也不能再确认为企业的资产。

3. 资产是由企业过去的交易或者事项形成的

资产应当由企业过去的交易或者事项所形成，过去的交易或者事项包括购买、生产、建造行为或者其他交易或事项。换句话说，只有过去的交易或者事项才能产生资产，企业预期在未来发生的交易或者事项不形成资产。例如，企业有购买某存货的意愿或者计划，但是购买行为尚未发生，就不符合资产的定义，不能因此而确认存货资产。

（二）资产的确认条件

将一项资源确认为资产，需要符合资产的定义，还应同时满足以下两个条件：

1. 与该资源有关的经济利益很可能流入企业

从资产的定义可以看到，能否带来经济利益是资产的一个本质特征，但在现实生活中，由于经济环境瞬息万变，与资源有关的经济利益能否流入企业或者能够流入多少实际上带有不确定性。因此，资产的确认还应与经济利益流入的不确定性程度的判断结合起来，如果根据编制财务报表时所取得的证据，与资源有关的经济利益很可能流入企业，那么就应当将其作为资产予以确认；反之不能确认为资产。

2. 该资源的成本或者价值能够可靠地计量

财务会计系统是一个确认、计量和报告的系统，其中计量起着枢纽作用。可计量性是所有会计要素确认的重要前提，资产的确认也是如此。只有当有关资源的成本或者价值能够可靠地计量时，资产才能予以确认。在实务中，企业取得的许多资产都是发生了实际成本的，例如，企业购买或者生产的存货，企业购置的厂房或者设备等，对于这些资产，只要实际发生的购买成本或者生产成本能够可靠计量，就视为符合了资产确认的可计量条件。

二、负债的定义及其确认条件

（一）负债的定义

负债是指企业过去的交易或者事项形成的，预期会导致经济利益流出企业的现时义务。根据负债的定义，负债具有以下几个方面的特征：

1. 负债是企业承担的现时义务

负债必须是企业承担的现时义务，这是负债的一个基本特征。其中，现时义务是指企业在现行条件下已承担的义务。未来发生的交易或者事项形成的义务，不属于现时义务，不应当确认为负债。

这里所指的义务可以是法定义务，也可以是推定义务。其法定义务是指具有约束力的合同或者法律法规规定的义务，通常在法律意义上需要强制执行。例如，企业购买原材料形成应付账款，企业向银行借入款项形成借款，企业按照税法规定应当交纳的税款等，均属于企业承担的法定义务，需要依法予以偿还。推定义务是指根据企业多年来的习惯做法、公开的承诺或者公开宣布的政策而导致企业将承担的责任，这些责任也使有关各方形成了企业将履行义务解脱责任的合理预期。例如，某企业多年来制定有一项销售政策，对于售出商品提供一定期限内的售后保修服务，预期将为售出商品提供的保修服务就属于推定义务，应当将其确认为一项负债。

2. 负债预期会导致经济利益流出企业

预期会导致经济利益流出企业也是负债的一个本质特征。只有企业在履行义务时会导致经济利益流出企业的，才符合负债的定义，如果不会导致企业经济利益流出的，就不符合负债的定义。在履行现时义务清偿负债时，导致经济利益流出企业的形式多种多样，例如用现金偿还或以实物资产形式偿还，以提供劳务形式偿还，部分转移资产、部分提供劳务形式偿还等。

3. 负债是由企业过去的交易或者事项形成的

负债应当由企业过去的交易或者事项所形成。换句话说，只有过去的交易或者事项才形成负债，企业将在未来发生的承诺、签订的合同等交易或者事项，不形成负债。

例如，某施工企业向银行借款1 000万元，即属于过去的交易或者事项所形成的负债。该企业同时还与银行达成了两个月后借入1 500万元的借款意向书，该交易就不属于过去的交易或者事项，不应形成企业的负债。

（二）负债的确认条件

将一项现时义务确认为负债，需要符合负债的定义，还需要同时满足以下两个条件：

1. 与该义务有关的经济利益很可能流出企业

从负债的定义可以看到，预期会导致经济利益流出企业是负债的一个本质特征。在实务中，履行义务所需流出的经济利益带有不确定性，尤其是与推定义务相关的经济利益通常需要依赖于大量的估计。因此，负债的确认应当与经济利益流出的不确定性程度的判断结合起来。如果有确凿证据表明，与现时义务有关的经济利益很可能流出企业，就应当将其作为负债予以确认；反之，如果企业承担了现时义务，但是会导致企业经济利益流出的可能性很小，就不符合负债的确认条件，不应将其作为负债予以确认。

2. 未来流出的经济利益的金额能够可靠地计量

负债的确认在考虑经济利益流出企业的同时，对于未来流出的经济利益的金额应当能够可靠计量。对于与法定义务有关的经济利益流出金额，通常可以根据合同或者法律规定的金额予以确定，考虑到经济利益流出的金额通常在未来期间，有时未来期间较长，有关金额的计量需要考虑货币时间价值等因素的影响。对于与推定义务有关的经济利益流出金额，企业应当根据履行相关义务所需支出的最佳估计数进行估计，并综合考虑有关货币时间价值、风险等因素的影响。

三、所有者权益的定义及其确认条件

（一）所有者权益的定义

所有者权益是指企业资产扣除负债后，由所有者享有的剩余权益。公司的所有者权益又称为股东权益。所有者权益是所有者对企业资产的剩余索取权，它是企业资产中扣除债权人权益后应由所有者享有的部分，既可反映所有者投入资本的保值增值情况，又体现了保护债权人权益的理念。

（二）所有者权益的来源构成

所有者权益的来源包括所有者投入的资本、直接计入所有者权益的利得和损失、留存收益等，通常由股本（或实收资本）、其他权益工具、资本公积（含股本溢价或资本溢价、其他资本公积）、其他综合收益、盈余公积和未分配利润构成。

所有者投入的资本是指所有者所有投入企业的资本部分。它既包括构成企业注册资本或者股本部分的金额，也包括投入资本超过注册资本或者股本部分的金额，即资本溢价或者股本溢价。其资本（或股本）溢价投入在我国企业会计准则体系中被计入了资本公积，并在资产负债表中的资本公积项目下反映。

其他权益工具，是指企业发行的除普通股（作为实收资本或股本）以外，按照金融负债和权益工具区分原则分类为权益工具的各种金融工具。

其他综合收益，是指直接计入所有者权益的利得和损失，包括不应计入当期损益、会导致所有者权益发生增减变动的、与所有者投入资本或者向所有者分配利润无关的利得或者损失。其中，利得是指由企业非日常活动所形成的、会导致所有者权益增加的、与所有者投入资本无关的经济利益的流入。损失是指由企业非日常活动所发生的、会导致所有者权益减少的、与向所有者分配利润无关的经济利益的流出。直接计入所有者权益的利得和损失主要包括不能重分类进损益的其他综合收益和将重分类进损益的其他综合收益两类，前者包含重新计量设定收益计划变动额、权益法下不能转损益的其他综合收益、其他权益工具投资公允价值变动、企业自身信用风险公允价值变动等；后者包括权益法下可转损益的其他综合收益、其他债权投资公允价值变动、金融资产重分类计入其他综合收益的金额、其他债权投资信用减值准备、现金流量套期储备、外币财务报表折算差额等。

留存收益是企业历年实现的净利润留存于企业的部分，主要包括累计计提的盈余公积和未分配利润。

（三）所有者权益的确认条件

所有者权益的确认和计量主要取决于资产、负债、收入、费用等其他会计要素的确认和计量。所有者权益即为企业的净资产，是企业资产总额中扣除债权人权益后的净额，反映所有者（股东）财富的净增加额。通常企业收入增加时，会导致资产的增加或负债减少，相应地会增加所有者权益；企业发生费用时，会导致资产的减少或负债增加，相应地会减少所有者权益。因此，企业日常经营的好坏和资产负债的质量直接决定着企业所有者权益的增减变化和资本的保值增值。

负债和所有者权益反映的虽都是企业债权人和企业所有者对企业资产的索取权，但通常债权人对企业资产的索取权要优先于所有者对企业资产的索取权，因此，所有者享有的实际上是企业资产的剩余索取权，两者在性质上有本质区别。企业在会计确认、计量和报告中应当严格区分负债和所有者权益，以如实反映企业的财务状况，尤其是企业的偿债能力和产权比率等。在实务中，企业某些交易或者事项可能同时具有负债和所有者权益的特征，在这种情况下，企业应当将属于负债和所有者权益的部分分开核算和列报。例如，企业发行的可转换公司债券，企业应当将其中的负债部分和权益性工具部分进行分拆，分别确认负债和所有者权益。

四、收入的定义及其确认条件

（一）收入的定义

收入是指企业在日常活动中形成的、会导致所有者权益增加的、与所有者投入资本无关的经济利益的总流入。收入具有以下几方面的特征：

1. 收入是企业在日常活动中形成的

日常活动是指企业为完成其经营目标所从事的经常性活动以及与之相关的活动。例如，施工企业提供的建筑施工服务、安装公司提供的设备安装服务、租赁公司出租资产等，均属于企业的日常活动。明确界定日常活动是为了将收入与利得相区分，日常活动是确认收入的重要判断标准，凡是日常活动所形成的经济利益的流入应当确认为收入，反之，非日常活动所形成的经济利益的流入不能确认为收入，而应当计入利得。比如，处置固定资产属于非日常活动，所形成的净收益就不应确认为收入，而应当确认为利得。再如，无形资产出租所取得的租金收入属于日常活动所形成的，应当确认为收入，但是处置无形资产属于非日常活动，所形成的净收益，不应当确认为收入，而应当确认为利得。

2. 收入会导致所有者权益的增加

与收入相关的经济利益的流入应当会导致所有者权益的增加，不会导致所有者权益增加的经济利益的流入不符合收入的定义，不应确认为收入。例如，企业向银行借入款项，尽管也导致了企业经济利益的流入，但该流入并不导致所有者权益的增加，反而使企业承担了一项现时义务。企业对于因借入款项所导致的经济利益的增加，不应将其确认为收入，应当确认一项负债。

3. 收入是与所有者投入资本无关的经济利益的总流入

收入应当会导致经济利益的流入，从而导致资产的增加。例如，企业销售商品，应当收到现金或者在未来有权收到现金，才表明该交易符合收入的定义。但是在实务中，经济利益的流入有时是所有者投入资本的增加所致，所有者投入资本的增加不应当确认为收入，应当将其直接确认为所有者权益。

（二）收入的确认条件

企业收入的来源渠道多种多样，不同收入来源的特征有所不同，其收入确认条件也往往存在差别，如销售商品、提供劳务、让渡资产使用权等。一般而言，收入只有在经济利益很可能流入而导致企业资产增加或者负债减少，且经济利益的流入额能够可靠计量时才能予以确认。收入的确认至少应当符合以下条件：一是与收入相关的经济利益应当很可能流入企业；二是经济利益流入企业的结果会导致资产的增加或者负债的减少；三是经济利益的流入额能够可靠计量。

五、费用的定义及其确认条件

（一）费用的定义

费用是指企业在日常活动中发生的、会导致所有者权益减少的、与向所有者分配利润无关的经济利益的总流出。费用具有以下几方面的特征：

1. 费用是企业在日常活动中形成的

费用必须是企业在其日常活动中所形成的，这些日常活动的界定与收入定义中涉及的日常活动的界定相一致。施工企业因日常活动所产生的费用通常包括（工程）合同成本、销售费用、管理费用、财务费用等。将费用界定为日常活动所形成的，目的是为了将其与损失相区分，企业非日常活动所形成的经济利益的流出不能确认为费用，而应当计入损失。

2. 费用是与向所有者分配利润无关的经济利益的总流出

费用的发生应当会导致经济利益的流出，从而导致资产的减少或者负债的增加（最终也会导致所有者权益的减少）。其表现形式包括现金或者现金等价物的流出、存货、固定资产和无形资产等的流出或者消耗等。鉴于企业向所有者分配利润也会导致经济利益的流出，而该经济利益的流出显然属于所有者权益的抵减项目，不应确认为费用，应当将其排除在费用的定义之外。

3. 费用会导致所有者权益的减少

与费用相关的经济利益的流出应当会导致所有者权益的减少，不会导致所有者权益减少的经济利益的流出不符合费用的定义，不应确认为费用。

（二）费用的确认条件

费用的确认除了应当符合定义外，也应当满足严格的条件，即费用只有在经济利益很可能流出从而导致企业资产减少或者负债增加、且经济利益的流出额能够可靠计量时才能予以确认。因此，费用的确认至少应当符合以下条件：一是与费用相关的经济利益应当很可能流出企业；二是经济利益流出企业的结果会导致资产的减少或者负债的增加；三是经济利益的流出额能够可靠计量。

六、利润的定义及其确认条件

（一）利润的定义

利润是指企业在一定会计期间的经营成果。通常情况下，如果企业实现了利润，表明企业的所有者权益将增加，业绩得到了提升；反之，如果企业发生了亏损（即利润为负数），表明企业的所有者权益将减少、业绩下滑了。因此，利润往往是评价企业管理层业绩的一项重要指标，也是投资者等财务报告使用者进行决策时的重要参考。

（二）利润的来源构成

利润包括收入减去费用后的净额、直接计入当期利润的利得和损失等。其中收入减去费用后的净额反映的是企业日常活动的业绩，直接计入当期利润的利得和损失反映的是企业非日常活动的业绩。直接计入当期利润的利得和损失，是指应当计入当期损益、最终会引起所有者权益发生增减变动的、与所有者投入资本或者向所有者分配利润无关的利得或者损失。企业应当严格区分收入和利得、费用和损失之间的区别，以便更加全面地反映企业的经营成果。

（三）利润的确认条件

利润反映的是收入减去费用、利得减去损失后的净额。因此，利润的确认主要依赖于收入和费用以及利得和损失的确认，其金额的确定也主要取决于收入、费用、利得和损失金额的计量。

七、会计要素计量属性及其应用原则

（一）会计要素计量属性

会计计量是为了将符合确认条件的会计要素登记入账并列报于财务报表而确定其金额的过程。企业应当按照规定的会计计量属性进行计量，确定相关金额。计量属性是指所计量的某一要素的特性方面，如桌子的长度、铁矿的重量、楼房的高度等。从会计角度，计量属性反映的是会计要素金额的确定基础，主要包括历史成本、重置成本、可变现净值、现值和公允价值等。

1. 历史成本

历史成本，又称为实际成本，就是取得或制造某项财产物资时所实际支付的现金或者其他等价物。在历史成本计量下，资产按照其购置时支付的现金或者现金等价物的金额，或者按照购置资产时所付出的对价的公允价值计量。负债按照其因承担现时义务而实际收到的款项或者资产的金额，或者承担现时义务的合同金额，或者按照日常活动中为偿还负债预期需要支付的现金或者现金等价物的金额计量。

2. 重置成本

重置成本又称现行成本，是指按照当前市场条件，重新取得同样一项资产所需支付的现金或现金等价物金额。在重置成本计量下，资产按照现在购买相同或者相似资产所需支付的现金或者现金等价物的金额计量。负债按照现在偿付该项债务所需支付的现金或者现金等价物的金额计量。

3. 可变现净值

可变现净值，是指在正常生产经营过程中，以预计售价减去进一步加工成本和销售所必需的预计税金、费用后的净值。在可变现净值计量下，资产按照其正常对外销售所能收到现金或者现金等价物的金额扣减该资产至完工时估计将要发生的成本、估计的销售费用以及相关税金后的金额计量。

4. 现值

现值是指对未来现金流量以恰当的折现率进行折现后的价值，是考虑货币时间价值因素等的一种计量属性。在现值计量下，资产按照预计从其持续使用和最终处置中所产生的未来净现金流入量的折现金额计量。负债按照预计期限内需要偿还的未来净现金流出量的折现金额计量。

5. 公允价值

公允价值，是指在公平交易中，熟悉情况的交易双方自愿进行资产交换或者债务清偿的金额。在公允价值计量下，资产和负债按照在公平交易中，熟悉情况的交易双方自愿进行资产交换或者债务清偿的金额计量。

（二）各种计量属性之间的关系

在各种会计要素计量属性中，历史成本通常反映的是资产或者负债过去的价值，而重置成本、可变现净值、现值以及公允价值通常反映的是资产或者负债的现时成本或者现时价值，是与历史成本相对应的计量属性。当然这种关系也并不是绝对的。比如，资产或者负债的历史成本许多就是根据交易时有关资产或者负债的公允价值确定的。在非货币性资产交换中，如果交换具有商业实质，且换入、换出资产的公允价值能够可靠计量的，换入资产入账成本的确定应当以换出资产的公允价值为基础，除非有确凿证据表明换入资产的公允价值更加可靠；在非同一控制下的企业合并交易中，合并成本也是以购买方在购买日为取得对被购买方的控制权而付出的资产、发生或承担的负债等的公允价值确定的。再比如，在应用公允价值时，当相关资产或者负债不存在活跃市场的报价或者不存在同类或者类似资产的活跃市场报价时，需要采用估值技术来确定相关资产或者负债的公允价值，而在采用估值技术估计相关资产或者负债的公允价值时，现值计量往往是比较普遍采用的一种估值方法，在这种情况下，公允价值就是以现值为基础确定的。另外，公允价值相对于历史成本而言，具有很强的时间概念，也就是说，当前环境下某项资产或负债的历史成本可能是过去环境下该项资产或负债的公允价值，而当前环境下某项资产或负债的公允价值也许就是未来环境下该项资产或负债的历史成本。

（三）计量属性的应用原则

企业在对会计要素进行计量时，一般应当采用历史成本。采用重置成本、可变现净值、现值、公允价值计量的，应当保证所确定的会计要素金额能够取得并可靠计量。

在企业会计准则体系建设中适度、谨慎地引入公允价值这一计量属性，是由于随着我国资本市场的发展，股权分置改革的基本完成，越来越多的股票、债券、基金等金融产品在交易所挂牌上市，使得这类金融资产的交易已经形成了较为活跃的市场，已经具备了引入公允价值条件。在这种情况下，引入公允价值，更能反映企业此类交易的实际情况，对投资者等财务报告使用者的决策更加有用。

在引用公允价值过程中，我国充分考虑了国际财务报告准则中公允价值应用的三个级次，即：第一，存在活跃市场的资产或负债，活跃市场中的报价应当用于确定其公允价值；第二，不存在活跃市场的，参考熟悉情况并自愿交易的各方最近进行的市场交易中使用的价格或参照实质上相同的其他资产或负债的当前公允价值；第三，不存在活跃市场，且不满足上述两个条件的，应当采用估值技术等确定资产或负债的公允价值。值得一提的是，我国引入公允价值是适度、谨慎和有条件的。原因是考虑到我国尚属新兴和转型中的市场经济国家，如果不加限制地引入公允价值，有可能出现公允价值计量不可靠，甚至借此人为操纵利润的现象。因此，在投资性房地产和生物资产等具体准则中规定，只有在公允价值能够取得并可靠计量的情况下，才允许采用公允价值。

第五节

建筑施工企业常用会计科目

一、会计科目体系

会计科目是为适应会计确认、计量、报告的需要而对会计要素的具体内容进行的分类。根据其所提供信息的详细程度及其统驭关系，会计科目又可分为总分类科目（一级会计科目）和明细分类科目（二级会计科目）。会计科目的设置应当科学、合理、适用；与企业会计准则的要求相一致；满足企业内部管理和外部信息披露的需要；针对不同行业的业务特点做有区别的设置。

在设置具体会计科目时，一般应从会计要素的分类要求出发，将会计科目分为资产、负债、所有者权益、成本、损益类和共同类等。我国《企业会计准则——应用指南》提供了会计科目设置的指引。企业在满足会计准则中确认、计量和报告要求的前提下，可以根据本单位的实际情况自行增设、分拆、合并会计科目；企业不存在的交易或者事项，可不设置相关会计科目。对于明细科目，企业可参照准则指南中的规定自行设置。会计科目编号供企业填制会计凭证、登记会计账簿、查阅会计账目、建立会计信息系统时参考，企业可结合实际情况自行确定会计科目编号系列。

根据《企业会计准则——应用指南》有关会计科目设置指引，现将建筑施工企业常用会计科目体系列示见表1-1。

建筑施工企业会计科目体系表　　表1-1

科目代码	科目名称	科目代码	科目名称
资产类		1124	待摊费用
1001	库存现金	1131	应收股利
1002	银行存款	1132	应收利息
1012	其他货币资金	1221	其他应收款
1101	交易性金融资产	1231	坏账准备
1121	应收票据	1321	受托代销商品
1122	应收账款	1401	材料采购
1123	预付账款	1402	在途物资

续表

科目代码	科目名称	科目代码	科目名称
1403	原材料	1703	无形资产减值准备
1404	材料成本差异	1711	商誉
1405	库存商品	1712	商誉减值准备
1406	发出商品	1801	长期待摊费用
1407	商品进销差价	1811	递延所得税资产
1408	委托加工物资	1901	待处理财产损溢
1411	周转材料	负债类	
1471	存货跌价准备	2001	短期借款
1501	到期债权投资	2101	交易性金融负债
1502	债权投资减值准备	2201	应付票据
1503	其他债权投资	2202	应付账款
1505	其他权益工具投资	2203	预收账款
1511	长期股权投资	2211	应付职工薪酬
1512	长期股权投资减值准备	2221	应交税费
1521	投资性房地产	2231	应付利息
1522	投资性房地产累计摊销	2232	应付股利
1523	投资性房地产减值准备	2241	其他应付款
1531	长期应收款	2314	受托代销商品款
1532	未实现融资收益	2401	递延收益
1601	固定资产	2501	长期借款
1602	累计折旧	2502	应付债券
1603	固定资产减值准备	2701	长期应付款
1604	在建工程	2702	未确认融资费用
1605	工程物资	2711	专项应付款
1606	固定资产清理	2801	预计负债
1608	在建工程减值准备	2901	递延所得税负债
1609	工程物资减值准备	所有者权益类	
1610	临时设施	4001	实收资本
1611	临时设施摊销	4002	资本公积
1612	临时设施清理	4003	其他综合收益
1613	临时设施减值准备	4101	盈余公积
1701	无形资产	4103	本年利润
1702	累计摊销	4104	利润分配

续表

科目代码	科目名称	科目代码	科目名称
4201	库存股	6111	投资收益
4401	其他权益工具	6115	资产处置损益
	成本类	6117	其他收益
5001	生产成本	6301	营业外收入
5101	制造费用	6401	主营业务成本
5201	劳务成本	6402	其他业务成本
5301	研发支出	6403	税金及附加
5401	工程施工	6601	销售费用
5402	工程结算	6602	管理费用
5403	机械作业	6603	财务费用
	损益类	6701	资产减值损失
6001	主营业务收入	6711	营业外支出
6051	其他业务收入	6801	所得税费用
6052	其他收益	6901	以前年度损益调整
6101	公允价值变动损益		

二、会计科目体系说明

施工企业的会计科目体系按其反映的经济内容可以划分为资产类、负债类、所有者权益类、共同类、成本类、损益类六大类，按其所属关系又可以划分为一级科目和明细科目两大类。对企业会计科目设置的要求：

（1）各企业可以参照本书所设计的会计科目及编码设置本企业的会计科目及编码。

（2）本书统一规定的会计科目编号，是为了方便编制会计凭证、登记账簿、查阅账目及实行会计电算化。

（3）本书会计科目编码的编制原则：一级科目编码为4位，除企业根据实际情况自行增减的科目外，编码按《企业会计准则应用指南》编制；明细科目编码为两位，除企业自行增减的科目外，编码按《企业会计准则应用指南》编制。企业自行增减的科目，可根据科目级别，依次排序。

（4）本指统一规定的会计科目，如不能满足核算的特殊需要，可以增设、减少、合并某些会计科目或变更科目名称。除会计科目体系中已有规定的明细科目外，在不违反统一会计核算要求的前提下，可以根据需要自行设置下一级明细科目。

（5）“主营业务收入”“其他业务收入”等收入类科目发生收入冲减时，用负数在贷方登记，借方发生额为月末结转额；“生产成本”“主营业务成本”“其他业务成本”“销售费用”“管理费用”等成本费用类科目发生成本费用冲减时，用负数在借方登记，贷方发生额为月末结转额。“财务费用”科目月末按照明细科目结转。

（6）对某些科目设置的具体说明：

施工企业的“其他应收款”“其他应付款”等科目核算的内容比较多，企业可以根据其他应收款的性质，在本一级科目下，设置“其他应收款—应收职工欠款”“其他应收款—应收外部单位”（以上两个科目可按个人、单位设置三级明细科目；）“其他应收款—预付款转入”“其他应收款—备用金”“其他应收款—其他”（以上三个科目可按供应商或部门设置三级明细科目）等二级科目；根据其他应付款的性质，在本一级科目下，设置“其他应付款—投标保证金”“其他应付款—履约保证金”“其他应付款—租赁费”“其他应付款—水电费”“其他应付款—押金”“其他应付款—维修金”“其他应付款—暂收其他单位款”“其他应付款—暂收个人款”“其他应付款—安全生产费用”“其他应付款—其他”（以上科目可按供应商或个人设置三级明细科目）等二级科目。

“工程施工”科目是施工企业所特有的科目，可以在此一级科目下，设置“合同成本”“合同毛利”二级明细科目，二级科目下按项目合同或部门设置三级明细科目；其中“合同成本”下一般的科目设置如表1–2所示。

“合同成本”下一般的科目设置　　表1–2

二级科目	三级科目	核算科目
合同成本	人工费	
	材料费	
	机械使用费	
	其他直接费	
		设计和技术援助费
		二次搬运费
		工具和用具使用费
		冬雨期施工增加费
		夜间施工增加费
		特殊地区施工增加费

续表

二级科目	三级科目	核算科目
		脚手架工程
		大型机具进出场及安拆费
		检验试验费
		工程定位复测费
		工程点交费
		已完工程及设备保护
		场地清理费
		安全文明施工
		（1）环境保护
		（2）文明施工
		（3）安全施工
		（4）临时设施
	间接费用	
	规费	工程排污费
		养老保险费
		失业保险费
		医疗保险费
		生育保险费
		工伤保险费
		住房公积金
	现场管理费	管理人员工资
		劳动保险和职工福利费
		劳动保护费
		工会经费
		职工教育经费
		办公费
		差旅交通费
		业务招待费

续表

二级科目	三级科目	核算科目
	现场消耗	固定资产维修及折旧
		物料消耗
		燃料动力
		水电费
		取暖费
		财产保险费
	现场消耗	工程维修费
	财务费用	利息、手续费等

各公司可根据企业生产经营的特点，设置适合本企业的二级、三级及辅助生产科目。

第二章

金融工具

第一节

金融工具概述

金融工具，是指形成一方的金融资产并形成其他方的金融负债或权益工具的合同。金融工具包括金融资产、金融负债和权益工具。其中，合约的形式多种多样，可以是书面的，也可以不采用书面形式。实务中的金融工具合同通常采用书面形式。非合约的资产和负债不属于金融工具。比如，应交企业所得税是企业按照税收法规规定承担的义务，不是以合同为基础的义务，因此不符合金融工具定义。

一、金融资产

金融资产是一切可以在有组织的金融市场上进行交易、具有现实价格和未来估价的金融工具的总称。包括企业持有的现金、其他方的权益工具以及符合下列条件之一的资产：

（1）从其他方收取现金或其他金融资产的合同权利。比如，企业的银行存款、应收账款、应收票据和贷款等均属于金融资产。再如，预付账款不属于金融资产，因其产生的未来经济利益是商品或服务，不是收取现金或其他金融资产的权利。

（2）在潜在有利条件下，与其他方交换金融资产或金融负债的合同权利。比如，企业持有的看涨期权或看跌期权等。

（3）将来须用或可用企业自身权益工具进行结算的非衍生工具合同，且企业根据该合同将收到可变数量的自身权益工具。

（4）将来须用或可用企业自身权益工具进行结算的衍生工具合同，但以固定数量的自身权益工具交换固定金额的现金或其他金融资产的衍生工具合同除外。其中，企业自身权益工具不包括应当按照《企业会计准则第37号——金融工具列报》分类为权益工具的可回售工具或发行方仅在清算时才有义务向另一方按比例交付其净资产的金融工具，也不包括本身就要求在未来收取或交付企业自身权益工具的合同。本章不涉及长期股权投资（即企业对外能够形成控制、共同控制和重大影响的股权投资）等金融资产的会计处理。

二、衍生工具

金融工具还可以分为基础金融工具和衍生工具。衍生工具，是指属于金融工具准则范围并同时具备下列特征的金融工具或其他合同：

（1）其价值随特定利率、金融工具价格、商品价格、汇率、价格指数、费率指数、信用等级、信用指数或其他变量的变动而变动，变量为非金融变量的，该变量不应与合同的任何一方存在特定关系。

衍生金融工具的价值变动取决于标变量的变化。比如，A国内金融企业与B境外金融企业签订了一份1年期利率互换合约，每半年末A企业向B企业支付美元固定利息、从B公司收取6个月美元LIBOR（浮动利率）计算确定的浮动利息，合约名义金额为2亿美元。合约签订时，其公允价值为零。假定合约签订半年后，浮动利率（6个月美元LIBOR）与合约签订时不同，A企业将根据未来可收取的浮动利息现值扣除将支付的固定利息现值确定该合约的公允价值，合约的公允价值因浮动利率的变化而改变。

（2）不要求初始净投资，或者与对市场因素变化预期有类似反应的其他合同相比，要求较少的初始净投资。

企业从事衍生工具交易不要求初始净投资，通常指签订某项衍生工具合同时不需要支付现金。比如，某企业与其他企业签订一项将来买入债券的远期合同，就不需要在签订合同时支付将来购买债券所需的现金。但是，不要求初始净投资，并不排除企业按照约定的交易惯例或规则相应缴纳一笔保证金，比如企业进行期货交易时要求缴纳一定的保证金。缴纳保证金不构成一项企业解除负债的现时义务，因此保证金仅具有“保证”性质。

在某些情况下，企业从事衍生工具交易也会遇到要求进行现金支付的情况，但该现金支付只是相对很少的初始净投资。比如，从市场购入备兑认股权证，就需要先支付一笔款项。但相对于行权时购入相应股份所需支付的款项，此项支付往往是很小的。又如，企业进行货币互换时，通常需要在合同签订时支付某项货币表示的一笔款项，但同时也会收到以另一种货币表示的“等值”的一笔款项，无论是从该企业的角度，还是从其对手（合同的另一方）看，初始净投资均为零。

（3）在未来某一日期结算。

衍生工具在未来某一特定日期结算，表明衍生工具结算需要经历一段特定期间。衍生工具通常在未来某一特定日期结算。比如，利率互换可能涉及合同到期前多个结算日期。另外，有些期权可能由于是价外期权而到期不行权，也是在未来日期结算的一种方式。

常见的衍生工具包括远期合同、期货合同、互换合同和期权合同等。

金融负债和权益工具的定义见本章第六节。

第二节

货币资金

货币资金是指企业在经营过程中停留在货币状态的那部分资金，是企业流动资产的重要组成部分。货币资金按其存放地点和用途不同，可分为库存现金、银行存款和其他货币资金。

一、库存现金

（一）库存现金科目设置

企业应当设置“库存现金”科目，对库存现金的收支和结存情况进行核算。收到现金时，借记“库存现金”科目，贷记其他相关科目；支付现金时，借记其他相关科目，贷记“库存现金”科目；本科目借方余额即为现金应该结存的金额。

（二）库存现金日记账

为随时掌握现金的收付和库存余额，企业必须设置“现金日记账”对现金进行明细分类核算。现金日记账一般采用“三栏式”格式，按照现金收付的时间或出纳人员受理时间，序时、逐笔登记；现金日记账的借方登记现金的增加额，贷方登记现金的减少额，余额在借方。现金日记账应当做到日清月结、账款相符；每次记账后，都应当将账面余额与库存现金的实有数额进行核对。

有外币现金的企业，应当分别人民币和各种外币设置“现金日记账”进行明细核算。

（三）备用金

备用金是指企业财会部门按照内部规定，拨付给其所属单位、部门或个人周转使用的现金。按照企业会计准则的规定，备用金应当通过“其他应收款”科目进行核算。备用金管理可以实行定额管理和非定额管理两种方式。

（四）库存现金的清查

企业每日终了，应当对现金库存情况进行清查。发现有待查明原因的现金短缺或溢余时，应当及时进行会计处理。

（1）发现现金短缺时，应当借记“待处理财产损溢—待处理流动财产损溢”科目，贷记“库存现金”科目；属于应由责任人或者保险企业赔偿的部分，借记“其他应收款”科目，贷记“待处理财产损溢—待处理流动资产损溢”科目；属于无法查明的其他原因，经批准后借记“管理费用”科目，贷记“待处理财产损溢—待处理流动资产损溢”科目。

（2）发现现金溢余时，应当借记“库存现金”科目，贷记“待处理财产损溢—待处理流动资产损溢”科目；属于应支付给个人或单位的，应借记“待处理财产损溢—待处理流动资产损溢”科目，贷记“其他应付款”科目；属于无法查明原因的现金溢余，经批准后借记“待处理财产损溢—待处理流动资产损溢”科目，贷记“营业外收入”科目。

二、银行存款

企业应该设置“银行存款”科目核算银行存款业务，并根据币种设置二级科目，在二级科目下按开户银行设置三级明细科目。

“银行存款”科目的借方核算存入银行和其他金融机构的款项；贷方核算从银行和其他金融机构支出的款项；期末余额在借方，反映企业存在银行或其他金融机构的各种款项。

企业将款项存入银行，借记“银行存款”科目，贷记“应收账款”“主营业务收入”等科目；从银行提取现金，借记“库存现金”科目，贷记“银行存款”科目；按规定通过银行支付的各种款项，借记“管理费用”“周转材料”“原材料”“应付账款”等科目，贷记“银行存款”科目。

企业应当按照开户银行和其他金融机构、存款种类等，分别设置“银行存款日记账”，由出纳人员根据收付款凭证，按照业务的发生顺序逐笔登记。每日终了，应结出余额。“银行存款日记账”应定期与“银行对账单”核对，至少每月核对一次。

由于银行收付款结算凭证在企业与银行之间传递存在着时间上的差异，在月末发生未达账项，致使双方存款余额不一致。企业与银行的存款余额不一致，受以下四种未达账项的影响：

①银行已收款记账而企业尚未收款记账的款项。

②银行已付款记账而企业尚未付款记账的款项。

③企业已收款记账而银行尚未收款记账的款项。

④企业已付款记账而银行尚未付款记账的款项。

为了保证各银行账户未达账项正确，银行存款余额真实，每月终了，都应按每个存款账户逐笔核对银行对账单，通过编制银行存款余额调节表，调节企业与银行双方账面存款余额的不一致。银行存款余额调节表如表2-1所示。

银行存款余额调节表　　表2-1

项目	金额	项目	金额
企业账面存款余额	1 940 000	银行对账单余额	1 891 000
加：银行已收企业未收	6 000	加：企业已收，银行未收	28 000
减：银行已付企业未付	32 000	减：企业已付，银行未付	5 000
调节后余额	1 914 000	调节后余额	1 914 000

会计机构负责人：　　审核人：　　填表人：

调节后存款余额相等，则说明双方账目都没有错误，如果调节后存款余额不相等，应查明原因，进行更正。银行存款余额调节表调节相符后，应由编表人和财务部负责人签字；如发现重大错误或无法调节相符时，应向财务部负责人或上一级领导报告。

有外币存款的企业，应当分别人民币和各种外币设置“银行存款日记账”进行明细核算。

企业应当加强对银行存款的管理，定期对银行存款进行检查，对于存在银行或其他金融机构的款项已经部分不能收回或者全部不能收回的，应当查明原因进行处理，有确凿证据表明无法收回的，应当根据企业管理权限报经批准后，借记“营业外支出”科目，贷记本科目。

三、其他货币资金

（一）其他货币资金包括的内容

其他货币资金是指企业除库存现金、银行存款以外的各种货币资金，如外埠存款、银行汇票存款、银行本票存款、信用卡存款、信用证存款、存出投资款等，这些资金在会计核算上统称为“其他货币资金”。

外埠存款是指企业到外地进行临时或零星采购时，汇往采购地银行开立采购专户的款项。

银行汇票存款是指企业为取得银行汇票，按规定存入银行的款项。银行汇票是由银行签发的异地结算凭证，付款期为1个月，除填明“现金”字样的银行汇票外，可以背书转让。

银行本票存款是指企业为取得银行本票，按规定存入银行的款项。银行本票是由银行签发的同城结算凭证，付款期为2个月，除填明“现金”字样的银行本票外，可以背书转让。银行本票分定额本票和非定额本票。

信用卡存款是指企业为取得信用卡，按规定存入银行的款项。信用卡是商业银行向单位和个人发行的同城、异地结算卡，信用卡分单位卡和个人卡，单位卡一律不得支取现金。

信用证存款是指企业为取得银行信用证，按规定存入银行的款项。信用证结算是国际贸易的一种主要结算方式，向银行申请开立信用证应提交开证申请书、信用证申请人承诺书和购销合同。

存出投资款是指企业已存入证券企业，但尚未进行投资的款项。

（二）其他货币资金的核算

企业应设置“其他货币资金”科目对其他货币资金进行核算。本科目应当按照外埠存款的开户银行，银行汇票或本票、信用证的收款单位，分别“外埠存款”“银行汇票”“银行本票”“信用卡”“信用证保证金”“存出投资款”等进行明细核算。

“其他货币资金”科目的借方核算企业委托当地银行将款汇往外地所开立的采购专户，为取得银行汇票、银行本票、信用卡和开立信用证而存入银行的款项，以及为进行投资而存入证券企业的款项等；贷方核算支用或收回等而减少的其他货币资金；期末余额在借方，反映企业实际持有的其他货币资金。

企业的其他货币资金增加时，借记“其他货币资金”科目，贷记“银行存款”科目。企业的其他货币资金使用减少时，借记“原材料”等科目，贷记“其他货币资金”科目。

第三节

应收及预付款项

一、应收及预付款项的概念

应收及预付款项是企业在日常生产经营中产生的各项债权，包括在结算中产生的债权，是企业资产的重要组成部分。企业应收款项包括：应收票据、应收账款、预付款项、其他应收款和长期应收款等。应收款项的收取对象是货币资金，而预付款项的收取对象是有关货物。

二、应收及预付款项的会计处理

为便于对应收及预付款项业务进行核算，施工企业应当设置“应收票据”“应收账款”“预付账款”“其他应收款”和“长期应收款”等会计科目。

（一）应收票据的会计处理

“应收票据”科目核算企业因销售商品、产品、提供劳务等而收到的商业汇票，包括银行承兑汇票和商业承兑汇票。企业可按照开出、承兑商业汇票的单位进行明细核算。

1. 收到商业票据

施工企业因承包工程、提供劳务、销售商品等而收到开出、承兑的商业汇票，按商业汇票的票面金额，借记本科目，按实现的营业收入，贷记“工程结算”“其他业务收入”等科目，按专用发票上注明的增值税额，贷记“应交税费—应交增值税（销项税额）”科目。企业收到商业票据以抵偿应收账款时，按应收票据面值，借记“应收票据”科目，贷记“应收账款”科目。

2. 应收票据到期

应收票据到期，应按实际收到的金额，借记“银行存款”科目，按商业票据的票面金额，贷记“应收票据”科目。

3. 应收票据贴现

（1）企业持未到期的应收票据向银行贴现，应按实际收到的金额（即减去贴现息后的净额），借记“银行存款”科目，按贴现息部分，借记“财务费用”等科目，按商业汇票的票面金额，贷记本科目（符合金融资产转移准则规定的金融资产终止确认条件的）或“短期借款”科目（不符合金融资产转移准则规定的金融资产终止确认条件的）。

贴现的商业承兑汇票到期，因承兑人的银行存款账户不足支付，由贴现企业承担付款责任的，申请贴现的企业收到银行退回的商业承兑汇票时，按商业汇票的票面金额支付贴现银行，借记“短期借款”科目，贷记“银行存款”科目，同时借记“应收账款”科目，贷记本科目。若申请贴现企业的银行存款账户余额亦不足，银行作逾期贷款处理，借记“应收账款”科目，贷记本科目。

（2）票据贴现的有关计算公式：

票据到期价值=票据面值×（1+年利率×票据到期天数÷360）

对于无息票据来说，票据的到期值就是其面值。

贴现息=票据到期值×贴现率×贴现天数÷360

贴现天数=贴现日至票据到期日实际天数–1

贴现所得金额=票据到期值–贴现息

（3）商业汇票到期，应按实际收到的金额，借记“银行存款”科目，按商业汇票的票面金额，贷记本科目。

因付款人无力支付票款，收到银行退回的商业承兑汇票、委托收款凭证、未付票款通知书或拒绝付款证明等，按商业汇票的票面金额，借记“应收账款”科目，贷记本科目。

4. 应收票据背书转让

企业将持有的商业汇票背书转让以取得所需物资时，按应计入取得物资成本的金额，借记“材料采购”或“原材料”“库存商品”等科目，按可抵扣的增值税额，借记“应交税费—应交增值税（进项税额）”科目，按商业汇票的票面金额，贷记本科目，如有差额，借记或贷记“银行存款”等科目。

企业应当设置“应收票据备查簿”，逐笔登记每一商业汇票的种类、号数和出票日、票面金额、交易合同号和付款人、承兑人、背书人的姓名或单位名称、到期日、背书转让日、贴现日、贴现率和贴现净额以及收款日和收回金额、退票情况等资料，商业汇票到期结清票款或退票后，应当在备查簿内逐笔注销。

（二）应收账款的会计处理

建筑施工企业为了核算因承包工程、提供劳务、销售产品和出租资产等，应向建设单位（工程发包方）、接受劳务单位、购货单位和租用资产的单位收取的款项，应该设置“应收账款”“坏账准备”等科目。“应收账款”科目借方核算企业因承包工程、提供劳务、销售商品和出租资产而应收的全部款项，以及因其他原因而换入的应收账款等；贷方核算已收回的应收账款，以及与债务人进行债务重组而减少的应收账款等；期末余额在借方，反映企业尚未收回的应收账款。施工企业应收原始到期日在1年以内的质保金也在本科目核算。本科目可以按照债务人进行明细核算。

（1）应收账款的发生与收回

施工企业发生应收账款时，按应收金额，借记“应收账款”科目；按实现的营业收入，贷记“工程结算”“其他业务收入”；按专用发票上注明的增值税额，贷记“应交税费—应交增值税（销项税额）”等科目；收回应收账款时，借记“银行存款”等科目，贷记“应收账款”科目。

企业代购货单位垫付的包装费、运杂费，借记“应收账款”科目，贷记“银行存款”等科目；收回代垫费用时，借记“银行存款”科目，贷记“应收账款”科目。

【例2-1】2016年5月30日A施工企业所属结构厂向B施工企业出售预制结构件，价税合计4 680 000元，尚未付款。

借：应收账款—B企业	4 640 000
贷：其他业务收入	4 000 000
应交税费—应交增值税（销项税额）	640 000

（2）债务人以现金清偿企业债务

企业收到债务人清偿债务的现金金额小于该项应收账款账面价值的，应按实际收到的现金金额，借记“银行存款”等科目，按重组债权已计提的坏账准备，借记“坏账准备”科目，按重组债权的账面余额，贷记本科目，按其差额，借记“营业外支出”科目。

收到债务人清偿债务的现金金额大于该项应收账款账面价值的，应按实际收到的现金金额，借记“银行存款”等科目，按重组债权已计提的坏账准备，借记“坏账准备”科目，按重组债权的账面余额，贷记本科目，按其差额，贷记“资产减值损失”科目。

以下债务重组涉及的坏账准备，应当比照此规定进行处理。

【例2-2】承【例2-1】至2019年12月31日，B施工企业因发生财务困难而无法按合同规定偿还债务。经双方协商，A企业同意减免B企业债务300 000元，余额用现金偿清。企业已对该债权计提坏账准备234 000元。

借：银行存款	4 380 000
坏账准备	234 000
营业外支出—债务重组损失	66 000

贷：应收账款—B企业　　4 680 000

（3）企业接受的债务人用于清偿债务的非现金资产，应按该项非现金资产的公允价值，借记“原材料”“库存商品”“固定资产”“无形资产”等科目，按可抵扣的增值税额，借记“应交税费—应交增值税（进项税额）”科目，按重组债权的账面余额，贷记本科目，按应支付的相关税费和其他费用，贷记“银行存款”“应交税费”等科目，按其差额，借记“营业外支出”科目。

（4）将债权转为投资

企业应按应享有股份的公允价值，借记“长期股权投资”科目，按重组债权的账面余额，贷记本科目，按应支付的相关税费，贷记“银行存款”“应交税费”等科目，按其差额，借记“营业外支出”科目。企业以其他形式与债务人进行债务重组涉及的坏账准备，应当比照上述现金清偿企业债务的规定进行处理。

【例2-3】2017年，A施工企业承揽如意开发公司售楼处建造工程。至结算办理日3月1日，A施工企业应收如意开发公司工程尾款4 680 000元。同年10月6日，如意开发公司因房地产市场低迷，资金紧张而无法按合同规定偿还债务。经双方协商，A企业同意将应收如意开发公司的债权转为对如意开发公司的投资。

根据当日如意开发公司的净资产情况，双方协商，A企业享有如意开发公司股份的公允价值为4 200 000元，A企业已对该债权计提坏账准备200 000元。

借：长期股权投资—其他股权投资（投资成本）　　4 200 000

　　坏账准备—应收账款　　200 000

　　营业外支出—债务重组损失　　280 000

　　贷：应收账款—如意开发公司　　4 680 000

（5）以修改其他债务条件进行清偿的，企业应按修改其他债务条件后的债权的公允价值，借记本科目，按重组债权的账面余额，贷记本科目，按其差额，借记“营业外支出”科目。

（6）应收账款通常应按实际发生额计价入账。计价时还需要考虑商业折扣和现金折扣等因素。

1）商业折扣

商业折扣是企业根据市场供需情况，或针对不同的顾客，在商品标价上给予的扣除，它是企业常用的一种促销手段。

由于商业折扣在交易发生时已经确定，不需要在购销双方的账簿上反映。因此，在存在商业折扣的情况下，企业应收账款的入账价值应按实际成交价格予以确认。

2）现金折扣

现金折扣是指企业在以赊销方式销售商品或提供劳务的交易中，为了鼓励客户在规定的期限内付款，而向客户提供的债务扣除。现金折扣一般用符号“折扣/付款期限”表示。例如：客户在15天内付款可按售价给予3%的折扣，用符号“3/15”表示，在30天内付款，则不给折扣，用符号“*n*/30”表示。

我国的会计实务中规定采用总价法。总价法是将原售价金额作为实际售价，据以确认应收账款入账价值的方法。这种方法把给客户的现金折扣视为融资的理财费用，会计上作为“财务费用”处理。

（三）预付账款的会计处理

预付账款是指施工企业按照购货合同规定，预付给供应商的货款，以及分包结算前预付给分包商的工程款。施工企业应单独设置“预付账款”科目核算此类经济业务。“预付账款”科目应按预付款项性质（如承包工程、在建工程）进行明细或辅助核算。

“预付账款”科目借方核算按合同规定预付或补付给供应商、分包商的款项，贷方核算购入材料物资、分包结算等应付的金额。期末余额在借方，反映企业预付款项的余额；期末如为贷方余额，反映企业尚未补付的款项。

企业因购货或工程分包而预付的款项，借记“预付账款”科目，贷记“银行存款”科目。收到所购物资或分包结算单时，根据发票账单等列明应计入购入物资、工程施工成本的金额，借记“在途物资”“原材料”“工程施工”等科目；按可抵扣的增值税额，借记“应交税费—应交增值税（进项税额）”科目；按应付金额，贷记“预付账款”科目。补付的款项，借记“预付账款”科目，贷记“银行存款”科目；收到退回多付的款项，借“银行存款”科目，贷记“预付账款”科目。

企业进行在建工程预付的工程价款，借记“预付账款”科目，贷记“银行存款”等科目。按工程进度结算工程价款，借记“在建工程”科目，贷记“预付账款”“银行存款”等科目。

企业的预付账款如有确凿证据表明其不符合预付账款性质，或者因供货单位破产、撤销等原因已无望再收到所购货物的，应将原计入预付账款的金额转入其他应收款，并计提相应的坏账准备。

【例2-4】A施工企业2017年1月取得某小区住宅建造合同（适用一般计税），预付给水电分包商工程款5 000 000元，并约定分包工程进度款的50%从预付款中扣减。

借：预付账款—××××项目（水电分包商）	5 000 000
贷：银行存款	5 000 000

【例2-5】承【例2-4】A施工企业收到水电分包商开具的增值税专用发票价税合计3 000 000元和验工计价单。

借：工程施工—合同成本—××××项目（水电分包）　　2 727 272.73

　　应交税费—应交增值税（进项税额）　　272 727.27

　　贷：预付账款—××××项目（水电分包商）　　1 500 000

　　　　银行存款　　1 500 000

（四）其他应收款的会计处理

其他应收款是指企业除存出保证金、应收票据、应收账款、预付账款、应收股利、应收利息、长期应收款等经营活动以外的其他各种应收、暂付的款项。

“其他应收款”科目借方核算应收的各种赔款、罚款、投标保证金、应收取的出租包装物的租金和存出保证金，以及为员工垫付的各种款项等；贷方核算已经收回或转销的各种应收款项；期末余额在借方，反映企业尚未收回的款项。投标保证金应在本科目设明细或辅助核算。企业拨出用于投资、购买物资的各种款项，不在本科目核算。

企业发生其他各种应收款项时，借记“其他应收款”科目，贷记有关科目；收回各种款项时，借记“银行存款”等科目，贷记“其他应收款”科目。

预支工程投标保证金时，借记“其他应收款”科目，贷记“银行存款”；招投标结束后，收到退回的投标保证金时，借记“银行存款”科目，贷记“其他应收款”。

企业员工出差预借差旅费时，借记“其他应收款”科目，贷记“银行存款”科目；员工出差归来按规定报销的差旅费，借记“管理费用”科目，贷记“其他应收款”科目；收回的现金，借记“库存现金”科目，贷记“其他应收款”科目。若实际报销的差旅费多于预借款项时，应按补付的现金，贷记“库存现金”科目。

（五）长期应收款的会计处理

长期应收款核算施工企业采用递延方式分期收款、实质上具有融资性质的销售商品和提供劳务等经营活动产生的应收款项。

施工企业采用递延方式分期收款、实质上具有融资性质的销售商品或提供劳务等经营活动产生的长期应收款，满足收入确认条件的，按应收合同或协议价款，借记本科目，按应收合同或协议价款的公允价值，贷记“其他业务收入”等科目，按专用发票上注明的增值税额，贷记“应交税费—应交增值税（销项税额）”科目，按其差额，贷记“未实现融资收益”科目。

根据合同或协议每期收到购货单位（接受劳务单位）偿还的款项，借记“银行存款”科目，贷记本科目。

三、坏账准备

在资产负债表日，企业应对应收款项的账面价值进行检查。由于市场的不确定性，应收款项有可能会发生不能收回或收回的可能性很小的情况，由此可能产生坏账或减值。

应收款项发生了减值的，企业应采用备抵法进行核算，即采用一定的方法，定期估计可能发生的坏账损失金额，以此金额作为预备。坏账准备是资产账户的抵减账户，其记账方向与资产类账户的记账方向相反，贷方登记期末对各项应收款项计提的坏账准备及以前已确认为损失当期又收回的坏账（即坏账准备的增加），借方登记当期发生的坏账和期末冲减多提的坏账准备金额（即坏账准备的减少）。

（一）坏账准备的会计处理

资产负债表日，企业根据金融工具确认和计量准则确定应收款项发生减值的，按应计提的坏账准备金额，借记“资产减值损失”科目，贷记本科目。本期应计提的坏账准备大于其账面余额的，应按其差额计提；应计提的金额小于其账面余额的差额做相反的会计分录。

对于确实无法收回的应收款项，如债务单位已撤销、破产、资不抵债、现金流量严重不足等，应按管理权限报经批准后作为坏账损失，转销应收款项，借记本科目，贷记“应收账款”“预付账款”“应收利息”“其他应收款”“长期应收款”等科目。

已确认并转销的应收款项以后又收回的，应按实际收回的金额，借记“应收账款”“预付账款”“应收利息”“其他应收款”“长期应收款”等科目，贷记本科目；同时，借记“银行存款”科目，贷记“应收账款”“预付账款”“应收利息”“其他应收款”“长期应收款”等科目。

已确认并转销的应收款项以后又收回的，企业也可以按照实际收回的金额，借记“银行存款”科目，贷记本科目。

“坏账准备”科目期末贷方余额，反映企业已提取但尚未转销的坏账准备。

【例2-6】2017年12月31日，A施工企业根据应收账款的余额提坏账准备500 000元。坏账准备本月科目贷方余额200 000元，当期应计提的坏账准备300 000元。

借：资产减值损失—坏账损失　　300 000

　　贷：坏账准备—应收账款　　300 000

【例2-7】2017年5月27日，企业经批准应收丙企业的账款45 000元因逾期而无法收回确认为坏账损失：

借：坏账准备—应收账款（丙企业） 45 000

贷：应收账款—丙企业 45 000

【例2-8】2017年9月20日，企业收到丙企业转账支票一张，收回已转销坏账损失的应收账款45 000元。

借：应收账款—丙企业 45 000

贷：坏账准备—应收账款（丙企业） 45 000

同时

借：银行存款 45 000

贷：应收账款—丙企业 45 000

（二）计提坏账准备的政策

企业应当根据以往的经验、债务单位的实际财务状况和现金流量等相关信息对应收款项收回的可能性做出具体评估，并采用个别认定与账龄分析相结合的方法计提坏账准备。

（1）对于单项金额重大的应收款项，应当单独进行减值测试，并按照个别认定法计提坏账准备。如有客观证据表明其发生了减值的，应当根据其未来现金流量的现值低于其账面价值的差额，确认减值损失。

（2）对于单项金额非重大的应收款项，以及经过单独减值测试后未发生减值损失的应收账款，应于资产负债表日，按照账龄分析法并根据一定比例提取一般坏账准备；

账龄	计提比例（企业可根据自身情况进行调整）
1（含）年以内	不计提
1～2（含）年	不计提
2～3（含）年	5%
3～4（含）年	5%
4～5（含）年	25%
5年以上	50%

采用账龄分析法计提坏账准备时，收到债务单位当期偿还的部分债务后，剩余的应收款项，不应改变其账龄，仍按原账龄加上本期应增加的账龄确定，在存在多笔应收账款、且账龄不同的情况下，对收到的债务单位当期偿还的部分债务，应当逐笔认定；如果确定无法认定的，按照先发生先收回的原则确定，剩下应收款项的账龄按上述同一原则确定。

第四节

内部往来及拨付所属资金

一、内部往来

内部往来款项是指企业总部与所属内部独立核算单位之间，或各内部独立核算单位之间，由于工程价款结算，产品材料转移、劳务提供等业务所引起的各种应收、应付、暂收、暂付往来款项。

企业内部往来款项可以通过设置“内部往来”科目进行核算。本科目借方核算企业与所属内部独立核算单位及各内部独立核算单位之间发生的各种应收、暂付和转销的应付、暂收的款项，贷方核算企业与所属内部独立核算单位及各内部独立核算单位之间应付、暂收和转销的应收、暂付款项。

本科目的期末余额应与所属内部独立核算单位各明细科目的借方余额合计与贷方余额合计的差额相等。借方余额反映应收内部单位的款项；贷方余额反映应付内部单位的款项。各明细科目的期末余额合计，若为借方余额，应在“资产负债表”中的资产类列示；若为贷方余额，应在“资产负债表”中的负债类列示。

一般而言，在内部交易双方账务处理时间协同一致的条件下，交易一方的借方发生额与交易另一方的贷方发生额相等，因而交易双方的余额相等，方向相反。因此，期末企业总部及各独立核算单位内部往来余额汇总数应为零，否则，说明企业总部或某独立核算单位有末入账项，应及时查明并处理。

下列各项业务不在“内部往来”科目核算：集团各成员企业在集团内部银行的存款通过“银行存款”核算，集团法人与各成员企业间的其他业务往来款在“其他应付款”“其他应收款”核算，各成员企业间的其他业务往来款在“其他应付款”“其他应收款”核算；企业法人与其内部独立核算单位之间有关定额周转资金的下拨、上交，在“拨付所属资金”和“上级拨入资金”科目核算。

（一）企业总部与内部各单位之间往来的核算

企业总部应按各独立核算单位设置二级明细科目，并按往来业务内容进行分类辅助核算，如：内部往来—××××单位—××××税费往来、××××工程款往来、内部借款、借款利息、其他代收代付。各项目部应设：内部往来—公司总部—××××税费往来、工程款往来、内部借款、借款利息、其他代付代收。

（二）内部各单位之间往来核算

各内部独立核算单位之间的往来款项，可以通过施工企业总部集中结算，以便掌握所属内部单位之间的结算情况，也可以由各内部单位直接结算，以简化结算手续。

（1）通过公司集中结算，即各单位之间的往来结算，都要作为各单位与企业总部之间的结算，通过公司办理结算手续。

【例2-9】如某工程有限公司的机械化分公司（内部独立核算）为一分公司（内部独立核算）的甲工程提供机械作业服务，根据机械化分公司填制的“内部转账通知书”，结算机械使用费8 800元。公司各方应作会计分录如下：

①机械化分公司应作会计分录：

借：内部往来—公司总部—工程款往来	8 800
贷：其他业务收入	8 000
应交税费—应交增值税（销项税额）	800

②公司总部应作会计分录：

借：内部往来——分公司—工程款往来	8 800
贷：内部往来—机械化分公司—工程款往来	8 800

③一分公司应作会计分录：

借：工程施工—合同成本—甲工程	8 000
应交税费—应交增值税（进项税额）	800
贷：内部往来—公司总部—工程款往来	8 800

④月末，公司总部代所属单位申报增值税

借：内部往来—机械化分公司—增值税费往来	800
贷：应交税费—应交增值税（销项税额）	800

同时：

借：应交税费—应交增值税（进项税额）	800
贷：内部往来——分公司—增值税费往来	800

⑤机械化分公司结转应交税款

借：应交税费—应交增值税（销项税额）	800
贷：内部往来—公司总部—增值税费往来	800

⑥一分公司结转应交税款

借：内部往来—公司总部—增值税费往来	800
贷：应交税费—应交增值税（进项税额）	800

采用这种核算方法，便于掌握所属内部单位之间的结算情况，但账务核对工作量大，公司财务部门应经常或定期与所属单位核对账目，如发现有未达账项或记账差错应及时调整。

（2）各单位直接结算

即各内部独立核算单位间发生的日常结算业务，由各单位直接进行结算。

【例2-10】仍以【例2-9】为例，假定机械化公司直接向一公司办理结算，各方应作会计分录如下：

①机械化分公司应作会计分录：

借：内部往来——一分公司—工程款往来	8 800
贷：其他业务收入	8 000
应交税费—应交增值税（销项税额）	800

②一分公司应作会计分录：

借：工程施工—合同成本—甲工程	8 000
应交税费—应交增值税（进项税额）	800
贷：内部往来—机械化分公司—工程款往来	8 800

③月末，公司总部代所属单位申报增值税

借：内部往来—机械化分公司—增值税费往来	800
贷：应交税费—应交增值税（销项税额）	800

同时：

借：应交税费—应交增值税（进项税额）	800
贷：内部往来——一分公司—增值税费往来	800

④机械化分公司结转应交税款

借：应交税费—应交增值税（销项税额）	800
贷：内部往来—公司总部—增值税费往来	800

⑤一分公司结转应交税款

借：内部往来—公司总部—增值税费往来	800
贷：应交税费—应交增值税（进项税额）	800

公司总部财务应督促各内部独立核算单位对账，各方将相互结算款项核对无误后，及时进行清算。

（三）企业拨给非独立核算的内部单位的周转金，应在“内部往来—××××单位—备用金”科目核算

（四）内部往来核算凭证

为了保证内部往来对账的准确性，内部往来应该逐笔制作凭证并登记账簿。

内部往来结算的凭证主要是“代付（或代收）款通知单”及其所附的原始凭证，在集中结算方式下，“代付（或代收）款通知单”应填制一式三联，一联由填制单位自留，其余两联连同原始凭证送交企业总部，由企业集中办理结算，将其中一联连同原始凭证转送对方单位，另一联留于企业总部据以记账。

在直接结算方式“代付（或代收）款通知单”只需填制一式两联，一联由填制单位自留，作为记账依据，另一联连同原始凭证送交对方单位，作为内部往来结算依据。

二、拨付所属资金的核算

（一）拨付所属资金的核算方法

拨付所属资金是指企业拨付所属内部独立核算单位用于生产和经营的资金。企业拨付所属资金的总分类核算，是通过设置“拨付所属资金”总账科目进行的。本科目借方核算企业拨付给内部独立核算单位的资金，贷方核算从所属内部独立核算单位收回的资金，借方余额反映企业拨付给所属内部独立核算单位的资金的期末数额。拨付所属资金应在总账科目下按内部独立核算单位的户名设置明细账进行明细分类核算。

企业所属内部独立核算单位收到上级企业拨给的用于生产经营使用的资金。应设置“上级拨入资金”总账科目进行总分类核算。本科目借方核算上级企业从本单位收到的拨入资金。贷方核算上级企业实际拨入的资金，贷方余额反映上一级企业拨入资金的数额。所属内部独立核算单位与上级企业之间因购销和其他业务所发生的债权债务和收付款项等，应在“内部往来”科目核算，不在以上两个科目核算。

（二）拨付所属资金与上级拨入资金的对账与调节

上级企业的“拨付所属资金”科目的记录应与各所属内部独立核算单位的“上级拨入资金”科目的有关记录相互一致。拨付所属资金的对账与调节与内部往来的对账与调节方法相同。

第五节

金融资产和金融负债的分类和重分类

金融资产和金融负债的分类是确认和计量的基础。企业应当根据其管理金融资产的业务模式和金融资产的合同现金流量特征，对金融资产进行合理的分类。金融资产一般划分为以下三类：

（1）以摊余成本计量的金融资产；

（2）以公允价值计量且其变动计入其他综合收益的金融资产；

（3）以公允价值计量且其变动计入当期损益的金融资产。

同时，企业应当结合自身业务特点和风险管理的要求，对金融负债进行合理的分类。

对金融资产和金融负债的分类一经确定，不得随意变更。

一、金融资产的分类

（一）关于企业管理金融资产的业务模式

1. 业务模式评估

企业管理金融资产的业务模式，是指企业如何管理其金融资产以产生现金流量。业务模式决定企业所管理金融资产现金流量的来源是收取合同现金流量、出售金融资产还是两者兼有。

一个企业可能会采用多个业务模式管理其金融资产。比如，企业持有一组以收取合同现金流量为目标的投资组合，同时还持有另一组以收取合同现金流量为目标又以出售该金融资产为目标的投资组合。

企业确定其管理金融资产的业务模式时，应当注意以下方面：

（1）企业应当在金融资产组合的层次上确定管理金融资产的业务模式，而不必按照单个金融资产逐项确定业务模式。金融资产组合的层次应当反映企业管理该金融资产的层次。有些情况下，企业可能将金融资产组合分拆为更小的组合，以便合理反映企业管理该金融资产的层次。比如，企业购买一个抵押贷款组合，以收取合同现金流量为目标管理该组合中的一部分贷款，以出售为目标管理该组合中的其他贷款，则属于这种情况。

（2）企业应当以企业关键管理人员决定的对金融资产进行管理的特定业务目

标为基础，确定管理金融资产的业务模式。企业的业务模式并非企业自愿指定，而是一种客观事实，通常可以从企业为实现其设定目标而开展的特定活动中得以反映。企业应当考虑在业务模式评估日可获取的所有相关证据，包括企业评价和向关键管理人员报告金融资产业绩的方式、影响金融资产业绩的风险及其管理方式以及相关业务管理人员获得报酬的方式（比如报酬是基于所管理资产的公允价值还是所收取的合同现金流量）。

（3）企业应当以客观事实为依据，确定管理金融资产的业务模式，不得以按照合理预期不会发生的情形为基础确定。比如，对于某金融资产组合，如果企业预期仅在压力下将其出售，且企业合理预期该压力情形不会发生，则该压力情形不得影响企业对该类金融资产的业务模式评估。

此外，如果金融资产实际现金流量的实现方式不同于评估业务模式时的预期（如企业出售的金融资产数量超出或少于在对资产作出分类时的预期），只要企业在评估业务模式时已经考虑了当时所有可获得的相关信息，这一差异不构成企业财务报表的前期差错，也不改变企业在该业务模式下持有的剩余金融资产的分类。但是，企业在评估新的金融资产业务模式时，应当考虑这些信息。

2. 以收取合同现金流量为目标的业务模式

在以收取合同现金流量为目标的业务模式下，企业管理金融资产旨在通过在金融资产存续期内收取合同付款来实现现金流量，而不是通过持有并出售金融资产产生整体回报。

【例2-11】A企业购买了一个贷款组合，且该组合中有包含已发生信用减值的贷款。如果贷款 与借款人联系催收。同时，A企业签订了一项利率互换合同，将贷款组合的利率由浮动利率转换为固定利率。

本例中，A企业管理该贷款组合的业务模式是以收取合同现金流量为目标。即使A企业预期无法收取全部合同现金流量（部分贷款已发生信用减值），但并不影响其业务模式。此外，该企业签订利率互换合同也不影响贷款组合的业务模式。

3. 以收取合同现金流量和出售金融资产为目标的业务模式

在以收取合同现金流量和出售金融资产为目标的业务模式下，企业的关键管理人员认为收取合同现金流量和出售金融资产对于实现其管理目标而言都是不可或缺的。比如，企业的目标是管理日常流动性需求同时维持特定的收益率，或将金融资产的存续期与相关负债的存续期进行匹配。

与以收取合同现金流量为目标的业务模式相比，此业务模式涉及的出售通常频率更高、价值更大。因为出售金融资产是此业务模式的目标之一，在该业务模式下不存在出售金融资产的频率或者价值的明确界限。

【例2-12】A银行持有金融资产组合以满足其每日流动性需求。A银行为了降低其管理流动性需求的成本，高度关注该金融资产组合的回报。组合回报包括收取的合同付款和出售金融资产的利得或损失。

本例中，A银行管理该金融资产组合的业务模式以收取合同现金流量和出售金融资产为目标。

4. 其他业务模式

如果企业管理金融资产的业务模式，不是以收取合同现金流量为目标，也不是既以收取合同现金流量又出售金融资产来实现其目标，该金融资产应当分类为以公允价值计量且其变动计入当期损益的金融资产。比如，企业持有金融资产的目的是交易性的或者基于金融资产的公允价值作出决策并对其进行管理。在这种情况下，企业管理金融资产的目标是通过出售金融资产以实现现金流量。即使企业在持有金融资产的过程中会收取合同现金流量，企业管理金融资产的业务模式不是既以收取合同现金流量又出售金融资产来实现其目标，因为收取合同现金流量对实现该业务模式的目标来说只是附带性质的活动。

（二）关于金融资产的合同现金流量特征

金融资产的合同现金流量特征，是指金融工具合同约定的、反映相关金融资产经济特征的现金流量属性。企业分类为以摊余成本计量的金融资产和以公允价值计量且其变动计入其他综合收益的金融资产，其合同现金流量特征应当与基本借贷安排相一致。即相关金融资产在特定日期产生的合同现金流量仅为对本金和以未偿付本金金额为基础的利息的支付。

本金是指金融资产在初始确认时的公允价值，本金金额可能因提前还款等原因在金融资产的存续期内发生变动；利息包括对货币时间价值、与特定时期未偿付本金金额相关的信用风险、以及其他基本借贷风险、成本和利润的对价。其中，货币时间价值是利息要素中仅因为时间流逝而提供对价的部分，不包括为所持有金融资产的其他风险或成本提供的对价，但货币时间价值要素有时可能存在修正。在货币时间价值要素存在修正的情况下，企业应当对相关修正进行评估，已确定其是否满足上述合同现金流量特征的要求。此外，金融资产包含可能导致其合同现金流量的时间分布或金额发生变更的合同条款（如包含提前还款特征）的，企业应当对相关条款进行评估（如评估提前还款特征的公允价值是否非常小），以确定其是否满足上述合同现金流量特征的要求。

（三）金融资产的具体分类

（1）金融资产同时符合下列条件的，应当分类为以摊余成本计量的金融资产：

1）企业管理该金融资产的业务模式是以收取合同现金流量为目标。

2）该金融资产的合同条款规定，在特定日期产生的现金流量，仅为对本金和以未偿付本金金额为基础的利息的支付。

企业一般应当设置“银行存款”、“贷款”、“应收账款”、“债权投资”等科目核算分类为以摊余成本计量的金融资产。

（2）金融资产同时符合下列条件的，应当分类为以公允价值计量且其变动计入其他综合收益的金融资产：

1）企业管理该金融资产的业务模式既以收取合同现金流量为目标又以出售该金融资产为目标。

2）该金融资产的合同条款规定，在特定日期产生的现金流量，仅为对本金和以未偿付本金金额为基础的利息的支付。

比如，企业持有的普通债券的合同现金流量是到期收回本金及按照约定利率在合同期间按时收取固定或浮动利息的权利。在没有其他特殊安排的情况下，普通债券的合同现金流量一般情况下可能符合仅为对本金和未偿付本金金额为基础的利息支付的要求，如果企业管理该债券的业务模式既以收取合同现金流量为目标又以出售该债券为目标，则该债券应当分类为以公允价值计量且其变动计入其他综合收益的金融资产。

企业应当设置“其他债权投资”科目核算分类为以公允价值计量且其变动计入其他综合收益的金融资产。

（3）按照上述（1）和（2）分类为以摊余成本计量的金融资产和以公允价值计量且其变动计入其他综合收益的金融资产之外的金融资产，企业应当将其分类为以公允价值计量且其变动计入当期损益的金融资产。比如，企业持有的普通股股票的合同现金流量是收取被投资企业未来股利分配以及其清算时获得剩余收益的权利。由于股利及获得剩余收益的权利不符合本金和利息的定义，因此企业持有的普通股股票应当分类为以公允价值计量且其变动计入当期损益的金融资产。

企业应当设置“交易性金融资产”科目核算以公允价值计量且其变动计入当期损益的金融资产。企业持有的直接指定为以公允价值计量且其变动计入当期损益的金融资产，也在本科目核算。

（四）金融资产分类的特殊规定

权益工具投资的合同现金流量评估一般不符合基本借贷安排，因此只能分类为以公允价值计量且其变动计入当期损益的金融资产。然而在初始确认时，企业可以将非交易性权益工具投资指定为以公允价值计量且其变动计入其他综合收益的金融资产，并按规定确认股利收入。该指定一经作出，不得撤销。企业投资其他上市公司股票或者非上市公司股权的，都可能属于这种情形。

初始确认时，企业可基于单项非交易性权益工具投资，将其指定为以公允价值计量且其变动计入其他综合收益的金融资产，其公允价值的后续变动计入其他综合收益，不需计提减值准备。除了获得的股利（明确代表投资成本部分收回的股利除外）计入当期损益外，其他相关的利得和损失（包括汇兑损益）均应当计入其他综合收益，且后续不得转入当期损益。当金融资产终止确认时，之前计入其他综合收益的累计利得或损失应当从其他综合收益转出，计入留存收益。

需要注意的是，企业在非同一控制下的企业合并中确认的或有对价构成金融资产的，该金融资产应当分类为以公允价值计量且其变动计入当期损益的金融资产，不得指定为以公允价值计量且其变动计入其他综合收益的金融资产。

二、金融负债的分类

（一）除下列各项外，企业应当将金融负债分类为以摊余成本计量的金融负债

（1）以公允价值计量且其变动计入当期损益的金融负债，包括交易性金融负债（包含属于金融负债的衍生工具）和指定为以公允价值计量且其变动计入当期损益的金融负债。在非同一控制下的企业合并中，企业作为购买方确认的或有对价形成的金融负债的，该金融负债应当按照以公允价值计量且其变动计入当期损益进行会计处理。

金融资产或金融负债满足下列条件之一的，表明企业持有该金融资产或承担该金融负债的目的是交易性的：

1）取得相关金融资产或承担相关金融负债的目的，主要是为了近期出售或回购。比如，企业以赚取差价为目的从二级市场购入的股票、债券和基金等或者发行人根据债务工具的公允价值变动计划在近期回购的有公开市场报价的债务工具。

2）相关金融资产或金融负债在初始确认时属于集中管理的可辨认金融工具组合的一部分，且有客观证据表明近期实际存在短期获利模式。在这种情况下，即使组合中有某个组成项目持有的期限稍长也不受影响。其中，“金融工具组合”指金融资产组合或金融负债组合。

3）相关金融资产或金融负债属于衍生工具。但符合财务担保合同定义的衍生工具以及被指定为有效套期工具的衍生工具除外。比如，未作为套期工具且公

允价值为负的利率互换，或者未作为套期工具的签出外汇期权。

（2）金融资产转移不符合终止确认条件或继续涉入被转移金融资产所形成的金融负债。对此类负债，企业应当按照本章第七节相关规定进行计量。

（3）部分财务担保合同，以及不属于以公允价值计量且其变动计入当期损益的金融负债的以低于市场利率贷款的贷款承诺。企业作为此类金融负债发行方的，应当在初始确认后按照损失准备金额以及初始确认金额扣除依据《企业会计准则第14号——收入》相关规定所确定的累计摊销额后的余额孰高进行计量。

（二）公允价值选择权

在初始确认时，为了提供更相关的会计信息，企业可以将一项金融资产、一项金融负债或者一组金融工具（金融资产、金融负债或者金融资产及负债）指定为以公允价值计量且其变动计入当期损益的金融资产或金融负债，但该指定应当满足下列条件之一：

（1）金融资产或金融负债能够消除或显著减少会计错配。比如，有些金融资产被分类为以公允价值计量且其变动计入当期损益的金融资产，但与之直接相关的金融负债却划分为以摊余成本进行后续计量的金融负债，从而导致会计错配。如果将以上金融负债直接指定为以公允价值计量且其变动计入当期损益类别，那么这种会计错配就能消除。

企业拥有某金融资产且承担某金融负债，该金融资产和金融负债承担某种相同的风险（比如利率风险），且各自的公允价值变动方向相反、趋势相互抵销。但是，其中只有部分金融资产或金融负债以公允价值计量且其变动计入当期损益的。套期会计有效性难以达到套期会计要求时，也会出现类似问题。在这些情况下，如果将所有这些资产和负债均进行公允价值指定，也可以消除会计错配现象。

企业拥有某金融资产且承担某金融负债，该金融资产和金融负债承担某种相同的风险，且各自的公允价值变动方向相反、趋势相互抵销。但是，因为这些金融资产或金融负债没有一项是以公允价值计量且其变动计入当期损益的，不满足套期工具的条件，从而使企业不具备运用套期会计方法的条件。由于不能运用套期会计方法，从而出现在相关利得或损失的确认方面存在重大不一致。在这种情况下，如果将该金融资产和金融负债进行公允价值指定，则可以消除会计错配。

需要指出的是，对于上述情况，实务中企业可能难以做到将所涉及的金融资产和金融负债在同一时间进行公允价值指定。如果企业能够做到将每项相关交易在初始确认时予以公允价值指定，且能预期剩下的交易将会发生，那么合理的延迟是可以。此外，公允价值选择权只能应用于一项金融工具的整体，不能是某一组成部分。

（2）根据正式书面文件载明的企业风险管理或投资策略，以公允价值为基础对金融负债组合或金融资产和金融负债组合进行管理和业绩评价，并在企业内部以此为基础向关键管理人员报告。以公允价值为基础进行管理的金融资产组合，由于其按照规定已经被分类为以公允价值计量且其变动计入当期损益的金融资产，因此，不需要将此条件的公允价值选择权应用于金融资产。此项条件着重企业日常管理和评价业绩的方式，而不是关注金融工具组合中各组成部分的性质。

企业将一项金融资产、一项金融负债或者一组金融工具（金融资产、金融负债或金融资产及负债）指定为以公允价值计量且其变动计入当期损益的，一经作出不得撤销。

三、金融工具的重分类

（一）金融工具重分类的原则

企业改变其管理金融资产的业务模式时，应当按照规定对所有受影响的相关金融资产进行重分类。企业对所有金融负债不得进行重分类。所以，金融资产（即非衍生债权资产）可以在以摊余成本计量、以公允价值计量且其变动计入其他综合收益和以公允价值计量且其变动计入当期损益的金融资产之间进行重分类。企业管理金融资产业务模式的变更是一种极其少见的情形。

企业对金融资产进行重分类，应当自重分类日起采用未来适用法进行相关会计处理，不得对以前已经确认的利得、损失（包括减值损失或利得）或利息进行追溯调整。重分类日，是指导致企业对金融资产进行重分类的业务模式发生变更后的首个报告期间的第一天。比如，A上市公司决定于2018年9月18日改变某金融资产的业务模式，则重分类日为2018年10月1日（即下一个季度会计期间的期初）；B上市公司决定于2018年10月18日改变某金融资产的业务模式，则重分类日为2019年1月1日。

需要注意的是，如果企业管理金融资产的业务模式没有发生变更，而金融资产的条款发生变更但未导致终止确认时，不允许重分类。如果金融资产条款发生变更导致金融资产终止确认的，不属于重分类，企业应当终止确认原金融资产，同时按照变更后的条款确认一项新的金融资产。

（二）金融资产重分类的计量

1. 以摊余成本计量的金融资产的重分类

（1）企业将一项以摊余成本计量的金融资产重分类为以公允价值计量且其变动计入当期损益的金融资产的，应当按照该资产在重分类日的公允价值进行计量。原账面价值与公允价值之间的差额计入当期损益。

（2）企业将一项以摊余成本计量的金融资产重分类为以公允价值计量且其变动计入其他综合收益的金融资产的，应当按照该资产在重分类日的公允价值进行计量。原账面价值与公允价值之间的差额计其他综合收益。该金融资产重分类不影响其实际利率和预期信用损失的计量。

2. 以公允价值计量且其变动计入其他综合收益的金融资产的重分类

（1）企业将一项以公允价值计量且其变动计入其他综合收益的金融资产重分类为以摊余成本计量的金融资产的，应当将之前计入其他综合收益的累计利得或损失转出，调整该金融资产在重分类日的公允价值，并以调整后的金额作为新的账面价值，即视同该金融资产一直以摊余成本计量。该金融资产重分类不影响其实际利率和预期信用损失的计量。

（2）企业将一项以公允价值计量且其变动计入其他综合收益的金融资产重分类为以公允价值计量且其变动计入当期损益的金融资产的，应当继续以公允价值计量该金融资产。同时，企业应当将之前计入其他综合收益的累计利得或损失从其他综合收益转入当期损益。

3. 以公允价值计量且其变动计入当期损益的金融资产的重分类

（1）企业将一项以公允价值计量且其变动计入当期损益的金融资产重分类为以摊余成本计量的金融资产的，应当以其在重分类日的公允价值作为新的账面余额。

（2）企业将一项以公允价值计量且其变动计入当期损益的金融资产重分类为以公允价值计量且其变动计入其他综合收益的金融资产的，应当继续以公允价值计量该金融资产。

对以公允价值计量且其变动计入当期损益的金融资产进行重分类的，企业应当根据该金融资产在重分类日公允价值确定其实际利率。同时，企业应当自重分类日起对该金融资产适用金融资产减值的相关规定，并将重分类日视为初始确认日。

第六节

金融负债和权益工具的区分

一、金融负债和权益工具的区分

（一）金融负债和权益工具区分的总体要求

按照《企业会计准则第37号——金融工具列报》要求，企业发行金融工具，应当按照该金融工具的合同条款及其所反映的经济实质而非法律形式，结合金融资产、金融负债和权益工具的定义，在初始确认时将该金融工具或其组成部分分类为金融资产、金融负债或权益工具。

1. 金融负债和权益工具的定义

金融负债，是指企业符合下列条件之一的负债：（1）向其他方交付现金或其他金融资产的合同义务。（2）在潜在不利条件下，与其他方交换金融资产或金融负债的合同义务。（3）将来须用或可用企业自身权益工具进行结算的非衍生工具合同，且企业根据该合同将交付可变数量的自身权益工具。（4）将来须用或可用企业自身权益工具进行结算的衍生工具合同，但以固定数量的自身权益工具交换固定金额的现金或其他金融资产的衍生工具合同除外。企业对全部现有同类别非衍生自身权益工具的持有方同比例发行配股权、期权或认股权证，使之有权按比例以固定金额的任何货币换取固定数量的该企业自身权益工具的，该类自己股权、期权或认股权证应当分类为权益工具。其中，企业自身权益工具不包括应按照特殊金融工具（指符合金融负债定义，但同时具有一定特征的可出售工具，以及符合金融负债定义，但同时具有一定特征的发行方仅在清算时才有义务向另一方按比例交付其净资产的金融工具。下同）分类为权益工具的金融工具，也不包括本身就要求在未来收取或交付企业自身权益工具的合同。

权益工具，是指能证明拥有某个企业在扣除所有负债后的资产中的剩余权益的合同。在同时满足下列条件的情况下，企业应当将发行的金融工具分类为权益工具：

（1）该金融工具应当不包括交付现金或其他金融资产给其他方，或在潜在不利条件下与其他方交换金融资产或金融负债的合同义务；

（2）将来须用或可用企业自身权益工具结算该金融工具。如为非衍生工具，该金融工具应当不包括交付可变数量的自身权益工具进行结算的合同义务；如为衍生工具，企业只能通过以固定数量的自身权益工具交换固定金额的现金或其他金融资产结算该金融工具。其中，企业自身权益工具不包括应按照特殊金融工具分类为权益工具的金融工具，也不包括本身就要求在未来收取或交付企业自身权益工具的合同。

2. 区分金融负债和权益工具需考虑的因素

（1）合同所反映的经济实质。在判断一项金融工具是否应划分为金融负债或权益工具时，应当以相关合同条款及其所反映的经济实质而非仅以法律形式为依据。对金融工具合同所反映经济实质的评估应基于合同的具体条款，合同条款以外的因素一般不予考虑。

（2）工具的特征。有些金融工具可能既有权益工具的特征，又有金融负债的特征。例如，企业发行的某些优先股。因此，企业应当全面细致地分析此类金融工具各组成部分的合同条款，以确定其显示的是金融负债还是权益工具的特征，并进行整体评估，以判定整个工具应划分为金融负债、权益工具，还是既包括金融负债成分又包括权益工具成分的复合金融工具。

（二）金融负债和权益工具区分的基本原则

1. 是否存在无条件地避免交付现金或其他金融资产的合同义务

（1）如果企业不能无条件地避免以交付现金或其他金融资产来履行一项合同义务，则该合同义务符合金融负债的定义。实务中，常见的该类合同义务情形包括：

① 不能无条件地避免的赎回，即金融工具发行方不能无条件地避免赎回此金融工具。如果一项合同（除分类为权益工具的特殊金融工具外）使发行方承担了以现金或其他金融资产回购自身权益工具的义务，即使发行方的回购义务取决于合同对手方是否行使自售权，发行方亦应当在初始确认时将该义务确认为一项金融负债，其金额等于回购所需支付金额的现值（如远期回购价格的现值、弃权行权价格的现值或其他回售金额的现值）。如果发行方最终无须以现金或其他金融资产回购自身权益工具，应当在合同对手方回售权到期时将该项金融负债按照账面价值重分类为权益工具。

② 强制付息，即金融工具发行方被要求强制支付利息。例如，一项以面值人民币1亿元发行的优先股要求每年按 6%的股息率支付优先股股息。则发行方承担了支付未来每年 6% 股息的合同义务，应当就该强制付息的合同义务确认金融负债。又如，企业发行的一项永续债，无固定还款期限且不可赎回、每年按8%的利率强制付息。尽管该项工具的期限永续且不可赎回，但由于企业承担了以利息形式永续支付现金的合同义务，因此符合金融负债的定义。

需要说明的是，对企业履行交付现金或其他金融资产的合同义务能力的限制（如无法获得外币、需要得到有关监管部门的批准才能支付或其他法律法规的限制等），并不能解除企业就该金融工具所承担的合同义务，也不能表明该企业无需承担该金融工具的合同义务。

（2）如果企业能够无条件地避免交付现金或其他金融资产，例如能够根据相应的议事机制自主决定是否支付股息（即无支付股息的义务），同时所发行的金融工具没有到期日且持有方没有回售权、或虽有固定期限但发行方有权无限期递延（即无支付本金的义务），则此类交付现金或其他金融资产的结算条款不构成金融负债。如果发放股利由发行方根据相应的议事机制自主决定，则股利是累积股利还是非累积股利本身均不会影响该金融工具被分类为权益工具。

实务中，优先股等金融工具发行时还可能会附有与普通股股利支付相联结的合同条款。这类工具常见的联结条款包括“股利制动机制”“股利推动机制”等。“股利制动机制”的合同条款要求企业如果不宣派或支付（视具体合同条款而定，下同）优先股等金融工具的股利时，则其也不能宣派或支付普通股股利。“股利推动机制”的合同条款要求企业如果宣派或支付普通股股利时，则其也需宣派或支付优先股等金融工具的股利。如果优先股等金融工具所联结的是诸如普通股的股利，发行方根据相应的议事机制能够自主决定普通股股利的支付，则“股利制动机制”及“股利推动机制”本身均不会导致相关金融工具被分类为一项金融负债。

【例2-13】甲公司发行了一项年利率为8%、无固定还款期限、可自主决定是否支付利息的不可累积永续债，其他合同条款如下（假定没有其他条款导致该工具分类为金融负债）：

①该永续债嵌入了一项看涨期权，允许甲公司在发行第5年末及之后以面值回购该永续债。

②如果甲公司在第5年末没有回购该永续债，则之后的票息率增加至12%（通常称为“票息递增”特征）。

③该永续债票息在甲公司向其普通股股东支付股利时必须支付（即“股利推动机制”）。

假设：甲公司根据相应的议事机制能够自主决定普通股股利的支付；该公司发行该永续债之前多年来均支付普通股股利。

本例中，尽管甲公司多年来均支付普通股股利，但由于甲公司能够根据相应的议事机制自主决定普通股股利的支付，并进而影响永续债利息的支付，对甲公司而言，该永续债并未形成支付现金或其他金融资产的合同义务；尽管甲公司有可能在第5年末行使其回购权，但是甲公司并没有回购的合同义务，因此该永续债应整体被分类为权益工具。

（3）有些金融工具虽然没有明确地包含交付现金或其他金融资产义务的条款利条件，但有可能通过其他条款和条件间接地形成合同义务。

（4）判断一项金融工真是划分为权益工具还是金融负债，不受下列因素的影响：

①以前实施分配的情况；

②未来实施分配的意向；

③相关金融工具如果没有发放股利对发行方普通股的价格可能产生的负面影响；

④发行方各种储备（即，未分配利润等可供分配的权益）的金额；

⑤发行方对一段期间内的损益的预期；

⑥发行方是否有能力影响其当期损益。

2. 是否通过交付固定数量的自身权益工具结算

如果一项金融工具须用或可用企业自身权益工具进行结算，企业需要考虑用于结算该工具的自身权益工具，是作为现金或其他金融资产的替代品，还是为了使该工具持有方享有在发行方扣除所有负债后的资产中的剩余权益。如果是前者，该工具是发行方的金融负债；如果是后者，该工具是发行方的权益工具。因此，对于以企业自身权益工具结算的金融工具，其分类需要考虑所交付的自身权益工具的数量是可变的还是固定的。

对于将来须用或可用企业自身权益工具结算的金融工具的分类，应当区分衍生工具还是非衍生工具。例如，甲公司发行了一项无固定期限、能够自主决定支付本息的可转换优先股。按相关合同规定，甲公司将在第五年末将发行的该工具强制转换为可变数量的普通股。该可转换优先股是一项非衍生工具。又如，甲公司发行一项五年期分期付息到期还本，同时到期可转换为甲公司普通股的可转换债券。该可转换债券中嵌入的转换权是一项衍生工具。

（1）基于自身权益工具的非衍生工具。

对于非衍生工具，如果发行方未来有义务交付可变数量的自身权益工具进行结算，那该非衍生工具是金融负债；否则，该非衍生工具是权益工具。

某项合同并不仅仅因为其可能导致企业交付自身权益工具而成为一项权益工具。企业可能承担交付一定数量的自身股票或其他权益工具的合同义务，如果将交付的企业自身权益工具数量是变化的，使得将交付的企业自身权益工具的数量乘以其结算时的公允价值恰好等于合同义务的金额，则无论该合同义务的金额是固定的，还是完全或部分地基于除企业自身权益工具的市场价格以外变量（例如利率、某种商品的价格或某项金融工具的价格）的变动而变化，该合同应当分类为金融负债。

【例2-14】甲公司与乙公司签订的合同约定，甲公司以100万元等值的自身权益工具偿还所欠乙公司债务。

本例中，甲公司需偿还的负债金额100万元是固定的，但甲公司需交付的自身权益工具的数量随着其权益工具市场价格的变动而变动。在这种情况下，甲公司发行的该金融工具应当划分为金融负债。

【例2-15】甲公司与乙公司签订的合同约定，甲公司以100盎司黄金等值的自身权益工具偿还所欠乙公司债务。

本例中，甲公司需偿还的负债金额随黄金价格变动而变动，同时，甲公司需交付的自身权益工具的数量随着其权益工具市场价格的变动而变动。在这种情况下，该金融工具应当划分为金融负债。

【例2-16】甲公司发行了名义金额人民币100元的优先股，合同条款规定甲公司在3年后将优先股强制转换为普通股，转股价格为转股日前一工作日的该普通股市价。

本例中，转股价格是变动的，未来须交付的普通股数量是可变的，实质可视作甲公司将在3年后使用自身普通股并按其市价履行支付优先股每股人民币100元的义务。在这种情况下，该强制可转换优先股整体是一项金融负债。

在上述3个例子中，虽然企业通过交付自身权益工具来结算合同义务，该合同仍属于一项金融负债，而并非企业的权益工具，因为企业以可变数量的自身权益工具作为合同结算方式，该合同不能证明持有方享有发行方在扣除所有负债后的资产中的剩余权益。

（2）基于自身权益工具的衍生工具。

对于衍生工具，如果发行方只能通过以固定数量的自身权益工具交换固定金额的现金或其他金融资产进行结算（即“固定换固定”），则该衍生工具是权益工具；如果发行方以固定数量自身权益工具交换可变金额现金或其他金融资产，或以可变数量自身权益工具交换固定金额现金或其他金融资产，或以可变数量自身权益工具交换可变金额现金或其他金融资产，则该衍生工具应当确认为衍生金融负债或衍生金融资产。因此，除非满衍生金融资产。例如，发行在外的股票期权赋予了工具持有方以固定价格购买固定数量的企业股票的权利。该合同的公允价值可能会随着股票价格以及市场利率的波动而变动。但是，只要该合同的公允价值变动不影响结算时发行方可收取的现金或其他金融资产的金额，也不影响需交付的权益工具的数量，则发行方应将该股票期权作为一项权益工具处理。

运用上述“固定换固定”原则来判断会计分类的金融工具常见于可转换债券，具备转股条款的永续债、优先股等。实务中，转股条款呈现的形式可能纷繁复杂，发行方应审慎确定其合同条款及所反映的经济实质是否能够满足“固定换固定”原则。

需要说明的是，在实务中，对于附有可转换为普通股条款的可转换债券等金融工具，在其转换权存续期内，发行方可能发生新的融资或者与资本结构调整有关的经济活动，例如股份拆分或合并、配股、转增股本、增发新股、发放现金股利等。通常情况下，即使转股价初始固定，但为了确保此类金融工具持有方在发行方权益中的潜在利益不会被稀释，合同条款会规定在此类事项发生时，转股价将相应进行调整。此类对转股价格以及相应转股数量的调整通常称为“反稀释”调整。原则上，如果按照转股价格调整公式进行调整，可使得稀释事件发生之前和之后，每一份此类金融工具持有方所代表的发行方剩余利益与每一份现有普通股股东 所代表的剩余利益的比例保持不变，即此类金融工具持有方相对于现有普通股股东所享有的在发行方权益中的潜在相对利益保持不变，则这一调整被认为并不违背“固定换固定”原则。

实务中也存在某些实质上并不是“反稀释”调整的情况。例如，发行方在发行可转换债券之后，如果再以低于该可转换债券的转股价格增发新股时（即新股发行价格低于转股价格），转股价格要根据新股发行价格调整，以达到增加可转股数量的目的。此类对转股价格的调整条款是在单方面补偿工具持有方的利益，也就打破了这些工具持有方与普通股股东之间的相对经济利益的平衡。因此，这样的调整条款违背了“固定换固定”原则。

【例2-17】甲公司于2×13年2月1日向乙公司发行以自身普通股为标的看涨期权。根据该期权合同，如果乙公司行权（行权价为102元），乙公司有权以每股102元的价格从甲公司购入普通股1 000股。其他有关资料如下：

（1）合同签订日	2×13年2月1日
（2）行权日（欧式期权）	2×14年1月31日
（3）2×13年2月1日每股市价	100元
（4）2×13年12月31日每股市价	104元
（5）2×14年1月31日每股市价	104元
（6）2×14年1月31日应支付的固定行权价格	102元
（7）期权合同中的普通股数量	1 000股

（8）2×13年2月1日期权的公允价值　5 000元

（9）2×13年12月31日期权的公允价值　3 000元

（10）2×14年1月31日期权的公允价值　2 000元

情形1：期权将以现金净额结算

甲公司：2×14年1月31日，假设以现金总额方式结算，应向乙公司支付相当于公司普通股1 000股市值的金额。

乙公司：同日，假设以现金总额方式结算，应向甲公司支付1 000股×102 = 102 000（元）。

甲公司的会计处理如下：

①2×13年2月1日，确认发行的看涨期权：

借：银行存款　5 000

　　贷：衍生工具—看涨期权　5 000

②2×13年12月31日，确认期权公允价值减少：

借：衍生工具—看涨期权　2 000

　　贷：公允价值变动损益　2 000

③2×14年1月31日，确认期权公允价值减少：

借：衍生工具—看涨期权　1 000

　　贷：公允价值变动损益　1 000

在同一天，乙公司行使了该看涨期权，合同以现金净额方式进行结算。甲公司有义务向乙公司交付104 000元（即：104×1 000），并从乙公司收取102 000元（即102×1 000），甲公司实际支付净额为2 000元。反映看涨期权结算的账务处理如下：

借：衍生工具—看涨期权　2 000

　　贷：银行存款　2 000

情形2：期权将以普通股净额结算

除期权以普通股净额结算外，其他资料与情形1相同。甲公司实际向乙公司交付普通股数量约为19.230 8（2 000/104）股，因交付的普通股数量须为整数，实际支付19股，余下的金额（24元）将以现金方式支付。因此，甲公司除以下账务处理外，其他账务处理与情形1相同。

2×14年1月31日：

借：衍生工具—看涨期权　2 000

　　贷：股本　19

　　　　资本公积—股本溢价　1 957

　　　　银行存款　24

情形3：期权将以普通股总额结算

除甲公司以约定的固定数量的自身普通股交换固定金额现金外，其他资料与情形1相同。因此，乙公司有权于2×14年1月31日以102 000元（即102×1 000）购买甲公司1 000股普通股。甲公司的会计处理如下：

① 2×13年2月1日，确认发行的看涨期权：

借：银行存款	5 000
贷：其他权益工具	5 000

由于甲公司将以固定数量的自身股票换取固定金额现金，应将该衍生工具确认为权益工具。

② 2×13年12月31日：

由于该期权合同确认为权益工具，无须进行后续的重新计量。甲公司无需就该期权的公允价值变动作出会计处理，因此无需在2×13年12月31日编制会计分录。

③ 2×14年1月31日，乙公司行权：

借：现金	102 000
其他权益工具	5 000
贷：股本	1 000
资本公积—股本溢价	106 000

由于该看涨期权是价内期权（行权价格每股102元小于市场价格每股104元），乙公司在行权日行使了该期权，向甲公司支付了102 000元以获取1 000股甲公司股票。

（三）以外币计价的配股权、期权或认股权证

如果企业的某项合同是通过固定金额的外币（即企业记账本位币以外的其他货币）交换固定数量的自身权益工具进行结算，由于固定金额的外币代表的是以企业记账本位币计价的可变金额，因此不符合"固定换固定"原则。但是，对以外币计价的配股权、期权或认股权证提供了一个例外情况：企业对全部现有同类别非衍生自身权益工具的持有方同比例发行配股权、期权或认股权证，使之有权按比例以固定金额的任何货币交换固定数量的该企业自身权益工具的，该类配股权、期权或认股权证应当分类为权益工具。

这是一个范围很窄的例外情况，不能以类推方式适用于其他工具（例如，以外币计价的可转换债券和并非按比例发行的配股权、期权或认股权证）。

【例2-18】一家在多地上市的企业，向其所有的现有普通股股东提供每持有2股股份可购买其1股普通股的权利（配股比例为2股配1股），配股价格为配股当日股价的70%。由于该企业在多地上市，受到各地区当地的法规限制，配股权行

权价的币种须与当地货币一致。

本例中，由于企业是按比例向其所有同类普通股股东提供配股权，该配股权应当分类为权益工具。

（四）或有结算条款

附有或有结算条款的金融工具，指是否通过交付现金或其他金融资产进行结算，或者是否以其他导致该金融工具成为金融负债的方式进行结算，需要由发行方和持有方均不能控制的未来不确定事项（如股价指数、消费价格指数变动，利率或税法变动，发行方未来收入、净收益或债务权益比率等）的发生或不发生（或发行方和持有方均不能控制的未来不确定事项的结果）来确定的金融工具。对于附有或有结算条款的金融工具，发行方不能无条件地避免交付现金、其他金融资产或以其他导致该工具成为金融负债的方式进行结算的，应当分类为金融负债。但是，满足下列条件之一的，发行方应当将其分类为权益工具：①要求以现金、其他金融资产或以其他导致该工具成为金融负债的方式进行结算的或有结算条款几乎不具有可能性，即相关情形极端罕见、显著异常或几乎不可能发生。②只有在发行方清算时，才需以现金、其他金融资产或以其他导致该工具成为金融负债的方式进行结算。③特殊金融工具中分类为权益工具的可回售工具。

实务中，出于对自身商业利益的保障和公平原则考虑，合同双方会对一些不能由各自控制的情况下是否要求支付现金（包括股票）作出约定，这些“或有结算条款”可以包括与外部市场有关的、与发行方自身情况有关的事项等。出于防止低估负债和防止通过或有条款的设置来避免对复合工具中负债成分进行确认的目的，除非能够证明或有事件是极端罕见、显著异常或几乎不可能发生的情况或者仅限于清算事件，准则规定，发行方需要针对这些条款确认金融负债。例如，甲公司发行了一项永续债，每年按照合同条款支付利息，但同时约定其利息只在发行方有可供分配利润时才需支付，如果发行方可供分配利润不足则可能无法履行该项支付义务。虽然利息的支付取决于是否有可供分配利润使得利息支付义务成为或有情况下的义务，但是甲公司并不能无条件地避免支付现金的合同义务，因此该公司应当将该永续债划分为一项金融负债。

如果合同的或有结算条款要求只有在发生了极端罕见、显著异常或几乎不可能发生的事件后才能以现金、其他金融资产或以其他导致该工具成为金融负债的方式进行结算，那么可视为一项不具有可能性的条款。如果一项合同只有在上述不具有可能性的事件发生时才须以现金、其他金融资产或以其他导致该工具成为金融负债的方式进行结算，对金融工具进行分类时，不需要考虑这些或有结算条款，应将该合同确认为一项权益工具。类似地，合同可能规定在企业无法控制的情况发生时，以可变数量的企业自身权益工具进行结算。只有无法控制的情况的发生不具有可能性时，企业才能不考虑这些情况，而将该合同划分为权益工具。

【例2–19】甲公司发行1亿元优先股。按合同条款约定，甲公司可根据相应的议事机制自行决定是否派发股利，如果甲公司的控股股东发生变更（假设该事项不受甲公司控制），甲公司必须按面值赎回该优先股。

本例中，该或有事项（控股股东变更）不受甲公司控制，属于或有结算事项。同时，该事项的发生或不发生也并非不具有可能性。由于甲公司不能无条件地避免赎回股份的义务，因此，该工具应当划分为一项金融负债。

（五）结算选择权

对于存在结算选择权的衍生工具（例如，合同规定发行方或持有方能选择以现金净额或以发行股份交换现金等方式进行结算的衍生工具），发行方应当将其确认为金融资产或金融负债，但所有可供选择的结算方式均表明该衍生工具应当确认为权益工具的除外。

常见的结算选择权，例如，为防止附有转股权的金融工具的持有方行使转股权时导致发行方的普通股股东的股权被稀释，发行方会在衍生工具合同中要求加入一项现金结算选择权：发行方有权以等值于所应交付的股票数量乘以股票市价的现金金额支付给工具持有方，而不再发行新股。

如果转股权这样的衍生工具给予合同任何一方选择结算方式的权利，除非所有可供选择的结算方式均表明该衍生工具应当确认为权益工具，否则发行方应当将这样的转股权确认为衍生金融负债或衍生金融资产。

（六）合并财务报表中金融负债和权益工具的区分

在合并财务报表中对金融工具（或其组成部分）进行分类时，企业应考虑集团成员和金融工具的持有方之间达成的所有条款和条件，以确定集团作为一个整体是否由于该工具而承担了交付现金或其他金融资产的义务，或者承担了以其他导致该工具分类为金融负债的方式进行结算的义务。例如，某集团子公司发行一项金融工具，同时其母公司或集团其他成员与该工具的持有方达成了其他附加协议，母公司或集团其他成员可能对股份相关的支付金额（如股利）作出担保；或者另一集团成员可能承诺在该子公司不能支付预期款项时购买这些股份。在这种情形下，尽管集团子公司（发行方）在没有考虑这些附加协议的情况下，可能在其个别财务报表中对这项工具进行适当的分类，但是在合并财务报表中，集团成员与该工具的持有方之间的附加协议的影响意味着集团作为一个整体无法避免经济利益的转移。因此合并财务报表应当考虑这些附加协议，以确保从集团整体的角度反映所签订的所有合同和相关交易。只要集团作为一个整体由于该工具承担了交付现金、其他金融资产或以其他导致该工具成为金融负债的方式进行结算的义务，则该工具（或其中与上述义务相关的部分）在合并财务报表中就应当归类为金融负债。

【例2-20】甲公司为乙公司的母公司，其向乙公司的少数股东签出一份在未来6个月后以乙公司普通股为基础的看跌期权，如果6个月后乙公司股票价格下跌，乙公司少数股东有权要求甲公司无条件地以固定价格购入乙公司少数股东所持有的乙公司股份。

本例中，在甲公司个别财务报表，由于该看跌期权的价值随着乙公司股票价格的变动而变动，并将于未来约定日期进行结算，因此该看跌期权符合衍生工具的定义而确认为一项衍生金融负债。而在集团合并财务报表中，少数股东所持有的乙公司股份也是集团自身权益工具，由于看跌期权使集团整体承担了不能无条件地避免以现金或其他金融资产回购自身权益工具的合同义务，合并财务报表中应当将该义务确认为一项金融负债（尽管现金的支付取决于持有方是否行使期权），其金额等于回购所需支付金额的现值。

（七）特殊金融工具的区分

1. 可回售工具

可回售工具，是指根据合同约定，持有方有权将该工具回售给发行方以获取现金或其他金融资产的权利，或者在未来某一不确定事项发生或者持有方死亡或退休时，自动回售给发行方的金融工具。

符合金融负债定义，但同时具有下列特征的可回售工具，应当分类为权益工具：

（1）赋予持有方在企业清算时按比例份额获得该企业净资产的权利。企业净资产，是指扣除所有优先于该工具对企业资产要求权之后的剩余资产。按比例份额是指清算时将企业的净资产分拆为金额相等的单位，并且将单位金额乘以持有方所持有的单位数量；

（2）该工具所属的类别次于其他所有工具类别，即工具在归属于该类别前无须转换为另一种工具，且在清算时对企业资产没有优先于其他工具的要求权；

（3）该类别的所有工具具有相同的特征（例如它们必须都具有可回售特征，并且用于计算回购或赎回价格的公式或其他方法都相同）；

（4）除了发行方应当以现金或其他金融资产回购或赎回该工具的合同义务

外，该工具不满足金融负债定义中的任何其他特征；

（5）该工具在存续期内的预计现金流量总额，应当实质上基于该工具存续期内企业的损益、已确认净资产的变动、已确认和未确认净资产的公允价值变动（不包括该工具的任何影响）。

对于分类为权益工具的可回售工具的特征要求，需要说明以下几点：

（1）在企业清算时具有优先要求权的工具不是有权按比例份额获得企业净资产的工具。例如，如果一项工具使持有方有权在企业清算时享有除企业净资产份额之外的固定股利，而类别次于该工具的其他工具在企业清算时仅仅享有企业净资产份额，则该工具所属类别中所有工具均不属于在企业清算时有权按比例份额获得企业净资产的工具。

（2）在确定一项工具是否属于最次级类别时，应当评估若企业在评估日发生清算时该工具对企业净资产的要求权。同时，应当在相关情况发生变化时重新评估对该工具的分类。例如，如果企业发行或赎回了另一项金融工具，可能会影响对该工具是否属于最次级类别的评估结果。如果企业只发行一类金融工具，则可视为该工具属于最次级类别。

【例2-21】甲公司设立时发行了100单位A类股份，而后发行了10 000单位B类股份给其他投资人，B类股份为可回售股份。假定甲公司只发行了A、B两种金融工具，A类股份为甲公司最次级权益工具。

本例中，在甲公司的整个资本结构中，A类股份并不重大，且甲公司的主要资本来自B类股份，但由于B类股份并非甲公司发行的最次级的工具，因此不应当将B类股份归类为权益工具。

（3）除了发行方应当以现金或金融资产回购或赎回该工具的合同义务外，该工具不包括其他符合金融负债定义的合同义务。将特征限于该唯一义务可以确保有限范围的例外不能适用于具有除回售权以外其他合同义务的可回售工具。将具有除回售权以外的其他合同义务的可回售工具纳入有限范围的例外，会将可能不代表主体剩余权益的工具包括在内，因为持有方可能会对一些净资产拥有优先于其他工具持有方的要求权。

例如，企业发行的工具是可回售的，除了这一回售特征外，还在合同中约定每年必须向工具持有方按照净利润的一定比例进行分配，这一约定构成了一项交付现金的附加义务，因此，企业发行的这项可回售工具不应分类为权益工具。

【例2-22】甲企业为一合伙企业。相关入股合同约定：新合伙人加入时按确定的金额和持股比例入股，合伙人退休或退出时以其持股的公允价值予以退还；

合伙企业营运资金均来自合伙人入股，合伙人持股期间可按持股比例分得合伙企业的利润（但利润分配由合伙企业自主决定）；当合伙企业清算时，合伙人可按持股比例获得合伙企业的净资产。

本例中，由于合伙企业在合伙人退休或退出时有向合伙人交付金融资产的义务，因而该可回售工具（合伙人入股合同）满足金融负债的定义。同时，其作为可回售工具具备了以下特征：①合伙企业清算时合伙人可按持股比例获得合伙企业的净资产；②该入股款属于合伙企业中最次级类别的工具；③所有的入股款具有相同的特征；④合伙企业仅有以金融资产回购该工具的合同义务；⑤合伙人持股期间可获得的现金流量总额，实质上基于该工具存续期内企业的损益、已确认净资产的变动、已确认和未确认净资产的公允价值变动。因而，该金融工具应当确认为权益工具。

2. 发行方仅在清算时才有义务向另一方按比例交付其净资产的金融工具符合金融负债定义，但同时具有下列特征的发行方仅在清算时才有义务向另一方按比例交付其净资产的金融工具，应当分类为权益工具：（1）赋予持有方在企业清算时按比例份额获得该企业净资产的权利；（2）该工具所属的类别次于其他所有工具类别；（3）在次于其他所有类别的工具类别中，发行方对该类别中所有工具都应当在清算时承担按比例份额交付其净资产的同等合同义务。产生上述合同义务的清算确定将会发生并且不受发行方的控制（如发行方本身是有限寿命主体），或者发生与否取决于该工具的持有方。

对于分类为权益工具的发行方仅在清算时才有义务向另一方按比例交付其净资产的金融工具的有关特征要求，需要说明的是：该部分特征要求与针对可回售工具的其中几条特征要求是类似的，但特征要求相对较少，原因在于清算是触发该合同支付义务的唯一条件，可以不必考虑清算事件以外的合同支付义务，包括：不要求考虑除清算以外的其他的合同支付义务（如股利分配）；不要求考虑存续期间预期现金流量的确定方法（如根据净利润或净资产）；不要求该类别工具的所有特征均相同，仅要求清算时按比例支付净资产份额的特征相同。

【例2-23】甲企业为一中外合作经营企业，成立于2×14 年1月1日，经营期限为20年。按照相关合同约定，甲企业的营运资金及主要固定资产均来自双方股东投入，经营期间甲企业按照合作经营合同进行运营；经营到期时，该企业的净资产根据合同约定按出资比例向合作双方偿还。

由于该合作企业依照合同，于经营期限届满时需将企业的净资产交付给双方股东，上述合作方的入股款符合金融负债的定义，但合作企业仅在清算时才有义务向合作双方交付其净资产且其同时具备下列特征：①合作双方在合作企业发生清算时可按合同规定比例份额获得企业净资产；②该入股款属于合作企业中最次级类别的工具。因而该金融工具应当确认为权益工具。

3．特殊金融工具分类为权益工具的其他条件

分类为权益工具的可回售工具，或发行方仅在清算时才有义务向另一方按比例交付其净资产的金融工具，除应当具有的特征外，其发行方应当没有同时具备下列特征的其他金融工具或合同：

（1）现金流量总额实质上基于企业的损益、已确认净资产的变动、已确认和未确认净资产的公允价值变动（不包括该工具或合同的任何影响）；

（2）实质上限制或固定了工具持有方所获得的剩余回报。在运用上述条件时，对于发行方与工具持有方签订的非金融合同，如果其条款和条件与发行方和其他方之间可能订立的同等合同类似，不应考虑该非金融合同的影响。但如果不能作出此判断，则不得将该工具分类为权益工具。

下列按照涉及非关联方的正常商业条款订立的工具，不大可能会导致满足上述特征要求的可回售工具或发行方仅在清算时才有义务向另一方按比例交付其净资产的金融工具无法被分类为权益工具：

（1）现金流量总额实质上基于企业的特定资产；

（2）现金流量总额基于企业收入的一定比例；

（3）就员工为企业提供的服务给予报酬的合同；

（4）要求企业为其所提供的产品或服务支付一定报酬（占利润的比例非常小）的合同。

4．特殊金融工具在母公司合并财务报表中的处理由于将某些可回售工具以及仅在清算时才有义务向另一方按比例交付其净资产的金融工具列报为权益工具而不是金融负债是金融工具列报准则原则的一个例外，即不允许将该例外扩大到发行方母公司合并财务报表中少数股东权益的分类。因此，子公司在个别财务报表中作为权益工具列报的特殊金融工具，在其母公司合并财务报表中对应的少数股东权益部分，应当分类为金融负债。

【例2-24】甲公司控制乙公司，因此甲公司的合并财务报表包括乙公司。乙公司资本结构的一部分由可回售工具（其中一部分由甲公司持有，其余部分由其他外部投资者持有）组成，这些可回售工具在乙公司个别财务报表中符合权益工具分类的要求。甲公司在可回售工具中的权益在合并时抵销。对于其他外部投资者持有的乙公司发行的可回售工具，其在甲公司合并财务报表中不应作为少数股东权益列示，而应作为金融负债列示。

（八）发行的金融工具的重分类

由于发行的金融工具原合同条款约定的条件或事项随着时间的推移或经济环境的改变而发生变化，可能会导致已发行金融工具（含特殊金融工具）的重分类。例如，企业拥有可回售工具和其他工具，本来可回售工具并非最次级类别，并不符合分类为权益工 具的条件。如果企业赎回其已发行的全部其他工具后，发行在外的可回售工具符合了分 类为权益工具的全部特征和全部条件，那么企业应从其赎回全部其他工具之日起将可回售工具重分类为权益。

发行方原分类为权益工具的金融工具，自不再被分类为权益工具之日起，发行方应当将其重分类为金融负债，以重分类日该工具的公允价值计量，重分类日权益工具的账面价值和金融负债的公允价值之间的差额确认为权益。

发行方原分类为金融负债的金融工具，自不再被分类为金融负债之日起，发行方应当将其重分类为权益工具，以重分类日金融负债的账面价值计量。

（九）收益和库存股

1. 利息、股利、利得或损失的处理

将金融工具或其组成部分划分为金融负债还是权益工具，决定了与该工具或其组成部分相关的利息、股利（或股息，下同）、利得或损失的会计处理方法。金融工具或其组成部分属于金融负债的相关利息、股利、利得或损失，以及赎回或再融资产生的利得或损失等，应当计入当期损益。金融工具或其组成部分属于权益工具的，其发行（含再融资）、回购、出售或注销时，发行方应当作为权益的变动处理；发行方不应当确认权益工具的公允价值变动；发行方对权益工具持有方的分配应作利润分配处理，发放的股票股利不影响所有者权益总额。

与权益性交易相关的交易费用应当从权益中扣减。交易费用是指可直接归属于购买、发行或处置金融工具的增量费用。只有那些可直接归属于发行新的权益工具或者购买此前已经发行在外的权益工具的增量费用才是与权益交易相关的费用。例如，在企业首次公开募股的过程中，除了会新发行一部分可流通的股份之外，也往往会将已发行的股份进行上市流通，在这种情况下，企业需运用专业判断以确定哪些交易费用与权益交易（发行新股）相关，应计入权益核算；哪些交易费用与其他活动（将已发行的股份上市流通）相关，尽管也是在发行权益工具的同时发生的但是不得计入权益。与多项交易相关的共同交易费用，应当在合理的基础上，采用与其他类似交易一致的方法，在各项交易间进行分摊。

利息、股利、利得或损失的会计处理原则同样也适用于复合金融工具，任何与负债成分相关的利息、股利、利得或损失应计入损益，任何与权益成分相关的利息、股利、利得或损失应计入权益。发行复合金融工具发生的交易费用，也应当在负债成分和权益成分之间按照各自占总发行价款的比例进行分摊。例如，企业发行一项5年后以现金强制赎回的非累积优先股。在优先股存续期间内，企业可以自行决定是否支付股利。这一非累积可赎回优先股是一项复合金融工具，其中的负债成分为赎回金额的折现值。负债成分采用实际利率法确认的利息支出应计入损益，而与权益成分相关的股利支付应确认为利润分配。如果该优先股的赎回不是强制性的而是取决于持有方是否要求企业进行赎回，或者该优先股需转换为可变数量的普通股，同样的会计处理仍然适用。但是，如果该优先股赎回时所支付的金额还包括未支付的股利，则整个工具是一项金融负债，那么在这种情况下，支付的所有股利都应计入损益。

2. 库存股

回购自身权益工具（库存股）支付的对价和交易费用，应当减少所有者权益，不得确认金融资产。库存股可由企业自身购回和持有，也可由集团合并范围内的其他成员购回和持有。其他成员包括子公司，但是不包括集团的联营和合营企业。此外，如果企业是替他人持有自身的权益工具，例如金融机构作为代理人代其客户持有该金融机构自身的股票，那么所持有的这些股票不是金融机构自身的资产，也不属于库存股。

如果企业持有库存股之后又将其重新出售，反映的是不同所有者之间的转让，而非企业本身的利得或损失，因此，无论这些库存股的公允价值如何波动，企业应直接将支付或收取的任何对价在权益中确认，而不产生任何损益影响。

二、复合金融工具

企业应对发行的非衍生工具进行评估，以确定所发行的工具是否为复合金融工具。企业所发行的非衍生工具可能同时包含金融负债成分和权益工具成分。对于复合金融工具，发行方应于初始确认时将各组成部分分别分类为金融负债、金融资产或权益工具。企业发行的一项非衍生工具同时包含金融负债成分和权益工具成分的，应于初始计量时先确定金融负债成分的公允价值（包括其中可能包含的非权益性嵌入衍生工具的公允价值），再从复合金融工具公允价值中扣除负债成分的公允价值，作为权益工具成分的价值。

可转换债券等可转换工具可能被分类为复合金融工具。发行方对该类可转换工具进行会计处理时，应当注意以下方面：

（1）在可转换工具转换时，应终止确认负债成分，并将其确认为权益。原来的权益成分仍旧保留为权益（从权益的一个项目结转到另一个项目，如从“其他权益工具”转入“资本公积—资本或股本溢价”）。可转换工具转换时不产生损益。

（2）企业通过在到期日前赎回或回购而终止一项仍具有转换权的可转换工具时，应在交易日将赎回或回购所支付的价款以及发生的交易费用分配至该工具的权益成分和负债成分。分配价款和交易费用的方法应与该工具发行时采用的分配方法一致。价款和交易费用分配后，所产生的利得或损失应分别根据权益成分和负债成分所适用的会计原则进行处理，分配至权益成分的款项计入权益，与债务成分相关的利得或损失计入损益。

【例2-25】甲公司2×13 年1月1日按每份面值1 000元发行了2 000份可转换债券，取得总收入2 000 000元。该债券期限为3年，票面年利息为6%，利息按年支付；每份债券均可在债券发行1年后的任何时间 转换为250股普通股。甲公司发行该债券时，二级市场上与之类似但没有转股权的债券的市场利率为9%。假定不考虑其他相关因素，甲公司将发行的债券划分为以摊余成本计量的金融负债。

（1）先对负债成分进行计量，债券发行收入与负债成分的公允价值之间的差额则分配到权益成分，如表2-2所示。负债成分的现值按 9%的折现率计算：

债券发行收入与负债成分的公允价值之间的差额分配（单位：元）表2-2

本金的现值： 第3年年末应付本金2 000 000元（复制现值系数0.772 183 5）	1 544 367
利息的现值： 3年期内每年应付利息120 000元（年金现值系数2.531 291 7）	303 755
负债成分总额	1 848 122
权益成分总额	151 878
债券发行总收入	2 000 000

（2）甲公司的账务处理：

①2×13年1月1日，发行可转换债券：

借：银行存款　2 000 000

　　应付债券—利息调整　151 878

　　贷：应付债券—面值　2 000 000

　　　　其他权益工具　151 878

②2×13年12月31日，计提和实际支付利息：

计提债券利息时：

借：财务费用　166 331（1 848 122×9%）

贷：应付利息 120 000

应付债券—利息调整 46 331

实际支付利息时：

借：应付利息 120 000

贷：银行存款 120 000

③2×14年12月31日，债券转换前，计提和实际支付利息：

计提债券利息时：

借：财务费用 170 501（1 894 453×9%）

贷：应付利息 120 000

应付债券—利息调整 50 501

实际支付利息时：

借：应付利息 120 000

贷：银行存款 120 000

至此，转换前应付债券的摊余成本为1 944 954元（1 848 122+46 331+50 501）。

假定至2×14年12月31日，甲公司股票上涨幅度较大，可转换债券持有方均将于当日持有的可转换债券转为甲公司股份。由于甲公司对应付债券采用摊余成本后续计量，因此，在转换日，转换前应付债券的摊余成本应为1 944 954元，而权益成分的账面价值仍为151 878元。同样是在转换日，甲公司发行股票数量为500 000股。对此，甲公司的账务处理如下：

借：应付债券—面值 2 000 000

贷：应付债券—利息调整 55 046

股本 500 000

资本公积—股本溢价 1444 954

借：其他权益工具 151 878

贷：资本公积—股本溢价 151 878

（3）企业可能修订可转换工具的条款以促成持有方提前转换，例如，提供更有利的转换比率或在特定日期前转换则支付额外的对价。在条款修订日，对于持有方根据修订后的条款进行转换所能获得的对价的公允价值与根据原有条款进行转换所能获得的对价的公允价值之间的差额，企业应将其确认为一项损失。

（4）企业发行认股权和债权分离交易的可转换公司债券，所发行的认股权符合有关权益工具定义的，应当确认为一项权益工具（其他权益工具），并以发行价格减去不附认股权且其他条件相同的公司债券公允价值后的净额进行计量。如果认股权持有方到期没有行权的，应当在到期时将原计入其他权益工具的部分转入资本公积（股本溢价）。

第七节

金融工具的计量

一、金融资产和金融负债的初始计量

企业初始确认金融资产或金融负债，应当按照公允价值计量。对于以公允价值计量且其变动计入当期损益的金融资产和金融负债，相关交易费用应当直接计入当期损益；对于其他类别的金融资产或金融负债，相关交易费用应当计入初始确认金额。但是，企业初始确认的应收账款未包含《企业会计准则第14号——收入》所定义的重大融资成分或根据《企业会计准则第14 号——收入》规定不考虑不超过一年的合同中的融资成分的，应当按照该准则定义的交易价格进行初始计量。

交易费用，是指可直接归属于购买、发行或处置金融工具的增量费用。增量费用是指企业没有发生购买、发行或处置相关金融工具的情形就不会发生的费用，包括支付给代理机构、咨询公司、券商、证券交易所、政府有关部门等的手续费、佣金、相关税费以及其他必要支出，不包括债券溢价、折价、融资费用、内部管理成本和持有成本等与交易不直接相关的费用。

企业应当根据《企业会计准则第39号——公允价值计量》的规定，确定金融资产和金融负债在初始确认时的公允价值。公允价值通常为相关金融资产或金融负债的交易价格。金融资产或金融负债公允价值与交易价格存在差异的，企业应当区别下列情况进行处理：

（1）在初始确认时，金融资产或金融负债的公允价值依据相同资产或负债在活跃市场上的报价或者以仅使用可观察市场数据的估值技术确定的，企业应当将该公允价值与交易价格之间的差额确认为一项利得或损失。

（2）在初始确认时，金融资产或金融负债的公允价值以其他方式确定的，企业应当将该公允价值与交易价格之间的差额递延。初始确认后，企业应当根据某一因素在相应会计期间的变动程度将该递延差额确认为相应会计期间的利得或损失。该因素应当仅限于市场参与者对该金融工具定价时将予考虑的因素，包括时间等。

企业取得金融资产所支付的价款中包含的已宣告但尚未发放的债券利息或现金股利，应当单独确认为应收项目进行处理。

二、金融资产的后续计量

（一）金融资产后续计量原则

金融资产的后续计量与金融资产的分类密切相关。企业应当对不同类别的金融资产，分别以摊余成本、以公允价值计量且其变动计入其他综合收益或以公允价值计量且其变动计入当期损益进行后续计量。

企业在对金融资产进行后续计量时，需要注意的是：如果一项金融工具以前被确认为一项金融资产并以公允价值计量，而现在它的公允价值低于零，企业应将其确认为一项负债。

（二）以摊余成本计量的金融资产的会计处理

1. 实际利率

实际利率法，是指计算金融资产或金融负债的摊余成本以及将利息收入或利息费用分摊计入各会计期间的方法。

实际利率，是指将金融资产或金融负债在预计存续期的估计未来现金流量，折现为该金融资产账面余额或该金融负债摊余成本所使用的利率。在确定实际利率时，应当在考虑金融资产或金融负债所有合同条款（如提前还款、展期、看涨期权或其他类似期权等）的基础上估计预期现金流量，但不应当考虑预期信用损失。

经信用调整的实际利率，是指将购入或源生的已发生信用减值的金融资产在预计存续期的估计未来现金流量，折现为该金融资产摊余成本的利率。在确定经信用调整的实际利率时，应当在考虑金融资产的所有合同条款（例如提前还款、展期、看涨期权或其他类似期权等）以及初始预期信用损失的基础上估计预期现金流量。

企业通常能够可靠估计金融工具（或一组类似金融工具）的现金流量和预计存续期。在极少数情况下，金融工具（或一组金融工具）的估计未来现金流量或预计存续期无法可靠估计的，企业在计算确定其实际利率（或经信用调整的实际利率）时，应当基于该金融工具在整个合同期内的合同现金流量。

合同各方之间支付或收取的、属于实际利率或经信用调整的实际利率组成部分的各项费用、交易费用及溢价或折价等，应当在确定实际利率或经信用调整的实际利率时予以考虑。

2. 摊余成本

金融资产或金融负债的摊余成本，应当以该金融资产或金融负债的初始确认金额经下列调整后的结果确定：

（1）扣除已偿还的本金。

（2）加上或减去采用实际利率法将该初始确认金额与到期日金额之间的差额进行摊销形成的累计摊销额。

（3）扣除累计计提的损失准备（仅适用于金融资产）。

3. 利息收入

企业应当按照实际利率法确认利息收入。利息收入应当根据金融资产账面余额乘以实际利率计算确定，但下列情况除外：

（1）对于购入或源生的已发生信用减值的金融资产，企业应当自初始确认起，按照该金融资产的摊余成本和经信用调整的实际利率计算确定其利息收入。

（2）对于购入或源生的未发生信用减值、但在后续期间成为已发生信用减值的金融资产，企业应当在后续期间，按照该金融资产的摊余成本和实际利率计算确定其利息收入。企业按照上述规定对金融资产的摊余成本运用实际利率法计算利息收入的，若该金融工具在后续期间因其信用风险有所改善而不再存在信用减值，并且这一改善在客观上可与应用上述规定之后发生的某一事件相联系（如债务人的信用评级被上调），企业应当转按实际利率乘以该金融资产账面余额来计算确定利息收入。

4. 已发生信用减值的金融资产

当对金融资产预期未来现金流量具有不利影响的一项或多项事件发生时，该金融资产成为已发生信用减值的金融资产。金融资产已发生信用减值的证据包括下列可观察信息：

（1）发行方或债务人发生重大财务困难；

（2）债务人违反合同，如偿付利息或本金违约或逾期等；

（3）债权人出于与债务人财务困难有关的经济或合同考虑，给予债务人在任何其他情况下都不会做出的让步；

（4）债务人很可能破产或进行其他财务重组；

（5）发行方或债务人财务困难导致该金融资产的活跃市场消失；

（6）以大幅折扣购买或源生一项金融资产，该折扣反映了发生信用损失的事实。

金融资产发生信用减值，有可能是多个事件的共同作用所致，未必是可单独识别的事件所致。

【例2-26】2×13年1月1日，甲公司支付价款1 000万元（含交易费用）从上海证券交易所购入A公司同日发行的5年期公司债券12 500份，债券票面价值总额为1 250万元，票面年利率为4.72%，于年末支付本年度债券利息（即每年利息为59万元），本金在债券到期时一次性偿还。合同约定，该债券的发行方在遇到特定情况时可以将债券赎回，且不需要为提前赎回支付额外款项。甲公司在购买该债券时，预计发行方不会提前赎回。甲公司根据其管理该债券的业务模式和该债券的合同现金流量特征，将该债券分类为以摊余成本计量的金融资产。实际利息计算见表2-3。

假定不考虑所得税、减值损失等因素，计算该债券的实际利率r:

$59\times(1+r)^{-1}+59\times(1+r)^{-2}+59\times(1+r)^{-3}+59\times(1+r)^{-4}+(59+1\,250)\times(1+r)^{-5}=1\,000$（万元）

采用插值法，计算得出$r=10\%$

实际利息计算值（单位：万元）　　表2-3

年份	期初摊余成本（A）	实际利息收入（$B=A\times10\%$）	现金流入（C）	期末摊余成本（$D=A+B-C$）
2×13年	1 000	100	59	1 041
2×14年	1 041	104	59	1 086
2×15年	1 086	109	59	1 136
2×16年	1 136	114	59	1 191
2×17年	1 191	118*	1 250+59	0

注：*尾数调整 1 250 + 59 −1 191 = 118。

甲公司的有关账务处理如下（金额单位：元）：

（1）2×13年1月1日，购入A公司债券。

借：债权投资—成本　12 500 000

　　贷：银行存款　10 000 000

　　　　债权投资—利息调整　2 500 000

（2）2×13年12月31日，确认A公司债券实际利息收入、收到债券利息。

借：应收利息　590 000

　　债权投资工具—利息调整　410 000

　　贷：投资收益　1 000 000

借：银行存款　590 000

　　贷：应收利息　590 000

（3）2×14年12月31日，确认A公司债券实际利息收入、收到债券利息。

借：应收利息　590 000

　　债权投资—利息调整　450 000

　　贷：投资收益　1 040 000

借：银行存款　590 000

　　贷：应收利息　590 000

（4）2×15年12月31日，确认A公司债券实际利息收入、收到债券利息。

借：利息收入　590 000

　　债权投资—利息调整　500 000

　　贷：投资收益　1 090 000

借：银行存款　590 000

　　贷：应收利息　590 000

（5）2×16年12月31 日，确认A公司债券实际利息收入、收到债券利息。

借：应收利息　590 000

　　债权投资—利息调整　550 000

　　贷：投资收益　1 140 000

借：银行存款　590 000

　　贷：应收利息　590 000

（6）2×17年12月31日，确认A公司债券实际利息收入、收到债券利息和本金。

借：应收利息　590 000

　　债权投资—利息调整　590 000

　　贷：投资收益　1 180 000

借：银行存款　590 000

　　贷：应收利息　590 000

借：银行存款　12 500 000

　　贷：债权投资—成本　12 500 000

假定在2×15年1月1日，甲公司预计本金的一半（即625万元）将会在该年末收回，而其余的一半本金将于2×17年末付清。遇到这种情况时，甲公司应当调整2×15年初的摊余成本，计入当期损益；调整时采用最初确定的实际利率。据此，调整相关数据后见表2-4。

调整后的相关数据（单元：万元）　　表2-4

年份	期初摊余成本（A）	实际利息收入（B=A×10%）	现金流入（C）	期末摊余成本（D=A+B+C）
2×13年	1 000	100	59	1 041
2×14年	1 041	104	59	1 086
2×15年	1 139*	114	684	569
2×16年	569	57	30**	596
2×17年	596	59***	625+30	0

其中：

（1）（625+59）×（1+10%）$^{-1}$+30×（1+10%）$^{-2}$+（625+30）×（1+10%）$^{-3}$=

1 139*万元（四舍五入）

（2）625×4.72%=30** 万元（四舍五入）

（3）625+30−596=59***（尾数调整）

根据上述调整，甲公司的账务处理如下（金额单位：元）：

（1）2×15年1月1日，调整期初账面余额：

借：债权投资—利息调整	530 000
贷：投资收益	530 000

（2）2×15年12月31日，确认实际利息、收回本金等：

借：应收利息	590 000
债权投资—利息调整	550 000
贷：投资收益	1 140 000
借：银行存款	590 000
贷：应收利息	590 000
借：银行存款	6 250 000
贷：债权投资—成本	6 250 000

（3）2×16年12月31日，确认实际利息等：

借：应收利息	300 000
债权投资—利息调整	270 000
贷：投资收益	570 000
借：银行存款	300 000
贷：应收利息	300 000

（4）2×17年12月31日，确认实际利息、收回本金等：

借：应收利息	300 000
债权投资—利息调整	290 000
贷：投资收益	590 000
借：银行存款	300 000
贷：应收利息	300 000
借：银行存款	6 250 000
贷：债权投资—成本	6 250 000

假定甲公司购买的A公司债券不是分次付息，而是到期一次还本付息，且利息不是以复利计算。此时，甲公司所购买A公司债券的实际利率r计算如下：

（59+59+59+59+59+1 250）×（1+r）$^{-5}$=1 000（万元）

由此计算得出$r\approx 9.05\%$

据此，调整相关数据后如表2−5所示。

调整后的相关数据（单位：万元）　　表2-5

年份	期初摊余成本（A）	实际利息收入（B=A×9.05%）	现金流入（C）	期末摊余成本（D=A+B-C）
2×13年	1 000	90.5	0	1 090.5
2×14年	1 090.5	98.69	0	1 189.19
2×15年	1 189.19	107.62	0	1 296.81
2×16年	1 296.81	117.36	0	1 414.17
2×17年	1 414.17	130.83*	1 250+295	0

注：*尾数调整 1 250+295−1 414.17=130.83（万元）。

甲公司的有关账务处理如下（金额单位：元）：

（1）2×13年1月1日，购入A公司债券：

借：债权投资—成本　　12 500 000
　　贷：银行存款　　10 000 000
　　　　债权投资—利息调整　　2 500 000

（2）2×13年12月31日，确认A公司债券实际利息收入：

借：债权投资—应计利息　　590 000
　　　　　　—利息调整　　315 000
　　贷：投资收益　　905 000

（3）2×14年12月31日，确认A公司债券实际利息收入：

借：债权投资—应计利息　　590 000
　　　　　　—利息调整　　396 900
　　贷：投资收益　　986 900

（4）2×15年12月31日，确认A公司债券实际利息收入：

借：债权投资—应计利息　　590 000
　　　　　　—利息调整　　486 200
　　贷：投资收益　　1 076 200

（5）2×16年12月31日，确认A公司债券实际利息收入：

借：债权投资—应计利息　　590 000
　　　　　　—利息调整　　583 600
　　贷：投资收益　　1 173 600

（6）2×17年12月31日，确认A公司债券实际利息收入、收回债券本金和票面利息：

借：债权投资—应计利息　　590 000
　　　　　　—利息调整　　718 300
　　贷：投资收益—A公司债券　　1 308 300

借：银行存款　　15 450 000

贷：债权投资—成本　　12 500 000
　　　　　　—应计利息　　2 950 000

（三）以公允价值进行后续计量的金融资产的会计处理

（1）对于按照公允价值进行后续计量的金融资产，其公允价值变动形成的利得或损失，除与套期会计有关外，应当按照下列规定处理：

1）以公允价值计量且其变动计入当期损益的金融资产的利得或损失，应当计入当期损益。

2）分类为以公允价值计量且其变动计入其他综合收益的金融资产所产生的所有利得或损失，除减值损失或利得和汇兑损益之外，均应当计入其他综合收益，直至该金融资产终止确认或被重分类。但是，采用实际利率法计算的该金融资产的利息应当计入当期损益。该金融资产计入各期损益的金额应当与视同其一直按摊余成本计量而计入各期损益的金额相等。

该金融资产终止确认时，之前计入其他综合收益的累计利得或损失应当从其他综合收益中转出，计入当期损益。

3）指定为以公允价值计量且其变动计入其他综合收益的非交易性权益工具投资，除了获得的股利（明确代表投资成本部分收回的股利除外）计入当期损益外，其他相关的利得和损失（包括汇兑损益）均应当计入其他综合收益，且后续不得转入当期损益。当其终止确认时，之前计入其他综合收益的累计利得或损失应当从其他综合收益中转出，计入留存收益。

（2）企业只有在同时符合下列条件时，才能确认股利收入并计入当期损益：

1）企业收取股利的权利已经确立；

2）与股利相关的经济利益很可能流入企业；

3）股利的金额能够可靠计量。

（3）以摊余成本计量且不属于任何套期关系的一部分的金融资产所产生的利得或损失，应当在终止确认、重分类、按照实际利率法摊销或确认减值时，计入当期损益。

【例2-27】2×13年1月1日，甲公司支付价款1 000万元（含交易费用）从上海证券交易所购入A公司同日发行的5年期公司债券12 500份，债券票面价值总额为1 250万元，票面年利率为4.72%，于年末支付本年度债券利息（即每年利息为59万元），本金在债券到期时一次性偿还。合同约定，该债券的发行方在遇到特定情况时可以将债券赎回，且不需要为提前赎回支付额外款项。甲公司在购该债券时，预计发行方不会提前赎回。甲公司根据其管理该债券的业务模式和该债券的合同现金流量特征，将该债券分类为以公允价值计量且其变动计入其他结合收益的金融资产。

其他资料如下：

（1）2×13年12月31日，A公司债券的公允价值为1 200万元（不含利息）。

（2）2×14年12月31日，A公司债券的公允价值为1 300万元（不含利息）。

（3）2×15年12月31 日，A公司债券的公允价值为1 250万元（不含利息）。

（4）2×16年12月31 日，A公司债券的公允价值为1 200万元（不含利息）。

（5）2×17年1月 20 日，通过上海证券交易所出售了A公司债券12 500份，取得价款1 260万元。

假定不考虑所得税、减值损失等因素，计算该债券的实际利率r:

$$59\times(1+r)^{-1}+59\times(1+r)^{-2}+59\times(1+r)^{-3}+59\times(1+r)^{-4}+(59+1\ 250)\times(1+r)^{-5}=1\ 000\text{（万元）}$$

采用插值法，计算得出r=10%。

据此，调整相关数据后如表2-6所示。

调整后的相关数据　　表2-6

日期	现金流入（A）	实际利息收入（B=期初$D\times10\%$）	已收回的本金（$C=A-B$）	摊余成本余额（D=期初$D-C$）	公允价值（E）	公允价值变动额（$F=E-D-$期初G）	公允价值变动累计金额（G=期初$G+F$）
2×13年1月1日				1 000	1 000	0	0
2×13年12月31日	59	100	−41	1 041	1 200	159	159
2×14年12月31日	59	104	−45	1 086	1 300	55	214
2×15年12月31日	59	109	−50	1 136	1 250	−100	114
2×16年12月31日	59	113	−54	1 190	1 200	−104	10
2×17年1月20日	0	70*	−70	1 260	1 260	−10	0
小计	236	496	−260	1 260	—		
2×17年1月20日	1 260	—	1 260				
合计	1 496	496	1 000				

注：*尾数调整 1 260+0−1 190=70。

甲公司的有关账务处理如下（金额单位：元）：

（1）2×13年1月1日，购入A公司债券：

借：其他债权投资—成本　　12 500 000

　　贷：银行存款　　10 000 000

　　　　其他债权投资—利息调整　　2 500 000

（2）2×13年12月31日，确认A公司债券实际利息收入、公允价值变动，收到债券利息：

借：应收利息　590 000
　　其他债权投资—利息调整　410 000
　　贷：投资收益　1 000 000
借：银行存款　590 000
　　贷：应收利息　590 000
借：其他债权投资—公允价值变动　1 590 000
　　贷：其他综合收益—其他债权投资公允价值变动　1 590 000

（3）2×14年12月31日，确认A公司债券实际利息收入、公允价值变动，收到债券利息：

借：应收利息　590 000
　　其他债权投资—利息调整　450 000
　　贷：投资收益　1 040 000
借：银行存款　590 000
　　贷：应收利息　590 000
借：其他债权投资—公允价值变动　550 000
　　贷：其他综合收益—其他债权投资公允价值变动　550 000

（4）2×15年12月31日，确认A公司债券实际利息收入、公允价值变动，收到债券利息：

借：应收利息　590 000
　　其他债权投资—利息调整　500 000
　　贷：投资收益　1 090 000
借：银行存款　590 000
　　贷：应收利息　590 000
借：其他综合收益—其他债权投资公允价值变动　1 000 000
　　贷：其他债权投资—公允价值变动　1 000 000

（5）2×16年12月31日，确认A公司债券实际利息收入、公允价值变动，收到债券利息：

借：应收利息　590 000
　　其他债权投资—利息调整　540 000
　　贷：投资收益　1 130 000
借：银行存款　590 000
　　贷：应收利息　590 000
借：其他综合收益—其他债权投资公允价值变动　1 040 000
　　贷：其他债权投资—公允价值变动　1 040 000

（6）2×17年1月20日，确认出售A公司债券实现的损益：

借：其他债权投资—利息调整	700 000
贷：投资收益	700 000
借：银行存款	12 600 000
投资收益	100 000
贷：其他债权投资—成本	12 500 000
—公允价值变动	100 000
—利息调整	100 000

A公司债券的成本＝1 250（万元）

A公司债券的利息调整余额＝−250+41+45+50+54+70=−10（万元）

A公司债券公允值变动余额＝159+55−100−104=10（万元）

同时，应从其他综合收益中转出的公允价值累计金额为10万元。

借：其他综合收益—其他债权投资公允价值变动	100 000
贷：投资收益	100 000

【例2−28】2×16年1月1日，甲建筑工程公司从二级市场购入丙公司债券，支付价款合计1 020 000元（含已到付息期但尚未领取的利息20 000元），另发生交易费用20 000元。该债券面值1000 000元，剩余期限为2年，票面年利率为4%，每半年末付息一次。甲建筑工程公司根据其管理该债券的业务模式和该债券的合同现全流量特征，将该债券分类为以公允价值计量且其变动计入当期损益的金融资产。其他资料如下：

（1）2×16年1月5日，收到丙公司债券2×15年下半年利息20 000元。

（2）2×16年6月30日，丙公司债券的公允价值为1 150 000元（不含利息）。

（3）2×16年7月5日，收到丙公司债券2×16 年上半年利息。

（4）2×16年12月31日，丙公司债券的公允价值为1 100 000元（不含利息）。

（5）2×17年1月5日，收到丙公司债券2×16年下半年利息。

（6）2×17年3月31日，通过二级市场出售丙公司债券，取得价款1 180 000元（含1季度利息10 000元）。

假定不考虑其他因素，甲建筑工程公司的账务处理如下：

（1）2×16年1月1日，从二级市场购入丙公司债券：

借：交易性金融资产—成本	1 000 000
应收利息	20 000
投资收益	20 000
贷：银行存款	1 040 000

（2）2×16年1月5日，收到该债券2×15 年下半年利息20 000元：

借：银行存款　　20 000

　　贷：应收利息　　20 000

（3）2×16年6月30日，确认丙公司债券公允价值变动和投资收益：

借：交易性金融资产—公允价值变动　　150 000

　　贷：公允价值变动损益　　150 000

借：应收利息　　20 000

　　贷：投资收益　　20 000

（4）2×16年7月10日，收到丙公司债券2×16 年上半年利息：

借：银行存款　　20 000

　　贷：应收利息　　20 000

（5）2×16年12月31日，确认丙公司债券公允价值变动和投资收益：

借：公允价值变动损益　　50 000

　　贷：交易性金融资产—公允价值变动　　50 000

借：应收利息　　20 000

　　贷：投资收益　　20 000

（6）2×17年1月10日，收到丙公司债券2×16年下半年利息：

借：银行存款　　20 000

　　贷：应收利息　　20 000

（7）2×17年3月31日，通过二级市场出售丙公司债券：

借：银行存款　　1 180 000

　　公允价值变动损益　　100 000

　　贷：交易性金融资产—成本　　1 000 000

　　　　　　　　　　　—公允价值变动　　100 000

　　　　投资收益　　180 000

【例2-29】2×16年5月6日，甲建筑工程公司支付价款1 016万元（含交易费用1万元和已宣告发放现金股利15万元），购入乙公司发行的股票200万股，占乙公司有表决权股份的0.5%。甲建筑工程公司将其指定为以公允价值计量且其变动计入其他综合收益的非交易性权益工具投资。

2×16年5月10 日，甲建筑工程公司收到乙公司发放的现金股利15万元。

2×16年6月30日，该股票市价为每股5.2 元。

2×16年12月31日，甲建筑工程公司仍持有该股票；当日，该股票市价为每股5元。

2×17年5月9日，乙公司 宣告发放股利4 000万元。

2×17年5月13日，甲建筑工程公司收到乙公司发放的现金股利。

2×17年5月20日，甲建筑工程公司由于某特殊原因，以每股4.9元的价格将股票全部转让。假定不考虑其他因素，甲建筑工程公司的账务处理如下（金额单位：元）。

（1）2×16年5月6日购入股票：

借：应收股利	150 000
其他权益工具投资—成本	10 010 000
贷：银行存款	10 160 000

（2）2×16年5月10日，收到现金股利：

借：银行存款	150 000
贷：应收股利	150 000

（3）2×16年6月30日，确认股票价格变动：

借：其他权益工具投资—公允价值变动	390 000
贷：其他综合收益—其他权益工具投资公允价值变动	390 000

（4）2×16年12月31日，确认股票价格变动：

借：其他综合收益—其他权益工具投资公允价值变动	400 000
贷：其他权益工具投资—公允价值变动	400 000

（5）2×17 年5月9日，确认应收现金股利：

借：应收股利	200 000
贷：投资收益	200 000

（6）2×17年5月13 日，收到现金股利:

借：银行存款	200 000
贷：应收股利	200 000

（7）2×17年5月20日，出售股票：

借：银行存款	9 800 000
其他权益工具投资—公允价值变动	10 000
盈余公积—法定盈余公积	21 000
利润分配—未分配利润	189 000
贷：其他权益工具投资—成本	10 010 000
其他综合收益—其他权益工具投资公允价值变动	10 000

如果甲建筑工程公司根据其管理乙公司股票的业务模式和乙公司股票的合同现金流量特征，将乙公司股票分类为以公允价值计量且其变动计入当期损益的金融资产，且2×16年12月31日乙公司股票市价为每股4.8元，其他资料不变，则甲建筑工程公司应作如下账务处理（金额单位：元）：

（1）2×16年5月6日，购入股票：

借：应收股利	150 000
交易性金融资产—成本	10 000 000

投资收益　　10 000
贷：银行存款　　10 160 000

（2）2×16年5月10日，收到现金股利：

借：银行存款　　150 000
贷：应收股利　　150 000

（3）2×16年6月30日，确认股票价格变动：

借：交易性金融资产—公允价值变动　　400 000
贷：公允价值变动损益　　400 000

（4）2×16年12月31日，确认股票价格变动：

借：公允价值变动损益　　800 000
贷：交易性金融资产—公允价值变动　　800 000

注：公允价值变动＝200×（4.8−5.2）=−80（万元）

（5）2×17年5月 9日，确认应收现金股利：

借：应收股利　　200 000
贷：投资收益　　200 000

（6）2×17年5月13日，收到现金股利：

借：银行存款　　200 000
贷：应收股利　　200 000

（7）2×17年5月20日，出售股票：

借：银行存款　　9 800 000
投资收益　　200 000
交易性金融资产—公允价值变动　　400 000
贷：交易性金融资产—成本　　10 000 000
公允价值变动损益　　400 000

三、金融负债的后续计量

（一）金融负债后续计量原则

企业应当按照以下原则对金融负债后续计量：

（1）以公允价值计量且其变动计入当期损益的金融负债，应当按照公允价值后续计量，相关利得或损失应当计入当期损益。

（2）金融资产转移不符合终止确认条件或继续涉入被转移金融资产所形成的金融负债。对此类金融负债，企业应当按照《企业会计准则第23号——金融资产转移》相关规定进行计量。

（3）不属于指定为以公允价值计量且其变动计入当期损益的金融负债的财务担保合同或没有指定为以公允价值计量且其变动计入当期损益并将以低于市场利率贷款的贷款承诺，企业作为此类金融负债发行方的，应当在初始确认后按照损失准备金额以及初始确认金额扣除依据《企业会计准则第14号——收入》相关规定所确定的累计摊销额后的余额孰高进行计量。

（4）上述金融负债以外的金融负债，应当按摊余成本后续计量。

（二）金融负债后续计量的会计处理

（1）对于按照公允价值进行后续计量的金融负债，其公允价值变动形成利得或损失，除与套期会计有关外，应当计入当期损益。

【例2-30】2×16年7月1日，甲建筑工程公司经批准在全国银行间债券市场公开发行10亿元人民币短期融资券，期限为1年，票面年利率5.58%，每张面值为100元，到期一次还本付息。所募集资金主要用于公司购买建筑施工所需的原材料及配套件等。公司将该短期融资券指定为以公允价值计量且其变动计入当期损益的金融负债。假定不考虑发行短期融资券相关的交易费用。

2×16年12月31日，该短期融资券市场价格每张120元（不含利息）；2×17年3月31日，该短期融资券市场价格每张110元（不含利息）；2×17年6月30日，该短期融资券到期兑付完成。

据此，甲建筑工程公司账务处理如下（金额单位：万元）：

1）2×16年7月1日，发行短期融资券：

借：银行存款	100 000
贷：交易性全融负债—成本	100 000

2）2×16年12月31日，年未确认公允价值变动和利息费用：

借：公允价值变动损益	20 000
贷：交易性金融负债—公允价值变动	20 000
借：投资收益	2 790
贷：应付利息	2 790

3）2×17年3月31 日，季末确认公允价值变动和利息费用：

借：交易性金融负债—公允价值变动	10 000
贷：公允价值变动损益	10 000
借：投资收益	1 395
贷：应付利息	1 395

4）2×17年6月30日，短期融资券到期：

借：投资收益	1 395

贷：应付利息　　1 395

借：交易性金融负债—成本　　100 000

—公允价值变动　　10 000

应付利息　　5 580

贷：银行存款　　105 580

公允价值变动损益　　10 000

（2）以摊余成本计量且不属于任何套期关系的一部分的金融负债所产生的利得或损失，应当在终止确认时计入当期损益或在按照实际利率法摊销时计入相关期间损益。

【例2-31】甲建筑工程公司发行公司债券为建造建筑专用生产线筹集资金。有关资料如下：

（1）2×13年12月31日，委托证券公司以7 755万元的价格发行 3年期分期付息公司债券。该债券面值为8 000万元，票面年利率4.5%，实际年利率5.64%，每年付息一次，到期后按面值偿还。支付的发行费用与发行期间冻结资金产生的利息收入相等。

（2）生产线建造工程采用出包方式，于2×14年1月1日开始动工，发行债券所得款项当日全部支付给建造承包商，2×15年12月31日所建造生产线达到预定可使用状态。

（3）假定各年度利息的实际支付日期均为下年度的1月10日；2×17年1月10日支付2×16年度利息，一并偿付面值。

（4）所有款项均以银行存款支付。

据此，甲建筑工程公司计算得出该债券在各年末的摊余成本、应付利息金额、当年应予资本化或费用化的利息金额、利息调整的本年摊销和年末余额。有关结果如表2-7（金额单位：万元）所示。

计算结果（单位：万元）　　　　表2-7

时间		2×13年12月31日	2×14年12月31日	2×15年12月31日	2×16年12月31日
年末摊余成本	面值	8 000	8 000	8 000	8 000
	利息调整	–245	–167.62	–85.87	0
	合计	7 755	7 832.38	9 714.13	8 000
当年应予资本化或费用化的利息金额			437.38	441.75	445.87
年末应付利息金额			360	360	360
“利息调整”本年摊销额			77.38	81.75	85.87

相关账务处理如下（金额单位：元）：

（1）2×13年12月31日，发行债券：

借：银行存款	77 550 000
应计债券—利息调整	2 450 000
贷：应付债券—面值	80 000 000

（2）2×14年12月31日，确认和结转利息：

借：在建工程	4 373 800
贷：应付利息	3 600 000
应付债券—利息调整	773 800

2×15年1月10日支付上年利息：

借：应付利息	3 600 000
贷：银行存款	3 600 000

（3）2×15年12月31日，确认和结转利息：

借：在建工程	4 417 500
贷：应付利息	3 600 000
应付债券—利息调整	817 500
借：固定资产	8 791 300
贷：在建工程	8 791 300

2×16年1月10日支付上年利息：

借：应付利息	3 600 000
贷：银行存款	3 600 000

（4）2×16年12月31日，确认和结转利息：

借：财务费用	4 458 700
贷：应付利息	3 600 000
应付债券—利息调整	858 700

（5）2×17年1月10日，债券到期兑付：

借：应付利息	3 600 000
应付债券—面值	80 000 000
贷：银行存款	83 600 000

四、金融工具的减值

（一）金融工具减值概述

企业应当以预期信用损失为基础，对下列项目进行减值会计处理并确认损失准备：

（1）分类为以摊余成本计量的金融资产和以公允价值计量且其变动计入其他综合收益的金融资产。

（2）租赁应收款。

（3）合同资产。合同资产是指《企业会计准则第14号——收入》定义的合同资产。

（4）部分贷款承诺和财务担保合同。

损失准备，是指针对按照以摊余成本计量的金融资产、租赁应收款和合同资产的预期信用损失计提的准备，按照以公允价值计量且其变动计入当期损益的金融资产的累计减值金额以及针对贷款承诺和财务担保合同的预期信用损失计提的准备。

预期信用损失，是指以发生违约的风险为权重的金融工具信用损失的加权平均值。

信用损失，是指企业按照原实际利率折现的、根据合同应收的所有合同现金流量与预期收取的所有现金流量之间的差额，即全部现金短缺的现值。其中，对于企业购买或源生的已发生信用减值的金融资产，应按照该金融资产经信用调整的实际利率折现。由于预期信用损失考虑付款的金额和时间分布，因此即使企业预计可以全额收款但收款时间晚于合同规定的到期期限，也会产生信用损失。

在估计现金流量时，企业应当考虑金融工具在整个预计存续期的所有合同条款（如提前还款、展期、看涨期权或其他类似期权等）。企业所考虑的现金流量应当包括出售所持担保获得的现金流量，以及属于合同条款组成部分的其他信用增级所产生的现金流量。

企业通常能够可靠估计金融工具的预计存续期。在极少数情况下，金融工具预计存续期无法可靠估计的，企业在计算确定预期信用损失时，应当基于该金融工具的剩余合同期间。

（二）一般减值模型

一般情况下，企业应当在每个资产负债表日评估相关金融工具的信用风险自初始确认后是否已显著增加，并按照下列情形分别计量其损失准备、确认预期信用损失及其变动：

（1）如果该金融工具的信用风险自初始确认后已显著增加，企业应当按照相当于该金融工具整个存续期内预期信用损失的金额计量其损失准备。无论企业评估信用损失的基础是单项金融工具还是金融工具组合，由此形成的损失准备的增加或转回金额，应当作为减值损失或利得计入当期损益。

（2）如果该金融工具的信用风险自初始确认后并未显著增加，企业应当按照相当于该金融工具未来12个月内预期信用损失的金额计量其损失准备，无论企业评估信用损失的基础是单项金融工具还是金融工具组合，由此形成的损失准备的增加或转回金额，应当作为减值损失或利得计入当期损益。

未来12个月内预期信用损失，是指因资产负债表日后12个月内（若金融工具的预计存续期少于12个月，则为预计存续期）可能发生的金融工具违约事件而导致的预期信用损失，是整个存续期预期信用损失的一部分。

企业在进行相关评估时，应当考虑所有合理且有依据的信息，包括前瞻性信息。为确保自金融工具初始确认后信用风险显著增加即确认整个存 续期预期信用损失，企业在一些情况下应当以组合为基础考虑评估信用风险是否显著增加。整个存续期预期信用损失，是指因金融工具整个预计存续期内所有可能发生的违约事件而导致的预期信用损失。

企业与交易对方修改或重新议定合同，未导致金融资产终止确认，但导致合同现金流量发生变化的，企业在评估相关金融工具的信用风险是否已经显著增加时，应当将基于变更后的合同条款在资产负债表日发生违约的风险与基于原合同条款在初始确认时发生违约的风险进行比较。

（三）对风险显著增加的判断

企业在评估金融工具的信用风险自初始确认后是否已显著增加肘，应当考虑金融工具预计存续期内发生违约风险的变化，而不是预期信用损失金额的变化。企业应当通过比较金融工具在资产负债表日发生违约的风险与在初始确认日发生违约的风险，以确定金融工具预计存续期内发生违约风险的变化情况。在为确定是否发生违约风险而对违约进行界定时，企业所采用的界定标准，应当与其内部针对相关金融工具的信用风险管理目标保持一致，并考虑财务限制条款等其他定性指标。

企业通常应当在金融工具逾期前确认该工具整个存续期预期信用损失。企业在确定信用风险自初始确认后是否跟着增加时，企业无须付出不必要的额外成本或努力即可获得合理且有依据的前瞻性信息的，不得仅依赖逾期信息来确定信用风险自初始确认后是否显著增加；企业必须付出不必要的额外成本或努力才可获得合理且有依据的逾期信息以外的单独或汇总的前瞻性信息的，可以采用逾期信息来确定信用风险自初始确认后是否显著增加。

无论企业采用何种方式评估信用风险是否显著增加，通常情况下，如果逾期超过30日，则表明金融工具的信用风险已经显著增加。除非企业在无须付出不必要的额外成本或努力的情况下即可获得合理且有依据的信息，证明即使逾期超过30日，信用风险自初始确认后仍未显著增加。如果企业在合同付款逾期超过30日前已确定信用风险显著增加，则应当按照整个存续期的预期信用损失确认损失准备。如果交易对方未按合同规定时间支付约定的款项，则表明该金融资产发生逾期。

企业在评估金融工具的信用风险自初始确认后是否已显著增加时，应当考虑违约风险的相对变化而非违约风险变动的绝对值。在同一后续资产负债表日，对于违约风险变动的绝对值相同的两项金融资产，初始确认时违约风险较低的金融工具比初始确认时违约风险较高的金融工具的信用风险变化更为显著。

企业确定金融工具在资产负债表日只具有较低的信用风险的，可以假设该金融工具的信用风险自初始确认后并未显著增加。如果金融工具的违约风险较低，借款人在短期内履行其合同现金流量义务的能力很强，并且即使较长时期内经济形势和经营环境存在不利变化但未必一定降低借款人履行其合同现金流量义务的能力，该金融工具被视为具有较低的信用风险。

（四）预期信用损失的计量

企业计量金融工具预期信用损失的方法应当反映下列各项要素：

（1）通过评价一系列可能的结果而确定的无偏概率加权平均金额。

（2）货币时间价值。

（3）在资产负债表日无须付出不必要的额外成本或努力即可获得的有关过去事项、当前状况以及未来经济状况预测的合理且有依据的信息。

企业应当按照下列方法确定有关金融工具的信用损失：

（1）对于金融资产，信用损失应为企业应收取的合同现金流量与预期收取的现金流量之间差额的现值。

（2）对于租赁应收款项，信用损失应为企业应收取的合同现金流量与预期收取的现金流量之间差额的现值。其中，用于确定预期信用损失的现金流量，应与按照《企业会计准则第21号——租赁》用于计量租赁应收款项的现金流量保持一致。

（3）对于未提用的贷款承诺，信用损失应为在贷款承诺持有人提用相应贷款的情况下，企业应收取的合同现金流量与预期收取的现金流量之间差额的现值。企业对贷款承诺预期信用损失的估计，应当与其对该贷款承诺提用情况的预期保持一致。

（4）对于财务担保合同，信用损失应为企业就该合同持有人发生的信用损失向其做出赔付的预计付款额，减去企业预期向该合同持有人、债务人或任何其他方收取的金额之间差额的现值。

（5）对于资产负债表日已发生信用减值但并非购买或源生已发生信用减值的金融资产，信用损失应为该金融资产账面余额与按原实际利率折现的估计未来现金流量的现值之间的差额。

企业应当以概率加权平均为基础对预期信用损失进行计量。企业对预期信用损失的计量应当反映发生信用损失的各种可能性，但不必识别所有可能的情形。在计量预期信用损失时，企业需考虑的最长期限为企业面临信用风险的最长合同期限（包括考虑续约选择权），而不是更长期间，即使该期间与业务实践相一致。

如果金融工具同时包含贷款和未提用的承诺，且企业根据合同规定要求还款或取消未提用承诺的能力并未将企业面临信用损失的期间限定在合同通知期内的，企业对于此类金融工具（仅限于此类金融工具）确认预期信用损失的期间，应当为其面临信用风险且无法用信用风险管理措施予以缓释的期间，即使该期间超过了最长合同期限。

（五）金融工具减值的简化处理

对于下列各项目，企业应当始终按照相当于整个存续期内预期信用损失的金额计量其损失准备：

（1）由《企业会计准则第14号——收入》规范的交易形成的应收款项或合同资产，且符合下列条件之一：

1）该项目未包含《企业会计准则第14号——收入》所定义的重大融资成分，或企业根据《企业会计准则第14号——收入》规定不考虑不超过一年的合同中的融资成分。

2）该项目包含《企业会计准则第14号——收入》所定义的重大融资成分，同时企业做出会计政策选择，按照相当于整个存续期内预期信用损失的金额计量损失准备。企业应当将该会计政策选择适用于所有此类应收款项和合同资产，但可对应收款项类和合同资产类分别做出会计政策选择。

（2）由《企业会计准则第21号——租赁》规范的交易形成的租赁应收款，同时企业做出会计政策选择，按照相当于整个存续期内预期信用损失的金额计量损失准备。企业应当将该会计政策选择适用于所有租赁应收款，但可对应收融资租赁款和应收经营租赁款分别做出会计政策选择。

企业可对应收款项、合同资产和租赁应收款分别选择减值会计政策。

（六）金融工具减值的账务处理

（1）对于购买或源生的已发生信用减值的金融资产，企业应当在资产负债表日仅将自初始确认后整个存续期内预期信用损失的累计变动确认为损失准备。在每个资产负债表日，企业应当将整个存续期内预期信用损失的变动金额作为减值损失或利得计入当期损益。即使该资产负债表日确定的整个存续期内预期信用损失小于初始确认时估计现金流量所反映的预期信用损失的金额，企业也应当将预期信用损失的有利变动确认为减值利得。

（2）企业在前一会计期间已经按照相当于金融工具整个存续期内预期信用损失的金额计量了损失准备，但在当期资产负债表日，该金融工具已不再属于自初始确认后信用风险显著增加的情形的，企业应当在当期资产负债表日按照相当于未来12个月内预期信用损失的金额计量该金融工具的损失准备，由此形成的损失准备的转回金额应当作为减值利得计入当期损益。

（3）对于分类为以公允价值计量且其变动计入其他综合收益的金融资产，企业应当在其他综合收益中确认其损失准备，并将减值损失或利得计入当期损益，且不应减少该金融资产在资产负债表中列示的账面价值。

第三章

存　货

第一节

建筑施工企业存货的特点

一、存货的定义

存货是指建筑安装企业在施工经营过程中，为正常施工生产需要而储存的各种物资。它是企业从事生产经营的重要物质基础，通常在企业全部资产中占有较大比重。存货的流转速度是判断企业资源利用效果的重要指标。存货的正确计价，既会影响资产负债表中流动资产项目的价值，又会影响利润表中营业成本和利润的确定。

二、存货的特点

与其他资产相比较，存货具有几个基本特点：

（1）存货属于短期资产。存货经常处于待售、储备、周转、耗用和重置之中，具有鲜明的流动性。

（2）存货属于有形资产。存货是实物资产，会计核算上，既要记录货币指标，又要提供实物数量。

（3）存货具有时效性和发生潜在损失的可能性。存货一旦遇到流转不畅、保管不善、积压毁损等情况，就会给企业带来损失。

三、存货的分类

施工企业的存货，主要分为以下几大类：

（一）原材料

原材料是指施工企业用于建筑安装工程或用于产品生产而存放在仓库的各种库存材料，包括主要材料、结构件、机械配件和其他材料。

（1）主要材料：用于工程施工或产品生产，并构成工程或产品实体的各种材料。如钢材、木材、水泥、砖、瓦、砂、石以及五金、电器、化工等材料。

（2）结构件：经过吊装、拼砌、安装而构成房屋建筑物实体的各种金属的、钢筋混凝土的和木质的结构件。如钢窗、木门、钢筋混凝土预制件等。

（3）机械配件：施工机械、生产设备、运输设备等各种机械设备替换、维修使用的各种零件和配件，以及为机械设备配备的备品备件。如曲轴、齿轮、阀门等。

（4）其他材料：不构成工程或产品实体，但有助于工程或产品实体形成，或便于进行施工生产的各种材料。如燃料、油料等。

（二）周转材料

周转材料是指施工企业在建筑安装过程中能够多次使用，并可基本保持原来的形态而逐渐转移其价值的材料、用具物品。主要包括钢模板、木模板、脚手架、未达到固定资产标准的生产用具、管理用具，以及劳动保护用品等。

（三）未完施工和已完施工

未完施工是指已进行施工，但月末尚未完成施工图设计规定的全部工序和工作内容的分部分项工程，已完施工是指已完成施工图设计规定的全部工序和工作内容的分部分项工程。

（四）在产品

在产品是指施工企业附属的加工企业和辅助生产部门正在加工尚未全部完工的产品。

（五）产成品

产成品是指施工企业附属的加工企业已经全部完工，可以对外销售的库存商品以及各种建安构件产品。

（六）委托加工物资

委托加工物资是指施工企业委托外单位加工的各种材料和构件。

（七）构成建安产品的设备

构成建安产品的设备是指施工企业生产过程中经安装构成建安产品组件部分的各种设备。如照明、通风、取暖、供水、供电、卫生等设备。

第二节

存货的确认和初始计量

一、存货的确认

确认存货，在必须符合存货的定义的前提下，同时满足以下两个条件，才能予以确认。

1. 与该存货有关的经济利益很可能流入企业

资产最重要的特征是预期会给企业带来经济利益。存货作为资产的重要组成部分，如果不能给企业带来未来的经济利益，就不能确认为存货资产。拥有存货的法定所有权是与该存货有关的经济利益很可能流入企业的一个重要标志。判断存货所有权的归属，不取决于其存放地点。

2. 该存货的成本能够可靠地计量

存货作为资产的重要组成部分，其成本应能可靠地计量，否则就不能确认为存货资产。

二、存货的计量

（一）取得存货的计量

企业应当按照取得存货时的初始成本进行初始计量。存货成本包括取得成本、加工成本和其他成本三个组成部分。存货取得的途径主要有外购、加工和其他取得方式等，不同途径取得的存货，其成本的具体构成内容不同。

1. 外购存货的成本

企业外购存货应按采购成本进行初始计量。存货的采购成本，指企业物资从采购到入库前所发生的全部支出，包括购买价款、相关税费、运输费、装卸费、保险费以及其他可归属于存货采购成本的费用。

（1）购买价款是指企业购入存货发票账单上标明的价款，但不包括增值税一般纳税人按规定可以抵扣的进项税额。

（2）相关税费是指企业购入存货发生的消费税、资源税、进口关税和不能抵扣的增值税进项税额等应计入存货采购成本的各种税费。

（3）运输费、装卸费、保险费及其他可归属于存货采购成本的费用等。这些费用能够分清负担对象的，应直接计入存货采购成本；不能够分清负担对象的，应选择合理的方法，分配计入存货采购成本。常见的分配方法包括按照所购存货的重量或采购价格的比例进行分配。

值得指出的是，以下事宜应区分情况予以正确处理。

（1）按照具体会计准则的规定施工企业发生的外购存货的仓储费（或保管费），应列作管理费用直接计入当期损益。

（2）采购过程中发生的短缺和毁损，除了运输途中的合理损耗计入存货的采购成本外，其余部分不得计入存货的采购成本。应向供方、运输部门或保险公司索赔的，以收到的赔款冲减采购成本。

（3）因遭受意外灾害发生的损失和尚待查明原因的短缺，应暂记待处理财产损益，待查明原因并报经批准后再作处理。

2. 加工存货的成本

企业通过进一步加工取得的存货，其成本由采购成本、加工成本构成。某些存货还包括使存货达到目前场所和状态所发生的其他成本。计量加工存货的成本，其重点是成本构成中加工成本的确定。存货加工成本由直接人工以及按照一定方法分配的制造费用构成，其实质是确定企业在进一步加工存货的过程中追加发生的生产成本。

（1）自制和自行建造的存货，包括施工企业的未完工程、已完工程、附属车间生产的在产品、半成品及产成品等。其初始成本包括自制和自行建造过程中所耗用的直接材料、直接人工、机械使用费、其他直接费和间接费用。

（2）委托加工存货，是指施工企业以自行采购的物资委托其他单位加工的结构件或设备。其初始成本包括实际耗用的原材料或者半成品、支付的加工费和为加工物资支付的往返运输费、装卸费、保险费等费用以及应计入成本的税金等。

3. 其他方式取得存货的成本

其他方式取得的存货，主要包括接受投资者投入、非货币性资产交换、债务重组、企业合并、存货盘盈等。

（1）投资者投入存货的成本，按照投资合同或协议约定的价值作为初始成本入账，但合同或协议约定价值不公允的除外。在按照投资合同或协议不公允的情况下，应以该项存货的公允价值作为初始成本入账。

（2）通过非货币性资产交换、债务重组、企业合并等取得存货的成本，应当分别执行“非货币性资产交换”“债务重组”“企业合并”等具体准则的规定。货币性资产是指持有的现金及以固定或可确定金额的货币收取的资产，包括货币资金、应收款项以及准备持有至到期的债券投资。非货币性资产是指货币性资产以外的资产，包括存货、固定资产、无形资产、股权投资以及不准备持有至到期的债券投资等。非货币性资产交换是一种非经常性的特殊交易行为，是交易双方主要以非货币性资产进行的交换。非货币性资产交换涉及的少量货币性资产称之为补价。

（3）盘盈的存货，按照同类或类似存货的市价，作为重置成本入账。会计处理时，应先通过"待处理财产损益"账户，然后再按照管理权限报经批准后冲减当期管理费用。

（二）发出存货的计量

企业实务中，存货发出可以按实际成本核算，也可以按计划成本核算，如果采用计划成本核算，会计期末亦应调整为实际成本。

存货的流转包括实物流转和价值流转两个方面。企业实务中，鉴于存货实物与价值的流动方式并不完全一致，因此，在确定发出存货成本时，采用某种合理的假设并配合一定的方法，将存货成本在期末存货与发出存货之间进行分配。

企业存货发出的计价方法有先进先出法、月末一次加权平均法、移动加权平均法、个别计价法等。

1. 先进先出法

先进先出法是以先购入的存货应先发出这样一种存货实物流转假设为前提，对发出存货和期末存货进行计价的方法。具体做法是：接收有关存货时，逐笔登记每一批存货的数量、单价和金额；发出存货时，按照先进先出的原则计价，逐笔登记存货的发出和结存金额。

【例3-1】甲建筑工程公司2015年6月存货变动情况如表3-1所示。

原材料明细账 表3-1

名称：A材料 计量单位：kg 金额单位：元

2015年		凭证字号	摘要	购入			发出			结存		
月	日			数量	单价	金额	数量	单价	金额	数量	单价	金额
6	1	略	月初结存							2 000	8.1	16 200
	5		购入	4 000	8.2	32 800				2 000 4 000	8.1 8.2	16 200 32 800
	8		发出				2 000 2 000	8.1 8.2	16 200 16 400	2 000	8.2	16 400
	25			3 000	8	24 000				2 000 3 000	8.2 8	16 400 24 000
	28						2 000 2 000	8.2 8	16 400 16 000	0 1 000	8	8 000
	30		本月合计	7 000		56 800	8 000		65 000	1 000	8	8 000

采用这种方法在存货发出时即可进行计价，并及时登记发出存货的金额，把计价

工作分散在月内进行，有利于均衡核算工作，但核算工作量较大。采用此种方法，期末存货成本比较接近现行的市场价值。但当物价持续上涨时，用早期较低的成本与现实收入相配比，会使发出成本偏低而高估企业当期利润，并虚增结存价值，反之，当物价持续下跌时，则会使发出成本偏高而低估当期利润和虚减结存价值。

2. 月末一次加权平均法

月末一次加权平均法是指以期初结存存货和本期购入存货的数量和实际成本，期末一次计算存货的本期加权平均单价，作为计算本期发出存货成本和期末结存存货成本的单价，据以求得本期发出存货成本和期末结存存货成本的方法。其计算公式如下。

$$存货平均单价=\frac{期初结存存货实际成本+本期购入存货实际成本}{期初结存存货数量+本期购入存货数量}$$

其中，本期发出存货成本=本期发出存货数量×存货平均单价

期末结存存货成本=期末结存存货数量×存货平均单价

在加权平均单价有尾差（即存在近似计算的四舍五入值）的情况下，通常先计算结存存货成本，并采用倒挤方法计算本期发出存货成本，以优先保证存货结存成本的正确性。其公式如下：

期末结存存货成本=期末结存存货数量×加权平均单价

本期发出存货成本=期初结存存货成本+本期购入存货成本–期末结存存货成本

【例3–2】仍以【例3–1】资料为例，见表3–2。

原材料明细账　　表3–2

名称：A材料　　计量单位：kg　　金额单位：元

2015年		凭证字号	摘要	购入			发出			结存		
月	日			数量	单价	金额	数量	单价	金额	数量	单价	金额
6	1	略	月初结存							2 000	8.1	16200
	5		购入	4 000	8.2	32 800				2 000 4 000		0 0
	8		发出				2 000 2 000	8.1 8.2	16 200 16 400	2 000		0
	25			3 000	8	24 000				2 000 3 000		0 0
	28						2 000 2 000	8.2 8	16 400 16 000	0 1 000		0
	30		本月合计	7000		56 800	8 000		65 000	1 000	8.11	8 110

加权平均单价=（16 200+56 800）÷（2 000+7 000）≈8.11（元）

月末结存材料成本=1 000×8.11=8 110（元）

本月发出材料成本=16 200+56 800−8 110=64 890（元）

采用此种方法，发出存货的单价只在月末计算一次即可，简化了平时的核算工作。而且在市价上涨或下跌时按此种方法计算，对存货成本的分摊较为折中，但由于每期发出存货的加权平均单价月末才能计算，因此，从平时账面上不能及时反映存货的发出金额和结存金额，不利于存货的日常管理。

3. 移动加权平均法

移动加权平均法也称移动平均法，是指以每次（批）进货的成本加上原有库存存货的成本，除以每次进货数量与原有库存存货的数量之和，计算加权平均单位成本，作为在下次进货前计算各次发出存货成本的依据。计算原理与加权平均法基本相同。其计算公式如下。

$$移动平均单价=\frac{原有存货成本+本批购入存货实际成本}{原有存货数量+本批购入存货数量}$$

$$发出存货成本=发出存货数量\times移动平均单价$$

【例3−3】仍以【例3−1】资料为例，见表3−3。

原材料明细账 表3−3

名称：A材料 计量单位： kg 金额单位： 元

2015年		凭证字号	摘要	购入			发出			结存		
月	日			数量	单价	金额	数量	单价	金额	数量	单价	金额
6	1	略	月初结存							2 000	8.1	16 200
	5		购入	4 000	8.2	32 800				6 000	8.167	49 000
	8		发出				4 000	8.167	32 668	2 000	8.167	16 332
	25		购入	3 000	8	24 000				5 000	8.066	40 332
	28		发出				4 000	8.066	32 264	1 000	8.066	8 066
	30		本月合计	7 000		56 800	8 000		64 932	1 000	8.066	8 066

6月5日移动平均单价=（16 200+32 800）÷（2 000+4 000）=8.167（元）

6月8日发出存货成本=4 000×8.167=32 668（元）

6月25日移动平均单价=（16 332+24 000）÷（2 000+3 000）=8.066（元）

6月28日发出存货成本=4 000×8.066=32 264（元）

采用移动平均法能及时并较客观地反映发出及结存存货的成本，但由于每次收货后都需计算移动平均单价，核算工作量大。

4. 个别计价法

个别计价法又称个别认定法、分批实际法，是指逐一辨认每次（批）发出存货的实际成本，并按其购入或完工时确认的单位成本分别计价的方法。这种方法是建立在假定存货的成本流转与实物流转相互一致的基础上的。

采用这种方法，需在仓库中将每次（批）收进的存货分别存放。标明单价，按品种和批次设立详细的存货记录，并在存货上附加标签或编号，以便准确分辨发出存货的个别实际成本。

个别计价法的成本计算符合实际情况，最为准确，但在存货收发频繁的情况下，其发出成本分辨的工作量较大。对于施工企业说来，这种计价方法较适用于为某一建造合同专门购置或建造，并单独存放的特殊材料设备，也适用于未完工程和已完工程的成本确认。

以上各种存货发出的计价方法，施工企业可以根据自己的具体情况选用，但计价方法一经确定，不得随意变更，实务处理中还应注意无论采用何种方法，如遇到单位成本尾数除不尽的情况，应用倒挤法，把尾差计入发出存货成本。

第三节

存货的核算

一、库存材料

施工企业存货的日常核算有两种方法：一种是采用实际成本进行核算；另一种是采用计划成本进行核算。

（一）库存材料采用实际成本法的核算

1. 存货实际成本法概述

存货实际成本法，是指每种存货的收进、发出、结存核算均按实际成本计价。其特点是从存货收发凭证到明细分类账和总分类账均按实际成本计价。此种方法一般适用于规模较小、存货品种少、采购业务不多的施工企业。

2. 库存材料实际成本法核算的主要账户设置

实际成本法下，为核算库存材料的收付存业务，应设置以下主要核算账户。

（1）“在途物资”账户

“在途物资”账户，用于核算企业已购入但尚未到达或尚未验收入库的原材料的实际成本。该账户借方登记已付款或已开出、承兑商业汇票的材料的实际成本；贷方登记已验收入库材料的实际成本。期末余额在借方，反映企业在途物资的实际成本。该账户按供应单位设置明细分类账户，进行明细核算。

（2）“原材料”账户

“原材料”账户，用于核算企业库存各种材料的收发与结存情况。该账户借方登记入库原材料的实际成本；贷方登记出库原材料的实际成本。期末余额在借方，反映企业库存原材料的实际成本，该账户按原材料的保管地点（仓库）、材料的类别、品种和规格设置明细分类账或材料卡片，进行明细核算。

3. 库存材料实际成本法的收发核算

（1）外购材料。施工企业外购材料时，由于结算方式和采购地点的不同，材料入库和货款的支付在时间上不一定同步，相应的会计处理也有所不同。

（2）货款已付（或已开出承兑商业汇票），材料验收入库后，根据有关凭证按实际成本借记“原材料”“应交税费—应交增值税（进项税额）”，贷记“银行存款”或“应付票据”科目等。

【例3-4】甲建筑工程公司从B公司购入原材料，取得的货物销售增值税专用发票，销售额100 000元，增值税16 000元；代垫运杂费增值税专用发票，销售额2 000元，增值税200元。上述款项已付，材料验收入库。根据有关发票及账单，应编制会计分录如下：

借：原材料	102 000
应交税费—应交增值税（进项税额）	16 200
贷：银行存款	118 200

（3）货款已付（或已开出承兑商业汇票），但材料尚未入库。根据发票及账单等结算凭证，借记“在途物资”“应交税费—应交增值税（进项税额）”，贷记“银行存款”或“应付票据”等账户；待材料入库后，再根据收料单，借记“原材料”，贷记“在途物资”。

【例3-5】甲建筑工程公司采购原材料一批，取得的货物销售增值税专用发票，销售额100 000元，增值税16 000元。发票及账单已到，货款已付，材料尚未运达。应编制会计分录如下：

借：在途物资	100 000
应交税费—应交增值税（进项税额）	16 000
贷：银行存款	116 000

该项材料运达，供方转来代垫运杂费增值税专用发票，销售额2 000元，增值税200元，以银行存款付讫。应编制会计分录如下。该项材料验收入库，应编制会计分录如下：

借：原材料	102 000
应交税费—应交增值税（进项税额）	200
贷：在途物资	100 000
银行存款	2 200

（4）材料已入库，但发票账单未到，货款未付。

由于难以确认材料的入账价值，因此，在月份内收到材料时只登记明细分类账，暂不进行总分类核算。如果直到月末发票账单仍未收到，为使账实相符，按材料的市价、合同价暂估入账，借记“原材料”账户，贷记“应付账款”账户。下月初用红字作同样的会计分录，予以冲回，以便待有关发票及账单到达并支付货款后，再按正常程序进行账务处理。

【例3-6】甲建筑工程公司从外地采购原材料一批。材料已运达并验收入库，但发票账单仍未收到，货款未付。

①月末按暂估价200 000元入账。应编制会计分录如下：

借：原材料　　200 000

　　贷：应付账款　　200 000

②下月初用红字予以冲回。

借：原材料　　[200 000]

　　贷：应付账款　　[200 000]

③如果下月收到有关增值税专用发票，并载明价款200 000元，增值税32 000元；运杂费10 000元，增值税1 000元，款项以银行存款付讫。应编制会计分录如下：

借：原材料　　210 000

　　应交税费—应交增值税（进项税额）　　33 000

　　贷：银行存款　　243 000

（5）材料验收入库时，发生短缺或损耗应区分不同情况作相应处理。

1）运输途中的合理损耗，计入材料的采购成本。

2）由于供应单位责任造成的短缺或损失，如果尚未支付货款，结算时，企业应按短缺的数量和发票单价计算拒付金额，承付部分按实际支付金额入账。

3）由运输部门、责任单位或过失人造成的短缺，如果货款已付，应将索赔金额记入“其他应收款”账户。

4) 属于自然灾害等非正常原因造成的损失，将扣除残料价值和过失人、保险公司赔款后的净损失，记入“营业外支出”账户。需要注意的是，因管理不善等非正常原因造成被盗、丢失、霉烂变质等而形成的非正常损失，与其相关的进项税额不得抵扣。

以上的短缺或损耗（除尚未支付货款的情况之外），在未查明原因时，先记入“待处理财产损益”账户，查明原因并经批准后再按不同情况进行处理。

【例3-7】甲建筑工程公司4月8日购入原材料一批，买价80 000元，增值税12 800元，运杂费2 000元，增值税200元，共计95 000元，以银行存款支付。4月20日材料验收入库时，发现途中短缺材料价款共计5 000元。其中500元属定额内合理损耗，其余4 500元短缺原因待查。

（1）4月8日付款时，应编制会计分录如下：

借：在途物资　　82 000

　　应交税费—应交增值税（进项税额）　　12 800

　　贷：银行存款　　95 000

（2）4月20日材料验收入库时，应编制会计分录如下：

借：原材料　　77 500

待处理财产损益—待处理流动资产损益　4 500

贷：在途物资　82 000

（3）上述短缺，经查明核准：属于供应单位的责任3 000元，应由运输部门赔偿500元，途中意外事故损失1 000元。应编制会计分录如下：

借：其他应收款—供应单位　3 000

—运输部门　500

营业外支出—非常损失　1 000

贷：待处理财产损益—待处理流动资产损益　4 500

（6）库存材料发出。

施工企业的存货按实际成本法核算，由于材料的日常领发业务频繁，为了简化日常核算工作，平时材料发出可以填制“领料单”（一次性领料凭证）、“限额领料单”（累计领料凭证）、“大宗材料耗用单”等，一般只登记材料明细分类账，反映各种材料的收发和结存金额，月末根据施工任务完成单、实际发料记录、大宗材料耗用计算单，依照材料类别和受益对象，并按实际成本计价，汇总编制“发料凭证汇总表”，格式见表3-4。

发料凭证汇总表　　表3-4

2018年6月30日　　单位：元

材料类别 / 使用对象	主要材料	结构件	机械配件	其他材料	合计
工程施工	500 000	120 000			620 000
其中：A工程	300 000	80 000			380 000
B工程	200 000	40 000			240 000
机械作业			6 000	4 000	10 000
辅助生产	20 000		1 600		21 600
管理部门				1 000	1 000
合计	520 000	120 000	7 600	5 000	652 600

【例3-8】甲建筑工程公司6月份各有关部门领料情况见表3-4，应编制会计分录如下：

借：工程施工—合同成本（A工程）　380 000

—合同成本（B工程）　240 000

机械作业　10 000

生产成本—辅助生产成本　21 600

管理费用	1 000
贷：原材料—主要材料	520 000
—结构件	120 000
—机械配件	7 600
—其他材料	5 000

（二）库存材料采用计划成本法的核算

1. 存货计划成本法概述

存货按计划成本法核算是指存货的收进、发出和结存均采用计划成本进行总分类核算和明细分类核算，同时将实际成本与计划成本的差额通过设置“材料成本差异”账户反映，期末计算发出存货、结存存货应分摊的成本差异，将发出存货及结存存货由计划成本调整为实际成本。采用计划成本法，一般适用于存货品种繁多，收发频繁的大中型施工企业。该方法的基本步骤如下。

（1）企业应先行确定各种存货的计划单位成本，计划单位成本在年度内一般不调整。

（2）平时收到存货时，按计划单位成本计算出收入存货的总计划成本，并将实际成本与计划成本的差额，记入“材料成本差异”账户。

（3）平时领用、发出存货，均按计划成本计算。月份终了再将本月发出存货应负担的成本差异进行分摊。随同本月发出原材料的计划成本记入有关账户，将发出存货的计划成本调整为实际成本。

发出材料应负担的成本差异，除委托加工物资可按月初材料成本差异率计算外，均应使用本月的材料成本差异率，并且必须按月分摊，不得在季末或年末一次计算。

该方法的计算公式如下：

$$本月成本差异率=\frac{月初结存材料成本差异+本月收进材料的成本差异}{月初结存材料计划成本+本月收进材料的计划成本}\times 100\%$$

$$上月存货成本差异率=\frac{月初结存材料的成本差异}{月初结存材料的计划成本}\times 100\%$$

发出存货应负担的成本差异=发出存货的计划成本×存货成本差异率

发出存货的实际成本=发出存货的计划成本+发出存货应负担的成本差异

结存存货的实际成本=结存存货的计划成本+结存存货应负担的成本差异

计算应用时，存货的超支通常以正值差异率表示，相应的差异额亦为正值；存货的节约通常以负值差异率表示，相应的差异额亦为负值。

【例3-9】乙建筑工程公司采用计划成本法对材料进行日常核算。2015年8月，月初结存材料的计划成本为100万元，材料成本差异账户贷方余额为1.5万元（月初结存存货的节约额）；本月入库材料的计划成本为800万元，材料成本差异账户借方发生额为6万元（月末调整前结存存货的超支额）；本月发出材料的计划成本为850万元。求该公司本月发出材料的实际成本。

【解析】本月材料成本差异率=差异额÷计划成本×100%=（−1.5+6）÷（100+800）×100% =4.5÷900×100%=0.5%

发出材料实际成本=发出材料计划成本±应负担的差异额=850+（850×0.5%）=850+4.25=854.25（万元）

2. 库存材料计划成本法核算的主要账户设置

施工企业采用计划成本法进行材料的日常核算时，需设置以下账户。

（1）“材料采购”账户

该账户借方登记外购材料物资的实际成本和结转实际成本小于计划成本的节约差异，以及发包单位拨入抵作备料款的材料价款；贷方登记验收入库材料物资的计划成本和结转实际成本大于计划成本的超支差异。期末余额在借方，反映已收到发票账单付款或已开出、承兑商业汇票，但尚未到达或尚未验收入库的在途材料物资的实际成本。

（2）“原材料”账户

与实际成本法下原材料账户核算内容相同，但借方、贷方和余额均反映材料的计划成本。

（3）“材料成本差异”联户

用于核算企业各种材料实际成本与计划成本的差异。属于调整账户，该账户借方登记入库材料实际成本大于计划成本的差异（超支差）；贷方登记入库材料实际成本小于计划成本的差异（节约差）和分配发出材料应负担的材料成本差异（超支差异用蓝字，节约差异用红字）。期末余额若在借方，反映结存材料的超支差异；若在贷方，反映结存材料的节约差异。

3. 库存材料计划成本法的收发核算

（1）库存材料外购

施工企业外购材料时，如同采用实际成本法核算一样，也要根据结算方式和采购地点的不同，做出相应的账务处理。在计划成本法下，取得材料先要记入“材料采购”账户，材料的实际成本与计划成本的差异，通过“材料成本差异”账户核算。

1）货款付讫，材料验收入库

【例3-10】甲建筑工程公司从A公司购入材料20t，买价20 000元、增值税3 200元，运杂费2 000元、增值税200元，以银行存款支付，材料验收入库，计划单位成本980元。

支付货款时，应编制会计分录如下：

借：材料采购	22 000
应交税费—应交增值税（进项税额）	3 400
贷：银行存款	25 400

材料入库时，应编制会计分录如下：

借：原材料	19 600
贷：材料采购	19 600

结转入库材料成本差异时，应编制会计分录如下：

22 000−19 600=2 400（元）（即超支差异）

借：材料成本差异	2 400
贷：材料采购	2 400

2）货款已付（或已开出承兑商业汇票），材料未验收入库

【例3-11】甲建筑工程公司从外地购入材料20t，买价18 800元、增值税3 008元，运杂费3 000元、增值税300元，企业开出并承兑一张面值为25 326元，期限3个月的商业承兑汇票，材料尚未运达。

应编制会计分录如下：

借：材料采购	21 800
应交税费—应交增值税（进项税额）	3 308
贷：应付票据	25 108

待材料验收入库，实收20t，每吨计划成本1 100元，应编制会计分录如下：

借：原材料	22 000
贷：材料采购	22 000

结转入库材料成本差异时，应编制会计分录如下：

21 800−22 000= −200（元）（即节约差）

借：材料采购	200
贷：材料成本差异	200

3）材料入库，但发票账单未到，货款未付

【例3-12】甲建筑工程公司购入水泥一批。并已验收入库，月末发票账单未

到，货款未付。月末按计划成本30 000元暂估入账。应编制会计分录如下：

借：原材料　　30 000

　　贷：应付账款—暂估应付账款　　30 000

下月初用红字冲回时，应编制会计分录如下：

借：原材料　　[30 000]

　　贷：应付账款—暂估应付账款　　[30 000]

日后收到发票账单并支付款项时，按正常程序记账。

4）材料验收入库时，发现短缺、毁损的账务处理（同实际成本法）

【例3-13】甲建筑工程公司购入钢材一批，买价20 000元、增值税3 200元，运杂费2 000元、增值税200元，共计25 4000元，以银行存款支付。验收入库时，发现短损，确定由运输单位赔偿1 000元，该批钢材的计划成本为19 600元。

付款时，应编制会计分录如下：

借：材料采购　　22 000

　　应交税费—应交增值税（进项税额）　　3 400

　　贷：银行存款　　25 400

要求责任方赔偿时，应编制会计分录如下：

借：其他应收款—某运输单位　　1 000

　　贷：材料采购　　1 000

材料入库时，应编制会计分录如下：

借：原材料　　19 600

　　贷：材料采购　　19 600

结转入库材料成本差异时，应编制会计分录如下：

（22 000−1 000）−19 600=1 400（元）（即超支差异）

借：材料成本差异　　1 400

　　贷：材料采购　　1 400

（2）库存材料发出

施工企业采用计划成本法进行材料日常核算时，所有材料的领料凭证均是按计划成本计价的。为了简化核算，月份终了，财会部门根据领用材料的计划成本和应分摊的材料成本差异，合并编制“发料凭证汇总表”，据以进行相应的账务处理。“发料凭证汇总表”的格式见表3-5。

发料凭证汇总表　　表3-5

2015-6-30　　单位：元

材料类别 使用对象	主要材料		结构件		机械配件		其他材料		合计	
	计划成本	差异率1%	计划成本	差异率2%	计划成本	差异率1.5%	计划成本	差异率1.2%	计划成本	差异额
工程施工	500 000	5 000	120 000	2 400					620 000	7 400
其中：A工程	300 000	3 000	80 000	1 600					380 000	4 600
B工程	200 000	2 000	40 000	800					240 000	2 800
机械作业					6 000	90	4 000	48	10 000	138
辅助生产	20 000	200			1 600	24			21 600	224
管理部门							1 000	12	1 000	12
合计	520 000	5 200	120 000	2 400	7 600	114	5 000	60	652 600	7 774

【例3-14】根据表3-5，编制会计分录如下。

1）据表中的计划成本，作会计分录如下：

借：工程施工—合同成本（A工程）　380 000
　　　　　　—合同成本（B工程）　240 000
　　机械作业　10 000
　　生产成本—辅助生产成本　21 600
　　管理费用　1 000
　　贷：原材料—主要材料　520 000
　　　　　　　—结构件　120 000
　　　　　　　—机械配件　7 600
　　　　　　　—其他材料　5 000

2）结转发出材料应负担的材料成本差异，作会计分录如下：

借：工程施工—合同成本（A工程）　4 600
　　　　　　—合同成本（B工程）　2 800
　　机械作业　138
　　辅助生产　224
　　管理费用　12
　　贷：材料成本差异—主要材料　5 200
　　　　　　　　　　—结构件　2 400
　　　　　　　　　　—机械配件　114
　　　　　　　　　　—其他材料　60

二、周转材料

（一）周转材料的概念

周转材料是指企业在生产经营过程中能够多次使用，逐渐转移其价值，仍可基本保持原有的实物形态而不确认为固定资产的各种材料。企业会计准则规范的周转材料包括包装物、低值易耗品和建筑承包商的钢模板、木模板、脚手架、安全网等。

周转材料在生产经营中所起的作用，具有劳动资料的性质和特征。周转材料使用期限短、价值较低、领用频繁，需要经常添置更新。

（二）周转材料的分类

周转材料按其用途和特点的不同可分为以下类别。

1. 一般工商企业的周转材料

一般工商企业的周转材料主要包括包装物和低值易耗品。

包装物是指为了包装本企业商品而储备的各种包装容器，如桶、箱、瓶、坛、袋等。包装物的主要功能是盛装商品、方便运输、防备毁损，装潢外观。

低值易耗品是指使用年限较短，单位价值较低，不符合固定资产确认条件的各种用具物品，如工具、管理用具、玻璃器皿、劳动保护用品等。

由于建筑安装行业特点的不同，使得施工企业与一般工商企业的周转材料在内容项目上有很大区别。

2. 施工企业的主要周转材料

施工企业的周转材料主要包括以下项目内容：

（1）模板：浇灌混凝土使用的木模、组合钢模等，包括配合模板使用的支撑材料、滑模材料和构件等，但按固定资产管理的固定钢模和现场使用固定大型钢模板不包括在内。

（2）挡板：土方工程使用的挡土板等，其中包括支撑材料。

（3）架料：搭脚手架用的竹杆、木杆、跳板、钢管脚手架及其附件等。

（4）其他：除以上各类外，作为流动资产管理的其他周转材料，如安全网、护栏、塔吊使用的轻轨、枕木等，但不包括附属于塔吊的钢轨。

3. 摊销方法

施工企业周转材料的摊销方法有以下几种：

（1）一次转销法是指在领用时将其全部价值一次计入成本费用的方法。一般应限于价值较低或易于损坏的周转材料，如安全网等。

（2）五五摊销法是指在领用时将其价值的一半计入成本、费用，在其报废时再摊销其余一半的方法。一般适用于价值相对较高、使用期限略长的工具、用具、挡土板等，也适用于每期领用和报废大致相当的各种物品。

（3）分期摊销法是指根据周转材料的预计使用期限分期将其领用价值摊入成本、费用的方法。一般适用于脚手架、跳板、塔吊轻轨、枕木等周转次数较多的周转材料。其计算公式如下：

周转材料每月摊销额=周转材料原价（实际成本或计划成本）×（1–预计残值率）÷预计使用月数

（4）分次摊销法是指根据周转材料的预计使用次数将其领用价值分次摊入成本、费用的方法。一般适用于钢模板、木模板、挡板等使用次数较小的周转材料。其计算公式如下。

周转材料每次摊销额=周转材料原价（实际成本或计划成本）×（1–预计残值率）÷预计使用次数

本期摊销额=每次摊销额×本期使用次数

（5）定额摊销法是指根据实际完成的实物工作量和预算定额规定的周转材料消耗定额，计算确认本期应摊销额的方法。一般适用于模板等周转材料。其计算公式如下：

周转材料每次摊销额=本期完成的实物工作量×单位工程周转材料的消耗定额

以上各种周转材料的摊销方法，由企业根据具体情况确定，一经确定不得随意变更，如果改变，需要在会计报表附注中加以说明。

4. 周转材料的核算

施工企业为了反映周转材料的增减变化，应设置“周转材料”账户，该账户借方登记企业库存及在用周转材料的计划成本或实际成本；贷方登记周转材料的摊销价值及盘亏、报废、毁损等减少的周转材料价值。期末借方余额，反映期末在库周转材料的计划成本或实际成本，以及在用周转材料的摊余价值。“周转材料”账户余额应列入资产负债表中的“存货”项目，并在会计报表附注中说明周转材料的摊销方法

该账户应设置“在库周转材料”“在用周转材料”和“周转材料摊销”三个明细账户，并按周转材料的种类设置明细分类账，进行明细核算。采用一次转销法的，可以不设置以上三个明细账户。

（1）购入、自制、委托外单位加工完成并已验收入库的周转材料，应比照“原材料”的相关规定进行账务处理。

（2）领用周转材料，如采用一次摊销法，应将其领用的全部账面成本一次摊销完毕，直接借记“工程施工”等账户，贷记“周转材料”账户。如采用其他摊销法，应将其领用的价值暂由在库转为在用；摊销时按摊销额，借记“工程施工”等账户，贷记“周转材料—周转材料摊销”账户；退库时，按其全部价值，由在用转为在库。

（3）报废周转材料，应将已摊销额，借记“周转材料—周转材料摊销”账户，回收残值，借记“原材料”账户，应补提的摊销额，借记“工程施工”等账户，贷记“周转材料—在用周转材料”账户。

采用计划成本核算周转材料，应于月末，结转当月领用周转材料应分摊的成本差异。

【例3-15】假定甲建筑工程公司的周转材料采用实际成本法核算，A工程领用全新模板一批，实际成本50 000元，采用一次摊销法。应编制会计分录如下：

借：工程施工—合同成本（A工程）　50 000

　贷：周转材料　50 000

【例3-16】同上【例3-15】，假定周转材料采用计划成本法核算，甲工程领用全新模板一批，计划成本55 000元，采用一次摊销法，材料成本差异率为-5%，应编制会计分录如下：

借：工程施工—合同成本（甲工程）　52 250

　贷：周转材料　55 000

　材料成本差异　2 750（红字）

【例3-17】甲建筑工程公司各部门领用工具的实际成本分别为管理部门10 000元，建造合同施工40 000元。报废时，回收残料估价500元。周转材料采用五五摊销法。

（1）用时，应编制会计分录如下：

借：周转材料—在用周转材料　50 000

　贷：周转材料—在库周转材料　50 000

同时

借：管理费用　5 000

　工程施工—合同成本　20 000

　贷：周转材料—周转材料摊销　25 000

（2）报废时，应编制会计分录如下：

借：管理费用　5 000

　工程施工　20 000

　贷：周转材料—周转材料摊销　25 000

同时

借：原材料　500

　贷：管理费用　100

工程施工　400

借：周转材料—周转材料摊销　50 000

贷：周转材料—在用周转材料　50 000

【例3-18】A工程将领用的模板退库，计划成本55 000元，退回时估计残值成本为60%，该类在用模板的计划成本为80 000元，账面已摊销额为24 000元。采用分次摊销法。

短缺、报废、退库应提摊销额=短缺、报废、退库周转材料计划成本-残值

已提摊销额=短缺、报废、退库周转材料计划成本×（该类在用周转材料账面已提摊销额÷该类在用周转材料计划成本）

应补提的摊销额=应提摊销额-已提摊销额

本例中应提摊销额=55 000×（1-60%）=22 000（元）

已提摊销额=55 000×（24 000÷80 000）=16 500（元）

应补提摊销=22 000-16 500=5 500（元）

（1）补提摊销额时，应编制会计分录如下：

借：工程施工—合同成本（A工程）　5 500

贷：周转材料—周转材料摊销　5 500

（分摊周转材料成本差异的情况从略）

（2）退库时，应编制会计分录如下：

借：周转材料—在库周转材料　55 000

贷：周转材料—在用周转材料　55 000

【例3-19】B工程领用分期摊销的模板一批，计划成本10 000元。使用一段时间后领用的模板全部报废。回收残料价值1 000元，账面已摊销8 000元，材料成本差异率1%。

（1）领用时，应编制会计分录如下：

借：周转材料—在用周转材料　10 000

贷：周转材料—在库周转材料　10 000

（2）分期摊销时，应编制会计分录（此处合并为一笔分录）如下：

借：工程施工—合同成本（B工程）　8 000

贷：周转材料—周转材料摊销　8 000

（3）报废时

应提摊销=10 000-1 000=9 000（元）

已提摊销=8 000（元）

应补提摊销=9 000-8 000=1 000（元）

补提摊销，应编制会计分录如下：

借：工程施工—合同成本（B工程） 1 000

贷：周转材料—周转材料摊销 1 000

（4）残值入库，并转销报废模板计划成本。应编制会计分录如下：

借：原材料 1 000

周转材料—周转材料摊销 9 000

贷：周转材料—在用周转材料 10 000

（5）月末分配领用周转材料应负担的成本差异，应编制会计分录如下：

借：工程施工—合同成本（B工程） 90

贷：材料成本差异 90

三、加工物资

加工物资包括自制加工物资和委托加工物资。前者是企业利用内部生产能力组织加工制造；后者是企业将存货发出委托外包加工。

（一）自制加工物资的核算

施工企业的存货物资可以通过采购储备，也可以自制自备。

施工企业的原材料可以来源于外购，也可以利用自身的生产条件自行加工、改制，如将原木锯成板材，将钢材制成结构件等，即为自制材料。

自制材料通常是由施工企业及其内部独立核算单位所属非独立核算的辅助生产车间，如木工车间、混凝土车间等加工完成的。为了核算自制材料的成本，应设置“生产成本—辅助生产成本”账户。

【例3-20】甲建筑工程公司所属的辅助生产车间领用水泥一批，实际成本200 000元，用于加工制作预制板，发生人员工资30 400元，计入预制板成本的固定资产折旧费9 600元。预制板加工完毕验收入库。

（1）领用水泥时，应编制会计分录如下：

借：生产成本—辅助生产成本 200 000

贷：原材料—水泥 200 000

（2）发生加工费时，应编制会计分录如下：

借：生产成本—辅助生产成本 40 000

贷：应付职工薪酬 30 400

累计折旧 9 600

（3）加工完毕，物资储备时，应编制会计分录如下：

借：原材料—预制板　　240 000

　　贷：生产成本—辅助生产成本　　240 000

（二）委托加工物资的核算

施工企业有时需要将某种库存材料物资委托其他单位加工，以满足施工生产的需要。例如，将木料加工为成材，空心钢加工为门窗等。材料物资经过委托加工后，其品种、规格均与加工前不同。而且材料物资的价值也将发生变化。因此，委托加工物资应单独设置账户进行核算。

"委托加工物资"账户，用来核算企业委托外单位加工的各种物资的实际成本。该账户属于资产类账户，借方登记发生加工物资的实际成本、支付的加工费、应负担的往返运杂费及应计入委托加工物资成本的税金；贷方登记加工完成收回物资和退回剩余物资的实际成本。期末若有余额在借方，反映在外加工尚未完成物资的实际成本。该账户应按加工合同和受托加工单位设置明细分类账户进行明细该算。委托加工物资的核算分为三个步骤。

1. 向受托方发出加工物资

企业发给受托方加工的物资，按实际成本核算的企业以实际成本或按计划成本核算的企业以计划成本，借记"委托加工物资"账户，贷记"原材料"等账户。按计划成本核算的企业，还应同时结转成本差异，实际成本大于计划成本的差异，借记"委托加工物资"账户，贷记"材料成本差异"等账户；实际成本小于计划成本的差异，作相反的会计分录。

2. 支付加工费、运输费及相关税金

企业支付加工费用及承担的运杂费等，应借记"委托加工物资"账户、"应交税费—应交增值税（进项税额）"等账户，贷记"银行存款"等账户；需要缴纳消费税的委托加工物资，其由受托方代收代缴的消费税，分别以以下两种情况处理。

（1）收回后直接用于销售的，应将受托方代收代缴的消费税计入委托加工物资成本，借记"委托加工物资"账户，贷记"应付账款""银行存款"等账户。

（2）收回后用于连续生产，按规定准予抵扣的，按受托方代收代缴的消费税，借记"应交税费—应交消费税"账户，贷记"应付账款""银行存款"等账户。

3. 加工完成委托方验收入库

加工完成验收入库的物资和剩余的物资，按加工收回物资的实际成本和剩余物资的实际成本，借记"原材料""库存商品"等账户（采用计划成本或售价核算的企业，按计划成本或售价记入"原材料"或"库存商品"账户；实际成本与计划成本或售价之间的差异，记入"材料成本差异"或"商品进销差异"账户），贷记“委托加工物资”账户。

【例3-21】甲建筑工程公司发出A材料一批，委托乙公司加工成B材料。假定甲公司的存货采用实际成本计价。A材料的实际成本为120 000元，支付加工费20 000元、增值税税额3 200，往返运杂费4 000元，增值税税额400元，款项以银行存款结算。B材料加工完毕验收入库。委托加工全过程，甲公司应作如下账务处理。

（1）发出委托加工材料时，应编制会计分录如下：

借：委托加工物资—乙公司	120 000
贷：原材料—A材料	120 000

（2）支付加工费、运杂费和税金时，应编制会计分录如下：

借：委托加工物资—乙公司	24 000
应交税费—应交增值税（进项税额）	3 600
贷：银行存款	27 600

（3）B材料加工完毕验收入库时，应编制会计分录如下：

借：原材料—B材料	144 000
贷：委托加工物资	144 000

【例3-22】同【例3-21】假定甲建筑工程公司的存货采用计划成本计价。A材料的计划成本差异率为-1%。加工完毕验收入库的B材料计划成本差异率为-2%。委托加工全过程，甲公司应作如下账务处理。

（1）发出委托加工材料时，应编制会计分录如下：

借：委托加工物资—乙公司	120 000（实际成本）
贷：原材料—A材料	121 200（计划成本）
材料成本差异	1 200（差异额）

（2）支付加工费、运杂费和税金时，应编制会计分录如下：

借：委托加工物资—乙公司	24 000
应交税费—应交增值税（进项税额）	3 600
贷：银行存款	27 600

（3）B材料加工完毕验收入库时，应编制会计分录如下：

借：原材料—B材料	146 880
贷：委托加工物资	144 000
材料成本差异	2 880

涉及需要缴纳消费税的委托加工物资，由受托方代收代缴的消费税，待委托

方收回加工物资时，若直接用于销售的，记入“委托加工物资”账户；若用于继续加工的，记入“应交税费—应交消费税”账户。

四、未完工程和已完工程

基于建筑安装行业的特点，施工企业应将未完工程和已完工程列归存货项目，视同为受托加工的存货。对于施工企业附属实行独立核算的结构件厂和辅助生产部门而言，也应将这些单位的在产品、产成品（库存商品）等，具有存货性质的自制品纳入类似的核算。

（一）建设工程项目的划分

施工企业承包的基本建设工程，一般可以划分为建设项目、单项工程、单位工程、分部工程和分项工程五级组成。

1. 建设项目（一级）

建设项目通常有两层含义：一层含义是指新设立的企业、事业和行政单位，另一层含义是指建设投资所兴建的工程项目的集合或总和。

凡属于一个总体设计中的主体工程和相应的附属配套工程、综合利用工程、环境保护工程、供水供电工程以及水库的干渠配套工程等，都统一作为一个建设项目；凡是不属于一个总体设计，经济上分别核算，工艺流程上没有直接联系的几个独立工程，应分别列为几个建设项目。生产性建筑工程，一般以一家新建生产型工业企业为一个建设项目；非生产性建筑工程，一般以一个住宅小区、一条商业街、一栋写字楼、一所学校、一座医院为一个建设项目。

建设项目需要事先进行可行性研究，实行投资责任约束制，拥有独立的设计任务书或总体设计；独立的行政组织形式；独立进行经济核算。

2. 单项工程（二级）

单项工程是指具有独立的设计文件，建成后可以独立发挥生产能力或效益的一组配套齐全的工程项目。单项工程又称工程项目，是建设项目的组成部分。单项工程从施工的角度，也就是一个独立的交工系统，在建设项目总体施工部署和管理目标的指导下，形成自身的项目管理方案，按其投资和质量要求，如期建成交付使用，一个建设项目可以是一个单项工程，也可能包括多个单项工程。作为一个建设项目的一家工业企业，可以划分为功能各异、工艺或产品不同的若干个生产车间或工段等单项工程；作为一个建设项目的一个住宅小区，可以划分为若干个建筑、面积、层高、建筑标准各异的住宅楼单项工程。

单项工程的施工条件往往具有相对独立性。因此，一般单独组织施工和验收。单项工程体现了建设项目的主要建设内容和新增生产能力或工程的基础效益。

3. 单位工程（三级）

单位工程是指具有独立的设计文件，可以独立组织施工和单项核算，但不能独立发挥其生产能力和使用效益的工程项目。单位工程是单项工程的组成部分，单位工程不具有单体存在的意义。只有在几个有机联系、互为配套的单位工程全部建成竣工后才能提供生产和使用。例如民用建筑的土建、给水排水、采暖、通风、照明等各为一个单位工程。

单位工程具有独立设计的施工图和相应的概（预）算书，独立的施工生产条件（可单独发包），能够单独施工，但竣工后不能独立形成生产能力或发挥使用效益。

4. 分部工程（四级）

分部工程是指建筑物按单位工程的部位、结构形式等不同划分的工程项目。分部工程是单位工程的组成部分，单位工程按照有关条件进一步分解即为分部工程。一般工业或民用建筑工程划分为地基与基础工程、主体工程、地面与楼面工程、装修工程、屋面工程等分部工程。

5. 分项工程（五级）

分项工程是指根据工种、构件类别、使用材料不同划分的工程项目。分项工程是分部工程的组成部分，一个分部工程由多个分项工程构成。分项工程作为建筑施工生产活动的基础，构成了工程计量用工用料和机械台班消耗的基本单元。分项工程是工程质量形成的直接过程，是工程计价最基本的要素。

（二）未完工程

未完工程是指施工企业尚未完成预算定额规定内容的分部分项工程。施工企业对于那些虽已投入人工、材料，但尚未完成预算定额中规定的工作内容，不易确定工程数量和工程质量的分部分项工序，纳入未完工程（或未完施工，相当于制造业的在产品）管理。未完工程不能据以收取价款，也不得确认合同收入。例如，"基础"分部工程的工作内容包括模板制作、安装、拆卸、码垛、钢筋制作、绑扎、混凝土搅拌、浇捣、养护、抛毛石等。某基础工程如果在期末只完成了其中一部分工序，就应记作未完工程；如果在期末业已完成上述全部工序，则应列作已完工程。

（三）已完工程

施工企业的已完工程，从理论上讲，应指竣工工程，即建筑安装完成，不再需要追加施工活动的工程。但是，由于建安工程结构复杂、造价高、施工周期长，如果等到工程最后竣工再一并结算，就会影响施工企业资金的良性循环，妨碍成本计算发挥管理作用。因此，为了有利于企业加速资金周转，正确考核经济效益，现行制度规定：凡是已经完成预算定额所规定的全部工序，在本企业不需要再进行任何加工的分部分项工程，即确认为已完工程（或已完施工）。换言之，已完工程应是施工企业（乙方）向业主（甲方或建设单位）办理工程结算的已完分部分项工程。严格意义上说，分部分项工程不具有完整的使用价值，不是竣工工程。但是，由于施工企业已完成全部施工活动，已经可以确定工程数量和工程质量，因此可以将其视为已完工程，计算它的预算成本和预算造价，向客户进行点交并收取工程价款。

根据《建设工程价款结算办法》的规定：建设工程价款采用“按合同预付、按月或分段结算与竣工结算”相结合的工程价款结算方式；工程竣工结算分为单位工程竣工结算、单项工程竣工结算和建设项目竣工总结算；每次结算工程价款时，施工企业应当提交“已完工程量计算报告”。根据《企业会计准则第14号——收入》的规定，施工企业应按照履约进度确认建造合同收入，但是，履约进度不能合理确定的除外。企业应当考虑商品的性质，采用产出法或投入法确定恰当的履约进度。其中，产出法是根据已转移给客户的商品对于客户的价值确定履约进度；投入法是根据企业为履行履约义务的投入确定履约进度。对于类似情况下的类似履约义务，企业应当采用相同的方法确定履约进度。而合同成本在合同完工时，即竣工结算时才予以转销；“工程施工”账户的余额反映尚未完工的建造合同和毛利，相应设置的“工程结算”账户的余额反映尚未完工的建造合同已办理结算的累计金额。

要计算已完工程的实际成本，必须先计算未完工程的实际成本。只有从本月施工工程实际成本中，加上月初未完工程成本，减去月末未完工程成本，才能计算出本月已完工程实际成本。

施工企业会计实务中，难以分清已完工程成本和未完工程成本，因此，在资产负债表上列示“存货”项目时，一般以“工程施工”账户的借方余额减去“工程结算”账户的贷方余额填列。

五、建设单位供料

建设单位供料是指施工企业根据施工合同收到发包单位拨来的材料。施工企业在施工过程中使用的建筑材料，有时是建设单位采购后，送交施工企业使用的。在建设单位供料的情况下，施工企业和建设单位之间应进行材料价款的结算。

建设单位供应的材料，无论其采购实际成本是多少，按现行工程结算办法规定，施工企业一般按材料的预算价格计算。如果材料需要进一步加工，发生的加工费应由建设单位负担。如果该材料是在施工现场以外的地点交货，由施工企业运往工地，发生的运杂费也应由建设单位支付。由于材料的预算价格中包含有按规定的取费率计算的材料保管费，而材料运抵施工现场后，由施工企业保管，因此，应将从材料的预算价格中扣除一定的材料保管费后的余额，作为建设单位拨入材料的入账价值。

施工企业收到建设单位供料时，按材料的预算价格扣除保管费后的余额，借记“材料采购”账户，贷记“预收账款”账户；材料验收入库后，按其计划成本借记“原材料”账户，贷记“材料采购”账户。

【例3-23】甲建筑工程公司收到某建设单位按工程合同规定供应的木材一批，预算价格为400 000元，应扣除的采购保管费为预算价格的2.5%。N公司应作如下账务处理。

（1）双方结算价款时，应编制会计分录如下：

借：材料采购　　390 000

　　贷：预收账款　　390 000

（2）验收入库时，应编制会计分录如下：

借：原材料　　400 000

　　贷：材料采购　　400 000

（3）结转材料成本差异时，应编制会计分录如下：

借：材料采购　　10 000

　　贷：材料成本差异　　10 000

六、材料物资内部调拨

材料物资在施工企业内部各单位或各仓库之间的转移，称为材料物资的内部调拨。其调拨方式一般有两种：一种是在供应部门内部各仓库、工地之间的相互调拨；另一种是企业内部独立核算的单位之间的相互调拨。前一种方式，只引起材料物资存放地点的变动，无须进行账务处理，只需在各仓库、工地的材料物资保管明细账上做出相应的增减登记即可。后一种方式，应办理材料物资价款的结算。内部结算价格可以按市场价格、协商价格等进行。施工企业应通过“内部往来”账户，反映材料物资的内部调拨情况。

【例3-24】甲建筑工程公司下属第一分公司调拨给第二分公司水泥一批，该批水泥的计划成本为200 000元，材料成本差异率为1%，双方协商按218 000元的价格结算。

（1）第一分公司，应编制会计分录如下：

1）确认水泥销售收入

借：内部往来—第二分公司　　218 000

贷：其他业务收入　218 000

2）结转水泥销售成本

借：其他业务成本　202 000

贷：原材料　200 000

材料成本差异　2 000

（2）第二分公司，应编制会计分录如下：

借：材料采购　218 000

贷：内部往来—第一分公司　218 000

第四节

期末存货的计量

一、存货清查

施工企业的存货品种规格多，数量大，收发频繁。在存货的收发和保管过程中，由于计量误差、管理不善、核算差错、检验疏忽、自然损耗等原因，常会发生账实不符的现象。为保护存货的安全完整，对存货进行定期或不定期的清查是保证账实相符的必要手段。

施工企业存货清查通常采用实际盘点和技术推算的方法。前者即通过盘点确定各种存货的实际库存数，并与账面结存数相核对；后者是对那些大量的成堆的存货，采用量方、计尺等技术方法，对存货的实存数进行推算。企业存货平时可以进行不定期清查，年末编制年报前，进行定期、全面清查。

（一）存货盘存的方法

企业存货的实物数量需要通过盘存予以确定，常用的方法有实地盘存制和永续盘存制两种。

1. 实地盘存制

实地盘存制是指会计期末通过对存货进行实地盘点，确定期末存货的结存数量，并据以倒挤本期发出存货数量，然后，用存货的结存单价计算期末存货的金额，最后计算本期耗用或销售存货成本的一种盘存方法。实地盘存制又称定期盘存制。

采用实地盘存制，平时只登记存货的增加数，不登记减少数，期末根据清点所得的实存数，计算发出存货的成本。因此，平时的核算工作比较简便。但是，这种方法不能随时反映各种物资的收发存情况，不能随时结转成本，缺乏连续性资料，不利于对存货进行全面控制。而且，它将所有未列入期末结存数量中的存货皆视同发出存货，势必会将损失、浪费、失盗、差误等短缺数隐含于发出数量之中，从而影响企业成本与收益计算的准确性。其计算公式为：

期初存货+本期收货–期末存货=本期耗用或销货

实地盘存制只适用于单位价值较低、自然损耗大、数量不稳定、进出频繁的特定物资。

2. 永续盘存制

永续盘存制是指企业设置既记数量又记金额的存货明细账，根据有关凭证，逐日逐笔登记存货的收发、领退情况，随时结出账面结存数量和金额的一种盘存方法。

采用永续盘存制，可以及时掌握各种存货的动态，有利于存货的各项管理。

实行永续盘存制，亦要求进行存货的实物盘点，盘点可以定期或不定期进行。企业通常在生产经营活动的间隙盘点部分或全部存货；会计年终，应进行全面的盘点清查，并编制盘点表，保证账物相符，如有不符应及时查明原因予以处理。

永续盘存制对于大多数企业具有广泛的适用性。

（二）存货清查的核算

存货的盘盈、盘亏、毁损，通过“待处理财产损益”账户核算。存货盘点结果如与账面记录不符。应于期末前查明原因，并根据企业的管理权限，经股东大会或董事会，或经理办公会或类似机构批准后，在期末结账前处理完毕。盘盈的存货，应冲减当期的管理费用；盘亏、毁损的存货，在减去过失人或保险公司等赔款和残料价值后，计入当期管理费用，属于非常损失的，计入营业外支出。

【例3-25】甲建筑工程公司在存货清查中盘盈主要材料木材一批，按市场价格计算其成本为3 000元。应编制会计分录如下。

（1）盘盈，原因待查，会计分录为

借：原材料	3 000
贷：待处理财产损益—待处理流动资产损益	3 000

（2）经批准后处理，会计分录为

借：待处理财产损益—待处理流动资产损益	3 000
贷：管理费用	3 000

【例3-26】甲建筑工程公司在存货清查中，盘亏石材一批其计划成本5 000元，材料成本差异率为1%，经查属于定额内损耗1 050元，自然灾害造成损失3 000元，应由保险公司赔偿的损失1 000元。应编制会计分录如下。

（1）盘亏，原因待查，会计分录为

借：待处理财产损益—待处理流动资产损益	5 050
贷：原材料	5 000
材料成本差异	50

（2）经批准后处理，会计分录为

借：营业外支出—非常损失	3 000
管理费用	1 050

其他应收款—某保险公司 1 000

贷：待处理财产损益—待处理流动资产损益 5 050

二、存货期末计提跌价准备

资产负债表日，存货应当按照成本与可变现净值孰低计量。当可变现净值低于成本时，按其差额，计提存货跌价准备，计入当期损益。

（一）成本低于可变现净值时

如果以前期间未计提跌价准备，则不需要作账务处理；如果以前期间计提了减值准备，则将跌价准备账户余额冲回，资产负债表中的存货仍按期末账面价值列示。

（二）可变现净值低于成本时

其差额为存货跌价损失，应进行相应账务处理，期末存货调整为可变现净值。

企业采用备抵法核算存货跌价损失，应设置“存货跌价准备”账户，该账户属于存货的备抵账户，贷方登记计提的跌价准备数；借方登记冲减的跌价准备，期末贷方余额，反映企业已提取的跌价准备。当可变现净值低于成本时，计算出应计提的准备，与“存货跌价准备”账户的余额比较，多冲少补。提取时借记“资产减值损失”账户，贷记“存货跌价准备”账户；冲减时则作相反的分录。其冲减的数额应以“存货跌价准备”账户的余额减至零为限。

（三）计提存货跌价准备的方法

（1）企业通常应当按照单个存货项目计提存货跌价准备。

（2）对于数量繁多、单价较低的存货，可以按照存货类别计提存货跌价准备。

【例3-27】甲建筑工程公司存货期末计量表见表3-6，假设甲公司在2013年以前没有对存货计提跌价准备，假设不考虑相关税费和销售费用。

存货资料表（单位：元） 表3-6

日期	成本	可变现净值	日期	成本	可变现净值
2013年12月31日	300 000	290 000	2015年12月31日	250 000	248 000
2014年12月31日	200 000	180 000	2016年12月31日	270 000	272 000

（1）2013年末，应计提跌价准备为

应计提跌价准备300 000−290 000=10 000（元）

应编制会计分录如下：

借：资产减值损失—存货减值损失　　10 000

　　贷：存货跌价准备　　10 000

该年末计提后，“存货跌价准备”账户贷方余额为10 000元。

（2）2014年末，应计提跌价准备为

应计提跌价准备（200 000−180 000）−10 000=10 000（元）

应编制会计分录如下：

借：资产减值损失—存货减值损失　　10 000

　　贷：存货跌价准备　　10 000

该年末计提后，“存货跌价准备”账户贷方余额为

10 000+10 000=20 000（元）

（3）2015年末，应冲减跌价准备为

20 000−（250 000−248 000）=18 000（元）

应编制会计分录为

借：存货跌价准备　　18 000

　　贷：资产减值损失—存货减值损失　　18 000

该年末冲减后，“存货跌价准备”账户贷方余额为

20 000−18 000=2 000（元）

（4）2016年末，应冲减跌价准备2 000元。应编制会计分录如下

借：存货跌价准备　　2 000

　　贷：资产减值损失—存货减值损失　　2 000

该年末冲减后，“存货跌价准备”账户贷方余额为

2 000−2 000=0（元）

第四章

长期股权投资

第一节

长期股权投资的初始计量

长期股权投资是指通过投资取得被投资单位的股份。长期股权投资是企业金融资产投资以外的权益性投资。长期股权投资属于产权投资，它是通过持股方式向被投资企业投入长期资本，并使被投资企业作为一个独立的经济实体而为投资企业实现总体经营目标服务。

一、长期股权投资的确认

（一）长期股权投资的内容

根据长期股权投资具体准则，确认为长期股权投资的，包括以下三项内容：

（1)企业持有的能够对被投资单位实施控制的权益性投资，即对子公司投资。

（2）企业持有的能够与其他合营方一同对被投资单位实施共同控制的权益性投资，即对合营企业投资。

（3）企业持有的能够对被投资单位施加重大影响的权益性投资，即对联营企业投资。

（二）长期股权投资的类型

与上述确认为长期股权投资的内容项目相对应，按照投资企业对被投资企业所产生的权益影响程度，长期股权投资可以分为以下三种类型。

1. 控制

控制是指有权决定被投资企业的财务与经营政策。此种类型对应于对子公司的权益性投资，控股比例一般大于50%，或者控股比例虽小于等于50%，但具有实质控制权。

2. 共同控制

共同控制是指按照合同约定对某项经济活动所共有的控制。共同控制是在对被投资单位的财务与经营政策由多个投资企业共同决定，决策权一致同意、共同分享的情况下存在的。此种类型对应于对合营企业的权益性投资，控股比例大致在20%~50%。

3. 重大影响

重大影响是指对被投资企业的财务与经营政策拥有参与决策的权力，但并不能决定这些政策的制定。此种类型对应于对联营企业的权益性投资，控股比例大致在20%～50%。

二、长期股权投资初始成本的确定

长期股权投资有企业合并形成和以支付现金、非现金资产等其他方式取得两种情况。企业合并又分为同一控制下的企业合并和非同一控制下的企业合并两种方式。

同一控制下的企业合并是指参与合并的企业各方在合并前后均受同一方或相同的多方最终控制且该控制并非暂时性的。非同一控制下的企业合并是指参与合并的企业各方在合并前后不受同一方或相同的多方最终控制。

同一方是指对参与合并的企业在合并前后均实施最终控制的投资者。相同的多方是指根据投资者之间的协议约定，在对被投资单位的生产经营决策行使表决权时发表一致意见的两个或两个以上的投资者。控制并非暂时性是指参与合并的各方在合并前后较长的时间内受到同一方或相同的多方最终控制。较长的时间通常是指1年以上（含1年）。

（一）同一控制下企业合并形成的长期股权投资

同一控制下的企业合并具有两个特点：一是不属于交易事项，而是资产和负债的重新组合；二是合并作价往往不公允，因此合并方应当在合并日按取得被合并方所有者权益账面价值的份额作为初始投资成本。合并日是指合并方实际取得对被合并方控制权的日期。

（二）非同一控制下企业合并形成的长期股权投资

非同一控制下企业合并具有两个特点：一是它们是非关联企业的合并；二是合并以市价为基础，交易作价相对公平合理。因此购买方应当在购买日按企业合并成本作为初始投资成本。购买日是指购买方实际取得对被购买方控制权的日期。

（三）以支付现金取得且不形成控股合并的长期股权投资

以支付现金取得且不形成控股合并的长期股权投资应当按照实际支付购买价款作为初始投资成本。它包括与取得长期股权投资直接相关的费用、税金及其他必要支出。

（四）以发行权益性证券取得且不形成控股合并的长期股权投资

以发行权益性证券取得且不形成控股合并的长期股权投资应当按照发行权益性证券的公允价值作为初始投资成本。

（五）以债务重组、非货币性资产交换等方式取得且不形成控股合并的长期股权投资

以债务重组、非货币性资产交换等方式取得且不形成控股合并的长期股权投资，其初始投资成本应按照《企业会计准则第12号——债务重组》和《企业会计准则第7号——非货币性资产交换》的规定确定。

三、长期股权投资初始成本的计量

（一）企业合并形成的长期股权投资取得时的计量

企业合并是指将两个或者两个以上单独的企业合并形成一个报告主体的交易或事项。在我国将企业合并分为同一控制下的企业合并和非同一控制下的企业合并。

1. 同一控制下企业合并形成的长期股权投资取得时的计量

合并方应当按照下列规定确定其取得时的初始投资成本。

（1）以支付现金、转让非现金资产或承担债务方式作为合并对价的，应当在合并日按照取得被合并方所有者权益账面价值的份额借记“长期股权投资”账户；按享有被投资单位已宣告但尚未发放的现金股利或利润，借记“应收股利”账户；按支付的合并对价的账面价值，贷记有关资产或负债账户；长期股权投资初始投资成本与支付的现金、转让的非现金资产以及所承担债务账面价值之间的差额记入资本公积：为贷方差额的，贷记“资本公积—资本溢价或股本溢价”账户；为借方差额的，借记“资本公积—资本溢价或股本溢价”账户，若资本公积中的资本溢价或股本溢价不足冲减的，则调整留存收益，借记“盈余公积”“利润分配—未分配利润”账户。

（2）合并方以发行权益性证券作为合并对价的，应当在合并日按照取得被合并方所有者权益账面价值的份额借记“长期股权投资”账户，按照发行股份的面值总额贷记“股本”，长期股权投资初始投资成本与所发行股份面值总额之间的差额记入资本公积：为贷方差额的，贷记“资本公积—资本溢价或股本溢价”账户；为借方差额的，借记“资本公积—资本溢价或股本溢价”账户，若资本公积中的资本溢价或股本溢价不足冲减的，则调整留存收益，借记“盈余公积”“利润分配—未分配利润”账户。

2. 非同一控制下企业合并形成的长期股权投资取得时的计量

非同一控制下企业控股合并形成的长期股权投资，购买方应当按照确定的企业合并成本作为长期股权投资的初始投资成本。企业合并成本包括购买方付出的资产、发生或承担的负债、发行的权益性证券的公允价值之和，购买方为企业合并发生的审计、法律服务、评估咨询等中介费用以及其他相关管理费用，应于发生时计入当期损益；购买方作为合并对价发行的权益性证券或债务性证券的交易费用，应当计入权益性证券或债务性证券的初始确认金额。

在具体进行会计处理时，对于形成非同一控制下控股合并的长期股权投资，应在购买日按企业合并成本（不含应自被投资单位收取的现金股利或利润），借记“长期股权投资”科目，按享有投资单位已宣告但尚未发放的现金股利或利润，借记“应收股利”科目；按支付合并对价的账面价值，贷记有关资产或负债科目，按其差额，贷记或借记“资产处置损益”或“投资收益”等科目。按发生的直接相关费用，借记“管理费用”科目，贷记“银行存款”等科目。

企业通过多次交易分步实现非同一控制下企业合并的，应当区分个别财务报表和合并财务报表进行相关会计处理。

（1）在个别财务报表中，应当以购买日之前所持被购买方的股权投资的账面价值与购买日新增投资成本之和，作为该项投资的初始投资成本。其中，形成控股合并前对长期股权投资采用权益法核算的，购买日长期股权投资的初始投资成本，为原权益法下的账面价值加上购买日为取得新的股份所支付对价的公允价值之和，购买日之前因权益法形成的其他综合收益或其他资本公积暂时不作处理，待到处置该项投资时再将其按长期股权投资的规定进行处理；形成控股合并前对长期股权投资采用公允价值计量的（如原分类为以公允价值计量且其变动计入其他综合收益的非交易性权益工具投资金融资产），长期股权投资在购买日的初始投资成本为原公允价值计量的账面价值加上购买日为取得新的股份所支付对价的公允价值之和，购买日之前持有的被购买方的股权涉及其他综合收益的，转入当期投资收益。

（2）在合并财务报表中，对于购买日之前持有的被购买方的股权，应当按照该股权在购买日的公允价值进行重新计量，公允价值与其账面价值的差额计入当期投资收益；购买日之前持有的被购买方的股权涉及其他综合收益的，与其相关的其他综合收益应当转为购买日所属当期投资收益。购买方应当在附注中披露其在购买日之前持有的被购买方的股权在购买日的公允价值、按照公允价值重新计量产生的相关利得或损失的金额。

在合并合同或协议中对可能影响合并成本的未来事项做出约定的，购买日如果估计未来事项很可能发生并且对合并成本的影响金额能够可靠计量的，购买方应当将其计入合并成本。

（二）非企业合并形成的长期股权投资取得时的计量

非企业合并形成的长期股权投资，又称之为企业合并形式以外，其他方式取得的长期股权投资。除企业合并形成的长期股权投资以外，其他方式取得的长期股权投资。应当按照下列规定确定其初始投资成本。

（1）以支付现金取得的长期股权投资，应当按照实际支付的购买价款作为初始投资成本。初始投资成本包括与取得长期股权投资直接相关的费用、税金及其他必要支出。企业应在购买日按实际支付的价款及相关税费，扣除已宣告但尚未发放的现金股利，借记“长期股权投资”账户，按已宣告但尚未发放的现金股利，借记“应收股利”账户；按实际支付的价款及相关税费，贷记“银行存款”账户。

（2）以发行权益性证券取得的长期股权投资，应当按照发行权益性证券的公允价值作为初始投资成本。企业应在证券发行日，按证券的公允价值（包括相关税费），借记“长期股权投资”账户，按发行证券的面值，借记“股本”账户；按公允价值与面值的差额，贷记“资本公积”账户，按支付的相关税费，贷记“银行存款”账户。

（3）通过非货币性资产交换或者通过债务重组取得的长期股权投资，其初始投资成本应当参照非货币性资产交换和债务重组的相关规定处理。

第二节

长期股权投资的后续计量

一、长期股权投资持有期间的计量

（一）持有期间的后续计量

长期股权投资持有期间的后续计量有两种方法：一是成本法；二是权益法。长期股权投资持有期间的计量方法的确定取决于投资企业对被投资单位的影响程度。

1. 采用成本法计量的范围

成本法是指长期股权投资按投资成本计价的方法。投资企业能够对被投资单位实施控制的长期股权投资，亦即对子公司的长期股权投资，应采用成本法进行后续计量。

2. 采用权益法计量的范围

权益法是指长期股权投资以初始成本计量后，根据持有期间内投资企业享有被投资单位所有者权益份额的变动对账面价值进行调整的计价方法。长期股权投资采用权益法计量的范围如下：

（1）投资企业能够对被投资单位实施共同控制的长期股权投资，亦即对合营企业的长期股权投资。

（2）投资企业能够对被投资单位实施重大影响的长期股权投资，亦即对联营企业的长期股权投资。

（二）持有期间各期末的计量

企业应当在资产负债表日判断长期股权投资是否存在可能发生减值的迹象。对于存在发生减值迹象的长期股权投资，应当估计其可回收金额。可回收金额应当根据长期股权投资的公允价值减去处置费用后的净额与资产预计现金流量的现值两者之间较高者确定。可回收金额的计量结果表明，长期股权投资的可回收金额低于其账面价值的，应当将长期股权投资的账面价值减记至可回收金额，减记的金额确认为资产减值损失，计入当期损益，同时，计提相应的资产减值准备，贷记“长期股权投资减值准备”账户。

资产减值一经确认，在以后会计期间不得转回。

二、长期股权投资处置的计量

企业出售长期股权投资时，应按实际收到的金额，借记“银行存款”账户，原已计提减值准备的，借记“长期股权投资减值准备”账户；按其账面余额，贷记“长期股权投资”账户；按尚未领取的现金股利或利润贷记“应收股利”账户；并将这些账户之间的差额列入“投资收益”账户。采用权益法核算的长期股权投资，因被投资单位除净损益以外所有者权益的其他变动而计入所有者权益的，处置该项投资时应当将原计入所有者权益的部分按相应比例转入当期损益。亦即将原计入其他综合收益或资本公积账户的金额转入投资收益账户。

第三节

长期股权投资的核算及转换

一、长期股权投资的核算

（一）主要核算账户的设置

为核算长期股权投资业务，企业应设置以下主要核算账户。

1. “长期股权投资”账户

该账户用来反映企业以购买股票或其他方式进行长期股权投资而投出的资金、投资的变动和投资的处置。该账户借方主要登记取得股权投资的实际成本；贷方主要登记处置股权投资的成本。在长期股权投资持有期间，该账户的具体登记方法不仅取决于实际投资额的变动，还取决于长期股权投资成本法与权益法的具体应用，如该账户的借方，在成本法下，还用来登记将已冲减的初始投资成本予以恢复的金额；在权益法下，还用来登记根据被投资单位实现的净利润及净损益以外的其他所有者权益变动，按持股比例调增长期股权投资账面价值的金额。该账户的贷方，在成本法下，还用来登记将获得的超过投资后被投资单位累计净利润的分配额冲减初始投资成本的金额；在权益法下，还用来登记根据被投资单位实现的净亏损及净损益以外的其他所有者权益变动，按持股比例调减长期股权投资账面价值的金额。该账户的期末余额在借方，反映企业持有长期股权投资的价值。该账户一般按被投资单位设户进行明细核算。采用权益法核算的，该账户还应按“成本”“损益调整”“其他综合收益”“其他权益变动”分别设置明细账户，进行明细分类核算。

2. “投资收益”账户

该账户用来反映企业对外投资所发生的损益。该账户的贷方登记取得的投资收益；借方登记发生的投资损失。对于长期股权投资而言，投资损益的确认与具体核算方法的应用存在密切关系。

3. “长期股权投资减值准备”账户

该账户用来核算企业长期股权投资发生减值迹象时确定计提的减值准备。该账户的贷方登记资产负债表日，企业根据资产减值准则或金融工具确认和计量准则确定长期股权投资发生的减值金额；借方登记处置长期股权投资时，应同时结转的已计提长期股权投资的减值准备。该账户的期末贷方余额，反映企业已计提但尚未转销的长期股权投资减值准备。“长期股权投资减值准备”账户一般按照被投资单位进行明细核算。

（二）长期股权投资的实务处理

1. 取得的核算

（1）企业合并形成的长期股权投资

1）同一控制下的企业合并形成的长期股权投资。

a. 合并方以支付现金、转让非现金资产或承担债务方式作为合并对价的核算。

【例4-1】W、Y两家建筑工程公司同为A集团的子公司，W公司通过转让一项账面价值为80万元的专利权（属于无形资产），取得Y公司60%的股份，实现了对Y公司的控制，合并日Y公司的所有者权益总额为100万元，W公司的资本公积余额为10万元，留存收益充裕。合并方W公司应编制会计分录如下：

借：长期股权投资—Y公司	600 000
资本公积	100 000
盈余公积	100 000
贷：无形资产	800 000

【例4-2】同【例4-1】如果W公司以银行存款90万元，取得Y公司60%的股份，且W公司的盈余公积余额为10万元。则合并方W公司应编制会计分录如下：

借：长期股权投资—Y公司	600 000
资本公积	100 000
盈余公积	100 000
利润分配—未分配利润	100 000
贷：银行存款	900 000

b. 合并方以发行权益性证券作为合并对价的核算。

【例4-3】W、Y两家建筑工程公司同为A集团的子公司，根据W、Y公司达成的协议，2015年4月1日，W公司增发权益性证券取得Y公司70%的股权。W公司增发的普通股为3 000万股，每股面值1元。W公司于当日取得Y公司的控制权，Y公司的所有者权益总领为5 000万元。则合并方W公司应编制会计分录如下：

借：长期股权投资	35 000 000
贷：股本	30 000 000

资本公积——股本溢价　5 000 000

2）非同一控制下的企业合并形成的长期股权投资

合并方在做具体会计处理时，在购买日应按照合并成本作为长期股权投资的初始投资成本，借记“长期股权投资”账户；按享有被合并方已宣告但尚未发放的现金股利或利润，借记“应收股利”账户；按支付合并对价的账面价值，贷记有关资产或负债账户；按其差额，贷记或借记“资产处置损益”或“投资收益”等账户；按发生的直接相关费用，借记“管理费用”账户，贷记“银行存款”等账户。

若涉及以转让存货资产的形式作为合并对价的，应视同销售，按照存货的公允价值，贷记“主营业务收入”或“其他业务收入”账户，对应的增值税，贷记“应交税费—应交增值税（销项税额）”账户，并同时结转相关的成本；以公允价值计量且其变动计入其他综合收益的债权性金融资产（对应科目为“其他债权投资”）或指定为以公允价值计量且其变动计入其他综合收益的非交易性权益工具投资金融资产（对应科目为“其他权益工具投资”）。

【例4-4】W、Y两家施工产品生产公司是不具有关联方关系的独立公司。2015年4月1日，W公司与Y公司达成合并协议，约定W公司以一批产品作为对价投资于Y公司，取得Y公司60%的股权。该产品的成本为400万元，公允价值为500万元，该产品的应交增值税销项税额为80万元。则合并方W公司应编制会计分录如下：

借：长期股权投资—Y公司　5 800 000

　　贷：主营业务收入　5 000 000

　　　　应交税费—应交增值税（销项税额）　800 000

　　　　同时，结转该批产品成本。

借：主营业务成本　4 000 000

　　贷：库存商品　4 000 000

（2）非企业合并形成的长期股权投资

1）以支付现金取得的长期股权投资，应当按照实际支付的购买价款作为初始投资成本。

【例4-5】W建筑工程公司从证券市场购入Y公司发行在外的普通股股票400万股，每股11元，其中1元为Y公司已宣告但尚未发放的现金股利，购买中另支付相关税费80万元，W公司取得该项股权后，对Y公司的财务与经营政策构成重大影响。W公司应编制会计分录如下：

借：长期股权投资—Y公司　40 800 000

应收股利—Y公司　　4000 000
　　贷：银行存款　　44 800 000

2）以发行权益性证券取得的长期股权投资，应当按照发行权益性证券的公允价值作为初始投资成本。

【例4-6】W建筑工程公司以增发普通股股票100万股的方式，作为对价投资于Y公司，该股票每股面值1元。实际发行价为每股3元。W公司应编制会计分录如下：

借：长期股权投资—Y公司　　3 000 000
　　贷：股本　　1 000 000
　　　　资本公积—股本溢价　　2 000 000

3）投资者投入的长期股权投资，是指投资者以其持有的第三方的投资作为出资投入企业，接受投资的企业原则上应当按照投资各方在投资合同或协议中约定的价值作为取得投资的初始投资成本。但合同或协议约定价值不公允者除外。

【例4-7】W建筑工程公司设立，主要出资方之一的Ⅰ公司将其持有的对B公司的长期股权投资作为出资投入W公司。投资各方投资合同共同确定，该项长期股权投资价值3 000万元。W公司注册资本为10 000万元，Ⅰ公司的出资占W公司注册资本的20%。则W公司应编制会计分录如下：

借：长期股权投资—B公司　　30 000 000
　　贷：实收资本（或股本）—Ⅰ公司　　20 000 000
　　资本公积—股本溢价　　10 000 000

2. 持有期间的核算

（1）长期股权投资成本法的核算

长期股权投资的初始投资成本一般保持不变。无论被投资企业的经营情况如何，净资产是否变动，但追加或减少投资情况除外，追加或减少投资，应按调整后的成本作为账面价值。

被投资企业发放现金股利或利润时，投资企业应当按照享有被投资单位宣告发放的现金股利或利润确认投资收益。根据企业会计准则解释第3号规定，“不再划分是否属于投资前和投资后被投资单位实现的净利润”，不再将享有投资前被投资单位实现的净利润作为清算性股利而冲减成本。企业按照该规定确认自被投资单位应分得的现金股利或利润后，应当考虑长期股权投资是否发生减值。在判断该类长期股权投资是否存在减值迹象时，应当关注长期股权投资的账面价值是否大于享有被投资单位净资产（包括相关商誉）账面价值的份额等类似情况。出现类似情况时，企业应当按照《企业会计准则第8号——资产减值》对长期股权投资进行减值测试，可收回金额低于长期股权投资账面价值的，应当计提减值准备。

被投资单位宣告发放股票股利时，投资企业只做备忘记录，不作会计处理。

【例4-8】2015年1月10日，W建筑工程公司以每股4元购入XH公司面值1元的普通股40万股作为长期股权投资，取得XH公司80%的具有表决权的股份。支付的价款中包含XH公司已宣告但尚未分派的现金股利每股0.2元，购买过程中W公司支付相关税费0.8万元。2015年12月31日，XH公司实理净利润750万元，2016年1月5日，XH公司宣告分派每股0.3元的现金股利2016年12月31日，XH公司实现净利润1 250万元，2017年1月5日，XH公司宣告分派每股0.25元的现金股利。则W公司的账务处理如下。

①2015年1月10日，应编制会计分录如下：

购入初始投资成本=400 000×（4−0.2）=1 520 000（元）

借：长期股权投资—XH公司	1 520 000
应收股利—XH公司	80 000
管理费用	8 000
贷：银行存款	1 608 000

②2016年1月5日，应编制会计分录如下：

借：应收股利—XH公司	120 000
贷：投资收益	120 000

③2017年1月5日，应编制会计分录如下：

借：应收股利—XH公司	100 000
贷：投资收益	100 000

（2）长期股权投资权益法核算

1）长期股权投资初始投资成本的调整

企业取得长期股权投资时应按照初始投资成本入账，取得以后确认采用权益法核算时，应对初始投资成本进行调整。

如果长期股权投资的初始投资成本大于应享有的被投资单位可辨认净资产公允价值的份额，两者之间的差额实质是通过投资所体现出来的商誉或不符合确认条件的资产价值，该差额不调整已确认的初始投资成本。

如果长期股权投资的初始投资成本小于应享有的被投资单位可辨认净资产公

允价值的份额，两者之间的差额实质是被投资单位的让步所体现出来的价位，该差额应调整已确认的初始投资成本，并计入取得当期的营业外收入；同时调整增加长期股权投资的账面价值。

2）关于被投资单位净资产的变动。

在持有期间被投资单位实现净利润的处理如下。在持有期间按被投资单位实现净利润中应享有的份额调增“长期股权投资—损益调整”，并确认为投资收益。这里的净利润应依据取得投资时被投资单位的各项可辨认净资产的公允价值为基础，对其账面净利润进行调整。例如，以被投资单位按固定资产公允价值计提的折旧额相对于被投资单位按账面价值计提的折旧额进行净利润的调整。

在持有期间被投资单位发生亏损时应按如下顺序处理。冲减长期股权投资的账面价值，不足冲减的，应冲减在被投资单位长期权益的账面价值，通常指长期性应收项目；仍不足冲减的，按照投资合同或协议约定企业仍承担的额外义务，确定预计负债并计入当期损益；如果仍有未确认的金额，投资企业应先做备忘录。待被投资企业以后年度实现盈利后。再按照应享有的收益份额，依次按上述反向顺序恢复。

3）关于被投资企业发放现金股利及利润时的处理。

被投资单位发放现金股利或利润时，会导致其净资产的减少，因此，投资企业应按享有的份额冲减长期股权投资的账面价值。

借：应收股利

　　贷：长期股权投资—损益调整

被投资单位分派股票股利时，投资企业不做处理。但应在备查账簿中增加登记的股份；以后计算现金股利时应以增加后的股数为基数。

4）关于被投资企业净资产、净收益以外的其他所有者权益变动。企业的收益一部分进入利润表，一部分直接进入资产负债表。对于进入利润表的部分，在取得投资时在各项可辨认净资产的公允价值基础上进行调整后计入投资收益。但是有一部分净损益以外的所有者权益的变动进入资产负债表，如被投资单位发行可分离交易的可转换公司债券中包含的权益成分及以权益结算的股份支付，对于被投资企业这类变动，采用权益法进行核算的投资企业应按照持有的份额调整长期股权投资的账面价值，同时增加或减少资本公积（其他资本公积）；对于被投资单位以公允价值计量且其变动计入其他综合收益的其他债权投资及其他权益工具投资收益。

借（或贷）：长期股权投资—其他综合收益或其他权益变动

　　贷（或借）：其他综合收益或资本公积—其他资本公积

5）未实现内部交易的抵消。投资企业与联营企业及合营企业之间发生的未实现内部交易损益按照持股比例计算归属于投资企业的部分应当予以抵消，在此基础上确认投资损益。投资企业与被投资单位发生的内部交易损失。按照《企业会计准则第8号——资产减值》等规定属于资产减值损失的，应当全额确认。投资企业对于纳入其合并范围的子公司与其联营企业及合营企业之间发生的内部交易损益，也应当按照上述原则进行抵消，在此基础上确认投资损益。未实现内部交易的抵消具体处理原则如下：

①逆流交易（联营企业或合营企业向投资企业出售资产）。对于联营企业或合营企业向投资企业出售资产的逆流交易，在该交易存在未实现内部交易损益的情况下，在将该资产出售给外部独立第三方之前，不应确认因该交易产生的损益中本企业应享有的部分。

若本年存在内部未实现损益，则本年调整后的净利润=被投资单位实现的净利润—（资产售价—账面价值）×未出售的比例

若以后年度出售该资产，则：

出售当年调整后的净利润=被投资单位实现的净利润+（资产售价—账面价值）×该年度出售的比例

如果该企业还有子公司，在编制合并财务报表时，因该未实现内部交易损益应体现在投资企业持有资产的账面价值当中，则进行调整如下：

借：长期股权投资—损益调整

　　贷：存货

②顺流交易（投资企业向其联营企业或合营企业出售资产）。在被投资单位实现净利润时，应按照持股比例对未实现内部交易损益属于本企业的部分予以抵消，调整被投资单位实现的净利润。如果该企业还有子公司，在编制合并财务报表时，在合并财务报表中对该未实现内部交易损益应在个别报表已确认投资损益的基础上进行调整如下：

借：营业收入（主营业务收入或其他业务收入）

　　贷：营业成本（主营业务成本或其他业务成本）

　　　　投资收益

【例4-9】2015年1月10日，W建筑工程公司以每股4元购入Y公司面值1元的普通股80万股作为长期股权投资，支付交易费用1万元，取得Y公司40%的能够施加重大影响的股权，其中价款中包含Y公司已宣告但尚未分派的每股0.1元的现金股利。取得日Y公司可辨认净资产的公允价值为1 000万元，假设Y公司可辨认净资产的公允价值与账面价值相等。2015年12月31日，Y公司实现净利润100万元，2016年1月5日，Y公司宣告分派每股0.25元的现金股利。2016年12月31日，Y公司实现净利润200万元，2017年1月5日，Y公司宣告分派每股0.3元的现金股利。则W公司的账务处理如下。

①2015年1月10日，确认取得时的初始投资成本，并编制会计分录如下：

800 000×（4−0.1）+10 000=3 130 000

借：长期股权投资—成本　　3 130 000

　　应收股利　　80 000

　　贷：银行存款　　3 210 000

对于本例长期股权投资的初始投资成本小于应享有的被投资单位可辨认净资产公允价值的差额，则W公司应确认如下：

10 000 000×40%−3 130 000=870 000

借：长期股权投资—成本　　870 000

　　贷：营业外收入　　870 000

②2015年12月31日，据Y公司实现的净利润，应编制会计分录如下：

借：长期股权投资—损益调整　　400 000

　　贷：投资收益　　400 000

③2016年1月5日，据M公司宣告分派的现金股利，应编制会计分录如下：

借：应收股利　　200 000

　　贷：长期股权投资—损益调整　　200 000

④2016年12月31日，据Y公司实现的净利润，应编制会计分录如下：

借：长期股权投资—损益调整　　800 000

　　贷：投资收益　　800 000

⑤2017年1月5日，据Y公司宣告分派的现金股利，应编制会计分录如下：

借：应收股利　　240 000

　　贷：长期股权投资—损益调整　　240 000

3. 长期股权投资的减值

（1）对子公司、联营企业及合营企业的投资，应当按照《企业会计准则第8号——资产减值》的规定确定其可收回金额及应予计提的减值准备。其中，可收回金额以公允价值减去处置费用后的净额与资产预计未来现金流量的现值两者之间的较高者确定。

（2）企业持有的对被投资单位不具有共同控制或重大影响、在活跃市场中没有报价、公允价值不能可靠计量的权益性投资，应当按照《企业会计准则第22号——金融工具确认和计量》的规定确定的金额计提减值准备。其账面价值大于类似金融资产当时市场收益率对未来现金流量折现确定的现值的部分确认为减值损失。

（3）有关长期股权投资的减值准备一经提取确认，在以后的会计期间不允许转回。

（4）长期股权投资减值的会计分录如下：

借：资产减值损失

　　贷：长期股权投资减值准备

4. 长期股权投资处置的核算

企业处置长期股权投资时，应相应结转与所售股权相对应的长期股权投资的账面价值，出售所得价款与处置长期股权投资账面价值之间的差额，应确认为处置损益。

采用权益法核算的长期股权投资，原计入其他综合收益及资本公积中的金额，在处置时也应进行结转，将与所出售股权相对应的部分在处置时自其他综合收益及资本公积转入当期损益。

【例4-10】W建筑工程公司决定将所持有的按权益法核算的对Y公司的长期股权投资予以出售，处置时W公司账面上对Y公司长期股权投资的构成：投资成本25万元，损益调整5万元，其他综合收益2万元。计提的长期股权投资减值准备为1万元。出售该股权实际取得价款38万元，当即存入银行。W公司应编制会计分录如下：

借：银行存款	380 000
长期股权投资减值准备	10 000
贷：长期股权投资—成本	250 000
—损益调整	50 000
—其他综合收益	20 000
投资收益	70 000

同时，还应将原计入其他综合收益的部分转为当期的处置损益。

借：其他综合收益	20 000
贷：投资收益	20 000

二、核算方法的转换

长期股权投资在持有期间，因各方面情况的变化，可能导致其核算需要由一种方法转换为另外的方法。

1. 成本法转换为权益法

长期股权投资的核算由成本法转为权益法时，因处置投资导致对被投资单位的影响能力由控制转为具有重大影响，或者与其他投资方一起实施共同控制的情况下，首先应按处置或收回投资的比例结转应终止确认的长期股权投资成本。

在此基础上，应当比较剩余的长期股权投资成本与按照剩余持股比例计算原投资时应享有被投资单位可辨认净资产公允价值的份额，属于投资作价中体现的商誉部分，不调整长期股权投资的账面价值；属于投资成本小于原投资时应享有被投资单位可辨认净资产公允价值份额的，在调整长期股权投资成本的同时，应调整留存收益。

对于原取得投资后至因处置投资导致转变为权益法核算之间被投资单位实现净损益中应享有的份额，一方面应当调整长期股权投资的账面价值，同时对于原取得投资时至处置投资当期期初被投资单位实现的净损益（扣除已发放及已宣告发放的现金股利和利润）中应享有的份额，调整留存收益，对于处置投资当期期初至处置投资之日被投资单位实现的净损益中享有的份额，调整当期损益；对被投资单位确认的其他综合收益及其变动以及其他原因导致被投资单位所有者权益其他变动中应享有的份额，在调整长期股权投资账面价值的同时，前者应当计入“其他综合收益”科目，后者则应当计入“资本公积—其他资本公积”科目。

长期股权投资自成本法转为权益法后，未来期间应当按照准则规定计算确认应享有被投资单位实现的净损益及所有者权益其他变动的份额。

在合并财务报表中，对于剩余股权，应当按照其在丧失控制权日的公允价值进行重新计量。处置股权取得的对价与剩余股权公允价值之和，减去按原持股比例计算应享有原有子公司自购买日开始持续计算的净资产的份额之间的差额，计入丧失控制权当期的投资收益。与原有子公司股权投资相关的其他综合收益，应在丧失控制权时转为当期投资收益。企业应当在附注中披露处置后的剩余股权在丧失控制权日的公允价值、按照公允价值重新计量产生的相关利得或损失的金额。

投资方因其他投资方对其子公司增资而导致本投资方持股比例下降，从而丧失控制权，但仍能实施共同控制或施加重大影响的，投资方应当区分个别财务报表和合并财务报表进行相关会计处理：

（1）在个别财务报表中，应当对该项长期股权投资从成本法转为权益法核算。首先，按照新的持股比例确认本投资方应享有的原子公司因增资扩股而增加的净资产的份额，与应结转持股比例下降部分所对应的长期股权投资原账面价值之间的差额计入当期损益；然后按照新的持股比例视同自取得投资时即采用权益法核算进行调整。

（2）在合并财务报表中，应当按照合并财务报表的有关规定进行会计处理。

【例4-11】A公司原持有B公司60%的股权，其账面余额为6 000万元，未计提减值准备。20×9年1月6日，A公司将其持有的对B公司长期股权投资中的1/3出售给某企业，出售取得价款3 600万元，当日被投资单位可辨认净资产公允价值总额为14 500万元。A公司原取得B公司60%股权时，B公司可辨认净资产公允价值总额为9 000万元（假定公允价值与账面价值相同）。自A公司取得对B公司长期股权投资后至部分处置投资前，B公司实现净利润5 000万元。其中，自A公司取得投资日与20×9年年初实现净利润4 000万元。假定B公司一直未进行利润分配。持有以公允价值计量且其变动计入其他综合收益的非交易性权益工具投资金融资产的公允价值升值500万元。本例中A、B公司按净利润的10%提取盈余公积。

在出售20%的股权后，A公司对B公司的持股比例为40%，公允价值为7 200万元，在被投资单位董事会中派有代表，但不能对B公司生产经营决策实施控制。对B公司长期股权投资应由成本法改为按照权益法核算。

（1）A公司个别财务报表的处理

①确认长期股权投资处置损益

借：银行存款　36 000 000

　贷：长期股权投资　20 000 000

　　投资收益　16 000 000

②对剩余股权改按权益法核算

剩余长期股权投资的账面价值为4 000万元，与原投资时应享有被投资单位可辨认净资产公允价值份额之间的差额400万元（4 000−9 000×40%）为商誉，该部分商誉的价值不需要对长期股权投资的成本进行调整。

处置投资以后按照持股比例计算享有被投资单位自购买日至处置投资日期间实现的净损益为2 000万元（5 000×40%），应调整增加长期股权投资的账面价值，同时调整留存收益；对被投资单位确认的其他综合收益及其变动部分500万元，亦应调整增加长期股权投资的账面价值，同时调整其他综合收益。企业应进行以下账务处理：

借：长期股权投资　22 000 000

　贷：盈余公积　1 600 000（40 000 000×40%×10%）

　　利润分配—未分配利润　14 400 000（40 000 000×40%×90%）

　　投资收益　4 000 000（10 000 000×40%）

　　其他综合收益　2 000 000（5 000 000×40%）

经过上述调整后，在个别财务报表中，剩余股权的账面价值为6 200万元（4 000+2 200）。

（2）A公司合并财务报表的处理

合并财务报表中应确认的投资收益为2 400万元［（3 600+7 200）−14 500×60%+500×60%］。由于个别财务报表中已经确认了2 000万元的投资收益，在合并财务报表中作如下调整：

①余股权按丧失控制权日的公允价值重新计量的调整：

借：长期股权投资　72 000 000

　　贷：长期股权投资　　　　62 000 000（145 000 000×40%+400）
　　　　投资收益　　　　10 000 000

②对个别财务报表中的部分处置收益的归属期间进行调整：

借：投资收益　　　　8 000 000（40 000 000×20%）
　　贷：未分配利润　　　　8 000 000

③从其他综合收益转出与剩余股权相对应的原计入权益的其他综合收益200万元，重分类转入投资收益：

借：其他综合收益　　　　2 000 000（5 000 000×40%）
　　贷：投资收益　　　　2 000 000

2. 成本法转公允价值计量的金融资产

投资企业其后因部分处置等原因导致对被投资企业持股比例下降，不能再对被投资单位实施控制的，也不能实施共同控制或重大影响的应将剩余股权改按金融工具确认和计量准则的要求进行会计处理，并于丧失控制权日将剩余股权按公允价值重新计量，公允价值与其账面价值的差额计入当期损益。

【例4-12】A公司原持有B公司60%的股权，其投资成本为6 000万元，按成本法进行核算。20×9年5月1日，A公司将其持有的对B公司长期股权投资中的80%出售给非关联方某企业，出售取得价款7 000万元，剩余12%股权于丧失控制权日的公允价值为1 750万元，A公司将其分类为以公允价值计量且其变动计入当期损益的交易性金融资产。不考虑其他相关因素，A公司在丧失控制权日的会计处理如下：

①出售股权：

借：银行存款　　　　70 000 000
　　贷：长期股权投资　　　　48 000 000
　　　　投资收益　　　　22 000 000

②剩余股权的处理：

借：交易性金融资产　　　　17 500 000
　　贷：长期股权投资　　　　12 000 000
　　　　投资收益　　　　5 500 000

3. 公允价值计量或权益法转换为成本法

因追加投资原因导致原持有的分类为以公允价值计量且其变动计入当期损益的金融资产，或分类为公允价值计量且其变动计入其他综合收益的非交易性权益工具投资的资产，以及对联营企业或合营企业的投资转变为对子公司投资的，长期股权投资账面价值的调整应当按照本章第一节对子公司投资初始计量的有关规定处理。

对于原作为金融资产，转换为采用成本法核算的对子公司投资的，如有关金融资产分类为以公允价值计量且其变动计入当期损益的金融资产，应当按照转换时的公允价值确认为长期股权投资，公允价值与其原账面价值之间的差额计入当期损益；如有关金融资产分类为以公允价值计量且其变动计入其他综合收益的非交易性权益工具投资的金融资产，在按照转换时的公允价值确认为长期股权投资，该公允价值与其原账面价值之间的差额计入当期损益外，原确认计入其他综合收益的前期公允价值变动亦应结转记计入当期损益。

4. 公允价值计量转为权益法核算

投资企业对原持有的被投资单位的股权不具有控制、共同控制或重大影响，按照金融工具确认和计量准则进行会计处理的，因追加投资等原因导致持股比例增加，使其能够对被投资单位实施共同控制或重大影响而转按权益法核算，应在转换日，按照原股权的公允价值加上为取得新增投资而应支付对价的公允价值，作为改按权益法核算的初始投资成本；原股权投资于转换日的公允价值与账面价值之间的差额，以及原计入其他综合收益的累计公允价值变动转入改按权益法核算的当期损益。在此基础上，比较初始投资成本与获得被投资单位共同控制或重大影响时应享有被投资单位可辨认净资产公允价值份额之间的差额，前者大于后者的，为商誉，不调整长期股权投资的账面价值；前者小于后者的，差额调整长期股权投资的账面价值，并计入当期营业外收入。

【例4—13】A公司20×8年2月取得B公司10%的股权，对B公司不具有控制、共同控制和重大影响，A公司将其分类为以公允价值计量且其变动计入其他综合收益的权益性金融资产，投资成本为900万元，取得时，B公司可辨认净资产公允价值总额为8 400万元（假定公允价值与账面价值相同）。

20×9年3月1日，A公司又以1 800万元取得B公司12%的股权，当日B公司可辨认净资产公允价值总额为12 000万元。取得该部分股权后，按照B公司章程规定，A公司能够派人参与B公司的财务和生产经营决策，对该项长期股权投资转为采用权益法核算。假定A公司在取得对B公司10%的股权后，双方未发生任何内部交易。B公司通过生产经营活动实现的净利润为900万元，未派发现金股利或利润。除所实现净利润外，未发生其他所有者权益变动事项。20×9年3月1日，A公司对B公司投资原10%股权的公允价值为1 300万元，原计入其他综合收益的累计公允价值变动收益为120万元。

本例中，20×9年3月1日，A公司对B公司投资原10%股权的公允价值为1 300万元，账面价值为1 020万元，差额计入损益；同时，因追加投资改按权益法核算，原计入其他综合收益的累计公允价值变动收益120万元转入损益。

A公司对B公司股权增持后，持股比例变为22%，初始投资成本为3 100万元（1 300+1 800），应享有B公司可辨认净资产公允价值份额为2 640万元（12 000×22%），前者大于后者460万元，为商誉，不调整长期股权投资的账面价值。

A公司对上述交易的会计处理如下：

借：长期股权投资—投资成本	31 000 000
贷：银行存款	18 000 000
投资收益	2 800 000
其他权益工具投资	10 200 000
借：其他综合收益	1 200 000
贷：投资收益	1 200 000

5. 权益法转公允价值计量

投资企业原持有的被投资单位的股权对其具有共同控制或重大影响，因部分处置等原因导致持股比例下降，不再对被投资单位实施共同控制或重大影响的，应于失去共同控制或重大影响时。改按金融工具确认和计量准则的规定对剩余股权进行会计处理。即，对剩余股权在改按公允价值计量时，公允价值与原账面价值的差额计入当期损益，同时，原采用权益法核算的相关其他综合收益应当在终止采用权益法核算时，采用与被投资单位直接处置相关资产或负债相同的基础进行会计处理；因被投资单位除净损益、其他综合收益和利润分配以外的其他所有者权益变动而确认的所有者权益，应当在终止采用权益法时全部转入当期损益。

【例4—14】A公司持有B公司36%的股权，能对B公司施加重大影响，对该股权投资采用权益法核算。20×9年10月，A公司将该项投资中的50%出售给非关联方，取得价款1 800万元。相关股权划转手续于当日完成。A公司持有B公司剩余18%股权，无法再对B公司施加重大影响，转为以公允价值计量且其变动计入其他综合收益的权益性金融资产。股权出售日，剩余股权的公允价值为1 800万元。

出售该股权时，长期股权投资的账面价值为3 200万元，其中投资成本2 600万元，损益调整为300万元，因被投资单位的以公允价值计量且其变动计入其他综合收益的权益性金融资产的累计公允价值变动享有部分为200万元，除净损益、其他综合收益和利润分配外的其他所有者权益变动为100万元。不考虑相关税费等其他因素影响。A公司的会计处理如下：

①确认有关股权投资的处置损益。

借：银行存款　　18 000 000

　　贷：长期股权投资　　16 000 000

　　　　投资收益　　2 000 000

②由于终止采用权益法核算，将原确认的相关其他综合收益全部转入当期损益。

借：其他综合收益　　2 000 000

　　贷：投资收益　　2 000 000

③于终止采用权益法核算，将原计入资本公积的其他所有者权益变动全部转入当期损益。

借：资本公积—其他资本公积　　1 000 000

　　贷：投资收益　　1 000 000

④剩余股权投资转为以公允价值计量且其变动计入其他综合收益的权益性金融资产，当天公允价值为1 800万元，账面价值为1 600万元，两者差异200万元计入当期投资收益。

借：其他权益工具投资　　18 000 000

　　贷：长期股权投资　　16 000 000

　　　　投资收益　　2 000 000

第五章

固定资产

第一节

固定资产的确认和初始计量

一、固定资产的性质

固定资产是指为生产商品、提供劳务、出租或经营管理而持有的，使用寿命超过一个会计年度的有形资产。固定资产的常见形式包括企业的房屋建筑物、机器设备、运输设备、大型的工具器具和管理工具等。

（1）持有固定资产的目的是为了生产商品、提供劳务、出租或经营管理，即企业持有的固定资产是企业的劳动工具或手段，而不是用于出售的产品。其中“出租”的固定资产，是指企业以经营租赁方式出租的机器设备类固定资产，不包括以经营租赁方式出租的建筑物。

（2）使用寿命超过一个会计年度。固定资产提供服务的期限通常超过一个经营周期，从而意味着固定资产属于长期资产，具有耐用性。固定资产的使用寿命并非是无终结年限，固定资产随着使用与磨损，最终会废弃或重置。而且，在其提供服务期间，需要通过折旧的方式，反映其逐渐磨损减少的价值。

（3）固定资产是有形资产。固定资产具有实物形态，这一特征将固定资产与无形资产区分开来。有些无形资产可能同时符合固定资产的其他特征，但是，正由于无形资产不具有实物形态，所以不属于固定资产。

二、固定资产的分类

企业的固定资产种类繁多，规格不一。根据不同的管理需要和核算要求，可以对固定资产进行不同的分类，常见的固定资产分类标准有以下几种。

1. 按固定资产的经济用途分类

按固定资产的经济用途分类，可分为生产经营用固定资产和非生产经营用固定资产。

（1）生产经营用固定资产是指直接服务于企业生产、经营过程的各种固定资产。如生产经营用的房屋、建筑物、机器、设备、器具、工具等。

（2）非生产经营用固定资产是指不直接服务于生产、经营过程的各种固定资产。如员工食堂、浴室、理发室等使用的房屋、设备和其他固定资产等。

2. 按固定资产使用情况分类

按固定资产使用情况分类，可分为使用中固定资产、未使用固定资产和不需用固定资产。

（1）使用中固定资产

使用中固定资产是指正在使用中的生产经营用和非生产经营用固定资产。由于季节性经营或大修理等原因，暂时停止使用的固定资产仍属于企业使用中的固定资产；企业出租（指经营性租赁）给其他单位使用的固定资产和内部替换使用的固定资产也属于使用中的固定资产。

（2）未使用固定资产

未使用固定资产是指已完工或已购建的尚未交付使用的新增固定资产，以及因进行改建、扩建等原因暂停使用的固定资产。如企业购建的尚待安装的固定资产、经营任务变更停止使用的固定资产等。

（3）不需用固定资产

不需用固定资产是指本企业多余或不适用，需要调配处理的固定资产。

3. 按所有权分类

按固定资产所有权分类，可分为自有固定资产和融资租入固定资产。

（1）自有固定资产：企业拥有所有权的各种固定资产。

（2）融资租入固定资产：企业在租赁期内不拥有所有权，但拥有实质控制权的各种固定资产。按照实质重于形式的会计原则，该类固定资产在租赁期内应视同于自有固定资产进行核算与管理。

4. 综合分类

按固定资产的经济用途和使用情况等综合分类，可把企业的固定资产分为七大类。

（1）生产经营用固定资产。

（2）非生产经营用固定资产。

（3）租出固定资产（指在经营租赁方式下出租给外单位使用的固定资产）。

（4）不需用固定资产。

（5）未使用固定资产。

（6）土地，指少数企业已作为历史遗留问题单独估价列账的土地。因征地而支付的补偿费，应计入与土地有关的房屋、建筑物的价值内，不单独作为土地价值入账。企业取得的土地使用权，不作为固定资产管理。

（7）融资租入固定资产。

三、固定资产的初始确认

（一）固定资产确认的条件

固定资产在符合其定义的前提下，应当在同时满足以下两个条件时，才能加以确认：

1. 与该固定资产有关的经济利益很可能流入企业

资产最重要的特征是预期会给企业带来经济利益。企业在确认固定资产时，需要判断与该项固定资产有关的经济利益是否很可能流入企业。如果与该固定资产有关的经济利益很可能流入企业，并同时满足固定资产的其他确认条件，企业应将其确认为固定资产；否则不应该将其确认为固定资产。

2. 该固定资产的成本能够可靠地计量

成本能够可靠地计量是确认资产的一项基本条件。作为企业资产的重要组成部分，固定资产要得以确认，必须持有为取得该固定资产所发生的必要支出的确凿证据，其成本必须能够可靠地计量，这直接关系到企业资产价值、成本费用等相关信息的可靠性。但有时需要根据所获得的最新资料对固定资产的成本进行合理的估计，如果企业能够合理地估计出固定资产的成本，则视同固定资产的成本能够可靠地计量。例如，对于已达到预定可使用状态但尚未办理竣工决算前的固定资产，需要报据工程预算、工程造价或工程实际发生的成本等资料，按暂估价值确定固定资产的成本，待办理了竣工决算手续后再按照实际成本调整原来的暂估价值。

（二）固定资产确认的相关规定

具体应用固定资产确认条件时，还应注意以下一些相关规定：

（1）企业购置的环保设备和安全设备等资产，它们的使用虽然不能直接为企业带来经济利益，但是有助于企业从相关资产中获得经济利益，或者将减少企业未来经济利益的流出，因此，对于这些设备，企业应将其确认为固定资产。例如，为净化环境或者满足国家有关排污标准的需要购置的环保设备，这些设备的使用虽然不会为企业带来直接的经济利益，但却有助于企业提高对废水、废气、废渣的处理能力，有利于净化环境，企业为此将减少未来由于污染环境而需要支付的环境净化费或者罚款，因此，企业应将这些设备确认为固定资产。

（2）构成固定资产的各组成部分，如果各自具有不同的使用寿命或者以不同的方式为企业提供经济利益，从而适用不同的折旧率或者折旧方法，此时，各组成部分实际上是以独立的方式为企业提供经济利益，企业应将其各组成部分单独确认为单项固定资产。例如，飞机的引擎，如果其与飞机机身具有不同的使用寿命，从而适用不同的折旧率或折旧方法，则企业应将其确认为单项固定资产。

（3）施工企业持有的模板、挡板、架料等周转材料，企业应当根据实际情况进行核算和管理。如果这些资产项目符合固定资产的定义及其确认条件，就应当确认为固定资产；如果这些资产项目不符合固定资产的定义或没有满足固定资产的确认条件，就不应当确认为固定资产，而应当作为流动资产进行核算和管理。

（4）企业拥有的备品备件和维修设备，通常应当确认为存货。但某些备品备件和维修设备需要与相关固定资产组合发挥效用，就应当确认为固定资产。

四、固定资产的初始计量

固定资产的初始计量是指确定固定资产的取得成本，包括企业购建固定资产达到预定可使用状态前所发生的一切合理、必要的支出。这些支出既有直接发生的，如购置固定资产的价款、运杂费、包装费和安装成本等；也有间接发生的，如应承担的借款利息、外币借款折算差额以及应分摊的其他间接费用等。企业取得固定资产的方式不同，其成本构成及确认方法也不同。

（一）外购固定资产的成本

企业外购固定资产的成本，包括购买价款、相关税费（不含可抵扣的增值税进项税额）、使固定资产达到预定可使用状态前所发生的可归属于该项资产的运输费、装卸费、安装费和专业人员服务费等。外购固定资产分为购入不需要安装的固定资产和购入需要安装的固定资产两类。

企业以一笔款项购入多项没有单独标价的固定资产，应当按照各项固定资产的公允价值比例对总成本进行分配，分别确定各项固定资产的成本。如果以一笔款项购入多项资产中还包括固定资产以外的其他资产，也按类似的方法予以处理。

（二）融资租入固定资产

融资租赁，是指实质上转移了与资产所有权有关的全部风险和报酬的租赁。在融资租赁方式下，承租人应将租赁开始日租入固定资产的公允价值与最低租赁付款额现值两者中较低者作为融资租入固定资产入账价值，将最低租赁付款额作为长期应付款的入账价值，其差额作为未确认融资费用。

购买固定资产的价款超过正常信用条件延期支付的，实质上具有融资性质，此种情况的固定资产成本以购买价款的现值为基础确定。实际支付的价款与购买价款的现值之间的差额，应当在信用期间内采用实际利率法进行摊销，摊销金额除满足借款费用资本化条件应当计入固定资产成本外，均应在信用期间内确认为财务费用，计入当期损益。

（三）自行建造固定资产

自行建造固定资产的成本，由建造该项资产达到预定可使用状态前所发生的必要支出构成。包括工程物资成本、人工成本、交纳的相关税费（不含可抵扣的增值税进项税额）、应予资本化的借款费用以及应分摊的间接费用等。企业为在建工程准备的各种物资，应按实际支付的购买价款、相关税费（不含可抵扣的增值税进项税额）、运输费、保险费等相关税费作为实际成本。企业自行建造固定资产包括自营建造和出包建造两种方式。

1. **自营方式建造固定资产**

企业以自营方式建造固定资产，则企业自行组织工程物资采购、自行组织施工人员从事工程施工。企业以自营方式建造固定资产，其成本应当按照直接材料、直接人工、直接机械施工费等计量。

企业为建造固定资产准备的各种物资应当按照实际支付的买价、相关税费、运输费、保险费等相关税费作为实际成本，并按照各种专项物资的种类进行明细核算。工程完工后，剩余的工程物资转为本企业的存货的，按其实际成本或计划成本进行结转。建设期间发生的工程物资盘亏、报废、毁损的，减去残料价值及保险公司、过失人赔偿后的净损失，工程项目尚未完工的，计入所建工程项目的成本；盘盈的工程物资或处置净收益，冲减所建工程项目的成本。工程完工后发生的工程物资盘盈、盘亏、报废及毁损，计入当期营业外收支。

自营建造固定资产应负担的职工薪酬、辅助生产费用，以及其他必要支出等也应计入所建工程项目的成本。符合资本化条件的，应计入所建造固定资产成本的借款费用按照《企业会计准则第17号——借款费用》的规定处理。

企业建造的固定资产达到预定可使用状态，但尚未办理竣工结算的，应自达到预定可使用状态之日起，根据工程预算、造价或者工程实际成本等，按照暂估价值确认固定资产，并按相关规定计提固定资产折旧。待办理竣工决算手续后再调整原来的暂估价值，但不需要调整原已计提的折旧。

2. **出包方式建造固定资产**

企业通过招标方式将工程项目发包给建造承包商，由建造承包商组织工程项目施工。企业以出包方式建造固定资产，其成本由建造该项固定资产达到预定可使用状态前发生的必要支出构成，包括发生的建筑工程支出、安装工程支出，以及需分摊计入各固定资产价值的待摊支出。待摊支出，是指在建设期间发生的，不能直接计入某项固定资产价值、应由所建造固定资产共同负担的相关费用，包括为建造工程发生的管理费、可行性研究费、临时设施费、公证费、监理费、应负担的税费（不含可抵扣的增值税进项税额）、符合资本化条件的借款费用、建设期间发生的工程物资盘亏、报废及毁损净损失，以及负荷联合试车费等。

（四）其他方式取得的固定资产

企业取得固定资产的其他方式主要包括接受投资者投入、接受捐赠、非货币性资产交换、债务重组、企业合并等。

（1）投资者投入固定资产。投资者投入固定资产的成本，应当按照投资合同或协议约定的价值确定，但合同或协议约定价值不公允的除外。合同或协议约定价值不公允的情况下，按照该项固定资产的公允价值作为入账价值。

（2）接受捐赠固定资产。接受捐赠固定资产的成本，应按以下规定确定。

1）该资产附带有关文件、协议、发票、报关单等凭证的价值与公允价值差异不大的，应当以有关凭证中注明的价值作为公允价值入账。

2）该资产附带的凭证没有注明价值或注明价值与公允价值差异较大，如果存在活跃市场的，应当根据有确凿证据表明的同类或类似资产市场价格作为公允价值入账；如果不存在活跃市场的，应当根据预计未来现金流量的现值作为公允价值入账。

（3）非货币性资产交换、债务重组、企业合并等方式取得的固定资产的成本。企业通过以上方式取得的固定资产的成本，应当分别按照《企业会计准则第7号——非货币性资产交换》《企业会计准则第12号——债务重组》《企业会计准则第20号——企业合并》等的规定确定。但是，其后续计量和披露应当执行固定资产准则的规定。

（4）盘盈固定资产的成本。盘盈的固定资产，作为前期差错处理，在按照管理权限报经批准处理之前，应先记入“以前年度损益调整”账户。

第二节

固定资产的核算

一、主要核算账户的设置

为了进行固定资产的核算，企业一般需要设置以下主要核算账户。

（一）“固定资产”账户

用于核算企业持有的固定资产原价。该账户借方登记企业增加的固定资产的原价；贷方登记企业减少的固定资产的原价；期末余额在借方，反映企业在用、未用、融资租入固定资产的原价。该账户应按固定资产的类别、使用部门和每项固定资产设置“固定资产登记簿”和“固定资产卡片”，进行明细核算。

（二）“工程物资”账户

用于核算企业为建造和更新本企业固定资产而专门储备的各种基建、技改物资的实际成本。该账户借方登记购入工程物资的实际成本；贷方登记领出工程物资的实际成本；期末余额在借方，反映企业库存各种工程物资的实际成本。

（三）“在建工程”账户

用于核算企业各项基建、技改等工程在建项目实际发生的耗用价值，包括固定资产新建工程、改扩建工程等所发生的实际支出，以及改扩建工程等转入的固定资产净值。该账户借方登记企业各项在建工程达到预定可使用状态前发生的全部净支出、工程建设期间所发生的工程物资盘亏、报废和损毁的处置损失，以及基建工程达到预定可使用状态前进行负荷联合试车发生的费用；贷方登记基建、技改等工程达到预定可使用状态转出的实际工程成本；期末借方余额，反映尚未完工的在建工程的各项实际支出。该账户应按“建筑工程”“安装工程”“在安装设备”“待摊支出”以及单项工程等进行明细核算。

二、实务处理

（一）外购固定资产

企业外购固定资产，借记“固定资产”“应交税费——应交增值税（进项税额）（如果是小规模纳税人直接计入固定资产的成本）”等科目，贷记“银行存款”“应付账款”“长期应付款”等科目。

1. 购入不需要安装的固定资产

【例5-1】2018年10月20日，甲建筑工程公司购入一台不需要安装就可投入使用的设备，取得的增值税专用发票上注明的设备价款为80万元，增值税税额为12.8万元；发生的保险费为0.5万元，增值税税额为300元，款项以转账支票付讫。甲公司为一般纳税人，且假定不考虑其他相关税费。甲公司应编制会计分录如下：

借：固定资产	805 000
应交税费—应交增值税（进项税额）	128 300
贷：银行存款	933 300

该项固定资产的购置成本=80+0.5=80.5（万元）

2. 购入需要安装的固定资产

【例5-2】2018年11月15日，一般纳税人甲建筑工程公司购入一台需要安装的机器设备，取得的增值税专用发票上注明的设备价款为52万元，增值税税额为8.32万元，支付的运杂费为0.6万元、增值税税额为600元，款项以转账支票付讫；安装设备时，领用原材料一批，其账面成本为2.82万元，无计提的存货跌价准备，应支付安装工人薪酬0.48万元。假定不考虑其他相关税费。

①支付设备价款、增值税、装卸费时，应编制会计分录如下：

借：在建工程	526 000
应交税费—应交增值税（进项税额）	84 160
贷：银行存款	610 160

②用本公司原材料、支付安装工人薪酬等费用时，应编制会计分录如下：

借：在建工程	33 000
贷：原材料	28 200
应付职工薪酬	4 800

③设备安装完毕达到预定可使用状态，结转成本时，应编制会计分录如下：

借：固定资产　　559 000
　　贷：在建工程　　559 000

3. 外购固定资产的一些特殊情况

（1）以一笔款项购入多项没有单独标价的固定资产。

【例5-3】2018年8月8日，一般纳税人甲建筑工程公司为降低采购成本，向M公司一次购进了三套不同型号且具有不同生产能力的设备Ⅰ、Ⅱ和Ⅲ。甲公司为该批设备共支付价款240万元，增值税税额38.4万元，运输费1.2万元、增值税税额1 200元，全部以银行存款支付。假定设备Ⅰ、Ⅱ和Ⅲ均满足固定资产的定义及其确认条件且不需要安装，公允价值分别为93万元、139.5万元、77.5万元；不考虑其他相关税费。

①确定计入固定资产总成本的金额240+1.2=241.2（万元）

②确定设备Ⅰ、Ⅱ和Ⅲ的价值分配比例。

Ⅰ设备应分配的固定资产价值比例=93÷（93+139.5+77.5）×100%=30%

Ⅱ设备应分配的固定资产价值比例=139.5÷（93+139.5+77.5）×100%=45%

Ⅲ设备应分配的固定资产价值比例=77.5+（93+139.5+77.5）×100 % =25%

③确定设备Ⅰ、Ⅱ和Ⅲ的各自的入账价值。

Ⅰ设备的入账价值=241.2×30%=72.36（万元）

Ⅱ设备的入账价值=241.2×4345%=108.54（万元）

Ⅲ设备的入账价值=241.2×2225%=60.3（万元）

编制会计分录。

借：固定资产—Ⅰ　　723 600
　　　　　　—Ⅱ　　1 085 400
　　　　　　—Ⅲ　　603 000
　　应交税费—应交增值税（进项税额）　　385 200
　　贷：银行存款　　2 797 200

（2）分期付款的固定资产

【例5-4】2018年6月1日，甲建筑工程公司与乙公司签订一项购货合同，从乙公司购入一台需要安装的大型机器设备，合同约定价款总额为500万元，增值税税额为80万元，增值税款于购买设备时支付，设备款分3年以银行存款支付，甲公司于第一年年末支付250万元，第二年年末支付200万元。第三年年末支付50万元。假定采用银行三年期贷款利率6%作为折现率，不考虑其他因素。各年付款额的现值见表5-1。

甲公司购进时根据有关凭证，初始入账的处理如下：

支付价款与支付价款现值之间的差额=500−455.829 15=44.170 85（万元）

借：固定资产　　4 558 291.5

　　未确认融资费用　　441 708.5

　　应交税费—应交增值税（进项税额）　　800 000

　　贷：长期应付款—乙公司　　5 000 000

　　　　银行存款　　800 000

分期付款各年付款额的现值计算表　　表5−1

期数	贷款利率	复利现值系数	各期付款（万元）	支付价款的现值（万元）
1年	6%	0.943 396	250	235.849 0
2年	6%	0.889 996	200	177.999 2
3年	6%	0.839 619	50	41.980 95
合计			500	455.829 15

该公司各期末实际付款与后续期间分期摊销未确认融资费用的会计处理此处从略，详细情况参见长期负债的核算内容。

（二）自行建造固定资产

1. 自营工程

自营工程的核算一般分为三步：购入工程物资、投入建设和工程完工交付使用。

【例5−5】甲建筑工程公司自行建造一幢办公楼，为此发生下列经济业务。

1）购入为自行建造工程储备的物资一批，价款50万元，增值税额8万元，运杂费0.5万元、增值税额500元，以银行存款支付。应编制会计分录如下：

借：工程物资　　505 000

　　应交税费—应交增值税（进项税额）　　80 500

　　贷：银行存款　　585 500

2）投入建设。领用工程物资50万元。应编制会计分录如下：

借：在建工程—办公楼　　500 000

　　贷：工程物资　　500 000

3）计算应付自营工程人员工资6.8万元。应编制会计分录如下：

借：在建工程—办公楼　　68 000

　　贷：应付职工薪酬　　68 000

4）支付自营工程的其他费用3.4万元。应编制会计分录如下：

借：在建工程—办公楼　　34 000

　　贷：银行存款　　34 000

5）退回工程剩余物资0.2万元。应编制会计分录如下：

借：工程物资　　2 000

　　贷：在建工程—办公楼　　2 000

6）自营工程达到预定可使用状态并交付使用：

该项自营工程的建造成本=50+6.8+3.4−0.2=60（万元）

编制会计分录如下。

借：固定资产　　600 000

　　贷：在建工程—办公楼　　600 000

2. 出包工程

一般说来，出包工程又可分为包工包料和包工不包料两种情况，这里介绍承包方既包工又包料的情况。

出包工程承包方包工包料的核算一般分为三步，预付工程款、补付工程款和工程完工交付使用。

【例5−6】X建筑工程公司通过招投标方式委托CX专业施工公司新建一个结构件厂。为此发生下列经济业务。

1）按合理估计的发包工程进度和合同规定向CX公司预付工程款50万元。应编制会计分录如下：

借：在建工程—建筑工程　　500 000

　　贷：银行存款　　500 000

2）工程完工后，收到CX公司有关工程结算单据，补付工程款15万元，发票上的增值税款为6.5万元。应编制会计分录如下：

借：在建工程—建筑工程　　150 000

　　应交税费—应交增值税（进项税额）　　65 000

　　贷：银行存款　　215 000

3）工程达到预定可使用状态交付使用，应编制会计分录如下：

借：固定资产　　650 000

　　贷：在建工程—建筑工程　　650 000

（三）投资转入固定资产

企业接受投资人以固定资产投入的资本，在办完移交手续后，接受投资企业应按投资合同或协议约定的价格加上应支付的相关税费（不含可抵扣的增值税进项税额）作为固定资产的入账价值。如果合同或协议约定的价格不公允，应采用评估确认的公允价值，或参照同种或同类固定资产的公允价值确定。借记“固定资产”“应交税费—应交增值税（进项税额）”账户；贷记“实收资本（或股本）”账户，如果确定的固定资产入账价值与享有股权的份额不相等（固定资产入账价值大于享有股权份额），还应贷记“资本公积—资本溢价（股本溢价）”账户。

（四）接受捐赠固定资产

企业接受捐赠的固定资产，应按以下规定确定其入账价值。

（1）捐赠方提供了有关凭据的，按凭据上标明的金额加上应支付的相关税费（如果取得合法票据，且公司为一般纳税人，进项税可抵扣，否则不含可抵扣的增值税进项税额），作为入账价值。

（2）捐赠方没有提供有关凭据的，按如下顺序确定其入账价值：同类或类似固定资产存在活跃市场的，按同类或类似固定资产的市场价格估计的金额，加上应支付的相关税费，作为入账价值；同类或类似固定资产不存在活跃市场的，按该接受捐赠的固定资产的预计未来现金流量现值，作为其入账价值。

（3）如受赠的系旧的固定资产，按照上述方法确认的固定资产原价，减去按该项资产的新旧程度估计的价值损耗后的余额，作为入账价值。

企业接受捐赠固定资产的账务处理，通常记作：

借：固定资产（确定的入账价值）

　　应交税费—应交增值税（进项税额）

　　贷：递延所得税负债（确定的入账价值×所得税税率）

　　　　营业外收入［确定的入账价值×（1–所得税税率）］

【例5–7】甲建筑工程公司接受Y公司捐赠的汽车一辆，当天办完有关手续。Y公司提供的增值税专用发票价款为20万元，增值税税额为3.2万元。企业所得税税率为25%，在不考虑其他相关税费的情况下，假设甲公司为一般纳税人，甲公司接受捐赠时，应编制会计分录如下：

借：固定资产	200 000
应交税费—应交增值税（进项税额）	32 000
贷：递延所得税负债	58 000
营业外收入	174 000

第三节

固定资产的后续计量和折旧

固定资产的后续计量主要包括固定资产的后续支出、固定资产折旧的计提以及减值损失的确定。其中固定资产的减值应当按照《企业会计准则第8号——资产减值》处理。

一、固定资产后续支出

（一）固定资产后续支出的确认原则

固定资产后续支出，是指固定资产在使用过程中发生的更新改造支出、修理费用等。后续支出的处理原则：符合资本化条件的，应当计入固定资产成本或其他相关资产的成本，同时将被替换部分的账面价值扣除；不符合资本化条件的，计入当期损益。

（二）固定资产资本化后续支出

固定资产资本化后续支出主要包括固定资产改扩建支出、更新改造支出和固定资产装修支出等。固定资产资本化后续支出的会计处理原则是，将发生的后续支出计入固定资产成本，如有被替代的部分，应当终止确认被替代部分的账面价值。

一般说来，固定资产后续支出具备以下条件之一者，可以认为符合固定资产资本化确认条件：延长了固定资产的使用寿命；使产品的质量实质性提高；使产品成本实质性降低。

企业对固定资产进行改扩建或者更新改造，通常应将该项固定资产的原值、已计提折旧和减值准备转销，将固定资产账面价值转入在建工程，并停止计提折旧。待固定资产发生的资本化后续支出完工并达到预定可使用状态时，再从在建工程转为固定资产，并按重新确定的使用寿命、预计净残值和折旧方法计提折旧。固定资产发生的可资本化的后续支出，通过“在建工程”科目核算。

【例5-8】W建筑工程公司，经批准对其所拥有的一台施工机械设备进行更新改造，以提高生产效能，该设备原值80万元，已提折旧24万元，更新改造过程中以银行存款支付拆除费0.4万元，被拆除的部件账面价值为0.6万元，拆除后的部件不再具有使用价值。该项更新改造工程以出包方式完成，以银行存款支付出包款，发票载明的设备改造款12万元、增值税税款1.2万元。W公司的会计处理如下。

（1）设备进入更新改造时，应编制会计分录如下：

借：在建工程	560 000
累计折旧	240 000
贷：固定资产	800 000

（2）支付拆除费时，应编制会计分录如下：

借：在建工程	4 000
贷：银行存款	4 000

（3）终止被拆除部件的账面价值时，应编制会计分录如下：

借：营业外支出	6 000
贷：在建工程	6 000

（4）支付出包款时，应编制会计分录如下：

借：在建工程	120 000
应交税费—应交增值税（进项税额）	12 000
贷：银行存款	132 000

（5）经更新改造后，该项施工机械设备的原值为

56+0.4−0.6+12=67.8（万元）

更新改造完工，交付使用时，应编制会计分录如下：

借：固定资产	678 000
贷：在建工程	678 000

（三）固定资产费用化后续支出

固定资产的修理费用等后续支出，不符合资本化确认条件的，应予以费用化处理，在其发生时一次计入当期损益。固定资产费用化后续支出，主要包括固定资产的大修理、中小修理等维护性支出。这类支出的目的是为了恢复或保持固定资产的原有性能和使用状态，以确保该资产经济利益流入企业的实现，因此，应直接作为费用性支出处理，与此同时，废止采用待摊或预提的核算方式。

施工企业的行政管理部门等发生的固定资产修理费用等后续支出，计入管理费用；专设销售机构的相关固定资产修理费用等后续支出，计入销售费用。

（四）固定资产后续支出的特殊情况

1. 融资租入固定资产的后续支出

融资租入固定资产的后续支出，应比照自有固定资产后续支出处理。二者所不同的是，融资租入固定资产发生的维修费用，符合资本化原则，后续支出已作资本性处理后，应将记入专户明细账的固定资产维修费用，在两次维修期间、剩余租赁期与固定资产尚可使用寿命三者中取较短者作为折旧年限。并采用合理的折旧方法单独计提折旧。

2. 经营租赁方式租入固定资产的后续支出

以经营租赁方式租入固定资产发生的不能予以资本化的后续支出，应随租金一并计入相关费用。发生的可予以资本化的固定资产改良支出，应在“长期待摊费用”账户单独核算，并在剩余租赁期与租赁资产尚可使用年限两者中较短的期间内，采用合理的方法单独计提摊销额。

二、固定资产折旧

（一）固定资产折旧的定义

折旧是指在固定资产的使用寿命内，按照确定的方法对应计折旧额进行的系统分摊。应计折旧额，是指应当计提折旧的固定资产的原价扣除其预计净残值后的余额。

（二）影响固定资产折旧的因素

影响固定资产折旧的因素主要有以下几个方面：

（1）固定资产的原值，指取得固定资产的初始成本。

（2）预计净残值，指假定固定资产预计使用寿命已满，并处于使用寿命终了时的预期状态，企业目前从该项资产处置中获得的扣除预计处置费用以后的金额。由于在计算折旧时，对固定资产的残余价值和清理费用是人为估计的，所以净残值的确定有一定的主观性。

（3）固定资产的使用寿命，指企业使用固定资产的预计期间，或者该固定资产所能生产产品或提供劳务的数量。在确定固定资产使用寿命时，主要应当考虑下列因素。

1）该项资产预计生产能力或实物产量；

2）该项资产预计有形损耗，指固定资产在使用过程中，由于正常使用和自然力的作用而引起的使用价值和价值的损失，如设备使用中发生磨损、房屋建筑物受到自然侵蚀等；

3）该项资产预计无形损耗，指由于科学技术进步等而带来的固定资产价值的损失，如因新科技的出现而使现有的资产技术水平相对陈旧、市场需求变化使其所生产的产品过时等；

4）法律或者类似规定对该项资产使用的限制。

（4）固定资产减值准备，指固定资产已计提的固定资产减值准备累计金额。固定资产计提减值准备后，应当在剩余使用寿命内根据调整后的固定资产账面价值（固定资产账面余额扣除累计折旧和累计减值准备后的金额）和预计净残值重新计算确定折旧率和折旧额。

（三）固定资产折旧的范围

企业应当对所有的固定资产计提折旧，但是已提足折旧继续使用的固定资产和单独计价入账的土地除外。在确定计提折旧范围时还应该注意以下几点：

（1）固定资产应当按月计提折旧，并根据用途计入相关资产的成本或当期损益。当月增加的固定资产，当月不计提折旧，从下月起计提折旧；当月减少的固定资产，当月仍计提折旧，从下月起停止计提折旧。

（2）固定资产提足折旧后，不论能否继续使用，均不再提取折旧；提前报废的固定资产也不再补提折旧。所谓提足折旧是指已经提足该项固定资产的应计折旧额。

（3）已达到预定可使用状态尚未办理竣工决算的固定资产，无论是否交付使用，应当按照估计价值确定其成本，并计提折旧。待办理竣工决算后，再按照实际成本调整原来的暂估价值，但不需要调整原已计提的折旧额。

（4）融资租入的固定资产，应采用与应计提折旧的自有固定资产相一致的折旧政策。

（5）处于更新改造过程而停止使用的固定资产，应将其账面价值转入在建工程。不再计提折旧。更新改造项目达到预定可使用状态转为固定资产后，再按照重新确定的折旧方法和该项固定资产尚可使用寿命计提折旧。因进行大修理而停用的固定资产，应当照提折旧，计提的折旧额应计入相关资产成本或当期损益。对未使用的固定资产也应计提折旧，计提的折旧计入当期管理费用。

（四）固定资产折旧的方法

企业应当根据与固定资产有关的经济利益的预期实现方式，合理选择固定资产折旧方法。可选择的折旧方法主要包括年限平均法、工作量法、双倍余额递减法和年数总和法等。固定资产的折旧方法一经确定，不得随意变更。如需变更，应按照规定程序经批准后报送有关各方备案，并在会计报表附注中予以说明。固定资产应当按月计提折旧，并根据其用途计入相关的成本或者当期损益。

1. 年限平均法

年限平均法又称直线法，是指将固定资产的应计折旧额均衡地分摊到固定资产预计使用寿命内的一种方法。采用这种方法计算的每期折旧额均相等，计算公式如下。

年折旧额=（固定资产原值–预计净残值）÷预计使用寿命（年）或

年折旧额=［固定资产原值–（预计残值收入–预计清理费用）］÷预计使用寿命（年）

或

年折旧额=固定资产原值×（1–预计净残值率）÷预计使用寿命（年）

年折旧率=（1–预计净残值率）÷预计使用寿命（年）×100%

月折旧率=年折旧率÷12

月折旧额=固定资产原值×月折旧率

【例5–9】2018年6月甲建筑工程公司购入一辆吊车，原价50万元，预计净残值2万元，预计使用年限5年，采用年限平均法计提折旧。

每年折旧额=（500 000–20 000）÷5=96 000（元）

2. 工作量法

工作量法是根据固定资产在使用期间预计完成的工作总量，平均计算固定资产折旧的一种方法。这种方法应当按照固定资产的实际工作量计算每期应提折旧额。计算公式如下。

单位工作量折旧额=固定资产原值×（1–预计净残值率）÷预计总工作量

某项固定资产月折旧额=该项固定资产当月实际完成工作量×单位工作量折旧额

【例5–10】2016年1月甲建筑工程公司购入一辆汽车，原价20万元，预计净残值1万元，预计行驶25万公里，采用工作量法计提折旧。2016年12月行驶了0.4万公里。则2016年12月该辆汽车应计提折旧额为多少？

2016年12月该辆汽车应计提折旧额=（200 000–10 000）÷250 000×4 000=3 040（元）

除了以上两种传统折旧方法之外，施工企业对于那些技术进步较快或使用寿命受工作环境影响较大的建筑机械和运输设备，可采用双倍余额递减法和年数总和法来计提固定资产折旧。双倍余额递减法和年数总和法均属于加速折旧法。

3. 双倍余额递减法

双倍余额递减法是指在不考虑固定资产预计净残值的情况下，根据每期期初固定资产账面净值和双倍的直线法折旧率，计算固定资产折旧的一种方法。其计算公式为

年折旧率（双倍直线折旧率）=2 ÷ 预计使用寿命（年）× 100%

月折旧率=年折旧率 ÷ 12

月折旧额=固定资产净值 × 月折旧率

年折旧额=年初固定资产账面净值 ÷ 双倍直线年折旧率

由于每年年初固定资产净值没有扣除预计净残值，因此，在采用这种方法计算折旧额时必须注意不能使固定资产的净值降低到其预计净残值以下，因此在使用此方法计提折旧的固定资产，在其预计使用年限到期前两年应转换成直线法，亦即在固定资产使用寿命的最后两年应将固定资产净值扣除预计净残值后的净额予以平均摊销。

【例5-11】续例【例5-9】2017年1月甲建筑工程公司购入一辆吊车，原价50万元，预计净残值2万元，预计使用年限5年，甲公司按双倍余额递减法计提折旧，每年折旧额计算如下。

年折价率=2 ÷ 5 × 100%=40%

第一年应计提的折旧额=500 000 × 40%=200 000（元）

第二年应计提的折旧额=（500 000−200 000）× 40%=120 000（元）

第三年应计提的折旧额=（500 000−200 000−120 000）× 40%=72 000（元）

第四年起改为直线法，第四、第五年应计提的折旧额均为

［（500 000−200 000−120 000−72 000）−20 000］÷ 2=［108 000−20 000］÷ 2=44 000

甲公司每年折旧额列示如表5-2所示。

固定资产折旧计算表（双倍余额递减法）（单位：元）　　表5-2

年份	年初账面净值	折旧率	各年折旧额	累计折旧额	期末账面净值
第1年	500 000	40%	200 000	200 000	300 000
第2年	300 000	40%	120 000	320 000	180 000
第3年	180 000	40%	72 000	392 000	108 000
第4年	108 000	—	44 000	436 000	64 000
第5年	64 000	—	44 000	480 000	20 000

4. 年数总和法

年数总和法又称年限合计法，是指将固定资产的原值减去预计净残值后的净值乘以一个以固定资产尚可使用寿命为分子、以预计使用寿命逐年数字之和为分母的逐年递减的分数，计算固定资产折旧的一种方法。其计算公式为：

年折旧率=尚可使用寿命年限 ÷ 预计使用寿命的年数总和 × 100%

月折旧率=年折旧率÷12

月折旧额=（固定资产原值—预计净残值）×月折旧率

【例5-12】仍沿用【例5-11】的资料，若采用年数总和法计提折旧，则甲公司每年折旧额列示如表5-3所示。

固定资产折旧计算表（年数总和法）（单位：元） 表5-3

年份	尚可使用寿命	原值-预计净残值	年折旧率	每月折旧额	累计折旧额
第1年	5	480 000	5/15	160 000	160 000
第2年	4	480 000	4/15	128 000	288 000
第3年	3	480 000	3/15	96 000	384 000
第4年	2	480 000	2/15	64 000	448 000
第5年	1	480 000	1/15	32 000	480 000

双倍余额递减法和年数总和法都属于加速折旧法，其特点是在固定资产使用的早期多提折旧，后期少提折旧，其递减的速度逐年加快，从而相对加快折旧的速度，目的是使固定资产成本在估计使用寿命内加快得到补偿。

综上所述，企业应当根据固定资产的性质和使用情况，合理确定固定资产的使用寿命和预计净残值，并根据科技发展、环境及其他因素，选择合理的固定资产折旧方法。

企业至少应当于每年年度终了，对固定资产的使用寿命、预计净残值和折旧方法进行复核。使用寿命预计数与原先估计数有差异的，应当调整固定资产使用寿命；预计净残值预计数与原先估计数有差异的，应当调整预计净残值；与固定资产有关的经济利益预期实现方式有重大改变的，应当改变固定资产折旧方法。固定资产使用寿命、预计净残值和折旧方法的改变应当作为会计估计变更。

（五）固定资产折旧的会计处理

固定资产折旧的核算应设置"累计折旧"账户，该账户属于固定资产账户的备抵调整账户，该账户的贷方登记提取的折旧额；借方登记随固定资产转出或处置而转销的折旧额；期末余额在贷方，反映企业已提取的固定资产折旧累计数。

施工企业固定资产折旧应按照使用的部门及用途计入相关的成本或者当期损益。例如，施工部门所使用的固定资产计提的折旧，应列计工程成本，记入"机械作业"或"工程施工（间接费用）"账户；管理部门所使用的固定资产计提的折旧，应列计期间费用，记入"管理费用"账户；工业生产或辅助生产部门所使用的固定资产计提的折旧，应列计相关产品成本或劳务成本，记入"制造费用"

等账户；专设销售机构所使用的固定资产计提的折旧，应列计期间费用，记入“销售费用”账户；经营租出固定资产计提的折旧应列计附属业务成本，记入“其他业务成本”账户；自行建造固定资产过程中所使用的固定资产计提的折旧，应列计工程成本，记入“在建工程”账户等。

【例5-13】甲建筑工程公司2016年7月计提本月固定资产折旧情况如下。总公司的房屋及办公设备计提折旧56 000元；施工部门的办公设备计提折旧2 000元，机械设备计提折旧68 000元；附属业务经营部门的办公设备计提折旧1 000元。应编制会计分录如下：

借：管理费用	56 000
工程施工—间接费用	2 000
机械作业	68 000
其他业务成本	1 000
贷：累计折旧	127 000

第四节

临时设施的核算

一、临时设施概述

临时设施是指施工企业为了保证施工生产和管理工作的正常进行而在施工现场建造的生产和生活用的各种临时性简易设施。主要包括施工现场临时作业棚、材料库、办公室、宿舍、食堂、厕所、浴室、锅炉房等设施；临时道路、围墙及其他围护设施等；临时给水排水、供电、供热等管线。临时设施是施工企业其他资产的重要组成部分。由于建筑产品具有位置的固定性、结构的多样性、施工生产过程的流动性等特点，为施工生产服务的临时设施也随着施工项目位置的不同而经常变动。施工企业进入新的施工地点后，为满足施工生产的需要，必须在施工现场及其附近场地搭建一些生产用和生活用的临时房屋、建筑物、构筑物和其他设施，以保证施工生产和管理工作的顺利进行，项目完工后，这些临时设施就需要拆除或作他用。

施工现场的临时设施一般由施工企业自行搭建，并由施工企业以临时设施包干费的形式向建设单位或总包单位收取费用。施工企业根据预算所列的工程直接费和间接费总和，按照各地区规定的临时设施费率计算费用金额，并入工程预算造价；收取的此项费用，由施工企业包干使用。临时设施的性质与固定资产既相似又有区别。临时设施在施工生产过程中发挥着劳动资料的作用，其实物形态基本上与作为固定资产的房屋、建筑物相类似。但由于其建造标准较低，一般为临时性或半永久性的建筑物，不可能长时间或永久使用，多数在其可使用期限内就需拆除清理。因此应将临时设施的价值参照固定资产计提折旧的方式采用一定的摊销方法分别计入受益的工程成本。

临时设施的摊销方法有两种：

一是工期法。即将临时设施的成本平均分摊到各期的一种方法，其原理与固定资产折旧的年限平均法相同。计算公式如下：

临时设施年（月）摊销额=临时设施原值×（1-预计净残值率）/预计使用年限（月）

二是工作量法。即根据实际工作量计提摊销额的一种方法，它主要是考虑了临时设施的使用强度。计算公式如下：

每一工作量摊销额=临时设施成本×（1-预计净残值率）/预计总工作量

临时设施月摊销额=临时设施当月工作量×每一工作量摊销额

在实际工作中，对于价值相对较低的临时设施，也可采用一次摊销法，直接将临时设施的成本计入受益的工程成本。如果临时设施为两个以上的工程成本核算对象服务，应按一定的分配标准，将其价值在受益的各个工程成本核算对象之间进行分配。施工企业在进行临时设施核算时，应设置以下三个科目：

一是“临时设施”科目。该科目核算施工企业购建的各种临时设施的实际成本。

二是“临时设施摊销”科目。该科目是“临时设施”科目的备抵调整科目，用来核算施工企业各种临时设施在使用过程中发生的价值损耗，即核算临时设施的累计摊销额。

三是“固定资产清理—临时设施清理”科目。该科目核算施工企业因出售、拆除、报废和毁损等原因转入清理的临时设施价值以及在清理过程中发生的清理费用和清理收入。

二、会计核算

施工企业搭建临时设施时：借记“在建工程—临时设施”、“应交税费—应交增值税（进项税额）”等相关科目，贷记“银行存款”“应付账款”“原材料”“应付职工薪酬”等科目，临时设施交付使用时借记“临时设施—××项目”，贷记“在建工程—临时设施”。

摊销时，将按月计算的摊销金额，借记“工程施工—其他直接费”等科目，贷记“临时设施摊销”科目。施工企业应合理确定各种临时设施的摊销方法，在恰当的期限内将其价值摊入工程成本。同时比照固定资产计提折旧的方式，对临时设施进行摊销。

1. 临时设施购置的账务处理

企业出售、拆除、报废的临时设施应转入清理，其账务处理与固定资产清理基本相同。

【例5-14】某建筑公司在施工现场搭建一临时宿舍，发生的实际成本为210 000元，其中：领用材料实际成本160 000元，应付搭建人员的工资20 000元，以银行存款支付其他费用30 000元。宿舍搭建完工后即交付使用。

（1）搭建时发生各项费用的账务处理如下：

借：在建工程—临时宿舍	210 000
贷：原材料	160 000
应付工资	20 000
银行存款	30 000

（2）临时设施搭建完成交付使用时，账务处理如下：

借：临时设施—临时宿舍　　210 000

　　贷：在建工程—临时宿舍　　210 000

2. 临时设施摊销的账务处理

【例5-15】假定【例5-14】中临时宿舍的预计净残值率为5%，预计其受益期限为2年，则该临时宿舍摊销的账务处理如下：临时宿舍的月摊销额=210 000×（1−5%）÷24=8 312.5（元）

按月摊销该临时宿舍的账务处理：

借：工程施工—其他直接费　　8 312.5

　　贷：临时设施摊销　　8 312.5

3. 临时设施清理的账务处理

【例5-16】假定【例5-14】中的临时宿舍使用20个月后，因工程提前完工需拆除，拆除时发生清理费用5 000元，其中：工资3 000元，支付其他费用2 000元。残料处理作价10 300元，收存银行，假设增值税减按2%征收。则其账务处理如下：

（1）该临时宿舍累计摊销额为166 250元（8 312.5×20），净残值为43 750元。

借：固定资产清理—临时设施清理　　43 750

　　临时设施摊销　　166 250

　　贷：临时设施　　210 000

（2）借：固定资产清理—临时设施清理　　5 000

　　　　贷：应付工资　　3 000

　　　　　　现金　　2 000

（3）借：银行存款　　10 300

　　　　贷：固定资产清理—临时设施清理　　10 300

　　同时：借：固定资产清理—临时设施清理　　206

　　　　　　贷：应交税费—简易计税　　206

（4）净损失=43 750+5 000−10 300+206=38 656（元）。

借：营业外支出—处理临时设施净损失　　38 656

　　贷：固定资产清理—临时设施清理　　38 656

第五节

固定资产的处置与期末计量

一、固定资产的处置

固定资产处置，是指固定资产因出售、转让、报废或毁损、对外投资、非货币性资产交换、债务重组、对外捐赠等终止现有工作状态，而对其账面价值及其相关收入、支出的处理。

（一）固定资产终止确认的条件

固定资产满足下列条件之一的，应当予以终止确认。

（1）该固定资产处于处置状态。

（2）该固定资产预期通过使用或处置不能产生经济利益。

固定资产终止确认两个条件的性质有所不同。企业处于处置状态的固定资产，在尚未处置完毕前仍属于企业资产的范畴，其终止确认的原因是该项固定资产因需退出企业而终止了现有工作状态；企业预期通过使用或处置不能产生经济利益的固定资产，因已不符合资产的特征，不能再作为企业资产予以披露，因而应终止确认。

（二）固定资产处置的会计处理

企业出售、转让划归为持有待售类别的，按照持有待售非流动资产、处置组的相关准则内容进行会计处理；未划归为持有待售类别而出售、转让的，通过“固定资产清理”科目归集所发生的损益，其产生的利得或损失转入“资产处置损益”科目，计入当期损益；固定资产因报废毁损等原因而终止确认的，通过“固定资产清理”科目归集所发生的损益，其产生的利得或损失计入“营业外收入或营业外支出”科目。企业通过“固定资产清理”科目核算的出售、转让报废或毁损而处置的固定资产，其会计处理一般有以下几个步骤：

（1）固定资产转入清理。固定资产转入清理时，按固定资产的账面价值，借记“固定资产清理”科目，按已计提的累计折旧，借记“累计折旧”科目；按已计提的减值准备，借记“固定资产减值准备”科目，按固定资产账面余额，贷记“固定资产”科目。

（2）发生的清理费用。固定资产清理过程中发生的清理费用以及应支付的相关税费，借记“固定资产清理”科目，贷记“银行存款”“应交税费”等科目。

（3）出售收入和残料等的处理。企业收回出售固定资产的价款、残料价值和变价收入等，应冲减清理支出。按实际收到的出售价款以及残料变价收入等，借记“银行存款”“原材料”等科目，贷记“固定资产清理”“应交税费—应交增值税”等科目。

（4）保险赔偿的处理。企业计算或收到的应由保险公司或过失人赔偿的损失，应冲减清理支出，借记“其他应收款”“银行存款”等科目，贷记“固定资产清理”科目。

（5）清理净损益的处理。固定资产清理完成后的净损益，属于正常出售、转让所产生的利得或损失，贷记或借记“资产处置损益”科目，借记或贷记“固定资产清理”科目；属于已丧失使用功能正常报废所产生的利得或损失，贷记“营业外收入—非流动资产毁损报废利得”或借记“营业外支出—非流动资产毁损报废损失”，借记或贷记“固定资产清理”科目；属于生产经营期间由于自然灾害等非正常原因造成的数额，借记“营业外支出—非常损失”科目，贷记“固定资产清理”科目。

（三）持有待售的固定资产

持有待售的固定资产是指在当前状况下仅根据出售同类固定资产的惯例就可以直接出售且极可能出售的固定资产，如已经与买主签订了不可撤销的销售协议等。同时满足下列条件的固定资产应划归为持有待售的固定资产。

（1）企业已经就处置该固定资产做出决议。

（2）企业已经与受让方签订了不可撤销的转让协议。

（3）该项转让将在一年内完成。

企业持有待售的固定资产，应当调整该项固定资产的预计净残值，使之能够反映其公允价值减去处置费用后的金额，但不得超过符合持有待售条件时该项固定资产的原账面价值，原账面价值高于预计净残值的差额，应作为资产减值损失计入当期损益。持有待售的固定资产不计提折旧，按照账面价值与公允价值减去处置费用后的净额孰低进行计量。在编制资产负债表时，企业可将持有待售的固定资产与其他的固定资产一起合并列示在“固定资产”项目中，但需要在报表附注中披露持有待售的固定资产名称、账面价值、公允价值、预计处理费用和预计处理时间等。

（四）固定资产处置的实务核算

1. 固定资产出售

【例5-17】W建筑工程公司，经批准将不需用的运输车辆（假设购入时间为

2018年8月）予以出售，出售收入5万元，增值税税款0.8万元，以上款项均已收到。该运输车辆原值50万元，累计已计提折旧35万元，该项固定资产未计提减值准备。W公司的会计处理如下。

①转入清理时，应编制会计分录如下：

借：固定资产清理	150 000
累计折旧	350 000
贷：固定资产	500 000

②收到出售款时，应编制会计分录如下：

借：银行存款	58 000
贷：固定资产清理	50 000
应交税费—应交增值税（销项税额）	8 000

③清理完毕，结转固定资产处置净损失时，应编制会计分录如下：

借：资产处置损益	100 000
贷：固定资产清理	100 000

2. 固定资产报废

【例5-18】W建筑工程公司，经批准将使用期满的一台施工设备予以报废处理。该设备原值30万元，累计已提折旧28万元，已计提减值准备0.5万元。清理过程中，以银行存款支付清理费用0.3万元，残料变价收入0.515万元，假设该施工设备购于2007年，应交增值税减按2%计算。W公司的会计处理如下。

①转入清理时，应编制会计分录如下：

借：固定资产清理	15 000
累计折旧	280 000
固定资产减值准备	5 000
贷：固定资产	300 000

②发生清理费用时，应编制会计分录如下：

借：固定资产清理	3 000
贷：银行存款	3 000

③收到残料变价收入时，应编制会计分录如下：

借：银行存款	5 150
贷：固定资产清理	5 150

计算应缴纳的增值税额：［5 150/（1+0.03）］×0.02=100元

借：固定资产清理	100
贷：应交税费—简易计税	100

④清理完毕，结转固定资产处置净损失时，应编制会计分录如下：

借：营业外支出—非流动资产毁损报废损失	12 950
贷：固定资产清理	12 950

3. 固定资产毁损

【例5-19】W建筑工程公司一台施工设备因火灾造成毁损，该设备原值10万元，累计已提折旧6万元，保险公司同意赔偿2万元.收到残料变价收入0.515万元，存入银行，假设该施工设备购于2013年，应交增值税按2%计算。W公司的会计处理如下。

①转入清理时，应编制会计分录如下：

借：固定资产清理	40 000
累计折旧	60 000
贷：固定资产	100 000

②应收保险公司赔偿时，应编制会计分录如下：

借：其他应收款—保险公司	20 000
贷：固定资产清理	20 000

③收到残料变价收入时，应编制会计分录如下：

借：银行存款	5 150
贷：固定资产清理	5 150

计算应缴纳的增值税额：［5 150/（1+0.03）］×0.02=100元

借：固定资产清理	100
贷：应交税费—简易计税	100

④清理完毕，结转固定资产处置净损失时，应编制会计分录如下：

借：营业外支出—非流动资产毁损报废损失	14 950
贷：固定资产清理	14 950

4. 固定资产投资转出

企业以固定资产进行对外投资，首先应注销固定资产原值、累计折旧及已计提的资产减值准备，将用以出资的固定资产转入清理，一般应借记“固定资产清理”“累计折旧”“固定资产减值准备”等账户；贷记“固定资产”账户；然后再按转入清理的出资固定资产的净值计入长期股权投资。一般应借记“长期股权投资”账户；贷记“固定资产清理”账户，同时借记“固定资产清理”账户；贷记“应交税费—应交增值税（销项税额）”。

5. 固定资产盘亏的实务核算

【例5-20】W建筑工程公司在2016年年末财产清查中，发现盘亏管理设备一台。其账面原值为6万元，累计已提折旧4.5万元，已提减值准备0.5万元，报经批准作为企业损失处理。W公司的会计处理如下。

①发现盘亏固定资产时，应编制会计分录如下：

借：待处理财产损益—待处理固定资产损益	10 000
累计折旧	45 000
固定资产减值准备	5 000
贷：固定资产	60 000

②报经批准核销时，应编制会计分录如下：

借：营业外支出—盘亏损失	10 000
贷：待处理财产损益—待处理固定资产损益	10 000

二、固定资产的期末计量

为了全面、客观地反映固定资产的实际状况，企业在编制资产负债表时，应合理地确定固定资产的期末价值。

（一）固定资产减值迹象和减值测试

资产的重要特征是它必须能够为企业带来经济利益的流入。背离了这一特征，不仅无法可靠地反映资产的实际价值，其结果还会导致企业资产和利润虚增；背离了这一特征，即不能确认为资产，或者不能再以其原账面价值予以确认。因此，当企业资产预期带来的经济利益低于其账面价值时，即表明资产发生了减值，应确认其减值损失，并应将资产的账面价值减至可收回金额。

1. 固定资产减值迹象

企业在资产负债表日应从外部信息与内部信息两个方面判断资产是否存在可能发生减值的迹象。

对于固定资产而言，当其市价持续下跌，或技术陈旧、损坏、长期闲置等原因导致固定资产可收回金额低于账面价值，则说明固定资产发生了减值，在此情况下，固定资产的账面净值已不能完全反映其规模、结构和实际水平，因此，企业应于期末将固定资产可收回金额低于其账面价值的差额作为固定资产减值准备。这里，可收回金额是指固定资产的公允价值减去处置费用后的净额与其预计未来现金流量的现值两者之中的较高者。账面价值指固定资产原值扣减已计提累计折旧和固定资产减值准备后的净额。固定资产减值准备应当作为固定资产价值的减项反映。

2. 固定资产减值测试

资产是否存在减值迹象是决定是否需要进行减值测试的必要前提。如果有确凿证据表明固定资产存在减值迹象的，应当进行减值测试，估计固定资产可回收金额。

如果有迹象表明一项固定资产可能发生减值的，企业应以单项固定资产为基础估计可收回金额。但是在企业难以对单项资产的可收回金额进行估计的情况下，应当以该资产所属资产组为基础确定资产组的可收回金额，确认资产组的减值损失，再将资产组减值损失在抵减商誉后的金额，按各项资产账面价值的比例分摊至除商誉以外的各项资产。

（二）固定资产减值的会计处理

企业发生固定资产减值时，应按可收回金额低于其账面价值的差额，借记“资产减值损失—固定资产减值损失”账户，贷记“固定资产减值准备”账户。固定资产的减值通常具有永久性，减值损失一经确认，在以后会计期间不得转回。

第六章

无形资产

第一节

无形资产的确认和初始计量

一、无形资产的定义及其基本特征

无形资产，是指企业拥有或者控制的没有实物形态的可辨认非货币性资产。无形资产具有以下主要特征：

（一）由企业拥有 或者控制并能为企业带来未来经济利益的资源

预计能为企业带来未来经济利益是作为一项资产的本质特征。通常情况下，企业拥有或者控制的无形资产，是指企业拥有该项无形资产的所有权，且该项无形资产能够为企业带来未来经济利益。但在某些情况下并不需要企业拥有其所有权，如果企业有权获得某项无形资产产生的经济利益，同时又能约束他人获得这些经济利益，则说明企业控制了无形资产，或者说控制了无形资产产生的经济利益，并受法律的保护。

（二）不具有实物形态

无形资产是不具有实物形态的非货币资产，它不像固定资产、存货等有形资产具有实物形体。无形资产的优势很大程度上是通过自身具有的技术等优势为企业带来未来经济利益。

（三）具有可辨认性

无形资产必须是区别于其他资产可单独辨认的，并能单独或者与相关合同、资产或负债一起，用于出售、转让、授予许可、租赁或者交换，如企业持有的专利权、非专利技术、商标权、著作权、土地使用权、特许权等。商誉是与企业整体价值联系在一起的，企业合并中取得的商誉代表了购买方为从不能单独辨认并独立确认的资产中获得预期未来经济利益而付出的代价。这些未来经济利益可能产生于取得的可辨认资产之间的协调作用，也可能产生于购买者在企业合并中准备支付的、但不符合在财务报表上确认条件的资产，不属于无形资产。

（四）属于非货币性资产

无形资产属于非货币性资产且能够在多个会计期间为企业带来经济利益。无形资产的使用年限在一年以上，其价值将在各个受益期间逐渐摊销。

二、无形资产的内容

无形资产通常包括专利权、非专利权技术、商标权、著作权、土地使用权和特许权等。

（一）专利权

专利权是指国家专利主管机关依法授予发明创造专利申请人，对其发明创造在法定期限内所享有的专有权利，包括发明专利权、实用新型专利权和外观设计专利权。发明专利权的期限为20年，实用新型专利权和外观设计专利权的期限为10年，均自申请日起计算。

（二）非专利技术

非专利技术也称专有技术，它是指不为外界所知、在生产经营活动中已采用了的、不享有法律保护的、可以带来经济效益的各种技术和诀窍。非专利技术一般包括工业专有技术、商业（贸易）专有技术、管理专有技术等。非专利技术并不是专利法的保护对象，非专利技术用自我保密的方式来维持其独占权，具有经济性、机密性和动态性等特点。非专利技术可以用于转让和投资。

（三）商标权

商标是用来辨认特定的商品或劳务的标记。商标权是指专门在某类指定的商品或产品上使用特定的名称或图案的权利。商标经过注册登记，就获得了法律上的保护。《中华人民共和国商标法》明确规定：经商标局核准注册的商标为注册商标，商标注册人享有商标专用权，受法律的保护。注册商标包括商品商标、服务商标和集体商标、证明商标。注册商标的有效期为10年，自核准注册之日起计算。注册商标期满需要继续使用的，应当在期满前6个月内申请续展注册；在此期间未提出申请的，可以给予6个月的宽展期。每次续展注册的有效期为10年。企业购买他人的商标，一次性支出费用较大的，可以将其资本化，作为无形资产管理。企业应根据购入商标的价款、支付的手续费及有关费用作为商标的成本。

（四）著作权

著作权又称版权，指作者对其创作的文学、科学和艺术作品依法享有的某些特殊权利。著作权包括作品署名权、发表权、修改权和保护作品的完整权等各项权利，还包括复制权、发行权、出租权、展览权、表演权、放映权、广播权、信息网络传播权、摄制权、改编权、翻译权、汇编权以及应当由著作权人享有的其他权利。

（五）土地使用权

土地使用权是指国家准许某一企业或单位在一定期间内对国有土地享有开发、利用、经营的权利。根据我国《土地管理法》的规定，我国土地实行公有制，任何单位和个人不得侵占、买卖或者以其他形式非法转让。通常情况下，作为投资性房地产或者固定资产核算的土地，按照投资性房地产或者固定资产核算；以缴纳土地出让金等方式外购的土地使用权、投资者投入等方式取得的土地使用权，作为无形资产核算。

（六）特许权

特许权又称经营特许权、专营权，指企业在某一地区经营或销售某种特定商品的权利，或是一家企业接受另一家企业使用其商标、商号、技术秘密等的权利。通常有两种形式，一种是由政府机构授权，准许企业使用或在一定地区享有经营某种业务的特权，如水、电、邮电通信等专营权，烟草专卖权等；另一种是指企业间依照签订的合同，有限期或无限期使用另一家企业的某些权利，如连锁店、分店使用总店的名称等。通常在特许权转让合同中规定了特许权转让的期限、转让人和受让人的权利和义务。

三、无形资产的确认条件

无形资产应当在满足定义的前提下，同时满足下列两个确认条件的，才能予以确认。

（一）与该无形资产有关的经济利益很可能流入企业

如果企业有权获得一项无形资产产生的未来经济利益，并能约束其他方获取这些利益，表明企业控制了该项无形资产。例如，对于会产生经济利益的技术知识，若其受到版权、贸易协议约束（如果允许）等法定权利的保护，那么说明该企业控制相关利益、客户关系、人力资源等，如果企业无法控制其带来的未来经济利益，不符合无形资定义，不应将其确认为无形资产。

（二）该无形资产的成本能够可靠地计量

成本能够可靠计量是资产确认的一项基本条件。比如，内部产生的品牌、报刊名、刊头、客户名单和实质上类似的项目的支出，由于不能从业务开发成本区分开来，因此，不应确认为无形资产。此外，在确定一项包含无形和有形要素的资产是属于固定资产，还是属于无形资产，需要通过判断来加以确定，通常以哪个要素更重要作为判断的依据。

第二节

无形资产的核算

无形资产通常是按实际成本计量，即以取得无形资产并使之达到预定用途而发生的全部支出作为无形资产的成本。对于不同来源取得的无形资产，其成本计价也不同。

一、外购无形资产的核算

（一）外购无形资产的成本构成

外购的无形资产，其成本包括：购买价款、相关费用以及直接归属于使该项资产达到预定用途所发生的其他支出。其中，直接归属于使该项资产达到预定用途所发生的其他支出包括使无形资产达到预定用途所发生的专业服务费用，测试无形资产是否能够正常发挥作用的费用等，但不包括为引入新产品进行宣传发生的广告费、管理费用及其他间接费用。在无形资产达到预定用途之前发生的其他经营活动的支出，如果该经营活动并非是为使无形资产达到预定用途所必不可少的，有关经营活动的损益应于发生时计入当期损益，而不构成无形资产的成本。无形资产达到预定用途后所发生的支出，不构成无形资产的成本。例如，在形成预定经济规模之前发生的初始运作损失。

对于外购的无形资产，只要取得符合法律规定的可抵扣发票，可依法进行抵扣，若无法取得法律规定的可抵扣发票，则将相关税额计入无形资产成本。

（二）外购无形资产的账务处理

一般付款方式购入无形资产的账务处理如下：

借：无形资产（购买价款+相关税费+直接归属于使该项资产达到预定用途所发生的其他支出）

　　应交税费—应交增值税（进项税额）

　　贷：银行存款

【例6-1】W施工企业，为了加强施工技术需要从Y公司购买其已获得的某项专有技术，此项技术能缩短施工工期，从而提高生产能力。W施工企业从Y公司购买此项专有技术，协议约定此项专有技术的价款为200万元，取得的增值税专用发票上的增值税额为12万元。款项已通过银行转账支付。

W施工企业的账务处理如下：

借：无形资产—专有技术	2 000 000
应交税费—应交增值税（进项税额）	120 000
贷：银行存款	2 120 000

二、分期付款购买无形资产的核算

如果企业采用分期付款方式购买无形资产，购买无形资产的价款超过正常信用条件支付，实际上具有融资性质的，应按照无形资产购买价款的现值计量其成本，现值与应付账款之间的差额作为未确认的融资费用，在付款期间内按照实际利率法确认为利息费用。分期付款方式购入无形资产的账务处理如下：

借：无形资产（购买价款的现值）

　　应交税费—应交增值税（进项税额）

　　未确认融资费用（差额）

　　贷：长期应付款（应支付的购买价款）

分期付款的账务处理如下：

借：长期应付款（分期付款额）

　　贷：银行存款

信用期间内采用实际利率法分期摊销未确认融资费用的账务处理如下：

借：财务费用（未确认融资费用的分摊额）

　　贷：未确认融资费用

三、投资者投入的无形资产

投资者投入的无形资产，应当按照投资合同或协议约定的价值确定无形资产的取得成本。如果投资合同或协议约定价值不公允的，应按照无形资产的公允价值作为无形资产初始成本入账。投资者投入的无形资产能够取得可抵扣增值税发票的，增值税进项税额可依法进行抵扣。

四、通过非货币性资产交换取得的无形资产

企业通过非货币性资产交换取得的无形资产，包括以投资、存货、固定资产或无形资产换入的无形资产等。非货币性资产交换具有商业实质且公允价值能够可靠计量的，在发生补价的情况下，支付补价方应当以换出资产的公允价值加上支付的补价（即换入无形资产的公允价值）和应支付的相关税费，作为换入无形

资产的成本；收到补价方，应当以换入无形资产的公允价值（或换出资产公允价值减去补价）和应支付的相关税费，作为换入无形资产的成本。能够取得可抵扣增值税发票的，增值税进项税额可依法进行抵扣。

五、通过债务重组取得的无形资产的成本

通过债务重组取得的无形资产，是指企业作为债权人取得的债务人用于偿还债务的非现金资产，且企业作为无形资产管理的资产。通过债务重组取得的无形资产的成本，应当以其公允价值入账。

六、内部开发无形资产的核算

对于企业自行进行的研究开发项目核算，应区分研究阶段与开发阶段两个部分分别进行核算。

（一）研究阶段和开发阶段的划分

研究阶段是指为获取新的技术和知识等进行的有计划的调研。有关研究阶段的例子包括：为获取知识而进行的活动；研究成果或其他知识的应用研究、评价和最终选择；材料、设备、产品、工序、系统或服务替代品的研究；新的或经改进的材料、设备、产品、工序、系统或服务的可替代的配置、设计、评价和最终选择。

研究阶段的特点在于计划性和探索性。

开发阶段是指在进行商业性生产或使用前，将研究成果或其他知识应用于某项计划或设计，以生产出新的或具有实质性改进的材料、装置、产品等。有关开发活动的例子包括：生产前或使用前的原型和模型的设计、建造和测试；含新技术的工具、器具、模板和冲模的设计；不具有商业性生产经济规模的试生产设施的设计、建造和运营；新的或经改造的材料、设备、产品、工序、系统或服务所选定替代品的设计、建造和测试等。

开发阶段的特点在于具有针对性和形成成果的可能性较大。

（二）开发阶段有关支出资本化的条件

在开发阶段，判断可以将有关支出资本化计入无形资产成本，必须同时满足下列条件：

（1）完成该无形资产以使其能够使用或出售，在技术上具有可行性。企业相关证据和材料，能证明进行开发所需的技术条件等已经具备。

（2）具有完成该无形资产并使用或出售的意图。开发某项产品或专利技术产品等，是使用或出售通常是根据管理当局决定该项研发活动的目的或者意图所决

定的。企业的管理当局应当明确表明其持有拟开发无形资产的目的，并具有完成该项无形资产开发并使其能够使用或出售的可能性。

（3）无形资产产生经济利益的方式，包括能够证明运用该无形资产生产的产品存在市场或无形资产自身存在市场；无形资产将在内部使用的，应当证明其有用性，能够证明所生产的产品存在市场或市场上存在对该类无形资产的需求，或在企业内部使用时对企业的有用性，说明无形资产形成后，能够带来未来经济利益的流入。

（4）有足够的技术、财务资源和其他资源支持，以完成该无形资产的开发，并有能力使用或出售该无形资产。这一条件只要包括：完成该项无形资产开发具有技术上的可靠性；财务资源和其他资源足以支持完成该项无形资产的开发；能够证明企业在开发过程中所需的技术、财务和其他资源的相关计划；有能力使用或出售该无形资产以取得收益。

（5）归属于该无形资产开发阶段的支出能够可靠地计量，企业对于开发活动发生的支出应单独核算；企业所发生的支出同时从事多项研究开发活动的，应按照一定的标准在各项研究开发活动之间进行分配，无法明确分配的，应予费用化计入当期损益，不计入开发活动的成本。

（三）内部开发的无形资产的成本构成

内部开发活动形成的无形资产成本，由可直接归属于该资产的创造、生产并使该资产能够以管理层预定的方式运作的所有必要支出组成。可直接归属的成本包括：开发该无形资产时耗费的材料、劳务成本、注册费，在开发该无形资产过程中使用的其他专利权和特许权的摊销以及按照借款费用处理原则可资本化的利息支出，以及为使该无形资产达到预定用途前所发生的其他费用。在开发无形资产过程中发生的除上述可直接归属于无形资产开发活动的其他销售费用、管理费用等间接费用、无形资产达到预定用途前发生的可辨认的无效和初始运作损失、为运行该无形资产发生的培训支出等，不构成无形资产的开发成本。值得强调的是，对于同一项无形资产在开发过程中达到资本化条件之前，已经费用化计入损益的支出不再进行调整。

（四）内部研究开发费用的账务处理

企业研究阶段的支出全部费用化，计入当期损益（管理费用）；开发阶段的支出符合条件的资本化，确认为无形资产，不符合资本化条件的计入当期损益（管理费用），如果确实无法区分研究阶段的支出和开发阶段的支出，应将其所产生的研发支出全部费用化，计入当期损益。

企业自行开发无形资产发生的研发支出的账务处理如下：

借：研发支出—费用化支出（不满足资本化条件的开发阶段支出）

研发支出—资本化支出（满足资本化条件的开发阶段的支出）

贷：原材料/银行存款/应付职工薪酬等

企业研究开发项目达到预定用途形成无形资产的账务处理如下：

借：无形资产

贷：研发支出—资本化支出（“研发支出—资本化支出”明细账户的余额）

期末，将“研发支出—费用化支出”明细账户归集的金额计入当期损益的账务处理如下：

借：管理费用

贷：研发支出—费用化支出（“研发支出—费用化支出”明细账户的余额）

此外，企业购买正在进行中的研究开发项目的账务处理如下：

借：研发支出—资本化支出（确定的金额）

贷：银行存款等

七、土地使用权的处理

企业取得的土地使用权，通常应当按照取得时所支付价款和相关税费确认为无形资产。土地使用权用于自行开发建造厂房等地上建筑物时，土地使用权的账面价值不与地上建筑物合并计算其成本，而仍作为无形资产，土地使用权与地上建筑物分别进行摊销和提取折旧。但下列情况除外：

（1）房地产开发企业取得的土地使用权用于建造对外出售的房屋建筑物，相关的土地使用权应当计入所建造的房屋建筑物成本。

（2）企业外购的房屋建筑物，实际支付的价款中包括土地以及建筑物的价值，应对支付的价款按照合理的方法（例如，公允价值）在土地和地上建筑物之间进行分配，如确实无法在地上建筑物与土地使用权之间进行合理分配的，应当全部作为固定资产核算。

企业改变土地使用权的用途，将其用于出租或作为增值目的时，应将其转为投资性房地产。此外，其他方式增加的无形资产，如接受捐赠的无形资产、企业合并中取得的无形资产分别按照有关规定进行核算。

第三节

无形资产的后续计量及处置

一、无形资产的后续计量

（一）使用寿命有限的无形资产后续计量

对于使用寿命有限的无形资产，企业应当在其预计的使用寿命内，采用合理的方法对应摊销金额进行摊销。应摊销金额，是指无形资产的成本扣除残值后的金额，已计提减值准备的无形资产还应扣除无形资产减值准备。

使用寿命有限的无形资产，其残值一般应当视为零。对于使用寿命有限的无形资产其摊销的起始和停止日期为：当月增加的无形资产，当月开始摊销；当月减少的无形资产，当月不再摊销。

无形资产摊销方法包括直线法、产量法等。企业选择的无形资产的摊销方法，应当能够反映与该项无形资产有关的经济利益的预期实现方式，并一致的运用于不同的会计期间。例如，受技术陈旧因素影响较大的专利权和专有技术等无形资产，可采用类似固定资产加速折旧的方法摊销。无法可靠确定其预期实现方式的，应当采用直线法摊销。

企业应当按月对无形资产进行摊销，无形资产的摊销一般应当计入当期损益，企业自用的无形资产，其摊销金额计入管理费用；出租的无形资产，其摊销金额计入其他业务成本；某项无形资产包含的经济利益通过所生产的产品或其他资产实现的，其摊销金额应当计入相关资产成本。例如，某项专门用于生产过程中的专利技术，其摊销费用构成生产产品成本的一部分，计入制造该产品的制造费用。

对于无形资产的使用寿命，源自合同性权利或其他法定权利取得的无形资产，其使用寿命不应超过合同性权利或其他法定权利的期限。如我国法律规定发明专利权有效期为20年，商标权的有效期为10年。如果合同性权利或其他法定权利能够在到期时因续约等延续，当有证据表明企业续约不需要付出重大成本时，续约期才能够包括在使用寿命的估计中。没有明确的合同或法律规定的无形资产，企业应当综合各方面情况，如聘请专家进行论证或与同行业的情况进行比较以及企业的历史经验等，来确定无形资产为企业带来经济利益的期限，如果经过这些努力确实无法合理确定无形资产为企业带来经济利益，再将其作为使用寿命不确定的无形资产。

企业应当至少于每年年度终了，对使用寿命有限的无形资产的使用寿命及摊销方法进行复核。如果有证据表明无形资产的使用寿命及摊销方法不同于以前的估计，如由于合同的续约或无形资产应用条件的改善，延长了无形资产的使用寿命，对于使用寿命有限的无形资产就应当改变摊销年限和摊销方法；同时，如果无形资产计提了减值准备，则减值准备金额要从应摊销金额中扣除，以后每年的摊销金额要重新调整计算。

为了核算无形资产的摊销额，企业应当设置“累计摊销”科目和账户。该账户属于“无形资产”的调整科目，核算企业对使用寿命有限的无形资产计提的累计摊销，贷方登记企业计提的无形资产摊销，借方登记处置无形资产转出的累计摊销，期末贷方余额，反映企业无形资产的累计摊销额。

【例6-2】续【例6-1】W施工企业从Y公司购买的专有技术，协议约定此项专有技术的价款为200万元，并支付增值税额12万元、其他相关税费34万元。款项已通过银行转账支付。此项技术预计使用年限5年。

W施工企业每月摊销的账务处理如下：

借：管理费用	39 000
贷：累计摊销	39 000

（二）使用寿命不确定的无形资产后续计量

对于使用寿命不确定的无形资产，在持有期限内不需进行摊销，但应当在每个会计期间对其进行减值测试，如果经测试表明其已发生减值，即无形资产可收回金额低于其账面价值，则应计提减值准备，借记“资产减值损失”，贷记“无形资产减值准备”。无形资产减值损失一经确认，在以后会计期间不得转回。

二、无形资产的处置

无形资产的处置，主要是指无形资产出售、对外出租、对外捐赠或者是无法为企业带来未来经济利益时，应予终止确认并转销。

（一）无形资产出售的处理

企业出售无形资产，表明企业放弃无形资产的所有权，应按照持有待售非流动资产、处置组的相关规定处理。即应当将取得价款与该无形资产账面价值（成本减去累计摊销和计提减值准备）差额作为资产处置利得或损失（资产处置损益），计入当期损益。但是，企业出售无形资产确认其利得的时点，应按照收入确认中的有关原则进行确定。

出售无形资产时，应按照实际收到的金额，借记“银行存款”等科目，按已计提的累计摊销，借记“累计摊销”科目，已计提减值准备的借记“无形资产减值准备”科目，按应支付的相关税费，贷记“应交税费—应交增值税（销项税额）”等科目，按其账面原值，贷记“无形资产”科目，按其差额，贷记或借记“资产处置损益”科目。（无形资产使用权的转让现属于增值税的纳税范围，“营改增”试点纳税人提供专利技术和非专利技术使用权的转让在符合法律规定的条件下可以给予免税，其他无形资产使用权如商誉等的转让要按6%的税率进行纳税。）

（二）无形资产出租的处理

企业将无形资产使用权让渡给他人收取的租金收入，属于与企业日常活动相关的其他经营活动取得收入，应确认相关收入和成本，通过其他业务收入和其他业务成本核算。企业取得租金收入时，借“银行存款”等科目、贷“其他业务收入”“应交税费—应交增值税（销项税额）”等科目，摊销出租无形资产的成本及发生相关费用时，借“其他业务成本”科目、贷“累计摊销”等科目。

（三）无形资产报废的处理

如果无形资产预期不能为企业带来未来经济利益，则不再符合无形资产的定义，应将其予以报废。无形资产报废时，应将其账面价值转作当期损益。转销时，应按照已计提的累计摊销，借记“累计摊销”科目，按其账面余额贷记“无形资产”科目；按其差额借记“营业外支出”科目，如已计提减值准备的还需同时结转减值准备。

第七章

投资性房地产

第一节

投资性房地产的特征与范围

一、投资性房地产的概念

投资性房地产是指为赚取租金或资本增值，或者两者兼有而持有的房地产。房地产通常是土地和房屋及其权属的总称。在我国，土地归国家或集体所有，企业取得土地使用权。因此，房地产中的土地是指土地使用权，房屋是指土地上的房屋等建筑物及构筑物。在市场经济条件下，房地产市场日益活跃，企业持有的房地产除了用作自身管理、生产经营活动场所和对外销售之外，出现了将房地产用于赚取租金或增值收益，甚至这种业务成为了个别企业的主营业务。用于出租或增值的房地产就是投资性房地产。主要包括已出租的土地使用权、持有并准备增值后转让的土地使用权和已出租的建筑物。投资性房地产应当能够单独计量和出售。

投资性房地产的主要形式是出租建筑物、出租土地使用权，这实质上属于一种让渡资产使用权行为。房地产租金就是让渡资产使用权取得的使用费收入，是企业为完成其经营目标所从事的经营性活动以及与之相关的其他活动形成的经济利益总流入。投资性房地产的另一种形式是持有并准备增值后转让的土地使用权，这类土地使用权很可能给企业带来资本增值收益，是企业为完成其经营目标所从事的经营性活动以及与之相关的其他活动形成的经济利益总流入。在我国，持有并准备增值后转让的土地使用权这种情况较少。

二、投资性房地产的范围

投资性房地产的范围限定为已出租的土地使用权、持有并准备增值后转让的土地使用权、已出租的建筑物。

（一）已出租的土地使用权

已出租的土地使用权，是指企业通过出让或转让方式取得的、以经营租赁方式出租的土地使用权。企业取得的土地使用权通常包括在一级市场上以交纳土地出让金的方式取得的土地使用权，也包括在二级市场上接受其他单位转让的土地使用权。对于企业以经营租赁方式租入土地使用权再转租给其他单位的，不能确认为投资性房地产。

（二）持有并准备增值后转让的土地使用权

持有并准备增值后转让的土地使用权，是指企业取得的、准备增值后转让的土地使用权，土地使用权很可能给企业带来资本增值收益，符合投资性房地产的定义。按照国家规定认定的闲置土地，不属于持有并准备增值后转让的土地使用权，也就不属于投资性房地产。

（三）已出租的建筑物

已出租的建筑物，是指企业拥有产权的、以经营租赁方式出租的建筑物，包括自行建造或开发活动完成后用于出租的建筑物以及正在建造或开发过程中将来用于出租的建筑物。企业在判断和确认已出租的建筑物时，应当把握以下要点：

（1）用于出租的建筑物是指企业拥有产权的建筑物，企业以经营租赁方式租入再转租的建筑物不属于投资性房地产。例如，甲企业与乙企业签订了一项经营租赁合同，乙企业将其持有产权的一栋办公楼出租给甲企业，为期5年。甲企业一开始将该办公楼装修后用于自行经营餐馆。2年后，由于连续亏损，甲企业将餐馆转租给丙公司，以赚取租金差价。这种情况下，对于甲企业而言，该栋楼不属于其投资性房地产。对于乙企业而言，则属于其投资性房地产。

（2）已出租的建筑物是企业已经与其他方签订了租赁协议，约定以经营租赁方式出租的建筑物。一般应自租赁协议规定的租赁期开始日起，经营租出的建筑物才属于已出租的建筑物。通常情况下，对企业持有以备经营出租的空置建筑物或在建建筑物，如董事会或类似机构作出书面决议，明确表明将其用于经营租出且持有意图短期内不再发生变化的，即使尚未签订租赁协议，也应视为投资性房地产。这里的空置建筑物，是指企业新购入、自行建造或开发完成但尚未使用的建筑物，以及不再用于日常生产经营活动且经整理后达到可经营出租状态的建筑物。但是自用房地产、作为存货的房地产不属于投资性房地产。

（3）企业将建筑物出租，按租赁协议向承租人提供的相关辅助服务在整个协议中不重大的，应当将该建筑物确认为投资性房地产。如企业将其办公楼出租，同时向承租人提供维护、保安等日常辅助服务，则企业应将其确认为投资性房地产。

三、不属于投资性房地产的项目

（一）自用房地产

自用房地产是指为生产商品、提供劳务或者经营管理而持有的房地产，如企业生产自用的厂房和办公楼属于固定资产，企业生产经营用的土地使用权属于无形资产。自用房的特征在于服务于企业自身的生产经营，其价值会随着房地产的使用而逐渐转移到企业产品或服务中去，通过销售商品或提供服务为企业带来经济利益。

（二）作为存货的房地产

作为存货的房地产通常是指房地产开发企业在正常经营过程中销售的或为销售而正在开发的商品房和土地。这部分房地产属于房地产开发企业的存货，不属于投资性房地产。实务中，存在某项房地产部分自用或作为存货出售、部分用于赚取租金或资本增值情形。如某项投资性房地产不同用途的部分能够单独计量和出售的，应当分别确认为固定资产（或无形资产、存货）和投资性房地产。

例如某开发商建造了一栋商住两用楼盘，一层出租给一家大型超市，已签订联营租赁合同，其余楼层均为普通住宅，正在公开销售中。这种情况下如果一层商用房能够单独计量和出售，应当确认为该企业的投资性房地产，其余楼层为该企业的存货即开发产品。

第二节

投资性房地产的确认和初始计量

一、投资性房地产的确认标准

投资性房地产是指为赚取租金或资本增值，或两者兼有而持有的房地产，包括已出租的土地使用权、长期持有并准备增值后转让的土地使用权和企业拥有并已出租的建筑物等。

投资性房地产同时满足下列条件的，才能予以确认：

（1）与该投资性房地产有关的经济利益很可能流入企业；

（2）该投资性房地产的成本能够可靠地计量。

对已出租的土地使用权、已出租的建筑物，其作为投资性房地产的确认时点一般为租赁开始日，即土地使用权、建筑物进入出租状态、开始赚取租金的日期。

二、投资性房地产的初始计量

企业取得的投资性房地产，应当按照取得时的成本进行初始计量，取得的方式不同，则取得时的成本计量也不同。现分别介绍几种取得方式的成本计量。

（一）外购的投资性房地产

在采用成本模式计量下，外购的土地使用权和建筑物，按照取得时的实际成本，包括购买价款、相关税费和可直接归属于该资产的其他支出进行初始计量，借记“投资性房地产”“应交税费—应交增值税（进项税额）”“应交税费—待抵扣进项税额”等科目，贷记“银行存款”等科目。企业购入的房地产，部分用于出租（或资本增值）、部分自用或作为存货，用于出租（或资本增值）的部分应予以单独确认的，应按照不同部分的公允价值占公允价值总额的比例将成本在不同部分之间进行分配；对于不能单独计量和出售的用于出租（或资本增值）的部分，不确认为投资性房地产。

在采用公允价值模式计量下，外购的投资性房地产应当按照取得时的实际成本进行初始计量，其实际成本的确定与采用成本模式计量的投资性房地产一致。企业应当在“投资性房地产”科目下设置“成本”和“公允价值变动”两个明细科目，按照外购的土地使用权和建筑物发生的实际成本，记入“投资性房地产—成本”科目。

企业购入房地产，自用一段时间之后再改为出租或用于资本增值的，应当先将外购的房地产确认为固定资产或无形资产，自租赁期开始日或用于资本增值之日开始，才能从固定资产或无形资产转换为投资性房地产。

（二）自行建造的投资性房地产

自行建造投资性房地产，其成本由建造该项资产达到预定可使用状态前所发生的必要支出构成，包括土地成本、建造成本、应予以资本化的借款费用以及支付和分摊的间接费用等。建造过程中发生的非正常性损失，直接计入当期损益，不计入建造成本。按照建造过程发生的成本，借记“投资性房地产”“应交税费—应交增值税（进项税额）”等科目，贷记“银行存款”等科目。

企业自行建造房地产达到预定可使用状态后一段时间对外出租或用于资本增值，应先将自行建造房地产确认为固定资产或无形资产，自租赁期开始日或用于资本增值之日开始，从固定资产或无形资产转换为投资性房地产。

三、投资性房地产的后续支出

（一）资本化的后续支出

与投资性房地产有关的后续支出，满足投资性房地产确认条件的应当计入投资性房地产成本。例如，企业为了提高投资性房地产的使用效能，往往需要对投资性房地产进行改建、扩建而使其更加坚固耐用，或者通过装修而改善其室内装潢，改扩建或装修支出满足确认条件的，应当将其资本化。企业对某项投资性房地产进行改扩建等再开发且将来仍作为投资性房地产的，在再开发期间应继续将其作为投资性房地产，再开发期间不计提折旧或摊销。

（二）费用化的后续支出

与投资性房地产有关的后续支出，不满足投资性房地产确认条件的应当在发生时计入当期损益。例如，企业对投资性房地产进行日常维护发生一些支出。企业在发生投资性房地产费用化的后续支出时，借记“其他业务成本”“应交税费—应交增值税（进项税额）”等科目，贷记“银行存款”等科目。

第三节

投资性房地产的后续计量

一、投资性房地产的后续计量

投资性房地产的后续计量可以选择成本模式或公允价值模式，但同一企业只能采用一种模式对其所有投资性房地产进行后续计量。

（一）采用成本模式进行后续计量的投资性房地产

采用成本模式进行后续计量的投资性房地产，应当按照固定资产或无形资产的有关规定，按期（月）计提折旧或摊销，借记“其他业务成本”等科目，贷记“投资性房地产累计折旧（摊销）”科目。取得的租金收入，借记“银行存款”等科目，贷记“其他业务收入”、“应交税费—应交增值税（销项税额）”等科目。

投资性房地产存在减值迹象的，经减值测试后确定发生减值的，应当计提减值准备，借记“资产减值损失”科目，贷记“投资性房地产减值准备”科目。已经计提减值准备的投资性房地产的价值又得以恢复，不得转回。

投资性房地产的后续支出是指投资性房地产在持有期间发生的与其使用效能直接相关的各种支出，如改建扩建支出、装潢装修支出等。投资性房地产的后续支出满足资本化确认条件的，应将其资本化，计入投资性房地产成本；不满足资本化条件的，应在发生时计入当期损益。

企业将投资性房地产转换为自用房地产时，应将该项投资性房地产在转换日的账面余额、投资性房地产累计折旧（摊销）、减值准备等，分别转入“固定资产”“累计折旧”“固定资产减值准备”等科目。

（二）采用公允价值模式进行后续计量的投资性房地产

企业有确凿证据表明其投资性房地产的公允价值能够持续可靠取得的，可以对投资性房地产采用公允价值模式进行后续计量。投资性房地产采用公允价值模式进行后续计量的，不计提折旧或摊销，企业应当以资产负债表日的公允价值为基础，调整其账面价值。资产负债表日，投资性房地产的公允价值高于其账面余额的差额，借记“投资性房地产—公允价值变动”科目，贷记“公允价值变动损益”科目；公允价值低于其账面余额的差额作相反的账务处理。取得的租金收入，借记“银行存款”科目，贷记“其他业务收入”“应交税费—应交增值税（销项税额）”等科目。

采用公允价值模式计量投资性房地产，应当同时满足以下两个条件：（1）投资性房地产所在地有活跃的房地产交易市场；（2）企业能够从房地产交易市场上取得同类或类似房地产的市场价格及其他相关信息，从而对投资性房地产的公允价值做出科学合理的估计。这两个条件必须同时具备，缺一不可。

二、投资性房地产后续计量模式的变更

为保证会计信息质量的可比性，企业对投资性房地产的计量模式一经确定，不得随意变更。只有在房地产市场比较成熟、能够满足采用公允价值模式条件的情况下，才允许企业对投资性房地产从成本模式计量变更为公允价值模式计量。

成本模式转为公允价值模式的，应当作为会计政策变更处理，并按计量模式变更时公允价值与账面价值的差额调整期初留存收益。已采用公允价值计量模式计量的投资性房地产，不得从公允价值模式转为成本模式。

第四节

投资性房地产的转换和处置

一、投资性房地产的转换

（一）投资性房地产的转换形式和转换日

投资性房地产的转换，实质上是因房地产的用途发生改变而对房地产进行的重新分类。企业有确凿证据表明房地产用途发生改变时，应当将投资性房地产转换为其他资产或者将其他资产转换为投资性房地产。这里的确凿证据包括两个方面：一是企业董事会或类似机构应当就改变房地产用途形成正式的书面决议；二是房地产因用途改变而发生实际状态上的改变，如从自用状态改为出租状态。房地产转换形式主要包括：

（1）投资性房地产开始自用，相应地由投资性房地产转为固定资产或无形资产。例如企业将出租办公楼收回，改为企业自己的办公场所。

（2）作为存货的房地产，改为出租，通常指房地产开发企业将其持有的开发产品以经营租赁的方式出租，相应地由存货转换为投资性房地产。

（3）自用土地使用权停止自用，用于赚取租金或资本增值，相应地由无形资产转换为投资性房地产。

（4）自用建筑物停止自用，改为出租。

（5）房地产企业将用于经营出租的房地产重新开发用于对外销售，从投资性房地产转为存货。

在投资性房地产的转换中，一个重要问题是转换日的确定。转换日是指房地产的用途发生改变、状态相应发生改变的日期。转换日的确定标准为：①投资性房地产开始自用，转换日是指房地产达到自用状态，企业开始将房地产用于生产商品、提供劳务或经营管理的日期。②投资性房地产转换为存货，转换日为租赁期满、企业董事会或类似机构作出书面决议明确表明将其开发用于对外销售的日期。③作为存货的房地产改为出租，或自用土地使用权、自用建筑物停止自用改为出租，转换日通常为租赁开始日。

（二）投资性房地产转换为非投资性房地产

1. 采用成本模式计量的投资性房地产转为自用房地产

企业将投资性房地产转换为自用房地产，应当按该项投资性房地产在转换日的账面余额、累计折旧或摊销、减值准备等，分别转入“固定资产”“累计折旧”“固定资产减值准备”等科目；按投资性房地产的账面余额，借记“固定资产”或“无形资产”科目，贷记“投资性房地产”科目；按已计提的折旧或摊销，借记“投资性房地产累计折旧（摊销）”，贷记“累计折旧”或“累计摊销”科目，原已计提的减值准备，借记“投资性房地产减值准备”科目，贷记“固定资产减值准备”或“无形资产减值准备”。

2. 采用公允价值模式计量的投资性房地产转换为自用房地产

在公允价值计量模式下，投资性房地产转换为自用房地产时，投资性房地产转换的自用房地产应按照转换当日的公允价值计量，公允价值与投资性房地产原账面价值差额，计入当期损益（公允价值变动损益）。转换日，应按其公允价值，借记“固定资产”或“无形资产”科目，按其账面余额贷记“投资性房地产—成本”科目，按其累计公允价值变动，贷记或借记“投资性房地产—公允价值变动”科目，按其差额，贷记或借记“公允价值变动损益”科目。

3. 采用成本模式计量的投资性房地产转换为存货

企业将投资性房地产转换为存货时，借记“开发产品”、按已计提的折旧或摊销借记“投资性房地产累计折旧（摊销）”、原已计提的减值准备，借记“投资性房地产减值准备”科目，按其账面余额贷记“投资性房地产”科目。

4. 采用公允价值模式计量的投资性房地产转换为存货

企业将投资性房地产转换为存货时，按该项投资性房地产的公允价值，借记“开发产品”科目、按该项投资性房地产的累计公允价值变动，贷记或借记“投资性房地产—公允价值变动”科目，按其差额，贷记或借记“公允价值变动损益”科目。

（三）非投资性房地产转换为投资性房地产

1. 非投资性房地产转换为采用成本模式计量的投资性房地产

（1）作为存货的非投资性房地产转换为投资性房地产，转换日通常为房地产的租赁开始日。企业将作为存货的房地产转换为采用成本模式计量的投资性房地产，应当按该项存货在转换日的账面价值，借记“投资性房地产”科目，原已计提跌价准备的，借记“存货跌价准备”科目，按其账面余额，贷记“开发产品”等科目。

（2）自用房地产转换为投资性房地产。企业将原用于日常生产商品、提供劳务或者经营管理的房地产改用于出租，应于租赁开始日按照固定资产或无形资产的账面价值，将固定资产或无形资产转换为投资性房地产。将转换日的原价、累计折旧、减值准备等分别转入“投资性房地产”“投资性房地产累计折旧（摊销）”“投资性房地产减值准备”科目，按其账面余额，借记“投资性房地产”科目、贷记“固定资产”或“无形资产”科目，按已计提的折旧或摊销借记“累计折旧”或“累计摊销”科目，贷记“投资性房地产累计折旧（摊销）”科目，原已计提减值准备的，借记“固定资产减值准备”或“无形资产减值准备”科目，贷记“投资性房地产减值准备”科目。

2. 非投资性房地产转换为采用公允价值模式计量的投资性房地产

（1）作为存货的非投资性房地产转换为投资性房地产，转换日通常为房地产的租赁开始日。企业将作为存货的房地产转换为采用公允价值模式计量的投资性房地产，应当按该项存货在转换日的公允价值，借记“投资性房地产—成本”科目，原已计提跌价准备的，借记“存货跌价准备”科目，按其账面余额，贷记“开发产品”等科目。公允价值小于账面价值的，按其差额借记“公允价值变动损益科目”；公允价值大于账面价值的，按其差额贷记“其他综合收益”科目。当该项投资性房地产处置时，因转换计入其他综合收益的部分应转入当期损益。

（2）自用房地产转换为投资性房地产。应于租赁开始日按照固定资产或无形资产的账面价值，将固定资产或无形资产转换为投资性房地产。应当按该项自用房地产在转换日的公允价值，借记“投资性房地产—成本”科目，按已计提的折旧或摊销借记“累计折旧”或“累计摊销”科目，原已计提减值准备的，借记“固定资产减值准备”或“无形资产减值准备”科目；按其账面余额，贷记“固定资产”或“无形资产”科目。同时转换日的公允价值小于账面价值的，按其差额借记“公允价值变动损益”科目；公允价值大于账面价值的，按其差额贷记“其他综合收益”科目。当该项投资性房地产处置时，因转换计入其他综合收益的部分应转入当期损益。

二、投资性房地产的处置

当投资性房地产被处置，或者永久退出使用且预计不能从处置中取得经济利益时，应当终止确认该项投资性房地产。

（一）采用成本模式计量的投资性房地产的处置

企业处置采用成本模式计量的投资性房地产时，应按实际收到的出售款借记“银行存款”科目，贷记“其他业务收入”“应交税费—应交增值税（销项税额）”或“应交税费—简易计税”科目。按该项投资性房地产的账面价值，借记“其他业务成本”科目，按该项投资性房地产的累计折旧或累计摊销，借记“投资性房地产累计折旧（摊销）”科目，按投资性房地产的账面余额，贷记“投资性房地产”科目原已计提减值准备的，借记“投资性房地产减值准备”科目。

【例7—1】甲建筑公司将其出租的一栋写字楼确认为投资性房地产，采用成本模式计量。租赁期届满后，甲建筑公司将该栋写字楼出售给乙公司，含税合同价款为31 500万元（甲公司对该笔交易可按简易征收率5%计征增值税，本题不考虑附加税），乙公司已用银行存款付清。出售时，该栋写字楼的成本为28 000万元，已计提折旧3 000万元。甲建筑公司的账务处理如下：

借：银行存款	315 000 000
贷：其他业务收入	300 000 000
应交税费—简易计税	15 000 000
借：其他业务成本	250 000 000
投资性房地产累计折旧（摊销）	30 000 000
贷：投资性房地产—写字楼	280 000 000

（二）采用公允价值模式计量的投资性房地产的处置

企业处置采用公允价值模式计量的投资性房地产时，应按实际收到的出售款借记“银行存款”科目，贷记“其他业务收入”“应交税费—应交增值税（销项税额）”或“应交税费—简易计税”科目。同时，按该项投资性房地产的账面余额，借记“其他业务成本”科目，按其成本贷记“投资性房地产—成本”科目，按其累积公允价值变动借记或贷记“投资性房地产—公允价值变动”科目。同时，结转投资性房地产累计公允价值变动，若存在原转换日计入其他综合收益的金额，也一并结转。

【例7—2】甲建筑公司与乙企业签订了租赁协议，将其原先自用的一栋写字楼出租给乙企业使用，租赁期开始日为2016年5月15日。2016年5月15日，该写字楼的账面余额50 000万元，已累计折旧5 000万元，公允价值为47 000万元。2016年12月31日，该项投资性房地产的公允价值为48 000万元。2017年6月租赁期届满，企业收回该项投资性房地产，并以含税价57 750万元出售（甲建筑公司对该笔交易按简易征收率5%计征增值税），出售款项已收讫。假设甲建筑公司采用公允价值模式计量，不考虑除增值税外其他相关税费。

甲建筑公司的账务处理如下：

①2015年5月15日，自用房地产转换为投资性房地产：

借：投资性房地产—成本	470 000 000

累计折旧	50 000 000
贷：固定资产	500 000 000
其他综合收益	20 000 000

②2015年12月31日，公允价值变动：

借：投资性房地产—公允价值变动	10 000 000
贷：公允价值变动损益	10 000 000

③2016年6月，收回并出售投资性房地产：

借：银行存款	577 500 000
贷：其他业务收入	550 000 000
应交税费—简易计税	27 500 000
借：其他业务成本	450 000 000
公允价值变动损益	10 000 000
其他综合收益	20 000 000
贷：投资性房地产—成本	470 000 000
—公允价值变动	10 000 000

第八章

负　债

第一节

负债概述

一、负债的含义及特征

负债是指企业过去的交易或者事项形成的现时义务，履行该义务会导致经济利益流出企业。负债具有以下特征：

（1）负债是企业承担的现时义务；

（2）负债的清偿将导致企业未来经济利益流出；

（3）负债是由企业过去的交易或者事项形成的。

二、负债的分类

负债按其流动性，可以分为流动负债和非流动负债。

（一）流动负债

流动负债是指将在1年或超过1年的一个营业周期内偿还的债务。主要包括短期借款、应付票据、应付账款、预收账款、应付职工薪酬、应交税费、应付利息、应付股利、其他应付款以及1年以内到期的长期负债等。

（二）非流动负债

非流动负债是指偿还期在1年或超过1年的经营周期以上的债务。它是除了投资人投入的资本金以外，企业向债权人筹集可供企业长期使用的资金。主要包括长期借款、应付债券、长期应付款等。

第二节

流动负债

流动负债大多由于企业的经营活动而产生，流动负债具有以下两个特点：（1）偿还期限短，即到期日或偿还期限在1年或超过1年的一个营业周期内；（2）到期时必须以流动资产、提供劳务或以新的流动负债进行偿还。

一、短期借款

短期借款是指企业向银行或其他金融机构借入的，偿还期限在1年以内（含1年）的各种借款。企业取得短期借款主要是为了满足日常生产经营的需要。企业应设置“短期借款”科目来核算短期借款，该科目贷方登记取得借款的本金数额、借方登记偿还借款的本金数额，期末余额在贷方，表示尚未偿还的短期借款本金部分。其所发生的应付利息不在本账户核算；因短期借款而发生的利息支出，作为期间费用记入“财务费用”科目，在借款受益期内计入当期损益。短期借款利息如果是按季结算或是到期还本付息的，可将每月应负担的利息费用按月预提计入当期费用，借记“财务费用”科目，贷记“应付利息”科目；实际支付利息时，根据已经确认的利息，借记“应付利息”科目，根据应付利息总额，贷记“银行存款”科目，两者之间的差额借记“财务费用”科目。企业短期借款到期偿还本金时，按短期借款的本金借记“短期借款”科目，贷记“银行存款”科目。

【例8-1】甲施工公司于2016年1月1日向银行借入一笔生产经营用短期借款，共计500 000元，期限为5个月，年利率为6%。根据与银行签署的借款协议，该项借款的本金到期后一次归还，利息按季支付。甲施工公司按月预提利息，有关会计处理如下：

（1）1月1日借入短期借款时：

借：银行存款	500 000
贷：短期借款	500 000

（2）1月31日，确认当月利息：

本月应确认的利息费用＝500 000×6%÷12＝2 500（元）

借：财务费用	2 500
贷：应付利息	2 500

确认2月份利息费用的会计处理与1月份相同。

（3）3月份月末支付第一季度银行借款利息时：

借：财务费用　2 500

　　应付利息　5 000

　　贷：银行存款　7 500

4月份和5月份利息费用的会计处理同1月份。

（4）6月1日，借款到期，偿还短期借款本金和4、5月份的利息：

借：短期借款　500 000

　　应付利息　5 000

　　贷：银行存款　505 000

二、应付票据

应付票据是由出票人出票，委托付款人在指定日期无条件支付确定的金额给收款人或者持票人的票据。应付票据按是否带息分为带息票据和不带息票据两种。

企业应设置“应付票据”科目，核算应付票据的发生、偿付等情况。该科目贷方登记开出、承兑汇票的面值，借方登记支付票据的金额，余额在贷方，表示企业尚未到期的商业汇票的票面金额，本科目可按债权人进行明细核算。商业汇票到期时，如果是不带息商业汇票，按照票面金额借记“应付票据”科目，贷记“银行存款”科目；如果是带息的商业汇票还应支付相应的利息，借记“应付票据”和“财务费用”科目，贷记“银行存款”科目。商业汇票到期时，如果企业无法支付商业汇票的款项，应分别进行如下处理：如果是商业承兑汇票，则将应付金额转入应付账款，借记“应付票据”科目（和“财务费用”科目），贷记“应付账款”科目；如果是银行承兑汇票，则将应付银行的金额视同短期借款。借记“应付票据”科目（和“财务费用”科目），贷记“短期借款”科目。

【例8-2】甲公司为增值税一般纳税人，该公司于2019年1月8日开出一张面值为116 000元、期限为5个月的不带息商业承兑汇票，用以采购一批材料。增值税专用发票上注明的材料价款为100 000元，增值税税额为16 000元。该公司编制有关会计分录如下：

借：材料采购　100 000

　　应交税费—应交增值税（进项税额）　16 000

　　贷：应付票据　116 000

【例8-3】承【例8-2】，假设上例中的商业汇票为银行承兑汇票，甲公司需交纳承兑手续费50元。该企业的有关会计分录如下：

借：财务费用	50
贷：银行存款	50

【例8-4】承【例8-2】2019年6月8日，甲公司于1月8日开出的商业汇票到期，甲公司通知其开户银行以银行存款支付票款。该公司有关会计分录如下：

借：应付票据	116 000
贷：银行存款	116 000

【例8-5】承【例8-2】，假设上述商业承兑汇票到期时甲公司无力支付票款，该公司有关会计分录如下：

借：应付票据	116 000
贷：应付账款	116 000

【例8-6】承【例8-2】，假设上述商业汇票为银行承兑汇票，该汇票到期时甲公司无力支付票款，该公司有关会计分录如下：

借：应付票据	116 000
贷：短期借款	116 000

三、应付账款

应付账款是指企业因购买材料、商品或接受劳务等发生的债务。企业应设置"应付账款"科目，核算应付账款的发生、偿还、转销等情况。该科目贷方登记发生的应付账款，借方登记转销的应付账款，余额一般在贷方，本科目一般应按照债权人设置明细科目进行明细核算。应付账款入账时间的确定，应以与所购买的物资的所有权有关的风险和报酬已经转移或劳务已经接受为标志。企业材料、商品等验收入库，但货款尚未支付，根据有关凭证（发票账单、随同发票上记载的实际价款或暂估价值），借记"材料采购""在途物资"等科目，按可抵扣的增值税额，借记"应交税费—应交增值税（进项税额）"科目，按应付的价款，贷记"应付账款"科目。企业接受供应单位提供劳务而发生的应付未付款项，根据供应单位的发票账单，借记"工程施工""管理费用"等科目，按可抵扣的增值税额，借记"应交税费—应交增值税（进项税额）"科目，贷记"应付账款"科目。应付账款附有现金折扣的，应按照扣除现金折扣前的应付款总额入账。企业偿还应付账款或开出商业汇票抵付应付货款时，借记"应付账款"科目，贷记

"银行存款""应付票据"等科目。因在折扣期限内付款而获得的现金折扣，还应该在偿付应付账款时冲减财务费用。企业确实无法支付的应付账款（如因债权人撤销等原因而产生无法支付的应付账款），应予以转销，按其账面余额计入营业外收入，借记"应付账款"科目，贷记"营业外收入"科目。

【例8-7】2018年8月6日，甲公司从丙材料供应商购买一批材料。收到的增值税专用发票上注明货款50 000元，增值税进项税额8 000元，应由甲公司负担的运杂费为1 000元，增值税进项税额为100元。材料已经收到，款项尚未支付。甲公司编制会计分录如下：

借：原材料	51 000
应交税费—应交增值税（进项税额）	8 100
贷：应付账款—甲公司	59 100

【例8-8】甲公司于2018年9月1日，从乙公司购入一批材料并已验收入库。增值税专用发票上列明，该批材料价款为10 000元，增值税税款为1 600元。按照购货协议的规定乙公司给出的现金折扣条件为"2 / 10，1 / 20，W/30"（假定计算现金折扣时不需要考虑增值税）。甲公司编制有关会计分录如下：

借：原材料	10 000
应交税费—应交增值税（进项税额）	1 600
贷：应付账款—乙公司	11 600

【例8-9】根据供电部门通知，甲公司本月应支付电费35 100元（含税）。其中工程部门电费32 760元，企业行政管理部门电费2 340元，款项尚未支付。甲公司编制的有关会计分录如下：

借：工程施工—间接工程费	28 000
管理费用	2 000
应交税费—应交增值税（进项税额）	4 800
贷：应付账款—供电部门	34 800

【例8-10】承【例8-8】，甲公司于2018年9月18日，用银行存款付清了所欠乙公司货款。该公司编制有关会计分录如下：

借：应付账款—乙公司	11 600
贷：银行存款	11 500
财务费用	100

本例中，甲公司在9月18日付清所欠乙公司的货款，按照购货协议可以获得

1%的现金折扣：

甲公司获得的现金折扣＝10 000×1%＝100（元）

实际支付的贷款＝11 600－100＝11 500（元）

四、预收账款

预收账款是指企业按照合同规定向购货单位预收的款项。与应付账款不同，预收账款所形成的负债不是以货币偿付，而是提供劳务或货物等。

企业应设置“预收账款”科目，该科目属于负债类，核算预收账款的取得、偿付等情况。该科目贷方登记产生预收账款的数额和购货单位补付账款的数额，借方登记企业向购买方提供劳务或货物后实际应结算的数额和退回购买方多付的数额，余额一般在贷方，反映企业向买货单位预收但尚未提供劳务或货物的金额，如为借方余额，反映企业提供劳务或销售商品应收回的款项，在期末编制资产负债表时应并入应收账款项目进行列报。企业应当按照购货单位设置明细科目进行明细核算。

企业收到委托或购货单位支付的预付款项时，应借记“银行存款”科目，贷记“预收账款”科目。销售实现时，按实现的收入和应交的增值税销项税额，借记“预收账款”科目，按照实现的营业收入，贷记“主营业务收入”科目和“应交税费—应交增值税（销项税额）”科目。企业收到购货单位补付的款项，借记“银行存款”科目，贷记“预收账款”科目；向购货单位退回其多付的款项时，借记“预收账款”科目，贷记“银行存款”科目。

如果企业的预收账款业务不多，也可不设“预收账款”科目，直接通过“应收账款”科目来核算。

建筑施工企业提供建筑服务取得预收款，应在收到预收款时，以取得的预收款扣除支付的分包款后的余额，按照规定的预征率预缴增值税。收到委托支付的预付款项时，应借记“银行存款”科目，贷记“预收账款”“应交税费—应交增值税（预交税费）”科目。

【例8-11】甲公司为增值税一般纳税人，2018年6月5日，甲公司与A企业签订工程施工合同，合同总额20 000 000元。根据合同规定，A企业在合同签订30日内，应当向甲公司预付工程款1 000 000元。2016年6月25日，甲公司收到A企业交来的预付款1 000 000元并存入银行，6月30日甲公司将分包工程款600 000元支付给H土方公司。甲公司的有关会计处理如下。

（1）6月25日收到甲企业交来的预付款1000 000元：

借：银行存款　　　　1 000 000

贷：预收账款—A企业　　1 000 000

（2）6月30日甲公司支付H公司分包工程款：

借：预付账款—H企业　　600 000

贷：银行存款　　600 000

（3）7月初甲公司计算并预交的增值税款：

（1 000 000−600 000）÷（1+10%）×2%=7 272.73

借：应交税费—应交增值税（预交增值税）　　7 272.73

贷：银行存款　　7 272.73

五、应付职工薪酬

（一）应付职工薪酬的内容

应付职工薪酬是指企业为获得职工提供的服务而应付给职工的各种形式的报酬及其他相关支出。

1．职工的范围

职工薪酬中所指的职工是广义的职工概念，其具体范围包括以下人员：

（1）与企业订立正式劳动合同的所有人员，含全职、兼职和临时职工。

（2）未与企业订立正式劳动合同，但由企业正式任命的人员，如股份有限公司的董事和监事等。

（3）在企业的计划和控制下，虽未与企业订立劳动合同或未由其正式任命，但为其提供与职工类似服务的人员，也纳入职工范畴，如劳务用工合同人员。

2．职工薪酬的内容

职工薪酬包括职工工资、奖金、津贴和补贴，职工福利费、医疗保险费、养老保险费、失业保险费、工伤保险费和生育保险费等社会保险费，住房公积金、工会经费和职工教育费，非货币性福利，因解除与职工的劳动关系给予的补偿（亦称辞退福利），其他与获得职工提供的服务相关支出。

（二）科目设置

企业应当设置"应付职工薪酬"科目，核算应付职工薪酬的提取、结算、使用等情况。该科目贷方登记已分配计入有关成本费用项目的职工薪酬的数额，借方登记实际发放职工薪酬的数额；该科目期末为贷方余额，反映企业应付未付的职工薪酬。"应付职工薪酬"科目应当按照"工资""职工福利费""社会保险费"（不含养老保险和失业保险，二者计入离职后福利）"住房公积金""工会经费""职工教育经费""非货币性福利""离职后福利""辞退福利""其他长期职工福利”等应付职工薪酬项目设置明细科目，进行明细核算。

（三）应付职工薪酬的会计处理

企业的职工薪酬可以分为两大类：货币性职工薪酬和非货币性职工薪酬。

1. 货币性职工薪酬

货币性职工薪酬包括企业以货币形式支付给职工或为职工支付的各种工资、职工福利、社会保险（不含养老保险和失业保险，二者计入离职后福利）、住房公积金、工会经费及职工教育经费等。

（1）货币性职工薪酬的确认

企业应当在职工为其提供服务的会计期间，根据职工提供服务的受益对象，将应确认的职工薪酬计入相关资产成本或当期损益，同时确认为应付职工薪酬。具体分别按以下情况进行处理：

生产、工程部门人员的职工薪酬，借记“生产成本”“工程施工”“劳务成本”等科目；管理部门人员的职工薪酬，借记“管理费用”科目；销售人员的职工薪酬，借记“销售费用”科目；在建工程人员负担的职工薪酬，借记“在建工程”科目；为无形资产开发提供服务的职工薪酬，符合资本化条件的，借记“研发支出”科目；贷记“应付职工薪酬”科目。

【例8-12】甲公司2016年6月应付工资总额400 000元，工资费用分配汇总表中列示的劳务人员工资为320 000元，施工管理人员工资为50 000元，公司行政管理人员工资为30 000元。相关会计分录如下：

借：劳务成本	320 000
工程施工—人工费	50 000
管理费用	30 000
贷：应付职工薪酬—工资	400 000

（2）货币性职工薪酬的支付。

企业在实际支付货币性职工薪酬时，应按照实际支付职工薪酬金额。借记“应付职工薪酬—工资”等科目，贷记“银行存款”“库存现金”等科目；企业从应付职工薪酬中扣除的各种款项（社会保险费用、住房公积金、个人所得税等），借记“应付职工薪酬”科目，贷记“其他应付款”“应交税费　应交个人所得税”等科目。

【例8-13】甲公司根据工资结算汇总表结算本月应付职工工资总额400 000元，代扣社会保险费用40 000元，代扣住房公积金38 000元，代扣个人所得税

10 250元，实发工资381 250元。相关会计分录如下：

借：应付职工薪酬—工资　400 000

　贷：其他应付款—代扣社保　40 000

　　其他应付款—代扣住房公积金　38 000

　　应交税金—个人所得税　10 250

　　银行存款　311 750

【例8-14】2016年6月，甲公司以现金支付职工王某生活困难补助1 000元。相关会计分录如下：

借：应付职工薪酬—职工福利费　1 000

　贷：库存现金　1 000

【例8-15】2016年6月，甲公司支付10 000元补贴给工地食堂。相关会计分录如下：

借：应付职工薪酬—职工福利费　10 000

　贷：库存现金　10 000

企业为职工缴纳的养老保险、医疗保险、失业保险、工伤保险、生育保险和住房公积金，以及按规定提取的工会经费和职工教育经费，根据规定的计提基数和计提比例计算确定相应的职工薪酬金额，按照受益对象，借记“生产成本”“工程施工”“劳务成本”“管理费用”等科目；同时确认为相关负债，贷记“应付职工薪酬—工会经费（或职工教育经费、社会保险费、住房公积金）”等科目。

2. 非货币性职工薪酬

（1）非货币性职工薪酬的确认

企业的非货币性职工薪酬有各种各样的形式，企业以其自产产品作为非货币性福利发放给职工的，应当根据受益对象，按照该产品的公允价值及相关税费，计入相关资产成本或当期损益，同时确认应付职工薪酬，借记“管理费用”“生产成本”“工程施工”“劳务费用”等科目，贷记“应付职工薪酬—非货币性福利”科目。将企业拥有的房屋等资产无偿提供给职工使用的，应当根据受益对象，将住房每期应计提的折旧计入相关资产成本或当期损益，同时确认应付职工薪酬，借记“管理费用”“生产成本”“工程施工”“劳务费用”等科目，贷记“应付职工薪酬—非货币性福利”科目。租赁住房等资产供职工无偿使用的，应当根据受益对象将每期应付租金及相关税费计入相关资产成本或当期损益，并确认应付职工薪酬，借记“管理费用”“生产成本”“工程施工”“劳务费用”等科目，贷记“应付职工薪酬—非货币性福利”科目。难以认定受益对象的非货币性福利，直接计入当期损益，借记“管理费用”科目，贷记“应付职工薪酬—非货币性福利”科目。

【例8-16】甲公司为总部各部门经理以上职工提供汽车免费使用，甲公司总部共有部门经理以上职工20名，每人提供一辆汽车免费使用，假定每辆汽车每月计提折旧1 000元。

应确认的应付职工薪酬；20×1 000=20 000（元）

根据受益对象，确认的应付职工薪酬应当计入管理费用，甲公司有关会计处理如下：

借：管理费用　　20 000

　　贷：应付职工薪酬—非货币性福利　　20 000

（2）非货币性应付职工薪酬的发放。

企业以自产产品作为职工薪酬发放给职工时，应视同销售，确认主营业务收入，借记“应付职工薪酬—非货币性福利”科目，贷记“主营业务收入”和“应交税费—应交增值税（销项税额）”科目，同时结转相关成本。企业支付租赁住房等资产供职工无偿使用所发生的租金及相关税费，借记“应付职工薪酬—非货币性福利”科目，贷记“银行存款”等科目。企业将其拥有的汽车等资产无偿提供给职工使用的，借记“应付职工薪酬—非货币性福利”科目，贷记“累计折旧”科目。

【例8-17】承例【例8-16】，甲公司为总部各部门经理以上职工提供汽车免费使用，应编制如下会计分录：

借：应付职工薪酬—非货币性福利　　20 000

　　贷：累计折旧　　20 000

3. 离职后福利的确认与计量

离职后福利，指企业为获得职工提供的服务而在职工退休或与企业解除劳动关系以后提供的各种形式的报酬与福利。短期薪酬和辞退福利除外，离职后福利包括养老保险费和失业保险费等。

（1）设定提存计划

企业在其员工能够正常为企业服务的期间根据设定提存计划计算应缴存金额确认为负债，计入当期损益或相关成本。根据设定提存计划，预期不能在职工为企业服务的年度报告期结束后12个月内支付完的，应参照新准则的折现率，将所有应缴存金额折现为折现后的金额计入应付职工薪酬。其会计处理为：

借：生产成本、制造费用、管理费用、销售费用、在建工程等

贷：应付职工薪酬—离职后福利—设定提存计划（养老保险费）

应付职工薪酬—离职后福利—设定提存计划（失业保险费）

（2）设定受益计划

企业担心在将来离退休后没有资金支付此部分离职后的福利，现在拿出一块资产作为设定受益计划资产。企业将设定受益计划产生的福利义务归属于职工为企业服务的期间。并计入当期损益或相关资产成本。会计处理为：

借：管理费用或生产成本等

贷：应付职工薪酬—离职后福利—设定受益计划

4. 辞退福利的确认与计量

辞退福利指企业在劳动合同到期前解除与职工之间的劳动关系，或鼓励职工自愿接受裁减而给职工的补偿。

在新准则中规定了企业辞退员工后的辞退福利的计算方法。企业需要比较的是：不能单方面撤回因解除劳动关系计划或裁减建议所提供的辞退福利的日期、企业确认与关系到支付辞退福利的重组相关联的成本费用日期，然后按照二者之中较早日期来确定辞退福利，计入当期损益。计入后在年度报告期结束后12个月以后不能支付完整的，应将符合设定提存计划条件的，按照关于设定提存计划的相关规定处理，除此外都按照设定受益计划的相关规定处理。会计处理为：

借：管理费用

贷：应付职工薪酬—辞退福利

5. 其他长期职工福利的确认与计量

其他长期应付职工福利是指除前面所提及的短期薪酬、离职后福利、辞退福利以外的与职工薪酬相关的福利，包括长期带薪缺勤、长期残疾福利、长期利润分享计划等。

企业向其员工提供其他长期职工福利时，符合设定提存计划条件的，先按照新准则中有关设定提存计划的相关规定予以处理。此外，按照新准则中关于设定受益计划的相关规定予以处理。总之，企业在发生与职工薪酬相关的义务时，应根据新准则的有关要求，将义务按类别分为短期薪酬、离职后福利、辞退福利和其他长期职工福利等，并根据新准则对每种薪酬的会计处理方法对其进行合理的核算。

六、应交税费

应交税费是指企业按照规定应向国家缴纳的各种税费，主要包括增值税、消费税、城市维护建设税、教育费附加、地方教育费附加、资源税、企业所得税、土地增值税、房产税、土地使用税、车船税、印花税、个人所得税等。

企业应设置“应交税费”账户，总括反映各种税费的交纳情况，并在该账户下按照税种，分别设置“应交增值税”“应交消费税”“应交资源税”“应交企业所得税”“应交城市维护建设税”“应交教育费附加”“应交地方教育附加”“应交土地增值税”“应交房产税”“应交土地使用税”“应交车船税”“应交个人所得税”等若干明细账户。该科目贷方登记应交纳的各种税费，借方登记实际交纳的税费；期末余额一般在贷方，反映企业尚未交纳的税费，期末余额如在借方，反映企业多交或尚未抵扣的税费。值得注意的是，企业并不是所有的税都通过“应交税费”科目核算，如企业交纳的印花税、耕地占用税等直接交纳的税，不通过“应交税费”核算，直接借记“税金及附加”，贷记“银行存款”等相关科目。

（一）应交增值税

增值税是以商品（含货物、加工修理修配劳务、服务、无形资产或不动产，以下统称商品）在流转过程中产生的增值额为计税依据而征收的一种流转税。自2016年5月1日全行业实行营改增后，建筑业和房地产业适用11%的税率，自2018年5月1日起适用10%的税率；金融业和服务业适用6%的税率。企业购入固定资产、无形资产所支付的增值税从销项税额中扣除，不再计入相关资产成本。

1. 一般纳税人增值税的会计处理

增值税一般纳税人应在“应交税费”科目下设置“应交增值税”“未交增值税”“预交增值税”“待抵扣进项税额”“待认证进项税额”“待转销项税额”“增值税留抵税额”“简易计税”“转让金融商品应交增值税”“代扣代交增值税”等明细科目。

（1）增值税一般纳税人应在“应交增值税”明细账内设置“进项税额”“销项税额抵减”“已交税金”“转出未交增值税”“减免税款”“出口抵减内销产品应纳税额”“销项税额”“出口退税”“进项税额转出”“转出多交增值税”等专栏。其中：

①“进项税额”专栏，记录一般纳税人购进商品、加工修理修配劳务、服务、无形资产或不动产而支付或负担的、准予从销项税额中抵扣的增值税额；

②“销项税额抵减”专栏，记录一般纳税人按照现行增值税制度规定因扣减销售额而减少的销项税额；

③“已交税金”专栏，记录一般纳税人已交纳的当月应交增值税额；

④“转出未交增值税”和“转出多交增值税”专栏，分别记录一般纳税人月度终了转出当月应交未交或多交的增值税额；

⑤“减免税款”专栏，记录一般纳税人按现行增值税制度规定准予减免的增值税额；

⑥“出口抵减内销产品应纳税额”专栏，记录实行“免、抵、退”办法的一般纳税人按规定计算的出口货物的进项税抵减内销产品的应纳税额；

⑦“销项税额”专栏，记录一般纳税人销售商品、加工修理修配劳务、服务、无形资产或不动产应收取的增值税额；

⑧“出口退税”专栏，记录一般纳税人出口产品按规定退回的增值税额；

⑨“进项税额转出”专栏，记录一般纳税人购进商品、加工修理修配劳务、服务、无形资产或不动产等发生非正常损失以及其他原因而不应从销项税额中抵扣，按规定转出的进项税额。

（2）“未交增值税”明细科目，核算一般纳税人月度终了从“应交增值税”或“预交增值税”明细科目转入当月应交未交、多交或预缴的增值税额，以及当月交纳以前期间未交的增值税额。

（3）“预交增值税”明细科目，核算一般纳税人转让不动产、提供不动产经营租赁服务、提供建筑服务、采用预收款方式销售自行开发的房地产项目等，按现行增值税制度规定应预缴的增值税额。

按照现行规定（财税〔2017〕58号）应在建筑服务发生地预缴增值税的项目，纳税人收到预收款时在建筑服务发生地预缴增值税。按照现行规定无需在建筑服务发生地预缴增值税的项目，纳税人收到预收款时在机构所在地预缴增值税。

适用一般计税方法计税的项目预征率为2%，适用简易计税方法计税的项目预征率为3%。

预缴公式：应预缴税款=（预收款-支付的分包款）÷（1+税率10%）×预征率，可扣除支付的分包款，无论一般计税还是简易计税在预缴时都可扣除，一般计税预征率2%，简易计税预征率3%。

（4）“待抵扣进项税额”明细科目，核算一般纳税人已取得增值税扣税凭证并经认证，按照现行增值税制度规定准予以后期间从销项税额中抵扣的进项税额。包括：一般纳税人自2016年5月1日后取得并按固定资产核算的不动产或者2016年5月1日后取得的不动产在建工程，按现行增值税制度规定准予以后期间从销项税额中抵扣的进项税额；实行纳税辅导期管理的一般纳税人取得的尚未交叉稽核比对的增值税扣税凭证上注明或计算的进项税额。

（5）“待认证进项税额”明细科目，核算一般纳税人由于未取得增值税扣税凭证或未经税务机关认证而不得从当期销项税额中抵扣的进项税额。包括：一般纳税人已取得增值税扣税凭证、按照现行增值税制度规定准予从销项税额中抵扣，但尚未经税务机关认证的进项税额；一般纳税人取得货物等已入账，但由于尚未收到相关增值税扣税凭证而不得从当期销项税额中抵扣的进项税额。

（6）“待转销项税额”明细科目，核算一般纳税人销售货物、加工修理修配劳务、服务、无形资产或不动产，已确认相关收入（或利得）但尚未发生增值税纳税义务而需于以后期间确认为销项税额的增值税额。

（7）“增值税留抵税额”明细科目，核算兼有销售服务、无形资产或者不动产的原增值税一般纳税人，截止到纳入营改增试点之日前的增值税期末留抵税额按照现行增值税制度规定不得从销售服务、无形资产或不动产的销项税额中抵扣的增值税留抵税额。

（8）“简易计税”明细科目，核算一般纳税人采用简易计税方法发生的增值税计提、扣减、预缴、缴纳等业务。

（9）“转让金融商品应交增值税”明细科目，核算增值税纳税人转让金融商品发生的增值税额。

（10）“代扣代交增值税”明细科目，核算纳税人购进在境内未设经营机构的境外单位或个人在境内的应税行为代扣代缴的增值税。

小规模纳税人只需在“应交税费”科目下设置“应交增值税”明细科目，不需要设置上述专栏及除“转让金融商品应交增值税”“代扣代交增值税”外的明细科目。

一般纳税人“应交增值税”科目下相关明细科目会计处理：

（1）进项税额

企业从国内采购物资或接受应税劳务等，根据增值税专用发票上注明的应计入采购成本或应计入加工、修理修配等物资成本的金额，借记“材料采购”“在途物资”“原材料”“库存商品”或“生产成本”“制造费用”“委托加工物资”“管理费用”等科目，根据增值税专用发票上注明的可抵扣的增值税税额，借记“应交税费—应交增值税（进项税额）”科目，按照应付或实际支付的总额，贷记“应付账款”“应付票据”“银行存款”等科目。

从国外采购货物时可以根据海关开具的关税完税凭证上注明的增值税额核算进项税。

按照《中华人民共和国增值税暂行条例》（以下简称《增值税暂行条例》），企业购入免征增值税货物，一般不能够抵扣增值税销项税额。但是对于购入的免税农产品，可以按照买价和规定的扣除率13%计算进项税额，并准予从企业的销项税额中抵扣。

企业购入免税农产品，按照买价和规定的扣除率计算进项税额，借记“应交税费—应交增值税（进项税额）”科目，按买价扣除进项税额后的差额，借记“材料采购”“原材料”“库存商品”等科目，按照应付或实际支付的价款，贷记“应付账款”“银行存款”等科目。

企业在购销货物支付运费时，如果取得运输部门开具的增值税专用发票，对发票上列明的进项税额也可以抵扣。

【例8-18】甲公司于2018年6月购入钢材一批，增值税专用发票上注明货款200 000元、增值税32 000元，支付运费2 200元，增值税专用发票上注明的运费

2 000元、增值税200元。货物尚未到达，款项已用银行存款支付。该企业采用实际成本对原材料进行核算。

进项税额=32 000 +200=32 200（元）

原材料成本＝200 000+2 000＝202 000（元）

甲公司编制有关会计分录如下：

借：原材料	202 000
应交税费—应交增值税（进项税额）	32 200
贷：银行存款	234 200

（2）进项税额转出

一般纳税人在购进货物时如果不能直接认定其进项税能否抵扣，支付的进项税可以先计入进项税予以抵扣，待购进的货物发生非常损失或改变用途（如非应税项目、集体福利或个人消费等），或用该货物生产的在产品、产成品发生非常损失时，借记“待处理财产损溢”“应付职工薪酬”等科目，贷记“应交税费—应交增值税（进项税额转出）”科目。

《国家税务总局关于发布〈不动产进项税额分期抵扣暂行办法〉的公告》（国家税务总局公告2016年第15号）中第二条规定，增值税一般纳税人2016年5月1日后取得并在会计制度上按固定资产核算的不动产，以及2016年5月1日后发生的不动产在建工程，其进项税额应按照本办法有关规定分2年从销项税额中抵扣，第一年抵扣比例为60%，第二年抵扣比例为40%。

【例8-19】甲公司因管理不善库存材料毁损一部分，其实际成本为60 000元，经确认损失外购材料应负担的增值税为9 600元。有关会计分录如下：

借：待处理财产损溢—待处理流动资产损溢	69 600
贷：库存商品	60 000
应交税费—应交增值税（进项税额转出）	9 600

【例8-20】甲公司于2018年9月购入写字楼中央空调设备系统，该设备系统价款243.6万元，其中增值税额33.6万元，已用银行存款支付。甲公司编制的会计分录如下：

借：固定资产	2 100 000
应交税费—应交增值税（进项税额）	201 600
应交税费—待抵扣进项税额	134 400
贷：银行存款	2 436 000

第二年允许抵扣剩余的增值税时：

借：应交税费—应交增值税（进项税额）　　134 400
　　贷：应交税费—待抵扣进项税额　　134 400

【例8-21】继【例8-18】甲公司将购进的材料用于本公司库房的建设，甲公司应做如下会计分录：

领用材料时：

借：在建工程　　202 000
　　贷：原材料　　202 000

同时结转第二年允许抵扣的40%部分增值税额：

借：应交税费—待抵扣进项税额　　12 928
　　贷：应交税费—应交增值税（进项税额）　　12 928

第二年允许抵扣剩余的增值税时：

借：应交税费—应交增值税（进项税额）　　12 928
　　贷：应交税费—待抵扣进项税额　　12 928

（3）销项税额

企业销售货物或者提供应税劳务，按照营业收入和应收取的增值税税额，借记“应收账款”“应收票据”“银行存款”等科目，按专用发票上注明的增值税税额，贷记“应交税费—应交增值税（销项税额）”科目，按照实现的营业收入，贷记“主营业务收入”“其他业务收入”等科目。发生的销售退回，作相反的会计分录。

【例8-22】甲公司根据工程进度，于2018年6月与某房地产开发公司结算工程施工款550万元，其中含增值税款50万元，房地产公司用支票支付了200万元工程款项，其余款项以后支付，甲公司已把相关发票提供给对方。甲公司应编制会计分录如下：

借：应收账款　　3 500 000
　　银行存款　　2 000 000
　　贷：主营业务收入　　5 000 000
　　　　应交税费—应交增值税（销项税额）　　500 000

（4）视同销售行为

企业将自产或委托加工的货物用于非应税项目、集体福利或个人消费，将自产、委托加工或购买的货物作为投资、分配给股东或投资者、无偿赠送他人等行为，应视同对外销售处理，计算应交增值税。在这些情况下，企业应当借记“管理费用”“应付职工薪酬”“长期股权投资”“应付股利”“营业外支出”等科目，贷记“应交税费—应交增值税（销项税额）”科目等。

（5）上缴增值税和期末结转

企业在向税务部门实际缴纳本期应交增值税时，按照实际缴纳的金额，借记“应交税费—应交增值税（已交税金）”科目，贷记“银行存款”科目。企业向税务部门缴纳上期应交增值税时，借记“应交税费—未交增值税”科目，贷记“银行存款”等科目。期末，应将本期欠交或多交的增值税转到“应交税费—未交增值税”科目。具体来说，对于企业期末应交未交的增值税，应借记“应交税费—应交增值税（转出未交增值税）”科目，贷记“应交税费—未交增值税”科目；对于企业期末多交的增值税，应借记“应交税费—未交增值税”科目，贷记“应交税费—应交增值税（转出多交增值税）”科目。“应交税费—未交增值税”科目余额如果在贷方，代表企业尚未缴纳的增值税；余额如果在借方，代表企业本期多交的增值税。“应交税费—应交增值税”如果有借方余额，表示本期尚未抵扣完毕留到下期继续抵扣的进项税额。

【例8−23】2018年6月30日，甲公司“应交税费—应交增值税”科目期初无余额。本月发生的增值税进项税额为520 000元，发生的销项税额为550 000元，发生的进项税额转出为10 000元，本月已交增值税15 000元。

本月应交增值税＝550 000−520 000+10 000=40 000（元）

因为本月已交增值税15 000元，所以公司还有25 000尚未缴纳，需要结转到下期继续缴纳。编制会计分录如下：

借：应交税费—应交增值税（转出未交增值税）　　25 000

　　贷：应交税费—未交增值税　　25 000

下月该公司在规定的纳税期限内上缴税金25 000元，编制会计分录如下：

借：应交税费—未交增值税　　25 000

　　贷：银行存款　　25 000

2. 小规模纳税人增值税的会计处理

小规模纳税人增值税采用简化征收的办法，涉及的增值税会计处理与一般纳税人不相同。小规模纳税人应当按照不含税销售额和规定的增值税征收率计算交纳增值税。

小规模纳税人不享有进项税额的抵扣权，其购进货物或接受应税劳务支付的增值税直接计入有关货物或劳务的成本。因此，小规模纳税人只需在“应交税费”科目下设置“应交增值税”“转让金融商品应交增值税”“代扣代交增值税”等明细科目，不需要在“应交增值税”明细科目中设置专栏。“应交税费—应交增值税”科目贷方登记应交纳的增值税，借方登记已交纳的增值税；期末贷方余额为尚未交纳的增值税。

小规模纳税人购进货物和接受应税劳务时支付的增值税，直接计入有关货物和劳务的成本，借记“原材料”“在建工程”等科目，贷记“银行存款”“应付账款”等科目。小规模纳税人销售货物或提供劳务时，采用销售额和应纳税额合并定价方法，销售额=含税销售额/（1+征收率），还原为不含税销售额，再根据适用税率计算增值税额，增值税额=不含税销售额×征收率。

【例8-24】某装饰公司为小规模纳税人，2018年7月公司购入材料一批，取得的专用发票中注明货款40 000元，增值税6 400元，款项以银行存款支付，材料已验收入库（该企业按实际成本计价核算）。该月公司取得收入50 000元，已给对方开具发票，款项尚未收到。该企业的有关会计分录如下：

购买原材料时：

借：原材料	46 400
贷：银行存款	46 400

开具发票取得收入时：

不含税销售额＝含税销售额÷（1+征收率）＝50 000÷（1+3%）＝48 543.69（元）

应纳增值税＝不含税销售额×征收率＝48 543.69×3%＝1 456.31（元）

借：应收账款	50 000
贷：主营业务收入	48 543.69
应交税费—应交增值税	1 456.31

2018年8月该公司缴纳增值税时：

借：应交税费—应交增值税	1 456.31
贷：银行存款	1 456.31

3. 增值税税控系统专用设备和技术维护费用抵减增值税额的会计处理

按现行增值税制度规定，企业初次购买增值税税控系统专用设备支付的费用以及缴纳的技术维护费允许在增值税应纳税额中全额抵减的，按规定抵减的增值税应纳税额，借记“应交税费—应交增值税（减免税款）”科目（小规模纳税人应借记“应交税费—应交增值税”科目），贷记“管理费用”等科目。

（二）应交消费税

消费税是指在我国境内生产、委托加工和进口应税消费品的单位和个人，按其流转额交纳的一种税。消费税的征收方法有从价定率、从量定额两种。采取从价定率方法征收的消费税，以不含增值税的销售额为税基，如果企业应税消费品的销售额中未扣除增值税税款，在计算消费税时，应将其换算为不含增值税的销售额“应税消费品的销售额=含增值税的销售额/（1+增值税税率）”。采取从量定额计征的消费税，根据按税法确定的企业应税消费品的数量和单位应税消费品应缴纳的消费税计算确定。企业应在“应交税费”科目下设置“应交消费税”明细科目，反映实际缴纳的消费税和待扣的消费税；该科目贷方登记应交纳的消费税，借方登记已交纳的消费税和待扣的消费税；期末贷方余额为尚未交纳的消费税，期末借方余额为多交或待扣的消费税。

1. 销售应税消费品

企业销售应税消费品应交的消费税，应借记“税金及附加”科目，贷“应交税费—应交消费税”科目。企业将应税消费品用于在建工程、非生产机构等时，按规定应交纳的消费税，借记“在建工程”等科目，贷记“应交税费—应交消费税”科目。

2. 委托加工应税消费品

委托加工物资应交消费税，一般应由受托方代收代交税款，受托方按照应交税款金额，借记“应收账款”“银行存款”等科目，贷记“应交税费—应交消费税”科目。

对于委托方，委托加工物资收回后，以不高于受托方的计税价格直接用于销售的，应将受托方代收代交的消费税计入委托加工物资的成本，借记“委托加工物资”等科目，贷记“应付账款”“银行存款”等科目；委托加工物资收回后，以高于受托方的计税价格直接用于销售的，需按照规定申报缴纳消费税，在计税时准予扣除受托方已代收代缴的消费税；委托加工物资收回后用于连续生产应税消费品的，按规定委托加工环节支付的消费税可以用于抵扣，按已由受托方代收代交的消费税，借记“应交税费—应交消费税”科目，贷记“应付账款”“银行存款”等科目。

3. 进口应税消费品

企业进口应税物资在进口环节应交的消费税，计入该项物资的成本，借记“材料采购”“固定资产”等科目，贷记“银行存款”等科目。

（三）其他应交税费

其他应交税费是指除上述应交税费以外的其他税费，包括应交资源税、应交城市维护建设税、应交教育费附加、应交地方教育附加、应交土地增值税、应交所得税、应交房产税、应交土地使用税、应交车船税、应交个人所得税等。企业应当在“应交税费”科目下设置相应的明细科目进行核算。贷方登记应交纳的有关税费，借方登记已交纳的有关税费，期末贷方余额表示尚未交纳的有关税费。

1. 应交资源税

资源税是对在我国境内开采矿产品或者生产盐的单位和个人征收的税。我国绝大多数矿产品实行从价计征。对外销售应税产品应交纳的资源税在“应交税费”科目下，设“应交资源税”明细科目核算，借记“税金及附加”科目，贷记“应交税费—应交资源税”科目。

2. 应交城市维护建设税

城市维护建设税是以根据纳税义务人实际缴纳的增值税、消费税为计税依据征收的一种税。其纳税人为交纳增值税、消费税的单位和个人，税率设置三档比例税率：

（1）纳税人所在地为市区的，税率为7%；

（2）纳税人所在地为县城、镇的，税率为5%；

（3）纳税人所在地不在市区、县城或镇的，税率为1%。

其计算公式为：

应纳税额=（应交增值税+应交消费税）×适用税率

企业应交的城市维护建设税，借记“税金及附加”等科目，贷记“应交税费—应交城市维护建设税”科目，其贷方反映按规定应交纳的城市建设维护税，借方反映实际已交纳的城市建设维护税；余额在贷方，表示企业应交未交的城市建设维护税。

3. 应交教育费附加及地方教育附加

教育费附加及地方教育附加是为了发展教育事业而向企业征收的附加费用，企业按应交流转税的一定比例计算交纳。企业应交的教育费附加，借记“税金及附加”科目，贷记“应交税费—应交教育费附加及地方教育附加”科目。

4. 应交土地增值税

土地增值税是对有偿转让土地使用权及地上建筑物和其他附着物，取得增值收入的单位和个人征收的一种税。土地增值税按照转让房地产所取得的增值额和规定的税率征收。增值额是指转让房地产所取得的收入减除规定扣除项目金额后的余额。

企业上交的土地增值税视情况记入不同科目：企业转让的土地使用权连同地上建筑物及其附着物一并在“固定资产”等科目核算的，转让时应交的土地增值税，借记“固定资产清理”科目，贷记“应交税费—应交土地增值税”科目；土地使用权在“无形资产”科目核算的，按实际收到的金额，借记“银行存款”科目，按应交的土地增值税，贷记“应交税费—应交土地增值税”科目，同时冲销土地使用权的账面价值，贷记“无形资产”科目，按其差额，借记“营业外支出”科目或贷记“营业外收入”科目。

5. 应交房产税、土地使用税、车船税、印花税

（1）房产税是国家对在城市、县城、建制镇和工矿区征收的由产权所有人交

纳的一种税。房产税的计税依据是房产的计税价值或房产的租金收入，房产计税价值是依照房产原值一次减除10%～30%后的余额计算交纳。没有房产原值为依据的，由房产所在地税务机关参考同类房产核定；房产出租的，以房产租金收入为房产税的计税依据。

按房产计税价值征收的，称为从价计征，其适用的税率1.2%；

按房产租金收入计征的，称为从租计征，其适用的税率为12%。

（2）土地使用税是国家为了合理利用城镇土地，调节土地级差收入，提高土地使用效益，加强土地管理而开征的一种税，以纳税人实际占用的土地面积为计税依据，依照规定税额计算征收；土地使用税的应纳税额根据实际占用的土地面积乘以该土地所在地段的适用税率计算。公式如下：

应纳税额=实际占用应税土地面积×适用税率

车船税由拥有车船的单位和个人交纳，车船税按照适用税额计算交纳；车船税是以车船的辆数或吨位数为计税标准。公式如下：

应纳税额=应纳车船辆数（或净载重吨位数）×单位税额

印花税是对书立、领受购销合同等凭证行为征收的税种。印花税实行由纳税人根据规定自行计算应交纳税额，购买并一次贴足印花税票的交纳方法，为简化贴花手续，纳税人可以采取以缴款书代替贴花或者按期汇总缴纳的办法。应纳印花税税额，根据应税凭证的性质，分别按比例税率或定额税率计算，公式如下：

应纳税额=凭证所载应税金额×适用税率

或　　=应税凭证件数×适用单位税额

企业应交的房产税、土地使用税、车船税、印花税，在“应交税费”账户下按各税种分别设置明细账户进行核算，借记“税金及附加”科目，贷记“应交税费—应交房产税（土地使用税、车船税及印花税等）”科目。

6. 企业所得税

企业的生产经营所得和其他所得，依照有关所得税法及其细则的规定需要交纳所得税。企业应交纳的所得税，在“应交税费”科目下设明细科目核算，借记“所得税费用”，贷记“应交税费—应交所得税”科目。

7. 应交个人所得税

企业按规定计算的代扣代交的职工个人所得税，借记“应付职工薪酬”科目，贷记“应交税费—应交个人所得税”科目；企业交纳个人所得税时，借记“应交税费—应交个人所得税”科目，贷记“银行存款”等科目。

七、应付利息

应付利息是指企业按照合同约定应支付的利息，包括分期付息到期还本的长期借款、企业债券等应支付的利息。企业应当设置“应付利息”科目，按照债权人设置明细科目进行明细核算，企业按合同约定的名义利率计算确定应付利息的金额，借记“财务费用”等科目，贷记“应付利息”科目；实际支付利息时，借记“应付利息”科目，贷记“银行存款”等科目。

八、应付股利

应付股利是指企业经股东大会或类似机构审议批准分配的现金股利或利润。企业应设置“应付股利”科目，核算企业确定或宣告支付但尚未实际支付的现金股利或利润。该科目贷方登记应支付的现金股利或利润，借方登记实际支付的现金股利或利润，期末贷方余额反映企业应付未付的现金股利或利润。该科目应按照投资者设置明细科目进行明细核算。

企业根据股东大会或类似机构审议批准的利润分配方案，确认应付给投资者的现金股利或利润时，借记“利润分配—应付现金股利或利润”科目，贷记“应付股利”科目；向投资者实际支付现金股利或利润时，借记“应付股利”科目，贷记“银行存款”等科目。

【例8-25】甲公司2016年度实现净利润，经过董事会批准，决定2016年度分配现金股利600 000元。该公司有关会计处理如下：

借：利润分配—应付现金股利　　600 000

　　贷：应付股利　　600 000

实际发放现金股利时：

借：应付股利　　600 000

　　贷：银行存款　　600 000

九、其他应付款

其他应付款是指企业除短期借款、应付票据、应付账款、预收账款、应付职工薪酬、应交税费、应付利息、应付股利等经营活动以外的其他各项应付、暂收的款项，如应付租入包装物租金、存入保证金等。

为了核算其他应付款，企业应设置“其他应付款”科目，核算其他应付款的增减变动及其结存情况，并按照其他应付款的项目和对方单位（或个人）设置明细科目进行明细核算。该科目贷方登记发生的各种应付、暂收款项，借方登记偿还或转销的各种应付、暂收款项；该科目期末贷方余额反映企业应付未付的其他应付款项。

企业发生其他各种应付、暂收款项时，借记“银行存款”“工程成本”“管理费用”等科目，贷记“其他应付款”科目；支付或退回其他各种应付、暂收款项时，借记“其他应付款”科目，贷记相关科目。

第三节

非流动负债

非流动负债是指偿还期在1年或超过1年的经营周期以上的债务。它是除了投资人投入的资本金以外，企业向债权人筹集可供企业长期使用的资金。主要包括长期借款、应付债券、长期应付款等。

一、长期借款

（一）长期借款的内容

长期借款是指企业向银行或其他金融机构借入的期限在1年以上（不含1年）的各种借款，一般用于固定资产的购建、改扩建工程、大修理工程、对外投资等方面。它是企业长期负债的重要组成部分。

由于长期借款的使用关系到企业的生产经营规模和效益，因此企业除了要遵守有关的贷款规定、编制借款计划并要有不同形式的担保外，还应监督借款的使用、按期支付长期借款的利息及按规定的期限归还借款本金等。

（二）长期借款的会计处理

为了核算企业的长期借款业务，企业应设置“长期借款”科目，核算长期借款的借入、应计利息及本息的归还等情况。该科目可按照贷款单位和贷款种类设置明细账，分别按“本金”“利息调整”“应计利息”等进行明细核算。该科目的贷方登记长期借款本息的增加额，借方登记本息的减少额，贷方余额表示企业尚未偿还的长期借款本息。

1. 取得长期借款

企业取得长期借款，形成负债，应按实际收到的金额，借记“银行存款”科目，贷记“长期借款—本金”科目，如果存在差额，还应借记“长期借款—利息调整”科目。

【例8-26】甲公司于2013年1月1日从银行借入资金6 000 000元，借款期限为3年、年利率为6%（每年年末付息，到期还本），所借款项已存入银行。甲公司的有关会计处理如下：

借：银行存款　　6 000 000

　　贷：长期借款—本金　　6 000 000

2. 确认利息费用

长期借款利息费用应当在资产负债表日按照实际利率法计算确定，长期借款利息费用可直接归属于符合资本化条件的资产的购建或者生产的，应当予以资本化，计入相关资产成本；其他借款费用，应当在发生时根据其发生额确认为费用，计入当期损益。符合资本化条件的资产，是指需要经过相当长时间的购建或者生产活动才能达到预定可使用或者可销售状态的固定资产、投资性房地产和存货等资产。符合资本化条件的部分借记“在建工程”“固定资产”等科目，不符合资本化条件的部分借记“财务费用”等科目，按照借款本金和合同利率计算确定的应支付的利息，贷记“应付利息”或“长期借款—应计利息”科目，实际利息和应付利息间的差额作为其调整额，贷记“长期借款—利息调整”科目。企业在付息日实际支付利息时，按照本期实际支付的利息金额，借记“应付利息”科目或“长期借款—应计利息”科目，贷记“银行存款”科目。借款费用资本化金额的确定，见图8–1。

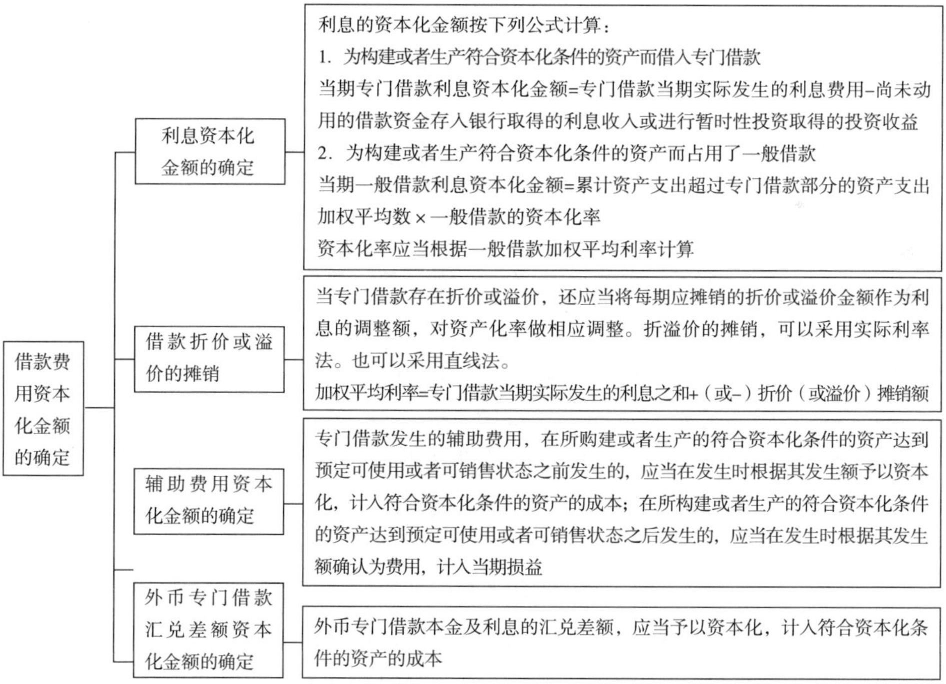

图8–1　借款费用资本化金额的确定

【例8–27】承例【8–26】，甲公司于2013年12月31日计提长期借款利息，假设利息费用均不符合资本化条件，牡丹公司编制有关会计分录如下：

借：财务费用	360 000
贷：应付利息	360 000

用银行存款偿还利息时：

借：应付利息　　360 000

　　贷：银行存款　　360 000

其他各年年末编制会计分录同上。

3. **长期借款到期**

企业归还长期借款时，按照归还的长期借款本金借记“长期借款—本金”科目，按实际归还的金额贷记“银行存款”科目，按借贷双方之间的差额借记“在建工程”“财务费用”等科目，表示最后一期尚未确认的利息费用。

【例8-28】承例【例8-27】，2015年年末，甲公司偿还该笔银行借款本息。编制有关会计分录如下：

借：财务费用　　360 000

　　长期借款—本金　　6 000 000

　　贷：银行存款　　6 360 000

本例中，最后一年的利息费用直接计入财务费用，不再单独计提。

二、应付债券

债券是企业为筹集长期资金而发行的约定于一定日期支付一定本金，及定期支付一定利息给持有人的一种书面凭证。企业发行债券国家有严格的规定，在债券票面上应载明几项债券要素内容，如企业名称、债券面值、票面金额、票面利率、到期日、还本付息方式等。发行债券是企业筹集长期资金的主要方式，构成企业的一项长期负债。企业发行的债券期限在1年以上的，属于企业的长期负债，在“应付债券”科目中核算；发行期限在1年或1年以内的债券，属于流动负债，作为流动负债处理。

企业发行的债券价格由于受同期限银行存款利率的影响，可能会采用不同的价格发行，由于票面利率和实际利率的不一致，导致企业债券的发行方式包括平价发行、溢价发行与折价发行三种：当债券票面利率等于实际利率时，债券按照票面金额发行（即平价发行）；当票面利率高于实际利率时，债券的发行价格高于票面金额（即溢价发行）；当票面利率低于实际利率时，债券的发行价格低于票面金额（即折价发行）。

企业应设置“应付债券”科目，并在该科目下设置“面值”“利息调整”“应计利息”等明细科目，核算应付债券发行、计提利息、还本付息等情况。该科目贷方登记确认的应付债券的本金和利息，借方登记归还的债券本金和利息，期末贷方余额表示企业尚未偿还的债券的本金和利息。

（一）债务发行时的会计处理

企业发行债券时，按实际收到的金额，借记“银行存款”科目，贷记“应付债券—面值”科目，中间的差额借记或贷记“应付债券—利息调整”科目。

【例8−29】甲公司于2012年1月1日发行5年期，面值为1 000万元票面利率为8%，每年12月31日付息一次，到期还本，假设债券发行时的实际利率为6.5%，则债券的发行价格为10 623 352万元，企业以银行存款支付债券发行费用1万元。会计分录如下：

（1）收到发行款项时：

借：银行存款	10 623 352
贷：应付债券—面值	10 000 000
—利息调整	623 352

（2）支付债券发行费用时

借：财务费用	10 000
贷：银行存款	10 000

（二）债券利息及折溢价的会计处理

企业发行的债券，每期应按债券票面价值和票面利率计算当期应计提的利息，并确认为当期费用。债券按面值发行，其各期应计提的利息与实际利息费用一致；溢价或折价发行的债券在各期计提利息时，其实际负担的利息费用，除支付的利息外，还应扣除溢价的摊销额或加上折价的摊销额，即通过溢、折价摊销额对债券存续期内的利息费用进行调整。债券溢价、折价的摊销方法，有直线法和实际利率法两种。

（1）直线法。直线法是将债券的溢价或折价总额平均分摊于债券存续各期的一种摊销方法。采用这种方法，每期摊销的溢价、折价额是相等的，则每期的利息费用也是固定不变的。公式如下：

每期溢价（折价）摊销额=溢价或折价总额／债券计息期次

每期利息费用=实际支付的利息+折价摊销额

或每期利息费用=实际支付的利息−溢价摊销额

（2）实际利率法。实际利率法以债券发行的实际利率，乘以每期期初债券的账面价值，计算出各期的利息费用，利息费用与实际支付的利息之差，即为各期的溢价、折价摊销额。公式如下：

溢价摊销额=实际支付的利息-当期利息费用

折价摊销额=当期利息费用-实际支付的利息

其中，当期利息费用=债券该期期初账面价值×市场利率。

直线法计算较为简便，我国的会计实务中一般采用直线法摊销溢折价。企业发行债券后，应编制“债券溢价、折价摊销表”，据以进行每期的溢折价摊销。企业采用直线法或实际利率法计算出当期的应计利息和溢价、折价摊销额后，应在“应付债券—利息调整”和“应付债券—应计利息”或“应付利息”账户进行核算，同时将每期的利息费用计入相关的成本和费用账户，借记“在建工程”“制造费用”“财务费用”等科目。

企业应按应付债券的摊余成本和实际利率计算确定债券利息费用，借记“在建工程”“制造费用”“财务费用”等科目，按债券面值和票面利率计算确定应付未付利息，贷记“应付利息”科目，按其差额，借记或贷记“应付债券—利息调整”科目。对于一次还本付息的债券，应于资产负债表日按摊余成本和实际利率计算确定的债券利息费用，借记“在建工程”“制造费用”“财务费用”等科目，按票面利率计算确定的应付未付利息，贷记“应付债券—应计利息”科目，按其差额，借记或贷记“应付债券—利息调整”科目。

【例8-30】以【例8-29】资料为例，该债券筹措的资金全部用于大型设备的购建，利息费用符合资本化条件。甲公司根据上述资料，采用实际利率法和摊余成本计算确定各年年末的利息费用，如表8-1所示。

实际利息费用计算表（单位：元）　　表8-1

日期	应付利息	利息费用	利息调整摊销	尚未摊销的利息调整	摊余成本
2012年1月1日				623 352.00	10 623 352.00
2012年12月31日	800 000.00	690 517.88	109 482.12	513 869.88	10 513 869.88
2013年12月31日	800 000.00	683 401.54	116 598.46	397 271.42	10 397 271.42
2014年12月31日	800 000.00	675 822.64	124 177.36	273 094.06	10 273 094.06
2015年12月31日	800 000.00	667 751.11	132 248.89	140 845.18	10 140 845.18
2016年12月31日	800 000.00	659 154.94	140 845.18	0.00	10 000 000.00
合计	3 000 000.00	3 409 880.00	432 700.00	—	—

2012年12月31日，甲公司确认当年的利息费用，该公司编制会计分录如下：

借：在建工程　　690 517.88

　　应付债券—利息调整　　109 482.12

贷：银行存款 800 000

2013年12月31日至2016年12月31日各年年末确认利息费用的会计处理可以参考2012年12月31日确认利息费用的会计分录。

（三）债务到期的会计处理

债券到期时，利息调整已经全部摊销完毕。对于分期付息的债券，按债券面值借记“应付债券—债券面值”科目，贷记“银行存款”科目。对于到期一次付息的债券，按债券面值和应计利息，借记“应付债券—债券面值”和“应付债券—应计利息”科目，贷记“银行存款”科目。

【例8-31】以【例8-30】资料为例，2016年12月31日，债券到期，甲公司偿付债券本金部分，编制会计分录如下：

借：应付债券—面值 10 000 000

贷：银行存款 10 000 000

三、长期应付款

长期应付款是指企业除长期借款和应付债券以外的其他各种长期应付款项，如应付融资租入固定资产的租赁费、具有融资性质的延期付款购买资产等。

（一）应付融资租入固定资产的租赁费

1. 融资租入固定资产入账价值的处理

企业采用融资租赁方式租入的固定资产，应在租赁期开始日，将租赁开始日租赁资产公允价值与最低租赁付款额现值两者中较低者加上初始直接费用，作为租入资产的入账价值，借记“固定资产”等科目，按最低租赁付款额，贷记“长期应付款”科目，按发生的初始直接费用，贷记“银行存款”等科目，按其差额，借记“未确认融资费用”科目。

企业在计算最低租赁付款额的现值时，能够取得出租人租赁内含利率的，应当采用租赁内含利率作为折现率，否则，应当采用租赁合同规定的利率作为折现率。企业无法取得出租人的租赁内含利率且租赁合同没有规定利率的，应当采用同期银行贷款利率作为折现率。租赁内含利率是指在租赁开始日使最低租赁收款额的现值与未担保余值的现值之和等于租赁资产公允价值与出租人的初始直接费用之和的折现率。未确认融资费用应当在租赁期内各个期间进行分摊。企业应当采用实际利率法计算确认当期的融资费用。

2. 融资租入固定资产折旧的处理

（1）承租人融资租入固定资产后，将其视同自有固定资产，对其计提折旧的方法，也同自有固定资产的折旧政策一样，可以采用直线法、工作量法、双倍余额递减法和年数总和法等。

（2）对于融资租入固定资产折旧期间的确定，应根据租赁合同的规定确定租赁固定资产的折旧期间。如果能够合理确定租赁期满时，承租人将会取得租赁资产所有权的，可将租赁开始日租赁资产的尚可使用年限作为折旧期间；如果不能合理确定租赁期满租赁资产所有权的归属，则可按租赁期与租赁资产尚可使用年限两者较低者作为折旧期限。对融资租入的固定资产计提折旧时，按每期计算确定的折旧额，借记“开发间接费用”“管理费用”等账户，贷记“累计折旧”账户。

3. 未确认融资费用分摊的处理

采用融资租赁固定资产情况下，如产生未确认融资费用时，承租人应采用合理的方法对其进行计算并按期分摊。分摊未确认融资费用的方法，可以采用直线法、实际利率法等。

每期计算确定出分摊的未确认融资费用时，按当期应分摊的金额，借记“财务费用”账户，贷记“未确认融资费用”账户。

4. 租赁期满时的处理

租赁期满时，承租人对融资租入的固定资产通常有三种选择权：留购、返还和优惠续租。

（1）留购租赁资产

租赁期满，如合同规定，承租人享有优惠购买权，将租赁资产所有权留归承租人。此时，一方面支付购买价款，借记“长期应付款—应付融资租赁款”账户，贷记“银行存款”账户，同时将固定资产从“融资租入固定资产”明细账户转入有关明细账户。

（2）返还租赁资产

租赁期满，承租人如不留购租赁资产，而将其返还出租人，而且存在承租人担保余值的，借记“长期应付款—应付融资租赁款”和“累计折旧”账户，贷记“固定资产—融资租入固定资产”账户，将融资租入资产转出。如果不存在担保余值，直接借记“累计折旧”账户，贷记“固定资产—融资租入固定资产”账户即可。如果固定资产有净残值，则记入“营业外支出—处置固定资产净损失”账户。

（3）优惠续租租赁资产

租赁期满，如果租赁资产尚有一定的使用期限，承租人行使优惠续租选择权，继续租赁资产，则视同该项租赁资产一直存在，会计核算上做出相应的处理，如继续支付租金等。

所谓优惠续租选择权，是指承租人续租的租金低于行使优惠续租选择日的正常租金的70%，含70%。

（二）具有融资性质的延期付款购买资产

企业购买资产有可能延期支付有关价款。如果延期支付的购买价款超过正常信用条件，实质上具有融资性质的，所购资产的成本应当以延期支付购买价款的现值为基础确定。实际支付的价款与购买价款的现值之间的差额，应当在信用期间内采用实际利率法进行推销，计入相关资产成本或当期损益。具体来说，企业购入资产超过正常信用条件延期付款实质上具有融资性质时，应按购买价款的现值，借记“固定资产”“在建工程”等科目，按应支付的价款总额，贷记“长期应付款”科目，按其差额，借记“未确认融资费用”科目。

四、预计负债

预计负债是基于某些或有事项引发的义务而确认的负债。其主要特点是，相关义务的发生本身或发生的具体时间或金额等方面具有一定的不确定性，其计量需要某种程度的估计或预计。

（一）或有事项的特征

或有事项是指过去的交易或者事项形成的，其结果须由某些未来事项的发生或不发生才能决定的不确定事项。常见的或有事项有未决诉讼或未决仲裁、债务担保、产品质量保证、亏损合同、重组义务、承诺、环境污染整治等。或有事项有如下特征：

（1）或有事项是由过去的交易或事项形成的，或有事项的现存状况是过去交易或事项引起的客观存在。如未决诉讼是企业因过去的经济行为导致起诉其他单位或被其他单位起诉，是现存的一种状况，而不是将来要发生的事项。

（2）或有事项的结果具有不确定性。或有事项的结果是否发生具有不确定性，或者或有事项的结果预计将会发生，但发生的具体时间或金额具有不确定性。

（3）或有事项的结果须由未来事项决定。或有事项的结果只能由未来不确定事项的发生或不发生才能决定。

上述不确定事项可以分为有利事项和不利事项两种类型，即会形成企业的或有资产或或有负债，在会计处理时，应采取稳健性原则进行处理。对有利事项（即形成或有资产的事项）不应确认、计量和披露，如果很可能导致未来经济利益流入企业，应当披露其形成原因、预计产生的财务影响，否则一般不作披露。对不利事项（即形成或有负债的事项），有两种处理办法：一是确认为预计负债；

二是作为或有负债披露。

（二）预计负债的确认

当与或有事项有关的义务符合确认为负债的条件时应当将其确认为预计负债，预计负债应当按照履行相关现时义务所需支出的最佳估计数进行初始计量。此外企业清偿预计负债所需支出还可能从第三方或其他方获得补偿。因此或有事项的计量主要涉及两个问题：一是最佳估计数的确定；二是预计可获得补偿的处理。

（1）最佳估计数的确定。最佳估计数的确定应区分以下情况：一是所需支出存在一个连续区间的，且该区间范围内各种结果发生的可能性相同，最佳估计数应当按照区间范围的中间值确定；二是所需支出不存在一个连续区间的，或者虽然存在一个连续区间，但该区间范围内各种结果发生的可能性不同，如果或有事项涉及单个项目，最佳估计数按照最可能发生金额确定，如果或有事项涉及多个项目，最佳估计数按照各种可能结果及相关概率计算。

（2）预计可获得补偿的处理。如果企业清偿因或有事项而确认的负债所需支出全部或部分由第三方或其他方补偿，此补偿金额只有在基本确定能收到时，才能作为资产单独确认，确认的补偿金额不超过所确认负债的账面价值。

（三）预计负债的账务处理

企业的预计负债需要在资产负债表上以单独的项目列示。为正确核算因或有事项而确认的预计负债，企业应设置“预计负债”科目，并在该科目下分别不同性质的或有事项，设置“产品质量保证”“亏损合同”“未决诉讼”等明细科目，进行明细核算。企业发生或有负债事项需要确认为预计负债时，借记“管理费用”“营业外支出”等科目，贷记“预计负债”科目。

第九章

所有者权益

第一节

所有者权益核算的基本要求

所有者权益是所有者在企业资产中享有的经济利益，它在数量上等于企业的资产减去负债后的余额。从其形成来看，所有者权益主要来源于企业投资人的初始投入或追加投入的实收资本（股本）、其他权益工具、资本公积、其他综合收益以及企业在生产经营期间实现的留存收益五部分，其中，盈余公积和未分配利润统称为留存收益。

企业的资产不外乎来源于两个渠道：一是从债权人那里取得的负债，二是企业的投资人向企业的投资以及企业增值。债权人和投资人都是企业资产的提供者，都拥有对企业资产的要求权，即债权人权益和所有者的权益。因此企业要区分权益工具和金融负债。

金融负债，是指符合下列条件之一的负债：（1）向其他方交付现金或其他金融资产给付的合同义务；（2）在潜在不利条件下与其他单位交换金融资产或金融负债的合同义务；（3）将来需用或可用企业自身权益工具进行结算的非衍生工具合同，且企业根据该合同将交付可变数量的自身权益工具；（4）将来需用或可用企业自身权益工具进行结算的衍生工具合同，但以固定数量的自身权益工具交换固定金额的现金或其他金融资产的衍生工具合同除外。

权益工具，企业在发行金融工具时，应将金融工具或其组成部分确认为金融资产、金融负债或权益工具。权益工具是指能证明拥有某个企业在扣除所有负债后的资产中的剩余权益的合同。

将金融工具确认为权益工具时，应当同时满足下列条件：

（1）该金融工具应当不包括交付现金或其他金融资产给付其他单位的合同义务。

（2）该金融工具需用或可用发行方自身权益工具进行结算的，该金融工具应当不包括交付非固定数量的发行方自身权益工具进行结算的合同义务，只能通过交付固定数量的发行方自身权益工具换取固定数额的现金或其他金融资产进行结算。

企业发行的某些非衍生金融工具，即复合金融工具，既含有负债成分，又含有权益成分的，应当在初始确认时将负债和权益成分进行分拆分别处理。分拆时：

（1）确定负债成分公允价值（未来现金流现值）作为其初始确认金额；

（2）用金融工具整体发行价格减去负债成分作为权益成分初始确认金额。发行该非衍生金融工具的交易费用，应当在负债成分和权益成分之间按各自相对公允价值分摊。

企业（发行方）对可转换工具进行会计处理时还应注意以下方面：

（1）在可转换工具到期转换时，应终止确认其负债部分并将其确认为权益。原来的权益部分仍旧保留为权益（它可能从权益的一个项目结转至另一个项目），可转换工具到期转换时不产生损失或收益。

（2）企业通过在到期日前赎回或回购而终止一项仍具有转换权的可转换工具时，应在交易日将交易费用的方法与该工具发行时采用的分配方法一致。价款分配后，所产生的利得或损失应分别根据权益部分和债务部分所适用的会计原则进行处理，分配至权益部分的款项计入权益，与债务部分相关的利得或损失计入损益。

（3）企业可能修订可转换工具的条款以促使持有方提前转换。在条款修订日，持有方根据修订后的条款进行转换所能获得的补偿的公允价值与根据原有条款进行转换所能获得的补偿的公允价值之差，应在利润表中确认为一项损失。

（4）企业发行认股权和债券分离交易的可转换公司债券，所发行的认股权符合权益工具定义及其确认与计量规定的，应当确认为一项权益工具（其他权益工具），并以发行价格减去不附认股权且其他条件相同的公司债券公允价值后的净额进行计量。如果认股权持有人到期没有行权的，应当在到期时将原计入其他权益工具的部分转入资本公积（股本溢价）。

第二节

实收资本和其他权益工具

一、实收资本概述

实收资本（或股本）是指投资者按照企业章程或合同、协议的约定，实际投入企业的资本。它是所有者权益的重要组成部分，是企业设立的必要条件，也是企业从事正常的生产经营活动所必需的资本和承担民事责任的财力保证。

二、实收资本的核算

企业为全面反映实际收到投资者投入的资本情况，需要设置“实收资本”（或股本）账户。该账户的贷方反映投资者的出资额及企业按照规定用资本公积、盈余公积转增的资本数额。当企业收到投资者投入的资本，超过其在注册资本所占的份额部分，应作为资本溢价或股本溢价，在“资本公积”账户核算。

企业应当设置“实收资本”科目，核算企业实际收到投资者投入的资本，股份有限公司应该将此科目改为“股本”。该账户贷方登记实收资本的增加额；借方登记减少额；期末余额在贷方，反映企业期末实收资本的实有数额。该账户可以按照投资人的不同设置明细账户，进行明细分类核算。

“股本”科目核算股东投入股份有限公司的股本。该账户贷方登记实际发行股票的面值、可转换债券调换成股票的面值、发行股票股利时增加的股票面值等；借方登记公司按照法定程序批准减少的股本数额；期末贷方余额表示股本的实有数额。该账户同样可以按照不同的股东进行明细分类核算，也可以按照股票的性质分别设置“普通股”和“优先股”进行明细核算。

（一）一般企业实收资本的核算

投资者投入企业资本的形式可以有多种，如投资者可以用现金投资，也可以用非现金资产投资，符合国家规定比例的，还可以用无形资产投资。

1. 企业接受现金资产投资

企业收到投资者以现金投入的资本时，应以实际收到或者存入企业开户银行的金额，借记“银行存款”账户，贷记“实收资本”账户。对于实际收到的金额超过投资者在企业注册资本中所占份额的部分，应记入“资本公积”账户。

【例9-1】某施工企业收到投资人投入的货币资本500 000元，已存入银行。作会计分录如下：

借：银行存款　　500 000

　　贷：实收资本　　500 000

2. 投资者以非现金资产投入的资本

企业收到投资者以非现金资产投入的资本，以实物资产投资的，应在办理实物产权转移手续时，按投资各方确认的价值，借记有关资产账户；以无形资产投资的，应按照合同、协议或者章程规定移交有关凭证时，借记“无形资产”账户，按投资资本在企业注册资本或股本中所占份额，贷记“实收资本”或“股本”账户，按其差额贷记“资本公积—资本溢价”或“资本公积—股本溢价”账户。

【例9-2】某投资者以一台运输车辆投入到某新设立的施工企业，该施工车辆账面净值400 000元，按照投资协议该投资者拥有该施工企业35%的股权，该企业注册资本总额1000 000元。作会计分录如下（不考虑相关税费）：

借：固定资产　　400 000

　　贷：实收资本—某投资者　　350 000

　　　　资本公积—资本溢价　　50 000

（二）股份有限公司股本的核算

股份有限公司与其他企业相比，其显著特点是将全部资本划分为等额股份，并通过发行股票的方式来筹集资本。股本就等于股票的面值乘以股份总数，且股本等于股份有限公司的注册资本。股份公司发行股票有3种方式：发行股票取得收入大于股本总额的叫作溢价发行；小于股本总额的叫作折价发行；等于股本总额的为平价发行。

（1）股份有限公司应在核定的股本总额及核定的股本总额的范围内发行股票。公司发行的股票，在收到现金资产时，按实际收到的金额，借记“库存现金”“银行存款”等账户，按股票的面值和核定的股份的乘积计算的金额，贷记“股本”账户，按其差额贷记“资本公积”账户。

（2）境外上市公司，以及在境内发行外资股公司，收到股款时，按收到的股款当日的汇率折算的人民币金额，借记“银行存款”账户，按股票面值与核定的股份总数的乘积计算的金额，贷记“股本”账户，按其差额记入“资本公积”

账户。

【例9-3】某公司发行普通股2 000万股，每股面值1元，按面值发行，全部股票款项已存入银行。

借：银行存款　　20 000 000

　　贷：股本—普通股　　20 000 000

（三）企业资本（或股本）变动的核算

根据我国的有关法律规定，企业资本（或股本）除了下列情况外，不得随意变动：一是符合增资条件，并经有关部门批准增资；二是企业按法定程序报经批准减少注册资本。

1. 企业增资

（1）企业接受投资者额外投入实现增资

企业按规定接受投资者额外投入实现增资时，应按照实际收到的款项或其他资产，借记“银行存款”等账户，按增加的实收资本或股本的金额，贷记“实收资本”或“股本”账户，按两者之间的差额，贷记“资本公积—资本溢价”或“资本公积—股本溢价”账户。

（2）资本公积转增资本

企业采用资本公积转增资本时，应按照转增的资本金额，借记“资本公积”账户，贷记“实收资本”或“股本”账户。

（3）盈余公积转增资本

企业采用盈余公积转增资本时，应按照转增的资本金额，借记“盈余公积”账户，贷记“实收资本”或“股本”账户。

（4）采用发放股票股利方式增资

股份有限公司股东大会或类似机构批准采用发放股票股利的方式增资时，公司应在实施该方案并办理完增资手续后，根据实际发放的股票股利确定的金额，借记“利润分配—转作股本的普通股股利”账户，贷记“股本”等账户。

2. 企业减资

企业实收资本减少的原因大体有两种，一是资本过剩；二是企业发生重大亏损而需要减少实收资本。

企业因资本过剩而减资，一般要退回股款。有限责任公司和一般企业减资的会计处理比较简单，按法定程序报经批准减少注册资本的，借记“实收资本”科目，贷记“库存现金”“银行存款”等科目。

股份有限公司由于采用发行股票方式筹集股本，减资发还股款时，则要先回购发行的股票，发行股票的价格与股票面值可能不同，回购价格与发行价格亦可能不同，财务处理比较复杂。股份有限公司因减少注册资本而回购本公司股份的，应按实际支付的金额，借记“库存股”科目，贷记“银行存款”等科目。注销库存股时，应按股票面值和注销股数计算的股票面值总额，借记“股本”，按注销库存股的账面余额贷记“库存股”科目，按其差额，冲减股票发行时原记入资本公积的溢价部分，借记“资本公积—股本溢价”科目，回购价格超过上述冲减“股本”及“资本公积—股本溢价”科目的部分，应以此借记“盈余公积”“利润分配—未分配利润”等科目；若回购价格低于回购股份所对应的股本，所注销的库存股的账面余额与所冲减的股本的差额作为增加股本溢价处理，按回购股份所对应的股本面值，借记“股本”科目，按注销库存股的账面余额，贷记“库存股”科目，按其差额，贷记“资本公积—股本溢价”科目。

三、其他权益工具确认与计量及会计处理

企业发行的除普通股（作为实收资本或股本）以外，按照金融负债和权益工具区分原则分类为权益工具的其他权益工具，按照以下原则进行会计处理：

（一）其他权益工具会计处理的基本原则

企业发行的金融工具应当按照金融工具准则进行初始确认和计量；其后，于每个资产负债表日计提利息或分派股利，按照相关企业会计准则进行处理。即企业应当以所发行金融工具的分类为基础，确定该工具利息支出或股利分配等的会计处理。对于归类为权益工具的金融工具，无论其名称中是否包含“债”，其利息支出或股利分配都应当作为发行企业的利润分配，其回购、注销等作为权益的变动处理；对于归类为金融负债的金融工具，无论其名称中是否包含“股”，其利息支出或股利分配原则上按照借款费用进行处理，其回购或赎回产生的利得或损失等计入当期损益。

企业（发行方）发行金融工具，其发生的手续费、佣金等交易费用，如分类为债务工具且以摊余成本计量的，应当计入所发行工具的初始计量金额；如分类为权益工具的，应当从权益（其他权益工具）中扣除。

（二）科目设置

金融工具发行方应当设置下列会计科目，对发行的金融工具进行会计核算：

（1）应付债券：发行方对于归类为金融负债的金融工具在“应付债券”科目核算。“应付债券”科目应当按照发行的金融工具种类进行明细核算，并在各类工具中按“面值”“利息调整”“应计利息”设置明细账，进行明细核算。

（2）衍生工具：对于需要拆分且形成衍生金融负债或衍生金融资产。

（3）交易性金融负债：发行的且嵌入了非紧密相关的衍生金融资产或衍生金融负债的金融工具，如果发行方选择将其整体指定为以公允价值计量且其变动计入当期损益的，则应将发行的金融工具的整体在本科目核算。

（4）其他权益工具：核算企业发行的除普通股以外的归类为权益工具的各种金融工具。

（三）主要账务处理

1. 发行方的账务处理

（1）发行方发行的金融工具归类为债务工具并以摊余成本计量的，应按实际收到的金额，借记“银行存款”等科目，按债务工具的面值，贷记“应付债券—优先股、永续债等（面值）”科目，在该工具存续期间，计提利息并对账面的利息进行调整等的会计处理，按照金融工具确认和计量准则中有关金融负债按摊余成本后续计量的规定进行会计处理。

（2）发行方发行的金融工具归类为权益工具的，应按实际收到的金额，借记“银行存款”等科目，贷记“其他权益工具—优先股、永续债等”科目。

在存续期间分派股利（含分类为权益工具的工具所产生的利息，下同）的，作为利润分配处理，借记“利润分配—应付优先股股利、应付永续债利息等”科目，贷记“应付股利—应付优先股股利、永续债利息等”科目。

（3）发行方发行的金融工具为复合金融工具的，应按实际收到的金额，借记“银行存款”等科目，按金融工具的面值，贷记“应付债券—优先股、永续债等（面值）等”科目，按负债成分的公允价值与金融工具面值之间的差额，借记或贷记“应付债券—优先股、永续债等（利息调整）”科目，按实际收到的金额和扣除负债成分的公允价值后的金额，贷记“其他权益工具—优先股、永续债等”科目。

发行复合金融工具发生的交易费用，应当在负债成分和权益成分之间按照各自占总发行价款的比例进行分摊。与多项交易相关的共同交易费用，应当在合理的基础上，采用与其他类似交易一致的方法，在各项交易之间进行分摊。

（4）发行的金融工具本身是衍生金融负债或衍生金融资产或者内嵌了衍生金融负债或衍生金融资产的，按照金融工具确认和计量准则中有关衍生工具的规定进行处理。

（5）由于发行的金融工具原归类为权益工具的金融工具重分类为金融负债的，应当于重分类日，按该工具的账面价值，借记“其他权益工具—优先股、永续债等”科目，按该工具的面值，贷记“应付债券—优先股、永续债等（面值）”科目，按该工具公允价值与面值之间的差额，借或贷记“应付债券—优先股、永续债等（利息调整）”科目，按该工具公允价值与账面价值之间的差额，贷记或借记“资本公积—资本溢价（股本溢价）”科目，如果资本公积不够冲减的，依次冲减盈余公积和未分配利润。发行方以重分类日计算的实际利率作为应付债券后续计量利息调整等的基础。

因发行的金融工具原归类为金融负债的金融工具重分类为权益工具的，应于重分类日，按金融负债的面值，借记“应付债券—优先股、永续债等（面值）”科目，按利息调余额，借记或贷记“应付债券—优先股、永续债等（利息调整）”科目，按金融负债的账面价值，贷记“其他权益工具—优先股、永续债等”科目。

（6）发行方按合同条款约定赎回所发行的除普通股以外的分类为权益工具的金融工具，按赎回价格，借记“库存股—其他权益工具”科目，贷记“银行存款”等科目；注销所回购的金融工具，按该工具对应的其他权益工具的账面价值，借记“其他权益工具”科目，按该工具的赎回价格，贷记“库存股—其他权益工具”科目，按其差额，借记或贷记“资本公积—资本溢价（股本溢价）”科目，如资本公积不够冲减的，依次冲减盈余公积和未分配利润。

发行方按合同条款约定赎回所发行的分类为金融负债的金融工具，按该工具赎回日的账面价值，借记“应付债券”等科目，按赎回价格，贷记“银行存款”等科目，按其差额，借记或贷记“财务费用”科目。

（7）发行方按合同条款约定将发行的除普通股以外的金融工具转换为普通股的，按账面价值，借记“应付债券”“其他权益工具”等科目，按普通股的面值，贷记“实收资本（或股本）”科目，按其差额，贷记“资本公积—资本溢价（或股本溢价）”科目（如转股时金融工具的账面价值不足转记为一股普通股而以现金或其他金融资产支付的，还需要按支付的现金或其他金融资产的金额，贷记“银行存款”等科目）。

2. 投资方的账务处理

如果投资方因持有发行方发行的金融工具而对发行方拥有控制、共同控制或重大影响的，按照《企业会计准则第2号——长期股权投资》和《企业会计准则第20号——企业合并》进行确认和计量；投资方需要编制合并财务报表的，按照《企业会计准则第33号——合并财务报表》的规定编制合并财务报表。

第三节

资本公积和其他综合收益

一、资本公积概述

资本公积是企业收到的投资者投入资本中超过其在注册资本或者股本中所占份额的投资，以及直接计入所有者权益的利得和损失等。包括资本溢价（或股本溢价）和其他资本公积。

资本公积和实收资本虽然都是投资者投入企业的资本，但两者又不完全一致：在法律上，实收资本属于投资者为了谋求投资利益而按照法定程序和要求投资到企业的法定资本，一般应与企业注册资本一致，实收资本的来源有严格的限制；而资本公积有着特定的来源，除了投资者投入的超过其在注册资本中所占份额的资本这个来源以外，还可以是直接计入所有者权益的利得或损失，而且资本公积的投入者并不一定是为了谋求投资利益才进行投资。

资本公积与净利润也有所不同。净利润是企业经营活动产生的收益，可以参与利润的分配；资本公积是资本属性，与企业净利润无关，所以既不能构成净利润，也不能参与利润的分配。

资本公积包括资本溢价和直接计入所有者权益的利得和损失等。资本溢价是企业收到投资者超过其在注册资本中所占份额的投资，股份公司溢价发行股票时收到的超过面值的价值即股本溢价也属于资本溢价。直接计入所有者权益的利得和损失是指不应计入当期损益的、会导致所有者权益发生增减变动、与所有者投入资本或企业向投资者分配利润无关的利得或者损失。

《公司法》规定资本公积的用途主要是用来转增资本和股本。转增资本或股本时并不会改变企业投入资本总额，也不会改变企业所有者权益的总额。

二、资本公积的核算

企业应设置“资本公积”账户该账户属于所有者权益性质账户，该账户贷方登记资本公积的增加数；借方登记资本公积的减少数；期末余额在贷方，表示企业现有的资本公积数额。该账户可以根据资本公积包括的内容分别设置“资本溢价”或“股本溢价”和“其他资本公积”等明细账户，进行明细分类核算。

（一）资本（股本）溢价的核算

1. 一般企业的资本溢价

企业收到投资人投入的资金，按实际收到的金额或确定的价值，借记“银行存款”“固定资产”等账户，按其在注册资本中所占的份额，贷记“实收资本”账户，按其差额，贷记“资本公积—资本溢价”账户。

2. 股份有限公司的资本溢价

股票溢价发行时，公司发行股票的收入中按照股票的面值登记“股本”账户，超过面值的部分就是股本溢价，要计入“资本公积”账户，股票发行过程中的手续费、佣金等交易费用应从溢价发行收入中扣除，差额记入“资本公积”账户。根据中国证监会会计部发布的《上市公司执行企业会计准则监管问题解答（2010年第一期，总第四期）》（以下简称《问题解答》）相关规定，上市公司为发行权益性证券发生的承销费、保荐费、上网发行费、招股说明书印刷费、申报会计师费、律师费、评估费等与发行权益性证券直接相关的新增外部费用，应自所发行权益性证券的发行收入中扣减，在权益性证券发行有溢价的情况下，自溢价收入中扣除，在权益性证券发行无溢价或溢价金额不足以扣减的情况下，应当冲减盈余公积和未分配利润；发行权益性证券过程中发行的广告费、路演及财经公关费、上市酒会费等其他费用应在发生时计入当期损益。

【例9-4】甲公司委托证券公司发行股票1 000万股，每股面值1元，发行价为1.1元，发行时按照发行收入的3%支付手续费，全部款项存入银行。

借：银行存款	10 670 000
贷：股本	10 000 000
资本公积—股本溢价	670 000

（二）其他资本公积的核算

其他资本公积是指除资本溢价（股本溢价）项目以外所形成的资本公积，其中主要是直接计入所有者权益的利得和损失。主要包括以下两种形式：

1. 以权益结算的股份支付

以权益结算的股份支付换取职工或其他方提供服务的，应按照确定的金额，借记“管理费用”等科目，贷记本科目（其他资本公积）。在行权日，应按实际行权的权益工具数量计算确定的金额，借记本科目（其他资本公积），按计入实收资本或股本的金额，贷记“实收资本”或“股本”科目，按其差额，贷记本科目（资本溢价或股本溢价）。

2. 采用权益法核算的长期股权投资

长期股权投资采用权益法核算的，在持股比例不变的情况下，被投资单位除净损益、其他综合收益和利润分配以外所有者权益的其他变动，企业按持股比例计算应享有的份额，借记或贷记“长期股权投资—其他权益变动”科目，贷记或借记本科目（其他资本公积）。处置采用权益法核算的长期股权投资，还应结转原记入资本公积的相关金额，借记或贷记本科目（其他资本公积），贷记或借记“投资收益”科目（不能转入损益的项目除外）。

【例9-5】甲股份有限公司于2016年1月1日向乙公司投资，拥有乙公司股份的30%，并对该公司有重大影响。2016年12月31日，乙公司除净损益以外所有者权益增加了300万元。假定除此以外乙公司的所有者权益没有变化，甲公司持股比例也没有改变，乙公司的资产账面价与公允价完全一致。在不考虑其他因素的情况下，甲公司的账务处理如下。

分析：甲公司对乙公司有重大影响，故甲公司对乙公司的长期股权投资应采用权益法核算。

A公司应增加的资本公积＝300×30%＝90（万元）

借：长期股权投资—其他权益变动	900 000
贷：资本公积—其他资本公积	900 000

（三）资本公积转增资本的核算

按照《公司法》的规定，法定公积金（资本公积和盈余公积）转为资本时，所留存的该项公积金不得少于转增前公司注册资本的25%。经股东大会或类似机构决议，用资本公积转增资本时，应冲减资本公积，同时按照转增前的实收资本（或股本）的结构比例，将转增的金额借记“资本公积”，贷记“实收资本”（或“股本”）科目下各所有者的明细分类账。

三、其他综合收益的确认与计量及会计处理

其他综合收益，是指企业根据其他会计准则规定未在当期损益中确认的各项利得和损失。包括以后会计期间不能重分类进损益的其他综合收益和以后会计期间满足规定条件时将重分类进损益的其他综合收益两类。

（一）以后会计期间不能重分类进损益的其他综合收益项目

主要包括重新计量设定受益计划净负债或净资产导致的变动按照权益法核算因被投资单位重新计量设定受益计划净负债或净资产变动导致的权益变动。投资

企业按持股比例计算确认的该部分其他综合收益项目，对于在初始确认时指定为以公允价值计量且其变动计入其他综合收益的非交易性权益工具投资金融资产，该指定后不得撤销，即当该类非交易性权益工具终止确认时原计入其他综合收益的公允价值变动损益不得重分类进损益。

（二）以后会计期间满足规定条件时将重分类进损益的其他综合收益项目

1. 其他债权投资

符合金融工具准则规定，同时符合两个条件的金融资产应当分类为以公允价值计量且其变动计入其他综合收益：

（1）企业管理该金融资产的业务模式既以收取合同现金流量为目标又以出售该金融资产为目标；（2）该金融资产的合同条款规定，在特定日期产生的现金流量，仅为对本金和以未偿付本金金额为基础的利息的支付。当该类金融资产终止确认时，之前计入其他综合收益的累计利得或损失应当从其他综合收益中转出，计入当期损益。

2. 金融资产的重分类

将可供出售金融资产重分类为采用成本或摊余成本计量的金融资产，重分类日该金融资产的公允价值或账面价值作为成本或摊余成本，该金融资产没有固定到期日的，与该金融资产相关、原直接计入所有者权益的利得或损失，仍计入“其他综合收益”科目，在该可供出售金融资产发生减值或终止确认时转出，计入当期损益。

按照金融工具确认和计量的规定应当以公允价值计量，但以前公允价值不能可靠计量的可供出售金融资产，企业应当在其公允价值能够可靠计量时该按公允价值计量，将相关账面价值与公允价值的差额计入“其他综合收益”科目，在其发生减值或终止确认时将上述差额转出，计入当期损益。

3. 采用权益法核算的长期股权投资

采用权益法核算的长期股权投资，按照被投资单位实现其他综合收益以及持股比例计算应享有或分担的金额，调整长期股权投资的账面价值，同时增加或减少其他综合收益，会计处理为：借记（或贷记）“长期股权投资—其他综合收益”科目，贷记（或借记）“其他综合性收益”，待该项股权投资处置时，将原计入其他综合收益的金额转入当期损益。

4. 存货或自用房地产转换为投资性房地产

企业将作为存货的房地产转换为采用公允价值模型计量的投资性房地产时，应当按该项房地产在转换日的公允价值，借记“投资性房地产—成本”科目，已计提跌价准备的，借记“存货跌价准备”科目，按其账面余额，贷记“开发产品”

等科目；按其借方差额，借记“公允价值变动损益”科目，按其贷方差额，贷记“其他综合收益”科目。

企业将自用的建筑物等转换为采用公允价值模型计量的投资性房地产时，应当按该项房地产在转换日的公允价值，借记“投资性房地产—成本”科目，已计提减值准备的，借记“固定资产减值准备”科目，按已计提的累计折旧等，借记“累计折旧”等科目，按其账面余额，贷记“固定资产”等科目；同时，转换日的公允价值小于账面价值的，按其差额，借记“公允价值变动损益”科目，转化日的公允价值大于账面价值的，按其差额，贷记“其他综合收益”科目。待该项投资性房地产处置时，因转换计入其他综合收益的部分应转入当期损益。

5. 现金流量套期工具产生的利得或损失中属于有效套期的部分

现金流量套期工具产生的利得或损失中属于有效套期的部分，直接确认为其他综合收益，该有效套期部分的金额，按下列两项的绝对金额较低者确定：

（1）套期工具自套期开始的累计利得或损失；

（2）被套期项目自套期开始的预计未来现金现值的累计变动额。

套期工具利得或损失的后续处理为：

（1）被套期项目为预期交易，且该预期交易使企业随后确认一项金融资产或一项金融负债的，应直接确认为其他综合收益的相关利得或损失，在该金融资产或金融负债影响企业损益的相同期间转出，计入当期损益。但是，企业预期原直接在其他综合收益中确认的净损失全部或部分在未来期间不能弥补时，应当将不能弥补的部分转出，计入当期损益。

（2）被套期项目为预期交易，且该项预期交易使企业随后确认一项非金融资产或一项非金融负债的，企业可以选择将原直接在其他综合收益中确认的相关利得或损失，在该非金融资产或非金融负债影响企业损益的相同期间转出，计入当期损益。但是，企业预期应直接在其他综合收益中确认的净损失的全部或部分在未来期间不能弥补时，应当将不能弥补的部分转出，计入当期损益。除上述两种情况外，应直接计入其他综合收益的套期工具利得或损失，应当在被套期预期交易影响损益的相同期间转出，计入当期损益。

6. 外币财务报表折算差额

按照外币折算的要求，企业在处置境外经营的当期，将已列入合并财务报表所有者权益的外币报表折算差额中与该境外经营相关部分，自其他综合收益项目转入处置当期损益。如果是部分处置境外经营，应当按处置的比例计算处置部分的外币报表折算差额，转入处置当期损益。

第四节

留存收益

一、留存收益概述

留存收益是指企业从历年实现的利润中提取或形成的留存于企业的内部积累，具体包括盈余公积和未分配利润两部分。

（一）盈余公积

盈余公积是指企业按照规定从税后利润中提取的积累资金，包括法定盈余公积和任意盈余公积。

法定盈余公积是指企业按照规定从净利润中提取的盈余公积，企业的法定盈余公积应按照税后利润的10%提取，累计计提数达到注册资本的50%时可不再提取。

任意盈余公积，是指经企业股东大会或类似机构批准，按照规定的比例从净利润中提取的盈余公积。任意盈余公积的提取比例可由企业自行决定。

法定盈余公积和任意盈余公积两者的根本区别在于计提的依据不同。前者计提的依据是国家法律或者法令，具有“明显的强制性”；后者由企业自行决定，具有一定的自愿性。但是它们具有相同的用途，即它们都可以用来弥补亏损、转增资本或者股本和用来向投资者分配利润。

1. 弥补亏损

企业发生亏损，应由公司自行弥补。弥补亏损的经济来源主要是企业以后年度实现的利润。弥补方式分税前利润弥补和税后利润弥补。税前利润弥补是指按照国家税收规定，企业发生的亏损，可以用以后年度实现的税前利润弥补，但是弥补期限不得超过5年；税后利润弥补是指企业发生亏损后，超过税收规定的税前利润弥补期限仍然未能弥补的以前年度亏损可用税后利润继续弥补。企业发生的亏损，如果在董事会提议并经股东大会批准的情况下，也可以用提取的盈余公积弥补亏损。

2. 转增资本

企业将盈余公积转为资本时，需经股东大会决议批准。但是要注意的是，盈余公积转增资本时，转增资本后留存的盈余公积不得少于转增前公司注册资本的25%。

3. 扩大企业生产经营

盈余公积的用途，并不是指其实际占用形态，提取盈余公积也并不是单独将这部分资金从企业资金周转过程中抽出。企业盈余公积的结存数，实际值表现为企业所有者权益的组成部分，表明企业生产经营资金的一项来源。其形成的资金可能表现为一定的货币资金，也可能表现为一定的实物资产，如存货和固定资产等，随同企业的其他来源形成的资金进行循环周转，用于企业的生产经营。

企业应设置"盈余公积"科目，并分别设置"法定盈余公积"和"任意盈余公积"进行明细核算，该科目的贷方记录盈余公积的提取增加数，借方记录用盈余公积转增资本或弥补亏损等的减少数。用盈余公积弥补亏损时，盈余公积自然减少，计入"盈余公积"账户的借方，原来企业的亏损也自然减少，反映在"利润分配—盈余公积补亏"账户的贷方。

【例9-6】甲公司为了扩大经营规模，经股东大会批准，将法定盈余公积50万元和任意盈余公积10万元转增资本。

借：盈余公积—法定盈余公积	500 000
—任意盈余公积	100 000
贷：实收资本	600 000

（二）未分配利润

未分配利润是指企业留待以后年度进行分配的结存利润，是企业所有者权益的一部分，是留存收益的组成部分。未分配利润实际上包括两层含义：一是未分配利润没有分配给投资者，要留待以后年度进行处理；二是这部分利润尚未指定用途。正是如此，所以未分配利润相对于资本公积、盈余公积来说，在使用上企业有更大的自主权。

二、利润分配及其核算

利润分配是指企业根据国家有关规定和企业章程、投资者协议等，对企业可供分配利润所进行的分配过程。企业的可供分配利润的计算公式为

企业的可供分配利润＝年初未分配利润（或年初未弥补亏损）+当年实现净利润

（一）利润分配程序

企业当年实现的净利润，如果存在以前年度尚未弥补的亏损，首先就要按照税收制度的有关规定用于弥补亏损，弥补以后还有剩余的，一般应该按照以下顺序进行利润分配。

（1）提取法定盈余公积金。

（2）提取任意盈余公积金。

（3）向投资者分配利润或者股利。

公司弥补亏损和提取了盈余公积金以后还有剩余利润时，公司应按照投资者的出资比例或者股东的持股比例向投资者和股东分配利润或者股利。

（二）利润分配的核算

1. 会计科目及账户设置

设置“利润分配”账户，核算企业利润的分配（或者亏损的弥补）。该账户属于所有者权益类账户，贷方登记从“本年利润”账户中转入的未分配利润；借方登记企业按照规定顺序进行的利润分配数额；期末贷方余额表示企业历年来积存的未分配利润，期末借方余额表示企业历年来未弥补的亏损总额。该账户应根据利润分配的内容设置“提取法定盈余公积”“提取任意盈余公积”“应付利润”“应付股利”“盈余公积补亏”“未分配利润”等明细账户，进行明细分类核算。

为了准确地反映企业盈余公积的提取和使用等情况，企业会计核算时应设置“盈余公积”账户，该账户属于所有者权益类账户，企业按照规定提取盈余公积时，登记在该账户的贷方；使用盈余公积进行转增资本、弥补亏损或者分配利润时，登记在该账户的借方；期末余额在贷方，表示企业盈余公积的实有数额。该账户下可根据盈余公积的种类及其用途分别设置“法定盈余公积”“任意盈余公积”等明细账，进行明细分类核算。

2. 利润分配的核算

企业年度终了，应将全年实现的净利润或者发生的净亏损从“本年利润”账户中转入“利润分配—未分配利润”账户，然后按照利润分配顺序进行利润分配的核算，登记并结转“利润分配”账户及其所属的其他明细账的借方发生额及其余额，最后再计算出“利润分配—未分配利润”账户的年末余额。

【例9-7】某企业2016年实现的净利润为500万元，经股东大会批准，按照税后利润的10%提取法定盈余公积，按照税后利润的20%提取任意盈余公积金，同时宣告发放现金股利100万元，该企业年初“利润分配—未分配利润”账户贷方余额为50万元。

由于企业年初没有未弥补亏损，故直接结转企业2016年全年已实现的净利润500万元：

借：本年利润	5 000 000
贷：利润分配—未分配利润	5 000 000

按照规定顺序进行利润分配：

借：利润分配—提取法定盈余公积	500 000
—提取任意盈余公积	1 000 000

—应付股利　　1 000 000

贷：盈余公积—法定盈余公积　　500 000

—任意盈余公积　　1 000 000

应付股利　　1 000 000

结转“利润分配”账户的其他明细账户所核算的已分配利润到“未分配利润”明细账户：

借：利润分配—未分配利润　　2 500 000

贷：利润分配—提取法定盈余公积　　500 000

—提取任意盈余公积　　1 000 000

—应付股利　　1 000 000

计算年末“利润分配—未分配利润”账户的余额：

年末余额＝50+500−250＝300（万元）

表示企业至2016年年底累计积存的未分配利润总额为300万元。

根据《公司法》有关规定，企业当年无利润时，不得向投资者分配利润。但是股份公司用盈余公积弥补亏损后，经过股东大会特别决议，可以按照不超过股票面值6%的比率用盈余公积分配股利，但要注意分配股利后企业法定盈余公积的积存数不得少于注册资本的25%。

企业如果以前年度发生了亏损，按照税收制度用利润弥补亏损时，则通过从“本年利润”账户向“利润分配—未分配利润”账户结转，企业当年的未分配利润自然弥补了亏损，无须再做补亏的会计处理。当本年度未分配利润不够弥补规定损失时，则“利润分配—未分配利润”账户出现借方余额，表示未弥补的亏损，到第二年实现净利润以后，用同样的方法进行弥补亏损，直到亏损弥补完，即“利润分配”账户成了贷方余额。

第十章

收　入

第一节

收入概述

在市场经济条件下，收入作为影响利润指标的重要因素，越来越受到企业和投资者等众多信息使用者的重视。《企业会计准则第14号——收入》规范了收入的确认、计量和相关信息的披露要求，有助于如实反映企业的生产经营成果，准确核算企业实现的损益。

一、收入的概念与特征

收入是指企业在日常活动中形成的、会导致所有者权益增加的、与所有者投入资本无关的经济利益的总流入。收入具有如下特征：

（一）收入是企业日常活动形成的经济利益流入

日常活动是指企业为完成其经营目标所从事的经常性活动及与之相关的活动，如施工企业进行工程施工作业、提供劳务、销售建筑材料等活动。企业处置持有待售的非流动资产和持有待售的处置组中的资产产生的利得或损失；未划分为持有待售的固定资产、在建工程、生产性生物资产及无形资产而产生的处置利得或损失；债务重组中因处置非流动资产产生的利得或损失和非货币性资产交换产生的利得或损失等，不是企业为完成其经营目标所从事的经常性活动，也不属于与经常性活动相关的活动，由此产生的经济利益的总流入不构成收入，应当确认为资产处置损益。

（二）收入可以表现为资产增加或负债的减少，或者两者兼而有之

收入可以表现为资产增加，如企业在销售商品形成收入的同时，银行存款或应收账款等资产在增加；收入也可以表现为负债的减少，如企业在销售商品形成收入的同时，预收账款在减少；收入可以表现为资产增加的同时负债减少，如企业在销售商品预收账款不足时，负债减少的同时也增加了银行存款、应收账款等资产。

（三）收入必然导致所有者权益的增加

根据会计恒等式“资产=负债+所有者权益”，无论是资产增加还是负债减少都会导致所有者权益增加。不符合这一条件的经济利益流入，不属于企业收入。

例如，企业代收代缴的税费，资产增加的同时负债也在增加，因此不能作为收入处理。

（四）收入不包括所有者向企业投入资本导致的经济利益流入

收入只包括企业自身活动取得的经济利益流入，而不包括所有者向企业投入资本导致的经济利益流入。所有者向企业投入的资本，在增加资产的同时，直接增加了企业的所有者权益，因此，不能作为企业收入。

二、收入的分类

收入可以有不同的分类。根据企业日常活动的性质，可以将收入分为销售商品收入、提供劳务收入、让渡资产使用权收入和建造合同收入等；根据企业日常活动的重要性和对收入的贡献，可以将收入分为主营业务收入和其他业务收入。

（一）根据企业日常活动的性质对收入的划分

（1）销售商品收入。销售商品收入是指企业销售商品、产品取得的收入，如工业企业制造并销售产品、商品流通企业销售商品等实现的收入等。工业企业销售的原材料、包装物等存货，也视同销售商品。

（2）提供劳务收入。提供劳务收入是指企业通过提供劳务活动实现的销售收入，如运输公司提供运输服务、安装公司提供安装服务、咨询公司提供的咨询服务等实现的收入。

（3）让渡资产使用权收入。让渡资产使用权收入是指企业通过让渡资产使用权实现的收入，如商业银行对外贷款、租赁公司出租资产等实现的收入，让渡资产使用权收入一般包括利息收入、使用费收入和现金股利收入等。

（4）建造合同收入。建造合同收入是指企业承担建造合同所实现的收入，如企业建筑承包公路、桥梁等建筑物实现的收入。

（二）根据企业日常活动的重要性对收入的划分

（1）主营业务收入。主营业务收入是指企业为实现经营目标所从事的经常性活动取得的收入，如工业企业制造并销售产品、商品流通企业销售商品、保险公司签发保单、咨询公司提供咨询服务、软件企业为客户开发软件、建筑安装公司提供建筑安装服务、商业银行对外贷款、租赁公司出租资产等，均属于企业为完成其经营目标所从事的经常性活动，由此产生的经济利益的总流入属于主营业务收入。

（2）其他业务收入。其他业务收入是指与企业实现经营目标的经常性活动相关的活动所取得的收入，如工业企业转让无形资产使用权、出售不需用原材料等，属于与经常性活动相关的活动，由此产生的经济利益的总流入属于其他业务收入。

第二节

收入的确认和账务处理

一、销售商品收入的确认与计量

（一）销售商品收入的确认条件

《企业会计准则第14号——收入》规定，企业应当在客户取得相关商品控制权，同时满足下列条件时，才能予以确认。

（1）合同各方已批准该合同并承诺履行各自义务。

（2）企业已将该商品的法定所有权转移给购货方或明确了转让商品或提供劳务（以下简称为“转让商品”）相关的权利和义务。

（3）合同有明确的与所转让商品相关的支付条款，即企业已取得该商品的收款权利，也就是购货方对商品有付款的义务。

（4）履行合同将改变企业未来现金流量的风险、时间分布和金额。

（5）企业因向客户转让商品而有权取得的价款很可能收回。

【例10-1】甲公司向乙公司销售一部电梯，电梯已经运抵乙公司，发票账单已经交付，同时收到部分货款。合同约定，甲公司应负责该电梯的安装工作，在安装工作结束并经过乙公司验收合格后，乙公司应立即支付扣除质保金后的剩余货款。

在本例中，电梯安装调试工作通常是电梯销售合同的重要组成部分，在安装过程中可能会发生一些不确定因素，影响电梯销售收入的实现。因此，电梯实物的交付并不表明商品所有权上的法定所有权随之转移，甲公司不能确认收入。

电梯安装完成，并经乙公司验收合格后，对质保金部分虽然乙公司不能支付给甲公司，但与电梯有关的法定所有权已转移给乙公司，此时对包含质保金的其余部分都应确认为收入。

【例10-2】甲公司委托乙公司销售商品100件，协议不含税价为2 000元/件，成本为1 600元/件。代销协议约定，乙企业在取得代销商品后，无论是否能够卖出、是否获利，均与甲公司无关。这批商品已经发出，贷款尚未收到，甲公司开出的增值税专用发票上注明了增值税税额为32 000元。

在本例中，甲公司采用视同买断方式委托乙公司代销商品，在协议中约定，乙公司无论是否能够卖出、是否获利，均与委托方无关，说明与该批商品的法定所有权都已转移，符合销售商品收入确认条件。本例中，甲公司应当确认200 000元的销售收入，并结转相应的成本。

【例10-3】继【例10-2】甲公司委托乙公司代销商品100件，代销不含税价格为2 000元 / 件，成本为1 600元/件，代销商品销售完甲公司按照销售款的5%给乙公司支付佣金。

在本例中，甲公司采用支付手续费的方式委托乙公司代销商品，甲公司在发出商品后，商品的法定所有权并未转移给乙公司，甲公司在发出商品时不确认销售商品收入，而应在收到乙公司开出的代销清单时确认销售商品收入。

（二）销售商品收入的会计处理

1. 销售商品收入一般的会计处理

一般情况下，在同时满足确认销售商品收入的五个条件时，企业应按已收或应收的合同或协议价款和应收取的增值税税额，借记"银行存款""应收账款""应收票据"等科目，按确定的收入金额，贷记"主营业务收入""其他业务收入"等科目，按应收取的增值税额，贷记"应交税费—应交增值税（销项税额）"科目；同时在资产负债表日，按应交纳的消费税、资源税、城市维护建设税、教育费附加、地方教育附加等税费金额，借记"税金及附加"科目，贷记"应交税费—应交消费税（应交资源税、应交城市维护建设税等）"科目。

如果企业在销售商品时，不能同时满足销售商品收入确认的五个条件，则企业不应确认销售商品收入。对已经发出的商品，根据销售方式，按照商品成本，从"库存商品"科目转入"发出商品""委托代销商品"等科目。期末，"发出商品""委托代销商品"等科目余额列入资产负债表的"存货"项目。

【例10-4】2018年6月10日，甲公司向乙公司销售一批商品。该商品的生产成本为80 000元，合同约定的销售价格为110 000元，增值税销项税额为17 600元。甲公司开出发票账单并按合同约定的品种和质量发出商品，乙公司收到该批商品并验收入库。根据合同约定，乙公司须于60天内付款。

在这项交易中，甲公司已按照合同约定的品种和质量发出商品，乙公司也已将该批商品验收入库并未提出异议，表明商品所有权已经转移给了乙公司；甲公司既没有保留与所有权相联系的继续管理权，也没有对该批商品实施控制；虽然此时乙公司尚未付款，但甲公司根据合同已取得该商品的收款权利，且并无证据表明乙公司不会按合同约定支付货款；销售商品的收入和成本也已确定。因此，该项商品销售已符合收入确认的全部条件，甲公司应于开出发票账单并发出商品时确认销售收入。甲公司的会计处理如下：

确认收入的会计分录

借：应收账款—乙公司	127 600
贷：主营业务收入	110 000
应交税费—应交增值税（销项税额）	17 600

结转成本

借：主营业务成本	80 000
贷：库存商品	80 000

2. 商业折扣、现金折扣、销售折让、销售退回的会计处理

（1）商业折扣。

商业折扣是指在规定的商品价目单上根据批发、零售、特约经销等不同销售对象和销售数量，给予一定的销售价格优惠。在这种方式下，应收账款应从出售的价格中扣除折扣后的金额入账。商业折扣的目的主要是为了购货方多购货，是促销的一种形式。

【例10-5】甲公司销售某商品的价目单上的单位不含税售价为2 000元，单位成本为1 600元，在不同的销货数量的情况下给予不同的折扣率，具体情况如下：

1~100件	0
101~1000件	5%
1001~2000件	10%
2001件以上	15%

假定乙公司采购了1000件该商品，则甲公司确认收入为：

$$1\,000\times2\,000\times（1-5\%）=1\,900\,000（元）$$

应做如下会计分录：

借：应收账款	2 204 000
贷：主营业务收入	1 900 000
应交税费—应交增值税（销项税额）	304 000
借：主营业务成本	1 600 000
贷：库存商品	1 600 000

（2）现金折扣。

现金折扣是指债权人为鼓励债务人在规定的期限内付款而向债务人提供的债务扣除。现金折扣在实际发生时计入当期损益。销售商品涉及现金折扣的，按照我国《企业会计准则》的规定，采用总价法核算，也就是按照扣除现金折扣前的金额来确认销售商品收入金额，待实际收到款项时对已发生的折扣金额计入财务费用。

（3）销售折让。

销售折让是指企业因商品的质量、规格等不符合购买方要求，销售方同意在商品的售价上给予的减让。如果企业尚未确认销售收入，只是结转发出商品成本，发生销售折让时，直接按折让后的金额确认销售收入、计算增值税税额，并结转已售商品成本；如果是企业已经确认销售商品收入后发生销售折让的，应当在发生时冲减发生折让当期的销售商品收入；如果销售折让属于资产负债表日后事项的，按照资产负债表日后事项的规定处理。对于已开具发票的发生销售折让部分的增值税，应分情况进行处理：

①购买方取得专用发票已用于申报抵扣的，购买方可在增值税发票管理系统（以下简称系统）中填开并上传《开具红字增值税专用发票信息表》(以下简称《信息表》)，在填开《信息表》时不填写相对应的蓝字专用发票信息，应暂依《信息表》所列增值税税额从当期进项税额中转出，待取得销售方开具的红字专用发票后，与《信息表》一并作为记账凭证。

购买方取得专用发票未用于申报抵扣、但发票联或抵扣联无法退回的，购买方开《信息表》时应填写相对应的蓝字专用发票信息。

销售方开具专用发票尚未交付购买方，以及购买方未用于申报抵扣并将发票联及抵扣联退回的，销售方可在新系统中填开并上传《信息表》。销售方填开《信息表》时应填开相对应的蓝字专用发票信息。

②主管税务机关通过网络接收纳税人上传的《信息表》，系统自动校验通过后，生成带有红字发票信息表编，并将信息同步至纳税人端系统中。

③销售方凭税务机关系统校验通过的《信息表》开具红字专用发票，在新系统中以销售负数开具。红字专用发票应与《信息表》一一对应。

税务机关为小规模纳税人代开专用发票，需要开具红字专用发票的，按照一般纳税人开具红字专用发票的方法处理。

纳税人需要开具红字增值税普通发票的，可以在对应的蓝字发票金额范围内开具多份红字发票。

企业按照以上方式重新开具发票，并按照退货或折让金额冲减原销售额和相应减少应纳流转税，所得税法也认可此情形下销售额的减少；如果企业未能索取到退回的增值税专用发票，则不能从销售额中减除这部分折让额而少缴流转税和相应的所得税。

（4）销售退回。

销售退回是指企业售出的商品由于质量、品种等不符合要求而发生的退货。应区别以下情况处理：

①企业尚未确认销售收入且未收到货款：如果没有开具增值税发票的，只是结转发出商品成本，发生销售退回时，只需转回发出商品成本；如果已经开具了增值税发票，购买方如果取得的增值税发票没有作账务处理，购买方需将增值税发票退回（如是增值税专用发票抵扣联需同时退回），企业将所有发票联次注明作废，并将发票联和抵扣联粘贴于存根联后面。

②企业已确认收入但未收到货款，需要开具一张相同金额的红字发票，用红字发票记账联记账用于冲减当期的销售收入和销项税额，红字发票发票联合抵扣联和退回的蓝字发票发票联和抵扣联粘贴到一起，并做好备查记录。

③购买方已付货款或者货款未付但已作账务处理，发票联及抵扣联无法退还的情况，红字发票的开具同发生销售折让的开具步骤及方法。红字（负数）专用发票的存根联、记账联作为企业扣减当期销售收入和销项税额的凭证（如果销售退回属于资产负债表日后事项的，按照资产负债表日后事项的规定处理），其发票联、税款抵扣联作为购买方扣减库存商品和进项税额的凭证。

3. 委托代销商品的会计处理

委托代销是指根据委托代销协议，委托方委托受托方代销商品的一种销售方式。委托代销具体又可分为视同买断方式和支付手续费方式两种。

视同买断方式是指委托方和受托方签订合同或协议，委托方按合同或协议价格收取代销商品的货款，实际售价可由受托方自定，实际售价与合同或协议价格之间的差额归受托方所有的销售方式。在视同买断方式下，如果委托方和受托方之间的协议明确标明，受托方在取得代销商品后，无论是否能够卖出、是否获利，均与委托方无关。这种情况下与直接销售商品给受托方没有实质区别，作为正常销售商品业务处理即可。如果委托方和受托方之间的协议明确标明，将来受托方没有将商品售出时可以将商品退回给委托方，或受托方因代销商品出现亏损时可以要求委托方补偿，那么委托方在发出商品时不确认收入，应将发出商品的成本转入“委托代销商品”；受托方也不作为购进商品处理，应设置“受托代销商品”科目单独核算。受托方应于商品售出之后，按实际售价确认销售收入，并向委托方开具代销清单；委托方收到代销清单时，根据代销清单所列的已销商品确认本企业的销售收入。

支付手续费方式是指委托方和受托方签订合同或协议，委托方根据代销商品的数量向受托方支付手续费的一种代销方式。与视同买断方式相比，支付手续费方式的主要特点是受托方一般应按照委托方规定的价格销售商品，不得自行改变售价。在支付手续费方式下，委托方向受托方交付代销商品时，代销商品所有权并没有转移给受托方，等收到受托方开具的代销清单时确认销售收入。

4. 具有融资性质的分期收款销售商品的会计处理

分期收款销售是指商品已经交付，但货款分期收回的一种销售方式。在分期收款销售方式下，企业将商品交付给购货方，通常表明商品所有权已经转移给了购货方，款项虽然没有全部收回，但企业拥有收取货款的权利，属于正常的赊销商品，因此企业应当于发出商品时确认销售收入。但如果延期收取货款具有融资性质，其实质是企业向购货方提供的信贷，企业应当按照应收合同或协议价款的公允价值确定收入金额。应收的合同或协议价款的公允价值，通常应当按照其未来现金流量现值或商品现销价格计算确定，应收的合同或协议价款与其公允价值之间的差额，应当作为未实现融资收益，在合同或协议期间内，采用实际利率法分期摊销，冲减财务费用。

5. 售后回购的会计处理

售后回购是指销售商品的同时，销售方同意日后再将同样或类似的商品购回的销售方式。这种方式下，销售方应根据合同协议条款判断销售商品是否满足收入确认条件。通常情况下，售后回购交易属于融资交易，商品所有权并没有转移，收到的款项应确认为负债；回购价格大于原售价的，差额应在回购期间按期计提利息，计入财务费用。有确凿证据表明售后回购交易满足销售商品收入确认条件的，销售的商品按售价确认收入，回购的商品作为购进商品处理。

二、提供劳务收入的确认与计量

提供劳务收入是指企业通过提供劳务实现的收入，如咨询服务收入、软件开发收入等。非跨期完工的劳务在劳务完成时确认劳务收入并结转劳务成本；对于跨期完工的劳务，则需要在资产负债表日区分提供劳务交易的结果能够可靠估计和不能可靠估计两种情况分别处理。

（一）提供劳务交易的结果能够可靠估计

企业在资产负债表日提供劳务交易的结果能够可靠估计的，应按照完工百分比法确认提供劳务收入。

1. 提供劳务交易结果能够可靠计量，需同时满足下列条件

（1）收入的金额能够可靠计量；

（2）相关的经济利益很可能流入企业；

（3）交易的完工进度能够可靠确定。企业确定提供劳务交易的完工进度，可以选用下列方法：

①已完工作的测量；

②已经提供的劳务占应提供的劳务总量的比例；

③已发生的成本占估计总成本的比例。

（4）交易中已发生的和将发生的成本能够可靠计量。

2. 完工百分比法的应用

完工百分比法是指按照提供劳务交易的完工进度确认收入与成本的方法。企业应当在资产负债表日，按照合同或协议价款确定提供劳务收入总额，乘以完工百分比，再扣除以前会计期间累计已经确认的劳务收入的金额，确认当期提供劳务收入。同时，按照劳务总成本乘以完工百分比，再扣除以前会计期间累计已经确认的劳务成本的金额，结转当期劳务成本。

在采用完工百分比法确认收入和相关成本应按以下公式计算：

本期确认的收入=提供劳务收入总额×本期末止劳务的完工进度–以前会计期间累计已确认的劳务收入

本期确认的成本＝提供劳务预计成本总额×本期末止劳务的完工进度–以前会计期间累计已确认的劳务成本

【例10–6】一般纳税人CJ安装公司于2018年11月15日承接M公司一项设备安装任务，安装期为3个月，不含增值税合同总收入90万元，至年底已预收安装费33万元（已开票，含增值税3万元），实际发生安装费用27万元（假定均为安装人员薪酬），估计还会发生33万元。假定CJ安装公司按实际发生的成本占估计总成本的比例确定劳务的完工进度。CJ公司的会计处理如下。

完工进度＝27÷（27+33）×100%＝45%

2018年12月31日确认劳务收入=90×45%−0＝40.5（万元）

2018年12月31日结转劳务成本＝（27+33）×45%−0＝27（万元）

（1）实际发生劳务成本时：

借：劳务成本	270 000
贷：应付职工薪酬	270 000

（2）预收已开票安装费时：

借：银行存款	330 000
贷：预收账款	300 000
应交税费—应交增值税（销项税额）	30 000

（3）2018年12月31日确认劳务收入并结转劳务成本：

借：预收账款	300 000
应收账款	115 500
贷：主营业务收入	405 000

应交税费—应交增值税（销项税额） 10 500

借：主营业务成本 270 000

贷：劳务成本 270 000

（二）提供劳务交易的结果不能可靠估计

在资产负债表日，如果不能同时满足提供劳务交易结果能够可靠估计的四个条件，即属于提供劳务交易的结果不能可靠估计。如果企业在资产负债表日提供劳务交易结果不能够可靠估计的，应当分别按下列情况处理：

1. 已经发生的劳务成本预计能够得到补偿

已经发生的劳务成本预计能够得到补偿，应按已经发生的劳务成本金额确认收入，并按相同金额结转成本。

2. 已经发生的劳务成本预计只能部分得到补偿的

已经发生的劳务成本预计能部分得到补偿的，应当按照能够得到补偿的劳务成本金额确认收入，并按已经发生的劳务成本结转劳务成本。

3. 已经发生的劳务成本预计不能够得到补偿的

已经发生的劳务成本预计不能够得到补偿的，应当将已经发生的劳务成本计入当期损益，不确认提供劳务收入。

【例10-7】续【例10-6】至年底CJ安装公司已预收安装费33万元（已开票，含增值税3万元），实际发生安装费用27万元（假定均为安装人员薪酬），估计还会发生33万元。假定CJ安装公司按实际发生的成本占估计总成本的比例确定劳务的完工进度。CJ安装公司得知M公司发生财务困难，很难再支付剩余的安装费用。

CJ公司在2018年12月31日按照完工百分比法应确认的收入为40.5万元，已经收到的不含税款项金额为30万元，由于剩余的不含税10.5万元预计不能收回，因此按已收回的金额确认主营业务收入。CJ公司的账务处理为：

借：预收账款 300 000

贷：主营业务收入 300 000

借：主营业务成本 270 000

贷：劳务成本 270 000

4. 混合销售条件下劳务收入的确认与计量

企业与其他企业签订的合同或协议，有时既包括销售商品又包括提供劳务，如销售电梯的同时负责安装工作，销售软件后继续提供技术支持，设计产品同时负责生产等。此时，企业应区分不同情况进行会计处理。

（1）如果销售商品部分和提供劳务部分能够区分且能够单独计量的，企业应当分别核算销售商品部分和提供劳务部分，将销售商品的部分作为销售商品处理，将提供劳务的部分作为提供劳务处理。

（2）如果销售商品部分和提供劳务部分不能够区分，或虽能区分但不能够单独计量的企业应当将销售商品部分和提供劳务部分全部作为销售商品进行会计处理。

（3）根据《国家税务总局关于进一步明确营改增有关征管问题的公告》（国家税务总局公告2017年第11号）第一条和第四条的规定：纳税人销售活动板房、机器设备、钢结构件等自产货物的同时提供建筑、安装服务，不属于《营业税改征增值税试点实施办法》（财税〔2016〕36号文件印发）第四十条规定的混合销售，应分别核算货物和建筑服务的销售额，分别适用不同的税率或者征收率。一般纳税人销售电梯的同时提供安装服务，其安装服务可以按照甲供工程选择适用简易计税方法计税（即可以选择3%的税率计征增值税）。

三、让渡资产使用权产生的收入的确认和计量

（一）让渡资产使用权产生的收入种类

（1）让渡现金使用权而收取的利息收入。这主要是指金融企业存、贷款形成的利息收入及同业之间发生往来形成的利息收入等。

（2）转让无形资产（如商标权、专利权、非专利技术、软件、版权）等资产的使用权而形成的使用费收入。让渡资产使用权取得的收入还应包括出租固定资产取得的租金、因债权投资取得的利息收入及进行股权投资取得的股利收入等。

（二）让渡资产使用权收入确认的条件

让渡资产使用权收入包括利息收入、使用费收入等；让渡资产使用权收入的确认同一般销售商品收入的确认一样，须同时满足收入准则规定的5个条件。同时，收入的确认时点按照以下两点孰晚来确认：（1）客户后续销售或使用行为实际发生；（2）企业履行相关履约义务。

（三）让渡资产使用权收入的会计处理

1. 利息收入

利息收入金额，按照他人使用本企业货币资金的时间和实际利率计算确定，根据计算的应收利息金额作如下账务处理：

借：应收利息（或银行存款等）

贷：利息收入

应交税费—应交增值税（销项税额）

2. 使用费收入

使用费收入金额，按照有关合同或协议约定的收费时间和方法计算确定。

【例10-8】甲公司与乙公司约定，由甲公司向乙公司转让其专利使用权，现就以下两种情况分别进行会计处理。

（1）甲乙双方约定，甲方一次性收取含税转让收入530万元，不提供后续服务。

（2）甲乙双方约定，甲方每年年末按乙方年不含税销售收入的5%收取不含税使用费，使用期10年。第一年，乙公司实现不含税销售收入1 000万元；第二年，乙公司实现不含税销售收入800万元。假定不考虑其他因素。

处理如下：

（1）一次性收取使用费且不提供后续服务，应当视同销售该项资产一次性确认收入。

甲公司会计处理如下：

借：银行存款	5 300 000
贷：其他业务收入	5 000 000
应交税费—应交增值税（销项税额）	300 000

（2）分期收取使用费且提供后续服务，应按合同或协议规定的收费方法计算确定的金额分期确认收入。甲公司会计处理如下。

①第一年年末收取使用费时：

借：银行存款	530 000
贷：其他业务收入	500 000
应交税费—应交增值税（销项税额）	30 000

②第二年年末收取使用费时：

借：银行存款	424 000
贷：其他业务收入	400 000
应交税费—应交增值税（销项税额）	24 000

第三节

建造合同收入

一、建造合同概述

（一）建造合同的概念与特征

1. 建造合同的概念

建造合同，是指为建造一项资产或者在设计、技术、功能、最终用途等方面密切相关的数项资产而订立的合同。这里所讲的资产，是指房屋、道路、桥梁、水坝等建筑物以及船舶、飞机、大型机械设备等。所建造的资产从其功能和最终用途看，可分为两类：一类是建成后就可投入使用和单独发挥作用的单项工程，如房屋、桥梁、船舶等；另一类是在设计、技术、功能和最终用途等方面密切相关的由数项资产构成的建设项目，只有这些资产全部建成投入使用时，才能整体发挥效益。如承建一个发电厂，该项目由锅炉房、发电室、冷却塔等几个单项工程构成，只有各单项工程全部建成投入使用时，发电厂才能正常运转和发电。

2. 建造合同的特征

建造合同的特征主要表现在：

（1）先有买主（即客户），后有标底（即资产）。建造资产的造价在签订合同时已经确定；

（2）资产的建设期长，一般都要跨越一个会计年度，有的长达数年；

（3）所建造的资产体积大、造价高；

（4）建造合同一般为不可取消的合同。

（二）建造合同种类

根据建造合同的价格构成方式不同，分为：

1. 合同分立

如果一项建造合同包括建造数项资产，在同时具备下列条件的情况下，每项资产应分立为单项合同处理：

（1）每项资产均有独立的建造计划；

（2）建造承包商与客户就每项资产单独进行谈判，双方能够接受或拒绝与每项资产有关的合同条款；

（3）每项资产的收入和成本可单独辨认。

如果不同时具备上述三个条件，则不能将建造合同进行分立，而仍应将其作为一个合同进行会计处理。

例如：某建筑公司为甲公司建造一栋住宅楼和一个会所，住宅楼的工程造价为8 000万元，会所的工程造价为500万元。住宅楼和会所均有独立的施工图预算。在签订合同时，如果建筑公司与甲公司对住宅楼和会所的预算成本分别谈判，并达成一致意见，则该建造合同符合合同分立的条件，建筑公司应将建造住宅楼和会所分立为两个单项合同进行会计处理。如果建筑公司与甲公司将住宅楼和会所的成本合并到一起谈判，在签订合同时，没有将合同预算成本分开列示，则建筑公司不能将该项建造合同分立为两个单项合同，而应作为一个合同进行会计处理。

2. 合同合并

企业与同一客户（或该客户的关联方）同时订立或在相近时间内先后订立了两份或多份合同，在满足下列条件之一时，应当合并为一份合同进行会计处理：

（1）该两份或多份合同基于同一商业目的而订立并构成一揽子交易。

（2）该两份或多份合同中的一份合同的对价金额取决于其他合同的定价或履行情况，每项合同实际上已构成一项综合利润率工程的组成部分。

（3）该组合同同时或依次履行。

例如：某施工公司为某化工厂建造一个生产车间和污水处理设施，根据合同规定，这两个工程将由该施工方同时施工，并根据整个项目的施工进度办理价款结算。则施工企业应该将该两项合同合并为一个合同进行会计处理、统一核算。

二、建造合同的收入核算

（一）建造合同收入核算的内容

由于建造合同的特点，决定了建造合同的收入核算内容比一般的商品买卖合同要复杂。

建造合同收入是指施工企业承包工程所获得的收入。包括合同中规定的初始收入和因合同变更、索赔、奖励等形成的收入。它是施工企业的主营业务收入。工程结算收入在施工企业的营业收入中占有较大比重，其主要内容包括：

（1）建造工程合同初始收入，指建造承包方与客户在双方签订合同中最初商定的合同总金额。包括合同工程价款以及向客户收取的临时设施费、劳动保险费、施工机构调迁费等。

（2）合同变更收入，是指因客户改变合同规定的作业内容而增加的收入。

（3）工程索赔款收入，是指因客户或第三方的原因造成的、由建造承包方向客户或第三方收取的、用以补偿不包括在合同造价中的成本款项。

（4）奖励款，是指工程达到或超过规定的标准时，客户同意支付给建造承包方的额外款项，比如鲁班奖奖励、结构长城杯奖励。

其中，合同变更收入、索赔款和奖励款三部分收入并不构成合同双方在签订合同时已在合同中商定的合同总金额，而是在执行合同过程中由于合同变更、索赔、奖励等原因形成的收入。建造承包方即施工企业不能随意确定这部分收入，只有在符合规定条件时才能构成合同总收入。

（二）建造合同收入的核算方法

根据《企业会计准则第14号——收入》的规定，企业在资产负债表日提供劳务交易的结果能够可靠估计的，应当采用完工百分比确认建造合同的收入。完工百分比法，是指按照提供劳务交易的完工进度确认收入和费用的方法。

提供劳务交易的结果能够可靠估计，是指同时满足下列条件：收入的金额能够可靠地计量、相关的经济利益很可能流入企业、交易的完工进度能够可靠地确定、交易中已发生和将发生的成本能够可靠地计量。采用完工百分比法确认收入，根据工程进度情况具体计算如下：

1. 以前年度开工、本年度完工和本年开工本年度完工的建造合同

在这种情况下，应在合同项目完工时，根据合同总收入和实际合同成本确认收入和费用。按下列公式确认：

当期计量和确认的合同收入=合同总收入–以前年度累计已确认的收入

当期计量和确认的合同毛利=合同总收入–实际合同总成本–以前年度累计已确认的毛利

当期计量和确认的合同费用=当期确认的合同收入–当期确认的合同毛利–以前年度预计损失准备

2. 资产负债表日尚未完工且完工结果能可靠估计

经过判断，建造合同的结果能够可靠地估计，就可以采用完工百分比法确认合同收入和费用。计算公式如下：

当期确认的合同收入=合同预计总收入×完工进度–以前会计年度累计已确认的收入

当期确认的合同费用=合同预计总成本×完工进度–以前会计期间累计已确认的费用

当期确认的合同毛利=当期确认合同收入–当期确认的合同费用

其中：合同完工进度=（累计实际发生的合同成本/合同预计的总成本）×100%（累计实际发生的合同成本不包括：与合同未来活动相关的合同成本，如施工中尚未安装、使用或耗用的材料成本和在分包工程的工作量完成之前预付

给分包单位的款项）

或，合同完工进度=（已经完成的合同工作量/合同预计的总工作量）×100%

如果企业无法根据上述两个公式确定合同完成进度，可以采用特殊的技术测量方法，由专业人员现场测定合同完工进度。

3. 在资产负债表日尚未完工且完工结果不能可靠估计

如果建造合同的结果不能可靠地估计。分为合同成本能够收回和合同成本不能收回两种情况。

（1）合同成本能够收回

合同收入根据能够收回的实际合同成本予以确认，合同成本在其发生的当期确认为费用。

（2）合同成本不能收回

不确认合同收入，合同成本在发生时即确认为费用，不能收回部分为亏损。

【例10-9】CJ公司于2018年10月承接了甲公司一项工程，合同含税总金额1 100万元（无预付款，按能收回的可结算进度款出具发票），工期2年，当年发生不含税合同成本120万元，由于合同的结果具有很大的不确定性，但双方能够履行合同规定的义务，已发生的成本能够收回，则当年的合同收入和合同成本都确认为120万元（不含税），不确认利润。

发生工程成本时：

借：工程施工—甲公司工程	1 200 000
贷：原材料、应付职工薪酬等	1 200 000
借：应收账款—甲公司	1 320 000
贷：工程结算—甲公司	1 200 000
应交税费—应交增值税（销项税额）	120 000

年底确认收入和成本时：

借：主营业务成本—甲公司工程	1 200 000
贷：主营业务收入	1 200 000

【例10-10】2019年CJ公司又发生不含税合同成本500万元，由于甲公司发生了财务危机，预计能收回的不含税合同成本为370万元，则2019年CJ公司确认370万元的收入，不能收回的130万元确认为亏损。

发生工程成本时：

借：工程施工—甲公司工程	5 000 000
贷：原材料、应付职工薪酬等	5 000 000

借：应收账款—甲公司　　4 070 000

　　贷：工程结算—甲公司　　3 700 000

　　　　应交税费—应交增值税（销项税额）　　370 000

年底确认收入和成本时：

借：主营业务成本—甲公司工程　　5 000 000

　　贷：主营业务收入　　3 700 000

　　　　工程施工—合同毛利　　1 300 000

施工企业与委托方办理工程价款结算的时点早于增值税纳税义务发生的时点，应贷记“应交税费—待转销项税额”等科目，待增值税纳税义务发生时再转入“应交税费—应交增值税（销项税额）”等科目。

（3）合同预计损失的处理

建造承包商正在建造的资产，类似于工业生产企业的在产品，性质上属于建造承包商的存货，期末应当对其进行减值测试。如果建造合同的总成本超过合同总收入，则形成合同预计损失，应提取损失准备，并确认为当期费用。合同完工时，应将已提取的损失准备冲减合同费用。

【例10-11】ABC建筑工程股份有限公司于2018年10月与某工厂签订了一项含税总金额为550万元（其中含税50万元，无预付款，按能收回的可结算进度款出具发票）的生产线固定造价合同，合同预计总成本为480万元。截止到2018年底已实际发生合同成本208万元，因原材料及人工成本上涨，预计2019年为完成合同还需发生成本312万元。该合同的结果能够可靠估计。该公司在2018年末应进行如下账务处理：

2018年底合同完工进度=208÷（208+312）=40%

2018年确认的合同收入=（550−50）×40%=200（万元）

2018年确认的合同费用=（208+312）×40%=208（万元）

2018年确认的合同毛利=200−208=−8（万元）

2018年确认的合同损失=［（208+312）−500］×（1−40%）=12（万元）

2018年末账务处理如下：

借：主营业务成本　　2 080 000

　　贷：主营业务收入　　2 000 000

　　　　工程施工—合同毛利　　80 000

借：资产减值损失　　120 000

　　贷：存货跌价准备　　120 000

（三）建造合同收入的相关税收政策说明及账务处理

1．建造合同收入的相关税收政策说明具体见表10-1。

建造合同收入的相关税收政策　　表10-1

项目	相关规定	政策文号
原政策	纳税人发生应税行为并收讫销售款项或者取得索取销售款项凭据的当天；先开具发票的，为开具发票的当天。 收讫销售款项，是指纳税人销售服务、无形资产、不动产过程中或者完成后收到款项。 取得索取销售款项凭据的当天，是指书面合同确定的付款日期；未签订书面合同或者书面合同未确定付款日期的，为服务、无形资产转让完成的当天或者不动产权属变更的当天	《财政部　国家税务总局关于全面推开营业税改征增值税试点的通知》（财税〔2016〕36号）
	第四十五条第（二）项：纳税人提供建筑服务、租赁服务采取预收款方式的，其纳税义务发生时间为收到预收款的当天。	
新政策	《财政部　国家税务总局关于全面推开营业税改征增值税试点的通知》（财税〔2016〕36号印发）第四十五条第（二）项修改为“纳税人提供租赁服务采取预收款方式的，其纳税义务发生时间为收到预收款的当天”	《财政部　税务总局关于建筑服务等营改增试点政策的通知》（财税〔2017〕58号）
	1．纳税人提供建筑服务取得预收款，应在收到预收款时，以取得的预收款扣除支付的分包款后的余额，按照本条第三款规定的预征率预缴增值税。 2．按照现行规定应在建筑服务发生地预缴增值税的项目，纳税人收到预收款时在建筑服务发生地预缴增值税。按照现行规定无需在建筑服务发生地预缴增值税的项目，纳税人收到预收款时在机构所在地预缴增值税。 3．适用一般计税方法计税的项目预征率为2%，适用简易计税方法计税的项目预征率为3%	

从2017年7月1日起，纳税人提供建筑服务采取预收款方式的，不再作为纳税义务时间，需按《财政部 国家税务总局关于全面推开营业税改征增值税试点的通知》（财税〔2016〕36号）文规定的纳税义务时间判断。因此，建筑企业预收款增值税的纳税义务时间分为以下两方面。

（1）如果业主或发包方要求建筑企业开具发票，则该预收款的增值税纳税义务时间为建筑企业开具发票的当天。

（2）如果业主或发包方不要求建筑企业开具发票，则该预收款的增值税纳税义务时间为已经发生建筑应税服务并与业主或发包方进行工程进度结算，按照合同约定支付结算款的当天。

建筑企业提供建筑服务收到预收款按照预征率预缴税款时，实际操作中需要参照以下几点进行涉税处理。

（1）建筑企业提供建筑服务取得预收款，需要按照跨县市提供建筑服务预缴增值税的规定进行预缴。

1）在建筑服务发生地需要预缴增值税的工程项目，发生预收款时，应在建筑服务发生地预缴税款。

2）在建筑服务发生地无须预缴增值税的工程项目，发生预收款时，应在机构所在地预缴税款。

（2）纳税人提供建筑服务取得预收款，预缴增值税时，取得的预收款扣除支付的分包款需同时出示以下资料：

1）《增值税预缴税款表》；

2）与发包方签订的建筑合同复印件；

3）与分包方签订的分包合同复印件；

4）从分包方取得的发票复印。

（3）预缴增值税的计算方法

1）适用一般计税方法的建筑服务项目

应预缴税款=（全部预收价款–支付的分包款）/（1+10%）×2%

2）适用简易计税方法的建筑服务项目

应预缴税款=（全部预收价款–支付的分包款）/（1+3%）×3%

需要特别说明的是，对于建造合同等相关预收款项涉及的增值税，本书内容及相应例题编者均是按现行政策进行解析说明的。但在相关实务操作中，很多建筑施工企业均未采用预收款预缴增值税的纳税处理方式，而以收到预收款并开具相关发票作为缴纳增值税要件，这是有悖于目前政策规定的，会存在涉税风险。

2. 建筑施工企业签订建造合同后，在各个阶段的账务处理流程

（1）收到客户支付的工程预付款时：

借：银行存款

　　贷：预收账款

（2）收到预付款预交税款时

借：应交税费–预交增值税（一般计税方式）

　　应交税费–简易计税（简易计税方式）

　　贷：银行存款

（3）工程施工过程中，发生相关合同成本时：

借：工程施工—合同成本（或合同间接费用）

　　贷：应付职工薪酬、库存材料、累计折旧等

（4）收到客户款项或工程结算单时：

借：银行存款（或应收账款）

贷：工程结算

应交税费—应交增值税（销项税额）

（5）年末根据完工百分比法确认合同收入和支出时：

借：主营业务成本

工程施工—合同毛利（预计为盈利）

贷：主营业务收入

工程施工—合同毛利（预计为亏损）

（6）实际缴纳应纳税额时

借：应交税费—未交增值税

贷：银行存款

（7）工程竣工结算，收到结算单后

借：工程结算

工程施工—合同毛利（预计为亏损）

贷：工程施工—合同成本（或合同间接费用）

工程施工—合同毛利（预计为盈利）

【例10-12】2018年9月1日，CJ建筑公司与甲房地产开发公司签订了一项建造合同，合同约定CJ公司为甲公司建设一个住宅综合体，含税合同总价款为66 000万元，工期为2年，签订合同后CJ公司收到甲公司支付的工程预付款1 000万元。工程于2018年10月1日开工建设，预计总成本56 000万元。截至2018年12月31日，工程实际发生成本7 471.26万元，因为人工及材料价格上涨，预计还会发生工程成本50 000万元，工程结算价款为9 900万元，实际收到价款7 700万元（含已收到的预付款1 000万元）。CJ公司为一般纳税人（增值税税率10%，按工程合同结算进度出具发票）收到的预交税款采用一般计税方法计税对预收款适用2%预征率，假定建造合同的结果能够可靠估计，CJ公司按累计实际发生的合同成本占合同预计总成本的比例确定完工进度。CJ公司的相关会计分录如下：

（1）收到工程预付款时：

借：银行存款　　1 000万元

贷：预收账款—甲公司　　1 000万元

预交税款：18.181 818万元（1 000/1.1×2%）

借：应交税费—预交增值税　　18.181 818万元

贷：银行存款　　18.181 818万元

（2）2018年10月至12月发生相关合同成本时：

借：工程施工—合同成本　　7 471.26万元

　　贷：应付职工薪酬、库存材料、累计折旧等　　7 471.26万元

（3）收到客户工程结算单并出具发票时：

借：应收账款—甲公司　　8 900万元

　　预收账款—甲公司　　1 000万元

　　贷：工程结算　　9 000万元

　　　　应交税费—应交增值税（销项税额）　　900万元

（4）收到工程进度款时：

借：银行存款　　6 700万元

　　贷：应收账款—甲公司　　6 700万元

预交税款：121.818 182万元［（7 700−1 000）/1.1×2%］

借：应交税费—预交增值税　　121.818 182万元

　　贷：银行存款　　121.818 182万元

（5）2018年12月31日根据完工百分比法确认合同收入和支出时：

完工进度=7 471.26/（7 471.26+50 000）=13%

应确认的收入=60 000×13%=7 800万元

应结转的成本=（7 471.26+50 000）×13%=7 471.26万元

2018年12月31日应做的会计分录为：

借：主营业务成本　　7 471.26万元

　　工程施工—毛利　　328.74万元

　　贷：主营业务收入　　7 800万元

【例10−13】续【例10−12】截止到2019年12月31日CJ公司累计发生工程成本37 356.32万元，工程累计结算价款为41 800万元，2019年度实际收到价款27 500万元。

（1）2019年发生相关合同成本时：

借：工程施工—合同成本　　29 885.06万元

　　贷：应付职工薪酬、库存材料、累计折旧等　　29 885.06万元

（2）收到客户工程结算单并出具发票时：

借：应收账款—甲公司　　31 900万元

　　贷：工程结算　　29 000万元

　　　　应交税费—应交增值税（销项税额）　　2 900万元

（3）收到工程进度款时：

借：银行存款　　27 500万元

　　贷：应收账款—甲公司　　27 500万元

预交税款：　　500万元［（35 200−7 700）/1.1×2%］

借：应交税费—预交增值税　　500万元

贷：银行存款　　500万元

（4）2019年12月31日根据完工百分比法确认合同收入和支出时：

完工进度=37 356.32/（7 471.26+50 000）=65%

应确认的收入=60 000×65%=39 000万元

2019年度应确认的收入=39 000−7 800=31 200万元

应结转的成本=（7 471.26+50 000）×65%=37 356.32万元

2019年度应确认的成本=37 356.32−7 471.26=29 885.06万元

2019年12月31日应做的会计分录为：

借：主营业务成本　　29 885.06万元

工程施工—毛利　　1 314.94万元

贷：主营业务收入　　31 200万元

【例10−14】续【例10−13】2020年5月CJ公司提前完成了全部工程，共发生工程成本57 000万元，含税工程决算价款66 110万元，全部工程价款余款2020年5月底均已收到。

（1）2020年发生相关合同成本时：

借：工程施工—合同成本　　19 643.68万元

贷：应付职工薪酬、库存材料、累计折旧等19 643.68万元

（2）工程竣工结算，收到结算单并出具发票后

借：应收账款—甲公司　　24 310万元

贷：工程结算　　22 100万元

应交税费—应交增值税（销项税额）　　2 210万元

（3）收到全部工程决算余款时：

借：银行存款　　30 910万元

贷：应收账款—甲公司　　30 910万元

预交税款：　　562万元［（66 110−35 200）/1.1×2%］

借：应交税费-预交增值税　　562万元

贷：银行存款　　562万元

（4）确认工程收入和成本

2020年度应确认的收入=60 100−39 000=21 100万元

2020年度应确认的成本=57 000−37 356.32=19 643.68万元

2020年度应确认的毛利=21 100−19 643.68=1 456.32万元

借：主营业务成本　　19 643.68万元

工程施工—毛利　　1 456.32万元

贷：主营业务收入　　21 100万元

（5）结转工程成本

借：工程结算　　60 100万元

贷：工程施工—合同成本　　57 000万元

工程施工—毛利　　3 100万元

第十一章

费用和利润

第一节

费用

一、费用概述

（一）费用的概念与特征

费用是企业在日常活动中发生的会导致所有者权益减少的、与向所有者分配利润无关的经济利益的总流出。

费用是企业在生产经营过程中发生的各项耗费，即企业在生产经营过程中为取得收入而支付或耗费的各项资产。费用的发生意味着资产的减少或负债的增加。收入表示企业经济利益的增加，而费用表示企业经济利益的减少。

费用有广义的费用和狭义的费用，广义的费用包括直接费用、间接费用和期间费用；狭义的费用指期间费用，也就是销售费用、管理费用和财务费用。费用具有以下特征：

（1）费用是在日常活动中形成的。

（2）费用是与向所有者分配利润无关的经济利益的总流出。

（3）费用会导致企业所有者权益的减少。

（二）费用的分类

企业发生的各项费用根据其性质，可以按照不同的标准进行分类。其中最基本的是按照费用的经济内容分类和按照费用的经济用途分类。此外，还有一些其他的分类方法。下面加以具体说明。

1. 费用按其经济内容分类

费用按照经济内容（或性质）进行分类，可分为劳动对象方面的费用、劳动手段方面的费用和活劳动方面的费用三大类，具体可细分为以下9类。

（1）外购材料，指企业为进行生产而耗用的一切从外部购入的原材料及主要材料、成品、辅助材料、包装物、修理用备件和低值易耗品等。

（2）外购燃料，指企业为进行生产而耗用的从外部购进的各种燃料。

（3）外购动力，指企业为进行生产而耗用的从外部购进的各种动力。

（4）职工薪酬，指企业应计入成本费用的职工工资及社会保险费用等。

（5）提取的职工福利费用，指从成本费用中列支的，用于职工福利方面的支出。

（6）折旧及摊销，指企业按照核定的固定资产折旧率计算提取的固定资产折旧费、无形资产摊销。

（7）利息支出，指企业应计入成本费用的利息支出减去利息收入后的净额。

（8）税费，指企业应计入成本费用的各种税费。

（9）其他支出，指不属于以上各要素的费用支出。

2. 费用按其经济用途分类

费用按照经济用途分类，可分为直接材料、直接工资、其他直接支出、制造费用和期间费用。

（1）直接材料，指构成产品实体，或有助于产品形成的各项原料及主要材料、辅助材料、燃料、备品备件、外购半成品和其他直接材料。

（2）直接工资，指直接从事产品生产人员的工资、奖金、津贴和补贴等。

（3）制造费用，指企业各生产单位为组织和管理生产所发生的各项费用。

（4）期间费用，指企业在生产经营过程中发生的销售费用、管理费用和财务费用。

3. 费用按其同产量之间的关系分类

按照费用同产量之间的关系，可以把费用分为固定费用和变动费用。所谓固定费用，是指产量在一定范围内，费用总额不随着产品产量的变动而变动的费用，如固定资产折旧费、管理人员工资、办公费等。所谓变动费用，是指费用总额随着产品产量的变动而变动的费用，如原材料费用和生产工人计件工资等。

二、费用的确认与计量

费用的确认除了应当符合定义外，也应当满足严格的条件，即费用只有在经济利益很可能流出从而导致企业资产减少或者负债增加，且经济利益的流额能够可靠计量时才能予以确认。

企业为生产产品、提供劳务等发生的可归属于产品成本、劳务成本等的费用，应当在确认产品销售收入、劳务收入等时，将已销售产品、已提供劳务的成本等计入当期损益。

企业发生的支出不产生经济利益的，或者即使能够产生经济利益但不符合或者不再符合资产确认条件的，应当在发生时确认为费用，计入当期损益。

企业发生的交易或者事项导致其承担了一项负债而又不确认为一项资产的，应当在发生时确认为费用，计入当期损益。

第二节

工程施工成本的核算

建造合同成本的组成内容应包括从合同签订开始至合同完成止所发生的、与执行合同有关的直接费用和间接费用。直接费用在发生时直接计入合同成本，间接费用在资产负债表日按照合理的方法分摊计入合同成本。

直接费用，是指为完成合同所发生的、可以直接计入合同成本核算对象的各项费用支出。具体包括耗用的人工费、材料费、机械使用费和其他直接费等四项费用。

间接费用，是指为完成合同所发生的、不易直接归属于合同成本核算对象而应分配计入有关合同成本核算对象的各项费用支出，如施工管理人员的薪酬、水电费、房屋租金等。通常情况下，间接费用是企业下属的施工单位为组织和管理施工生产活动所发生的费用。这里所说的施工单位是指建筑安装企业的工区、工程公司、项目经理部、施工队等间接费用。

施工企业一般设置“工程施工”“机械作业”两个会计科目对建造合同成本进行归集。

一、“工程施工”科目

本科目核算施工企业实际发生的合同成本和合同毛利。按建造合同，分别以“合同成本”“间接费用”“合同毛利”进行明细核算。

（一）“合同成本”科目

该科目核算各项工程施工合同发生的实际成本，包括施工企业在施工过程中发生的人工费、材料费、机械使用费、其他直接费、间接费用等。其他直接费用主要包括有关的设计和技术援助费、施工现场材料的二次搬运费、生产工具和用具使用费、检验试验费、临时设施折旧费、水电费等。发生相关的费用支出时：

借：工程施工—合同成本

　　应交税费—应交增值税（进项税额）

　　贷：应付职工薪酬、原材料等

（二）“间接费用”科目

该科目核算施工单位组织施工、管理生产所发生的各项费用。这些费用，虽为组织施工、管理所必需，但是不能确定其为某项工程成本所应负担，无法直接将这些费用计入各项工程成本。费用发生时先通过此科目归集，期末再将其分配到各工程成本。此科目核算的内容主要包括：管理人员职工薪酬、折旧费、修理费、工具用具使用费（指施工单位施工管理部门使用不属于固定资产的工具、器具和检验、试验、消防用具等的购置，摊销和修理费）、办公费（指施工单位管理部门办公用的文具、纸张、印刷、邮电、书报、会议、水电、气、暖等费用）、差旅交通费、劳动保护费、财产保险费、工程保护费等。费用发生时：

借：工程施工—间接费用

　　应交税费—应交增值税（进项税额）

　　贷：累计折旧、银行存款等

期（月）末，将间接费用分配计入有关合同成本：

借：工程施工—合同成本

　　贷：工程施工—间接费用

（三）“合同毛利”科目

该科目核算各项工程施工确认的合同毛利。

二、“机械作业”科目

本科目核算建筑施工企业及其内部独立核算的施工单位、机械站和运输队使用自有施工机械和运输设备进行机械作业（包括机械化施工和运输作业等）所发生的各项费用。施工企业及其内部独立核算的施工单位，从外单位或本企业其他内部独立核算的机械站租入施工机械发生的机械租赁费，在“工程施工”科目核算。

“机械作业”成本项目一般包括：人工费、燃料及动力费、折旧及修理费、其他直接费用、间接费用（为组织和管理机械作业生产所发生的费用）。主要账务处理如下。

（1）施工企业发生的机械作业支出

借：机械作业

　　应交税费—应交增值税（进项税额）

　　贷：原材料、应付职工薪酬、累计折旧等

（2）期（月）末，施工企业及其内部独立核算的施工单位、机械站和运输队为本单位承包的工程进行机械化施工和运输作业的成本，应转入承包工程的成本：

借：工程施工—合同成本

　　贷：机械作业

对外单位、专项工程等提供机械作业（包括运输设备）的成本：

借：劳务成本

　　贷：机械作业

第三节

期间费用

一、销售费用

销售费用是指企业销售商品和材料、提供劳务的过程中发生的各种费用，包括保险费、包装费、展览费和广告费、商品维修费、预计产品质量保证损失、运输费、装卸费等，以及为销售本企业商品而专设的销售机构（含销售网点、售后服务网点等）的职工薪酬、业务费、折旧费等经营费用。

企业应当设置“销售费用”科目，核算销售商品和材料、提供劳务的过程中发生的各种销售费用。企业在销售商品过程中发生的包装费、保险费、展览费和广告费、运输费、装卸费等费用，借记“销售费用”、应交税费—应交增值税（进项税额）等科目，贷记“库存现金”“银行存款”等科目；发生的为销售本企业商品而专设的销售机构的职工薪酬、业务费等经营费用，借记“销售费用”科目，贷记“应付职工薪酬”“银行存款”“累计折旧”等科目。期末，应将“销售费用”科目余额转入“本年利润”科目，结转后“销售费用”科目无余额。

二、管理费用

管理费用是指企业行政管理部门为管理和组织企业进行建筑施工等经营活动而发生的各项费用。主要包括以下方面的内容：

公司经费或企业经费（具体包括行政管理部门职工薪酬、差旅费、办公费、折旧费、机物料消耗等）、施工现场和企业管理部门固定资产修理费、工会经费、职工教育费、劳动保险费、董事会费、咨询费、聘请中介机构费、诉讼费、排污费、技术转让费、研究与开发费、无形资产摊销、业务招待费、存货盘亏损失等。

企业应当设置“管理费用”科目，核算企业为组织和管理企业生产经营所发生的各种管理费用。企业在筹建期间内发生的开办费，包括人员工资、办公费、培训费、差旅费、印刷费、注册登记费及不计入固定资产成本的借款费用等在实际发生时，借记“管理费用”、应交税费—应交增值税（进项税额）等科目，贷记“银行存款”等科目；行政管理部门人员的职工薪酬，借记“管理费用”科目，贷记“应付职工薪酬”科目；行政管理部门计提的固定资产折旧，借记“管理费用”科目，贷记“累计折旧”科目；发生的办公费、水电费、业务招待费、聘请中介机构费、咨询费、诉讼费、技术转让费、研究费用，借记“管理费用”、应交税费—应交增值税（进项税额）等科目，贷记“银行存款”“研发支出”等科目。期末，应将“管理费用”科目的余额转入“本年利润”科目，结转后“管理费用”科目无余额。

三、财务费用

财务费用是指企业为筹集生产经营所需资金等而发生的筹资费用，包括利息支出（减利息收入）、汇兑损益，以及相关的手续费、企业发生的现金折扣或收到的现金折扣等。

企业应当设置“财务费用”科目，核算企业为筹集生产经营所需资金等而发生的筹资费用等各项财务费用。企业发生的财务费用，借记“财务费用”科目，贷记“银行存款”“未确认融资费用”等科目；发生的应冲减财务费用的利息收入、汇兑损益、现金折扣，借记“银行存款”“应付账款”等科目，贷记“财务费用”科目。期末，应将“财务费用”科目余额转入“本年利润”科目，结转后“财务费用”科目无余额。

【例11-1】某建筑施工企业本月发生以下期间费用：

（1）企业行政管理部门购买办公用品4 640元，已用银行存款支付并取得了增值税专用发票，作如下会计分录：

借：管理费用—办公用品	4 000
应交税费—应交增值税（进项税额）	640
贷：银行存款	4 640

（2）企业接到银行付款通知，本月银行手续费900元，已从存款账户中扣除，作如下会计分录：

借：财务费用—手续费	900
贷：银行存款	900

（3）企业用银行存款支付咨询费2 120元，广告费5 300元，均取得了增值税专用发票。作如下会计分录：

借：管理费用—咨询费	2 000
销售费用—广告费	5 000
应交税费—应交增值税（进项税额）	420
贷：银行存款	7 420

（4）企业接到银行通知，本月银行存款利息收入400元，已转入存款账户。作如下会计分录：

借：银行存款	400
贷：财务费用—利息收入	400

（5）企业分配本月工资，其中总部管理人员工资10 000元，房屋看护人员工资4 000元。作如下会计分录：

借：管理费用—公司经费	10 000
销售费用—产品看护费	4 000
贷：应付职工薪酬	14 000

（6）月末，将本月发生的销售费用、管理费用和财务费用，全部转入“本年利润”账户。作如下会计分录：

借：本年利润	25 500
贷：销售费用	9 000
管理费用	16 000
财务费用	500

第四节

利润

一、利润的概念与构成

（一）利润的概念

利润是指企业在一定会计期间的经营成果，利润包括收入减去费用后的净额、直接计入当期损益的利得和损失等。

直接计入当期损益的利得和损失是指应当计入当期损益、会导致所有者权益发生增减变动的、与所有者投入资本或者向所有者分配利润无关的利得或者损失。它包括营业外收入和营业外支出。

（二）利润构成

1. 营业利润

营业利润=营业收入–营业成本–税金及附加–销售费用–管理费用–财务费用–资产减值损失+（–）公允价值变动收益（损失）+（–）投资收益（损失）+（–）资产处置收益（损失）+其他收益

其中，营业收入包括主营业务收入和其他业务收入；营业成本包括主营业务成本和其他业务成本；资产处置收益为企业出售划分为持有待售的非流动资产（金融工具、长期股权投资和投资性房地产除外）或处置组（子公司和业务除外）时确认的处置利得或损失，以及处置未划分为持有待售的固定资产、在建工程、生产性生物资产及无形资产而产生的处置利得或损失；其他收益为企业收到的与企业日常经营活动相关的政府补助。

2. 利润总额

利润总额=营业利润+营业外收入–营业外支出

3. 净利润（或净亏损）

净利润（或净亏损）=利润总额–所得税费用

（三）营业外收入和营业外支出的确认和计量

营业外收入与营业外支出虽然与企业日常生产经营活动无直接关系，但站在企业主体的角度来看，同样是其经济利益的流入或流出，从而构成利润的一部分，对企业的盈亏状况产生不可忽视的影响。

1. 营业外收入

营业外收入是指企业取得的与日常生产经营活动没有直接关系的各项利得。企业应当设置“营业外收入”科目，核算企业发生的各项营业外收入。主要包括以下内容。

（1）债务重组利得，是指企业在进行债务重组时，债务因重组债务的账面价值高于用于偿债的现金及非现金资产公允价值、债权人放弃债权而享有股份的公允价值、重组后债务的入账价值的差额所形成的利得。

（2）政府补助利得，是指企业从政府无偿取得货币性资产或非货币性资产形成的利得，不包括政府作为企业所有者对企业的资本投入。具体包括企业取得的与资产相关的政府补助，在相关资产使用寿命内平均分配而计入当期损益的利得；企业取得的与收益相关的政府补助，用于补偿以后期间的相关费用或损失而于确认相关费用期间计入当期损益的利得；企业取得的与收益相关的政府补助，用于补偿已发生的相关费用或损失而直接计入当期损益的利得。计入本科目的政府补助，均为与企业日常经营活动无关的政府补助。

（3）盘盈利得，是指企业在财产清查中发现的库存现金实存数额超过账面数额而获得的资产溢余利得。

（4）捐赠利得，是指企业接受外部现金和非现金资产捐赠而获得的利得。

（5）罚没利得，是指企业收取的滞纳金、违约金及其他形式的罚款，在弥补了由于对方违约而造成的经济损失后的净收益。

（6）无法支付的应付款项。

2. 营业外支出

营业外支出是指企业发生的与日常生产经营活动没有直接关系的各项损失。企业应当设置“营业外支出”科目，核算企业发生的各项营业外支出。主要包括以下内容。

（1）债务重组损失，是指企业在进行债务重组时，债权人重组债权的账面价值高于接受抵债取得的现金及非现金资产公允价值、放弃债权而享有股份的公允价值、重组后债权的入账价值的差额所形成的损失。

（2）捐赠支出，是指企业对外进行公益性和非公益性捐赠而付出资产的公允价值。

（3）非常损失，是指企业由于自然灾害等客观原因造成的财产损失，在扣除保险公司赔款和残料价值后，应计入当期损益的净损失。

（4）盘亏损失，是指企业在财产清查中发现的固定资产实存数量少于账面数量而发生的资产短缺损失。

（5）非流动资产毁损报废损失，是指因自然灾害发生毁损、已丧失使用功能等原因而报废所发生的损失。

（6）罚款支出，是指企业由于违反合同、违法经营、偷税漏税、拖欠税款等而支付的违约金、罚款、滞纳金等支出。

营业外收入和营业外支出所包括的收支项目互不相关，不存在配比关系，因此，不得以营业外支出直接冲减营业外收入，也不得以营业外收入抵补营业外支出，二者的发生金额应当分别核算。会计期末，应将营业外收入和营业外支出的发生金额转入“本年利润”科目，结转后本科目应无余额。

二、利润的结转与分配

（一）利润的结转

企业应设置“本年利润”科目，用于核算企业当期实现的净利润或发生的净亏损。会计期末，企业应将各损益类科目的余额转入“本年利润”科目。结转各损益类科目，即将收入类科目贷方余额转入本科目贷方登记，借记“主营业务收入”“其他业务收入”“其他收益”“营业外收入”等科目，贷记“本年利润”科目；将支出类科目借方余额转入本科目借方登记，借记“本年利润”科目，贷记“主营业务成本”“税金及附加”“其他业务成本”“销售费用”“管理费用”“财务费用”“资产减值损失”“营业外支出”“所得税费用”等科目。“公允价值变动损益”“投资收益”“资产处置损益”等科目为净收益，借记“公允价值变动损益”“投资收益”“资产处置损益”等科目，贷记“本年利润”科目；如为净损失，借记“本年利润”科目，贷记“公允价值变动损益”“投资收益”“资产处置损益”等科目。期末结转各损益类科目余额后，“本年利润”科目如为贷方余额，反映年初至本期末累计实现的净利润；如为借方余额，反映年初至本期末累计发生的净亏损。年度终了，企业应将收入和支出相抵后结出的本年实现的净利润，转入“利润分配—未分配利润”科目，借记“本年利润”科目，贷记“利润分配—未分配利润”科目；如果为净亏损，借记“利润分配—未分配利润”科目，贷记“本年利润”科目。结转后，“本年利润”科目应无余额。为了简化核算，企业在中期期末也可以不进行上述各损益类科目余额的结转，年内各期实现的利润直接通过利润表计算；年度终了时，再将各损益类科目全年累计余额一次转入“本年利润”科目。

【例11-2】CJ公司2018年度取得主营业务收入38 000万元，其他业务收入20万元，投资净收益300万元，营业外收入10万元；发生主营业务成本36 000万元，其他业务成本15万元，税金及附加38万元，销售费用360万元，管理费用340万元，财务费用10万元，资产减值损失20万元，公允价值变动净损失10万元，营业外支出5万元；本年度确认的所得税费用为391万元。假定CJ公司中期期末不进行利润结转，年末一次结转利润。CJ公司结转利润的会计处理如下。

（1）2018年12月31日，结转本年损益类科目余额：

借：主营业务收入	38 000万元
其他业务收入	20万元
投资收益	300万元
营业外收入	10万元
贷：主营业务成本	36 000万元
其他业务成本	15万元
税金及附加	38万元
销售费用	360万元
管理费用	340万元
财务费用	10万元
资产减值损失	20万元
公允价值变动损益	10万元
营业外支出	5万元
所得税费用	391万元
本年利润	1 141万元

（2）结转本年净利润：

借：本年利润	1 141万元
贷：利润分配—未分配利润	1 141万元

（二）利润的分配

企业当期实现的净利润，加上年初未分配利润（或减去年初未弥补亏损）后的余额，为可供分配的利润。企业无论是用税前利润或税后利润弥补以前年度亏损，都不需要单独编制弥补亏损的会计分录，即不需要单独进行会计处理。年末进行利润结转时，将本年实现的利润从“本年利润”账户结转到“利润分配”账户及其所属明细账户“未分配利润”账户的贷方，这样就自然进行了弥补。

但要注意的是：在年末计算“应纳税所得额”时，如果用税前利润弥补亏损，需要将弥补亏损的数额从应纳税所得额中扣除。而用税后利润弥补亏损，则不能进行扣除。

可供分配的利润，一般按下列顺序分配。

（1）提取法定盈余公积，是指企业根据有关法律的规定，按照当年净利润的10%提取的盈余公积。法定盈余公积累计金额超过企业注册资本的50%以上时，可以不再提取。

（2）提取任意盈余公积，是指企业按股东大会决议提取的盈余公积。

（3）应付现金股利或利润，是指企业按照利润分配方案分配给股东的现金股利，也包括非股份有限公司分配给投资者的利润。

（4）转作股本的股利，是指企业按照利润分配方案以分派股票股利的形式转作股本的股利，也包括非股份有限公司以利润转增的资本。

企业应当设置"利润分配"科目，核算利润的分配（或亏损的弥补）情况，以及历年积存的未分配利润（或未弥补亏损）。该科目还应当分别按"提取法定盈余公积""提取任意盈余公积""应付现金股利（或利润）""转作股本的股利""盈余公积补亏"和"未分配利润"等进行明细核算。

企业按有关法律规定提取的法定盈余公积，借记"利润分配—提取法定盈余公积"科目，贷记"盈余公积—法定盈余公积"科目；按股东大会或类似机构决议提取的任意盈余公积，借记"利润分配—提取任意盈余公积"科目，贷记"盈余公积—任意盈余公积"科目；按股东大会或类似机构决议分配给股东的现金股利，借记"利润分配—应付现金股利（或利润）"科目，贷记"应付股利"科目；按股东大会或类似机构决议分配给股东的股票股利，在办理增资手续后，借记"利润分配—转作股本的股利"科目，贷记"股本"或"实收资本"科目，如有差额，贷记"资本公积—股本溢价（或资本溢价）"科目；企业用盈余公积弥补亏损，借记"盈余公积—法定盈余公积（或任意盈余公积）"科目，贷记"利润分配—盈余公积补亏"科目。年度终了，企业应将"利润分配"科目所属其他明细科目余额转入"未分配利润"明细科目。结转后，除"未分配利润"明细科目外，其他明细科目应无余额。

【例11-3】CJ公司2018年度实现净利润1 141万元，按净利润的10%提取法定盈余公积，按净利润的10%提取任意盈余公积，向股东分派现金股利200万元。CJ公司作如下会计处理。

（1）提取盈余公积：

借：利润分配—提取法定盈余公积	114.1万元
—提取任意盈余公积	114.1万元
贷：盈余公积—法定盈余公积	114.1万元
—任意盈余公积	114.1万元

（2）分配现金股利：

借：利润分配—应付现金股利	200万元

贷：应付股利　　200万元

（3）结转“利润分配”其他明细科目余额：

借：利润分配—未分配利润　　428.2万元

　　贷：利润分配—提取法定盈余公积　　114.1万元

　　　　　　　　—提取任意盈余公积　　114.1万元

　　　　　　　　—应付现金股利　　200万元

第十二章

增值税

第一节

增值税的一般规定

增值税是以商品（含应税劳务）在流转过程中产生的增值额作为计税依据而征收的一种流转税。

一、增值税的概念

增值税是对从事销售货物或提供加工、修理修配劳务以及进口货物的单位和个人取得的增值额征收的一个税种。从计税原理上说，增值税是对商品生产、流通、劳务服务中多个环节的新增价值或商品的附加值征收的一种流转税。增值税实行价外税。

二、增值税的特点

（一）实行价外计税

即税金不包括在销售价格内，把税款同价格分开，使企业的成本核算不受税收的影响，当在零售环节出售商品和对消费者提供劳务时，价格和税款不再分开标明，这时税金仍然是价外税。增值税采用增值税专用发票进行征收管理，发票上将货物的销售额与税额分开填列。

（二）实行税款抵扣制

增值税征收实行凭借取得的注明税款的专用发票进行抵扣的办法，这样能够彻底排除重复征税，也具有税收中性的特征。

（三）实行普遍征税

一般涉及绝大部分商品和劳务，对从事生产经营和提供劳务的，不论是单位还是个人均征收增值税，体现税收的普遍性，保证税源充足。

（四）实行多环节征税

纳税环节包括生产经营、流通和提供劳务的各个环节，即在生产、批发、零售、劳务提供和进口等各个环节分别征税，有利于防止偷逃税。它实行逐环节征税，逐环节扣税，但最终消费者是全部税款的承担者，增值税也具有税负转嫁的特征。

三、增值税的纳税义务人和扣缴义务人

凡在我国境内销售货物或服务、销售无形资产或者不动产，或者提供加工、修理修配劳务，以及进口货物的单位和个人都是增值税的纳税义务人，具体包括以下含义。

（1）单位是指企业、行政单位、事业单位、军事单位、社会团体及其他单位。

（2）个人是指个体工商户和其他个人。

（3）企业租赁或承包给他人经营的，以承租人或承包人为纳税义务人。

（4）进口货物的收货人或办理报关手续的单位和个人为进口货物的纳税人。

（5）扣缴义务人是指我国境外单位或个人在境内提供应税劳务，在境内未设有经营机构的，以其境内代理人为扣缴义务人；在境内没有代理人的，以购买方为扣缴义务人。

四、增值税的征税范围

（一）征税范围的一般规定

增值税的征税范围包括：销售或者进口货物；提供加工、修理修配劳务；销售服务、无形资产或者不动产等。

（1）货物是指有形动产，包括电力、热力、气体在内。销售货物是指有偿转让货物的所有权。凡是把货物的所有权交给购买方，并从购买方取得货币、货物或其他经济利益的，都属于销售货物。

（2）加工是指受托加工货物的业务，即委托方提供原料和主要材料，受托方按照委托方的要求，制造货物并收取加工费的业务。

（3）修理修配是指受托对损伤和丧失功能的货物进行修复，使其恢复原状和功能的业务。

（4）进口货物是指申报进入我国海关境内的货物。

（5）销售服务、无形资产或者不动产，是指有偿提供服务、有偿转让无形资产或者不动产，但属于下列非经营活动的情形除外：

1）行政单位收取的同时满足以下条件的政府性基金或者行政事业性收费。

①由国务院或者财政部批准设立的政府性基金，由国务院或者省级人民政府及其财政、价格主管部门批准设立的行政事业性收费；

②收取时开具省级以上（含省级）财政部门监（印）制的财政票据；

③所收款项全额上缴财政。

2）单位或者个体工商户聘用的员工为本单位或者雇主提供取得工资的服务。

3）单位或者个体工商户为聘用的员工提供服务。

4）财政部和国家税务总局规定的其他情形。

（二）对视同销售货物行为的征税规定

单位或个体工商户的下列行为，视同销售货物，征收增值税。

（1）将货物交付其他单位或者个人代销。

（2）销售代销货物。

（3）设有两个以上机构并实行统一核算的纳税人，将货物从一个机构移送到其他机构用于销售，但相关机构设在同一县（市）的除外。

（4）将自产、委托加工的货物用于非应税项目。

（5）将自产、委托加工的货物用于集体福利或个人消费。

（6）将自产、委托加工或购买的货物作为投资，提供给其他单位或个体工商户。

（7）将自产、委托加工或购买的货物分配给股东或投资者。

（8）将自产、委托加工或购买的货物无偿赠送给其他单位或者个人。

（9）单位或者个体工商户向其他单位或者个人无偿提供服务，但用于公益事业或者以社会公众为对象的除外。

（10）单位或者个人向其他单位或者个人无偿转让无形资产或者不动产，但用于公益事业或者以社会公众为对象的除外。

（11）财政部和国家税务总局规定的其他情形。

（三）兼营行为的征税规定

纳税人兼营不同税率的货物或者应税劳务，应当分别核算不同税率货物或者应税劳务的销售额；未分别核算销售额的，从高适用税率。

《中华人民共和国增值税暂行条例实施细则》（以下简称《增值税暂行条例实施细则》）中规定：纳税人兼营免税、减税项目的，应当分别核算免税、减税项目的销售额；未分别核算销售额的，不得免税、减税。

五、增值税一般纳税人和小规模纳税人的认定

由于增值税实行凭增值税专用发票抵扣税款的制度，根据《增值税暂行条例》及其实施细则的规定，划分一般纳税人和小规模纳税人的基本依据是：纳税人的会计核算是否健全，是否能够提供准确的税务资料以及企业规模的大小。因此，现行的增值税制度中以纳税人年应税销售额的大小和会计核算水平这两个标准为依据来划分一般纳税人和小规模纳税人。

（一）小规模纳税人的认定

小规模纳税人的认定标准如下：

（1）自2018年5月1日起，从事货物生产或提供应税劳务的纳税人，以及以从事货物生产或提供应税劳务为主，并兼营货物批发或零售的纳税人，年应税销售额在500万元（含）以下的。

（2）自2018年5月1日起，其他纳税人，年应税销售额在500万元（含）以下的。

（3）应税服务的年应征增值税销售额未超过500万（含）的纳税人。

（4）非企业性单位、不经常提供应税行为的企业和个体工商户，应税服务年销售额超过一般纳税人标准可选择按小规模纳税人纳税。

纳税人同时兼营增值税应税货物、劳务，以及应税服务销售额时，如果其中某一项达到一般纳税人销售额的标准，则认定为一般纳税人；如果各个单项都没有达到一般纳税人标准，则认定为小规模纳税人。

（二）一般纳税人的认定

1. 一般纳税人的认定标准

（1）年应税销售额超过小规模纳税人认定标准的企业和企业性单位，除另有规定外，应当向主管税务机关申请一般纳税人资格认定。

（2）年应税销售额未超过标准以及新开业的纳税人，可以向主管税务机关申请一般纳税人资格认定。对于符合下列条件的纳税人，主管税务机关应当为其办理一般纳税人认定。

①有固定的生产经营场所。

②能够按照国家统一的会计制度规定设置账簿，根据合法、有效凭证核算，能够提供准确的税务资料。

2. 不办理一般纳税人资格认定的情形

根据税法规定，下列纳税人不办理一般纳税人资格认定。

（1）个体工商户以外的其他个人。其中，其他个人是指自然人。

（2）选择按小规模纳税人纳税的非企业性单位。

（3）选择按照小规模纳税人纳税的不经常发生应税行为的企业。

自2018年5月1日起，企事业单位一经认定为一般纳税人后，在一定期限内允许已登记为一般纳税人的企业转登记为小规模纳税人。

六、增值税的税目、税率

（一）增值税纳税义务人的税目、税率

目前增值税纳税义务人增值税税率共3档，分别6%、11%和17%（自2018年5月1日起，3档税率分别调整为6%、10%和16%）。增值税的税目、税率、征收率及扣除率表分别详见表12-1～表12-3。

增值税税目税率　　表12-1

序号	税目	增值税税率
1	陆路运输服务	10%
2	水路运输服务	10%
3	航空运输服务	10%
4	管道运输服务	10%
5	邮政普遍服务	10%
6	邮政特殊服务	10%
7	其他邮政服务	10%
8	基础电信服务	10%
9	增值电信服务	6%
10	工程服务	10%
11	安装服务	10%
12	修缮服务	10%
13	装饰服务	10%
14	其他建筑服务	10%
15	贷款服务	6%
16	直接收费金融服务	6%
17	保险服务	6%
18	金融商品转让	6%
19	研发和技术服务	6%
20	信息技术服务	6%
21	文化创意服务	6%
22	物流辅助服务	6%
23	有形动产租赁服务	16%
24	不动产租赁服务	10%
25	鉴证咨询服务	6%
26	广播影视服务	6%
27	商务辅助服务	6%

续表

序号	税目	增值税税率
28	其他现代服务	6%
29	文化体育服务	6%
30	教育医疗服务	6%
31	旅游娱乐服务	6%
32	餐饮住宿服务	6%
33	居民日常服务	6%
34	其他生活服务	6%
35	销售无形资产	6%
36	转让土地使用权	10%
37	销售不动产	10%
38	在境内载运旅客或者货物出境	0%
39	在境外载运旅客或者货物入境	0%
40	在境外载运旅客或者货物	0%
41	航天运输服务	0%
42	向境外单位提供的完全在境外消费的研发服务	0%
43	向境外单位提供的完全在境外消费的合同能源管理服务	0%
44	向境外单位提供的完全在境外消费的设计服务	0%
45	向境外单位提供的完全在境外消费的广播影视节目（作品）的制作和发行服务	0%
46	向境外单位提供的完全在境外消费的软件服务	0%
47	向境外单位提供的完全在境外消费的电路设计及测试服务	0%
48	向境外单位提供的完全在境外消费的信息系统服务	0%
49	向境外单位提供的完全在境外消费的业务流程管理服务	0%
50	向境外单位提供的完全在境外消费的离岸服务外包业务	0%
51	向境外单位提供的完全在境外消费的转让技术	0%
52	财政部和国家税务总局规定的其他服务	0%
53	销售或者进口货物	16%

续表

序号	税目	增值税税率
54	粮食、食用植物油	10%
55	自来水、暖气、冷气、热水、煤气、石油液化气、天然气、沼气、居民用煤炭制品	10%
56	图书、报纸、杂志	10%
57	饲料、化肥、农药、农机、农膜	10%
58	农产品	10%
59	音像制品	10%
60	电子出版物	10%
61	二甲醚	10%
62	国务院规定的其他货物	10%
63	加工、修理修配劳务	16%
64	出口货物	0%

增值税适用征收　表12-2

序号	税目	增值税征收率
1	陆路运输服务	3%
2	水路运输服务	3%
3	航空运输服务	3%
4	管道运输服务	3%
5	邮政普遍服务	3%
6	邮政特殊服务	3%
7	其他邮政服务	3%
8	基础电信服务	3%
9	增值电信服务	3%
10	工程服务	3%
11	安装服务	3%
12	修缮服务	3%

续表

序号	税目	增值税征收率
13	装饰服务	3%
14	其他建筑服务	3%
15	贷款服务	3%
16	直接收费金融服务	3%
17	保险服务	3%
18	金融商品转让	3%
19	研发和技术服务	3%
20	信息技术服务	3%
21	文化创意服务	3%
22	物流辅助服务	3%
23	有形动产租赁服务	3%
24	不动产租赁服务	5%
25	鉴证咨询服务	3%
26	广播影视服务	3%
27	商务辅助服务	3%
28	其他现代服务	3%
29	文化体育服务	3%
30	教育医疗服务	3%
31	旅游娱乐服务	3%
32	餐饮住宿服务	3%
33	居民日常服务	3%
34	其他生活服务	3%
35	销售无形资产	3%
36	转让土地使用权	3%
37	销售不动产	5%
38	销售或者进口货物	3%

续表

序号	税目	增值税征收率
39	粮食、食用植物油	3%
40	自来水、暖气、冷气、热水、煤气、石油液化气、天然气、沼气、居民用煤炭制品	3%
41	图书、报纸、杂志	3%
42	饲料、化肥、农药、农机、农膜	3%
43	农产品	3%
44	音像制品	3%
45	电子出版物	3%
46	二甲醚	3%
47	国务院规定的其他货物	3%
48	加工、修理修配劳务	3%
49	一般纳税人提供建筑服务选择适用简易计税办法	3%
50	小规模纳税人转让其取得的不动产	5%
51	个人转让其购买的住房	5%
52	房地产开发企业中的一般纳税人，销售自行开发的房地产老项目，选择适用简易计税方法的	5%
53	房地产开发企业中的小规模纳税人，销售自行开发的房地产项目	5%
54	一般纳税人出租其2016年4月30日前取得的不动产，选择适用简易计税方法的	5%
55	单位和个体工商户出租不动产（个体工商户出租住房减按1.5%计算应纳税额）	5%
56	其他个人出租不动产（出租住房减按1.5%计算应纳税额）	5%
57	一般纳税人转让其2016年4月30日前取得的不动产，选择适用简易计税方法计税的	5%

增值税适用扣除率　　表12-3

序号	税目	增值税扣除率
1	购进农产品（除以下第二项外）	10%的扣除率计算进项税额
2	购进用于生产销售或委托加工16%税率货物的农产品	12%的扣除率计算进项税额

（二）一般纳税人按照简易办法征收增值税的征收率

增值税一般纳税人生产销售特定的货物或提供应税服务，向税务机关申请采用简易办法计算缴纳增值税的，经主管税务机关批准后可以采用简易办法计算、缴纳增值税。简易征税的具体情况为：

（1）一般纳税人销售自产的下列货物，可选择按照简易办法依照3%征收率计算缴纳增值税：

1）县级及县级以下小型水力发电单位生产的电力。小型水力发电单位，是指各类投资主体建设的装机容量为5万kW以下（含5万kW）的小型水力发电单位。

2）建筑用和生产建筑材料所用的砂、土、石料。

3）以自己采掘的砂、土、石料或其他矿物连续生产的砖、瓦、石灰（不含黏土实心砖、瓦）。

4）用微生物、微生物代谢产物、动物毒素、人或动物的血液或组织制成的生物制品。

5）自来水。

6）商品混凝土（仅限于以水泥为原料生产的水泥混凝土）。

（2）一般纳税人销售货物属于下列情形之一的，暂按简易办法依照3%征收率计算缴纳增值税：

1）寄售商店代销寄售物品（包括居民个人寄售的物品在内）；

2）典当业销售死当物品。

一般纳税人兼有销售货物、提供加工修理修配劳务的，凡未规定可以选择按照简易计税方法计算缴纳增值税的，其全部销售额应一并按照一般计税方法计算缴纳增值税。

注意：一般纳税人选择简易办法计算缴纳增值税后，36个月内不得变更。

第二节

增值税针对建筑施工企业的特殊规定

建筑服务，是指各类建筑物、构筑物及其附属设施的建造、修缮、装饰，线路、管道、设备、设施等的安装以及其他工程作业的业务活动。包括工程服务、安装服务、修缮服务、装饰服务和其他建筑服务。

基本建设单位和从事建筑安装业务的企业附属工厂、车间生产的水泥预制构件、其他构件或建筑材料，凡用于本单位或本企业建筑工程的，应视同对外销售，在移送使用环节征收增值税。

一、建筑施工企业增值税税率

建筑施工企业的增值税税率为11%（自2018年5月1日起，调整为10%）和3%。

对一般纳税人适用11%（自2018年5月1日起，调整为10%）的增值税税率，但对清包工纳税人、甲供材料工程纳税人、建筑工程老项目纳税人可以选择适用简易计税办法，按照3%简易征收；小规模纳税人适用3%的税率。

（一）清包工项目

清包工项目是指施工方不采购建筑工程所需要的材料或者只采购辅助材料，并收取人工费、管理费或者其他费用的建筑服务。

（二）甲供工程

甲供工程，是指全部或部分设备、材料、动力由工程发包方自行采购的建筑工程。

（三）建筑工程老项目

建筑工程老项目，是指（1）《建筑工程施工许可证》注明的合同开工日期在2016年4月30日前的建筑工程项目；（2）未取得《建筑工程施工许可证》的，建筑工程承包合同注明的开工日期在2016年4月30日前的建筑工程项目。

二、建筑施工企业纳税的特殊规定

（1）一般纳税人跨县（市）提供建筑服务，适用一般计税方法计税的，应以取得的全部价款和价外费用为销售额计算应纳税额。纳税人应以取得的全部价款和价外费用扣除支付的分包款后的余额，按照2%的预征率在建筑服务发生地预缴后，向机构所在地主管税务机关进行纳税申报。

（2）一般纳税人跨县（市）提供建筑服务，选择适用简易计税方法计税的，应以取得的全部价款和价外费用扣除支付的分包款后的余额，按照3%的征收率计算应纳税额，在建筑服务发生地预缴后，向机构所在地主管税务机关进行纳税申报。

（3）纳税人为小规模纳税人的，跨县（市）提供建筑服务，以取得的全部价款和价外费用扣除支付的分包款后的余额为销售额，按照3%的征收率计算应纳税额。纳税人应按照上述计税方法在建筑服务发生地预缴税款后，向机构所在地主管税务机关进行纳税申报。

（4）一般纳税人跨省（自治区、直辖市或者计划单列市）提供建筑服务，在机构所在地申报纳税时，计算的应纳税额小于已预缴税额，且差额较大的，由国家税务总局通知建筑服务发生地省级税务机关，在一定时期内暂停预缴增值税。

选择适用简易计税方法计税的，应以取得的全部价款和价外费用扣除支付的分包款后的余额，按照3%的征收率计算应纳税额，在建筑服务发生地预缴后，向机构所在地主管税务机关进行纳税申报。

（5）一般纳税人提供建筑服务，按规定适用或选择适用简易计税方法计税的，实行一次备案制，具体备案规定见《关于简化建筑服务增值税简易计税方法备案事项的公告》（国家税务总局公告2017年第43号）。

从2017年7月1日起，纳税人提供建筑服务采取预收款方式的，不再作为纳税义务时间，需按《财政部　国家税务总局关于全面推开营业税改征增值税试点的通知》（财税〔2016〕36号）规定的纳税义务时间判断。具体内容详见第十章第二节建造合同收入的确认相关内容。

三、增值税起征点规定

增值税起征点仅适用于个体工商户小规模纳税人和其他个人。纳税人达到增值税起征点的，应全额计算缴纳增值税，不应仅就超过增值税起征点的部分计算缴纳增值税。增值税起征点幅度如下：

（1）按期纳税的，为月销售额5000～20000（含本数）。

（2）按次纳税的，为每次（日）销售额300～500（含本数）。

起征点的调整由财政部和国家税务总局规定。省、自治区、直辖市财政厅（局）和国家税务局应当在规定的幅度内，根据实际情况确定本地区适用的起征点，并报财政部和国家税务总局备案。

对增值税小规模纳税人中月销售额未达到2万元的企业或非企业性单位，免征增值税。2019年12月31日前，对月销售额2万元（含本数）至3万元的增值税小规模纳税人，免征增值税。

第三节

增值税的计量和申报

一、计税依据

（一）一般销售的计税依据

1. 应税销售额

增值税以纳税人的销售额作为计税依据。销售额是指纳税人销售或者提供应税服务向购买方（承受应税服务也视为购买方）所收取的全部价款和价外费用（价外收入），但不包括销项税额。

这里价外费用是指价外向购买方收取的手续费、补贴、基金、集资费、返还利润、奖励费、违约金（延期付款利息）、包装费、包装物租金、储备费、优质费、运输装卸费、代收款项、代垫款项及其他各种性质的价外费用。但不包括下列项目：

①向购买方收取的销项税额；

②受托加工应征消费税的消费品所代收代缴的消费税；

③同时符合以下条件的代垫运费：承运者的运费发票开具给购货方的；纳税人将该项发票转交给购货方的。

2. 应税销售额与含税销售额的换算

（1）一般纳税人应税销售额换算公式：

应税销售额=含税销售额 ÷（1+税率）

（2）小规模纳税人应税销售额换算公式：

应税销售额=含税销售额 ÷（1+征收率）

（二）特殊销售方式计税依据

一般销售形式外还有折扣销售、以旧换新销售、以物易物销售、还本销售等。

1. 折扣方式销售

指销货方在销售货物或应税劳务时，因购货方购货数量较大等原因而给购货方的价格优惠（如：购买5件，销售价格折扣10%；买10件，折扣20%），折扣与销售同时发生。税法规定，销售额和折扣额在同一张发票上分别注明的，可按折扣后的余额作为销售额计算增值税。折扣销售与销售折扣和销售折让不同，销售折扣是指销货方在销售货物或提供应税劳务后，为了鼓励购货方及早偿还贷款而协议许诺给予购货方的一种折扣优待（如：10天内付款，折扣2%；20天内付款，折扣1%）。销售折让是指货物销售后，由于其品种、质量等原因购货方未予退货，但销货方需给予购货方的一种价格折让。

2. 以旧换新销售

指纳税人在销售自己的货物时，有偿收回旧货物的行为。税法规定，按新货物的同期销售价格确定销售额，不得扣减旧货物的收购价格，金银首饰以旧换新业务另有规定除外。

3. 还本销售

指纳税人在销售货物后，到一定期限由销售方一次或分次退还给购货方全部或部分价款。税法规定，其销售额就是货物的销售价格，不得从销售额中减除还本支出。

4. 以物易物销售

指购货双方不是以货币计算，而是以同等价款的货物相互结算，实现货物购销的一种方式。税法规定，以物易物的双方都作购销处理，以各自发出的货物核算销售额并计算销项税额，以各自收到的货物按规定核算购货额并计算进项税额。

直销企业中通过直销员向消费者销售货物、直接向消费者收取货款，直销企业的销售额为其向消费者收取的全部价款和价外费用。

二、一般纳税人应纳税额的计算

公式：应纳税额=当期销项税额–当期进项税额

注：当期销项税额小于当期进项税额，其不足部分转至下期继续抵扣；“当期”指税务机关依照税法规定对纳税人确定的纳税期限，纳税期限内实际发生的销项税额和进项税额才是当期的。

三、小规模纳税人应纳税额的计算

公式：应纳增值税税额=应税销售额×征收率

四、纳税人申报方法

根据《税收征收管理法》《增值税暂行条例》的有关规定，国家税务总局制定的一般纳税人和小规模纳税人的不同纳税申报办法，增值税一般纳税人每月进行纳税申报，小规模纳税人每个季度进行纳税申报。

五、增值税的纳税申报

纳税申报，是指纳税人在发生纳税义务之后，按照税法规定的期限就纳税事项向税务机关提出书面申报的一种法定手续，是税务机关办理征收业务，核实应征税额，填写纳税凭证的主要依据，是税收征收管理工作的重要环节。

增值税的纳税人必须按照规定进行纳税申报，向主管税务机关报送纳税申报表（两种增值税纳税申报表后，分别适用于增值税一般纳税人和小规模纳税人）、财务会计报表和有关的纳税资料。

六、增值税的会计处理

此部分内容见第八章负债第二节流动负债的相关内容。

第十三章

职工薪酬

第一节

短期薪酬的确认与计量

职工薪酬，是指企业为获得职工提供的服务或解除劳动关系而给予的各种形式的报酬或补偿。职工薪酬包括短期薪酬、离职后福利、辞退福利和其他长期职工福利。企业提供给职工配偶、子女、受赡养人、已故员工遗属及其他受益人等的福利，也属于职工薪酬。

短期薪酬，是指企业在职工提供相关服务的年度报告期间结束后12个月内需要全部予以支付的职工薪酬，因解除与职工的劳动关系给予的补偿除外。短期薪酬具体包括：职工工资、奖金、津贴和补贴，职工福利费，医疗保险费、工伤保险费和生育保险费等社会保险费，住房公积金，工会经费和职工教育经费，短期带薪缺勤，短期利润分享计划，非货币性福利以及其他短期薪酬。

一、货币性短期薪酬

（1）企业发生的职工工资、津贴和补贴等短期薪酬，应当根据职工提供服务情况和工资标准等计算应计入职工薪酬的工资总额，并按照受益对象计入当期损益或相关资产成本，借记“工程施工”“机械作业”“生产成本”“制造费用”“销售费用”“管理费用”等科目，贷记“应付职工薪酬—工资”科目。发放时，借记“应付职工薪酬—工资”科目，贷记“银行存款”“其他应收款（先交后扣）或其他应付款（先扣后交）—住房公积金（养老保险、医疗保险、失业保险）”“应交税费—个人所得税”等科目。

建筑施工企业支付给职工的工资、奖金、津贴和补贴、加班工资和特殊情况下支付的工资等构成了工资总额。

①奖金。是指企业支付给职工的超额劳动报酬和增收节支的劳动报酬。包括生产奖、节约奖、劳动竞赛奖、质量奖、安全奖、提前竣工奖等。

②津贴和补贴。指施工企业补偿职工特殊和额外的劳动消耗和因其他特殊原因支付给职工的津贴，以及支付给职工的各种价格补贴。如：高空津贴、井下津贴、野外工作津贴、夜班津贴、流动施工津贴、高温作业临时补贴、海岛津贴等。

按照国家规定，凡支付给职工的非工资性质的支出，如创造发明奖、科技进步奖、合理化建议奖、技术改进奖，有关劳动保险和职工福利方面的各项费用，有关离休、退休、退职人员待遇的各项支出，劳动保护的各项支出，出差伙食补助、误餐补助，调动工作的旅费和安家费等，不得列入工资总额。

【例13-1】甲建筑施工企业2018年5月当月共发生工资总额500万元，其中：工程项目部直接施工人员工资400万元、项目部管理人员工资100万元，工资中需要单位代扣尚未缴纳的应由个人承担的住房公积金60万元、养老保险40万元、医疗保险11万元、失业保险1万元、个人所得税12万元，本题中养老保险、医疗保险、失业保险上缴比例个人部分和公司部分分别为8%和21%、2.2%和9%、0.2%和2%，生育保险单位上缴比例1%，工伤保险单位上缴比例0.5%，住房公积金上缴比例单位和个人均为12%。则甲建筑施工企业应该做如下的会计分录：

计提工资时：

借：工程施工—合同成本—人工费（工资）	4 000 000
—间接费用（工资）	1 000 000
贷：应付职工薪酬—工资	5 000 000

通过银行发放工资时

借：应付职工薪酬—工资	5 000 000
贷：其他应付款—住房公积金（个人）	600 000
—养老保险（个人）	400 000
—医疗保险（个人）	110 000
—失业保险（个人）	10 000
应交税费—个人所得税	120 000
银行存款	3 760 000

（2）企业为职工缴纳的养老保险、医疗保险、失业保险、工伤保险、生育保险等社会保险费和住房公积金，以及按规定提取的工会经费和职工教育经费，应当在职工为其提供服务的会计期间，根据规定的计提基础和计提比例计算确定相应的职工薪酬金额，并确认相关负债，按照受益对象计入当期损益或相关资产成本，借记“工程施工”“机械作业”“生产成本”“制造费用”“销售费用”“管理费用”等科目，贷记“应付职工薪酬—住房公积金（单位）”“应付职工薪酬—养老保险、医疗保险、失业保险、工伤保险、生育保险（单位）”“应付职工薪酬—工会经费、职工教育经费”等科目。

【例13-2】续【例13-1】甲建筑施工企业2018年5月单位应负担的职工住房公积金60万元、养老保险105万元、医疗保险45万元、失业保险10万元、生育保险5万元、工伤保险2.5万元，每月按工资总额的2%计提工会经费、按工资总额的8%计提职工教育经费。则甲建筑施工企业应该做如下的会计分录：

计提公积金及相关保险费用时：

借：工程施工—合同成本—人工费（住房公积金）	480 000
—间接费用（住房公积金）	120 000
—合同成本—人工费（五险）	1 340 000
—间接费用（五险）	335 000
贷：应付职工薪酬—住房公积金（单位）	600 000
—养老保险（单位）	1 050 000
—医疗保险（单位）	450 000
—失业保险（单位）	100 000
—生育保险（单位）	50 000
—工伤保险（单位）	25 000

计提工会经费和职工教育经费时：

借：工程施工—合同成本—人工费（工会经费）	80 000
—间接费用（工会经费）	20 000
—合同成本—人工费（教育经费）	320 000
—间接费用（教育经费）	80 000
贷：其他应付款—工会经费	100 000
—职工教育经费	400 000

缴纳住房公积金时：

借：其他应付款—住房公积金（个人）	600 000
应付职工薪酬—住房公积金（单位）	600 000
贷：银行存款	1 200 000

缴纳相关保险费用时：

借：其他应付款—养老保险（个人）	400 000
—医疗保险（个人）	110 000
—失业保险（个人）	10 000
应付职工薪酬—养老保险（单位）	1 050 000
—医疗保险（单位）	450 000
—失业保险（单位）	100 000
—生育保险（单位）	50 000
—工伤保险（单位）	25 000
贷：银行存款	2 195 000

二、短期带薪缺勤

带薪缺勤应当根据其性质及其职工享有的权利，分为累积带薪缺勤和非累积带薪缺勤两类。企业应当对累积带薪缺勤和非累积带薪缺勤分别进行会计处理。如果带薪缺勤属于长期带薪缺勤的，企业应当作为其他长期职工福利处理。

（一）累积带薪缺勤及其会计处理

累积带薪缺勤，是指带薪权利可以结转下期的带薪缺勤，本期尚未用完的带薪缺勤权利可以在未来期间使用。企业应当在职工提供了服务从而增加了其未来享有的带薪缺勤权利时，确认与累积带薪缺勤相关的职工薪酬，并以累积未行使权利而增加的预期支付金额计量。

有些累积带薪缺勤在职工离开企业时，对于未行使的权利，职工有权获得现金支付。职工在离开企业时能够获得现金支付的，企业应当确认企业必须支付的、职工全部累积未使用权利的金额。企业应当根据资产负债表日因累积未使用权利而导致的预期支付的追加金额，作为累积带薪缺勤费用进行预计。

（二）非累积带薪缺勤及其会计处理

非累积带薪缺勤，是指带薪权利不能结转下期的带薪缺勤，本期尚未用完的带薪缺勤权利将予以取消，并且职工离开企业时也无权获得现金支付。我国企业职工休婚假、产假、丧假、探亲假、病假期间的工资通常属于非累积带薪缺勤。由于职工提供服务本身不能增加其能够享受的福利金额，企业在职工未缺勤时不应当计提相关费用和负债。为此，本准则规定，企业应当在职工实际发生缺勤的会计期间确认与非累积带薪缺勤相关的职工薪酬。企业确认职工享有的与非累积带薪缺勤权利相关的薪酬，视同职工出勤确认的当期损益或相关资产成本。通常情况下，与非累积带薪缺勤相关的职工薪酬已经包括在企业每期向职工发放的工资等薪酬中，因此，不必额外作相应的账务处理。

三、短期利润分享计划（或奖金计划）

企业制订有短期利润分享计划的，如当职工完成规定业绩指标，或者在企业工作了特定期限后，能够享有按照企业净利润的一定比例计算的薪酬，企业应当按照准则的规定，进行有关会计处理。

短期利润分享计划同时满足下列条件的，企业应当确认相关的应付职工薪酬，并计入当期损益或相关资产成本：

（1）企业因过去事项导致现在具有支付职工薪酬的法定义务或推定义务。

（2）因利润分享计划所产生的应付职工薪酬义务能够可靠估计。

属于下列三种情形之一的，视为义务金额能够可靠估计。在财务报告批准报出之前企业已确定应支付的薪酬金额；该利润分享计划的正式条款中包括确定薪酬金额的方式；过去的惯例为企业确定推定义务金额提供了明显证据。

企业在计量利润分享计划产生的应付职工薪酬时，应当反映职工因离职而没有得到利润分享计划支付的可能性。

如果企业预期在职工为其提供相关服务的年度报告期间结束后12个月内，不需要全部支付利润分享计划产生的应付职工薪酬，该利润分享计划应当适用本准则其他长期职工福利的有关规定。

企业根据经营业绩或职工贡献等情况提取的奖金，属于奖金计划，应当比照短期利润分享计划进行处理。

四、非货币性福利

企业向职工提供非货币性福利的，当按照公允价值计量。公允价值不能可靠取得，可以采用成本计量。

（一）以自产产品或外购商品发放给职工作为福利

企业以其生产的产品作为非货币性福利提供给职工的，应当按照该产品的公允价值和相关税费，计量应计入成本费用的职工薪酬金额，相关收入的确认、销售成本的结转和相关税费的处理，与正常商品销售相同。以外购商品作为非货币性福利提供给职工的，应当按照该商品的公允价值和相关税费计入成本费用。

需要注意的是，在以自产产品或外购商品发放给职工作为福利的情况下，企业在进行账务处理时，应当先通过“应付职工薪酬”科目归集当期应计入成本费用的非货币性薪酬金额。

（二）将拥有的房屋等资产无偿提供给职工使用或租赁住房等资产供职工无偿使用

企业将拥有的房屋等资产无偿提供给职工使用的，应当根据受益对象，将住房每期的公允价值计入当期损益或相关资产成本，同时确认应付职工薪酬。公允价值无法可靠取得的，可以按照成本计量。

租赁住房等资产供职工无偿使用的，应当根据受益对象，将每期应付的租金计入相关资产成本或当期损益，并确认应付职工薪酬。

（三）向职工企业支付了补贴的商品或服务

企业有时以低于企业取得资产或服务成本的价格向职工提供资产或服务，比如以低于成本的价格向职工出售住房、以低于企业支付的价格向职工提供医疗保健服务。以提供包含补贴的住房为例，企业在出售住房等资产时，应当将出售价款与成本的差额（即相当于企业补贴的金额）按下列情况分别处理：

（1）如果出售住房的合同或协议中规定了职工在购得住房后至少应当提供服务的年限，且如果职工提前离开则应退回部分差价，企业应当将该项差额作为长期待摊费用处理，并在合同或协议规定的服务年限内平均摊销，根据受益对象分别计入相关资产成本或当期损益。

（2）如果出售住房的合同或协议中未规定职工在购得住房后必须服务的年限，企业应当将该项差额直接计入出售住房当期相关资产成本或当期损益。因为在这种情况下，该项差额相当于是对职工过去提供服务成本的一种补偿，不以职工的未来服务为前提，因此，应当立即确认为当期相关资产成本或当期损益。

第二节

离职后福利的确认与计量

离职后福利是企业为获得职工提供的服务而在职工退休或与企业解除劳动关系后，提供各种形式的报酬和福利。比如基本养老金、失业保险、补充养老保险、企业年金，以及退休后企业按期支付给职工的各种津补贴助等。离职后福利计划是企业与职工就离职后福利达成的协议，或者企业为向职工提供离职后福利制定的规章或办法等。离职后福利计划分类为设定提存计划和设定受益计划。

一、离职后福利

（一）设定提存计划

设定提存计划是向独立的基金缴存固定费用后，企业不再承担进一步支付义务的离职后福利计划，对于设定提存计划，企业应当在职工为其提供服务的会计期间，将根据设定提存计划计算的应缴存金额确认为负债，并计入当期损益或者相关资产成本；这类计划通常包括基本养老、失业保险、企业年金，按法律规定交费，到员工退休或失业后，企业无进一步支付补偿的义务。

（二）设定受益计划

设定受益计划是除设定提存计划以外的离职后福利计划。如商业性或契约式补充养老支付或医疗保险或其他相关计划，比如：银行及大型国企、央企规定凡在企业中工作至退休的员工可每月在法定受保范围外还享受公司给予1 000元；或规定退休后获得一套老年公寓，享有终身使用权；或公司定期向商业保险公司支付，规定员工在退休后每月领取800元；或公司自设资金池，定期缴费以支付未来给予退休员工的费用。

（三）设定提存计划与设定受益计划的区别

设定提存计划和设定受益计划的区分，取决于离职后福利计划的主要条款和条件所包含的经济实质。在设定提存计划下，企业的义务以企业应向独立主体缴存的提存金金额为限，职工未来所能取得的离职后福利金额取决于向独立主体支付的提存金金额，以及提存金所产生的投资回报，从而精算风险和投资风险实质上要由职工来承担。在设定受益计划下，企业的义务是为现在及以前的职工提供约定的福利，并且精算风险和投资风险实质上由企业来承担。

二、离职后福利计划的确认和计量

（一）设定提存计划的确认和计量

针对设定提存计划的确认和计量，准则修订前后并未发生变化。企业通常设计的设定提存计划包括养老保险、失业保险、为职工缴纳的商业保险等。企业应当根据在资产负债表日为换取职工在会计期间提供的服务而应向单独主体缴存的提存金，确认为职工薪酬负债，并计入当期损益或相关资产成本。缴纳的金额通常来源于社保缴纳基数与缴纳比例相乘，对于缴纳的基数和比例通常比较容易获取。商业保险取决于与保险公司签订合同中约定的每月应承担的金额。

（二）原有设定受益计划确认和计量存在的问题

针对企业设计的设定受益计划的确认和计量，旧职工薪酬准则的相关规定无针对性和可操作性。在旧职工薪酬准则修订之前，企业为职工设计的设定受益计划，通常在职工退休后实际支付约定的福利时才确认为职工薪酬负债并计入支付当期损益。原有的设定受益计划确认计量方式导致职工为企业提供服务和相关成本费用计入的会计期间错位，不符合配比原则。职工根据企业的设定受益计划而享有的报酬，只有职工在该企业工作到退休后方可享受，实质应属于职工为企业提供服务所应获取的报酬，但这部分报酬需要延迟到职工退休后才享有。但由于报酬支付时间与职工提供劳务的时间不匹配，导致职工为企业提供服务和相关成本费用计入的会计期间不一致。产生的后果不符合收入成本配比原则，已确定的现实义务没有进行计量，导致企业少计负债虚增净资产。

（三）修订后的设定受益计划确认与计量

企业应当根据预期累计福利单位法确定的公式将设定受益计划产生的福利义务归属于职工提供服务的期间，并计入当期损益或相关资产成本。企业对设定受益计划的会计处理通常包括四个步骤：

根据预期累计福利单位法，采用无偏且一致的精算假设对有关人口统计变量和财务变量等做出估计，计量设定受益计划所产生的义务，并确定相关义务的归属期间。企业应按照本准则第十五条规定的折现率将设定受益计划所产生的义务予以折现，以确定设定受益计划义务的现值和当期服务成本。

设定受益计划存在资产的，企业应当将设定受益计划义务现值减去设定受益计划资产公允价值，所形成的赤字或盈余确认为一项设定受益计划的净负债或净资产。设定受益计划存在盈余的，企业以设定受益计划的盈余和资产上限两项的孰低者计量设定受益计划净资产。

根据职工薪酬准则第十六条的有关规定，确定应当计入当期损益的金额。

根据本准则第十六条和第十七条的有关规定，确定应当计入其他综合收益的金额。

第三节

辞退福利的确认与计量

辞退福利包括：在职工劳动合同尚未到期前，不论职工本人是否同意，企业决定解除与职工的劳动关系而给予的补偿；在职工劳动合同尚未到期前，为鼓励职工自愿接受裁减而给予的补偿，职工有权利选择继续在职或接受补偿离职；当公司控制权发生变动时对辞退的管理层人员进行补偿的情况。辞退福利通常采取解除劳动关系时一次性支付补偿的方式，也有通过提高退休后养老金或其他离职后福利的标准，或者在职工不再为企业带来经济利益后，将职工工资部分支付到辞退后未来某一期间。

企业在职工劳动合同到期之前解除与职工的劳动关系或者为鼓励职工自愿接受裁减而提出给予补偿的建议，同时满足下列条件的，应当确认因解除与职工的劳动关系给予补偿而产生的预计负债，同时计入当期管理费用。

一、辞退福利的确认

（一）企业已经制定正式的解除劳动关系计划或提出自愿裁减建议，并即将实施

该计划或建议应当包括拟解除劳动关系或裁减的职工所在部门、职位及数量；根据有关规定按工作类别或职位确定的解除劳动关系或裁减补偿金额；拟解除劳动关系或裁减的时间。解除劳动关系计划或自愿裁减建议应经过董事会或类似权力机构的批准。即将实施是指辞退工作一般应当在一年内实施完毕，但因付款程序等原因使部分付款推迟到一年后支付的，视为符合辞退福利预计负债确认条件。

（二）企业不能单方面撤回解除劳动关系计划或裁减建议

如果企业能够单方面撤回解除劳动关系计划或裁减建议，则表明未来经济利益流出不是很可能，因而不符合负债确认条件。

由于被辞退的职工不再为企业带来经济利益，因此对于满足负债确认条件的所有辞退福利，均应当于辞退计划满足预计负债确认条件的当期计入费用，不计入资产成本。在确认辞退福利时，需要注意的是，对于分期或分阶段实施的解除

劳动关系计划或自愿裁减建议，企业应当将整个计划看作是由一个个单项解除劳动关系计划或自愿裁减建议组成，在每期或每阶段计划符合预计负债确认条件时，将该期或该阶段计划中由提供辞退福利产生的预计负债予以确认，计入该部分计划满足预计负债确认条件的当期管理费用，不能等全部计划都符合确认条件时再予以确认。

对于企业实施的职工内部退休计划，由于这部分职工不再为企业带来经济利益，企业应当比照辞退福利处理。在内退计划符合职工薪酬准则规定的确认条件时，按照内退规定，将自职工停止服务日至正常退休日期间，企业拟支付的内退人员工资和缴纳的社会保险费等确认为预计负债，一次计入当期管理费用。

二、辞退福利的计量

企业应当根据职工薪酬和或有事项准则规定，严格按照辞退计划条款的规定，合理预计并确认辞退福利产生的负债。辞退福利的计量因辞退计划中职工有无选择权而有所不同。

（1）对于职工没有选择权的辞退计划，应当根据计划条款规定拟解除劳动关系的职工数量、每一职位的辞退补偿等计提应付职工薪酬。

（2）对于职工自愿接受裁减建议，因接受裁减的职工数量不确定，企业应当参照或有事项的规定，预计将会接受裁减建议的职工数，根据预计的职工数量和每一职位的辞退补偿等计提应付职工薪酬。

（3）实质性辞退工作在一年内实施完毕但补偿款项超过一年支付的辞退计划，企业应当选择恰当的折现率，以折现后的金额计应计入当期管理费用的辞退福利金额，该项金额与实际支付的辞退福利之间的差额，作为未确认融资费用，在以后各期实际支付辞退福利款项时，计入财务费用。账务处理上，确认因辞退福利产生的预计负债时，借记“管理费用、未确认融资费用”科目，贷记“应付职工薪酬—辞退福利”科目各期支付辞退福利款项时，借记“应付职工薪酬—辞退福利”科目，贷记“银行存款”科目，同时借记“财务费用”科目，贷记“未确认融资费用”科目。应付辞退福利款金额与其折现后金额相差不大的，也可不折现。需要注意的是，对于在职工劳动合同到期前，解除与职工的劳动关系而预计的辞退福利，若是预计在年度所得税汇算清缴前还不能支付，则不可以在税前扣除，从而形成了负债的暂时性差异，应当确认为“递延所得税资产”。

三、辞退福利案例

【例13-3】某公司主要从事彩电的生产和销售。2007年12月，该公司为在

2008年顺利实现转产，公司管理层制定一项辞退计划，规定自2008年1月1日起，以职工自愿方式，辞退A生产车间职工。辞退计划的详细内容包括拟辞退职工所在部门、数量、各级别职工能够获得的补偿标准以及计划实施时间等均已与职工协商一致，该辞退计划已于2007年12月15日经公司董事会正式批准，并将在2008年实施完毕。辞退计划的有关内容见表13-1。

生产车间职工辞退计划一览表 **表13-1**

金额单位：元

职位	拟辞退数量	工龄（年）	补偿标准（元）
车间主任	20	1～10	150 000
		11～20	200 000
		21～30	250 000
高级技工	30	1～10	100 000
		11～20	150 000
		21～30	200 000
一般技工	120	1～10	70 000
		11～20	120 000
		21～30	170 000
合计	170		

2007年12月31日，该公司根据上表资料，预计该生产车间职工接受辞退数量的最佳估计数及应支付的补偿金额，见表13-2。

A生产车间职工接受辞退及补偿金额一览表 **表13-2**

金额单位：元

职位	拟辞退数量	工龄（年）	接受辞退计划职工人数	每人补偿标准（元）	补偿金额(元)
车间主任	20	1～10	10	150 000	1 500 000
		11～20	6	200 000	1 200 000
		21～30	2	250 000	500 000

续表

职位	拟辞退数量	工龄（年）	接受辞退计划职工人数	每人补偿标准（元）	补偿金额(元)
高级技工	30	1～10	15	100 000	1 500 000
		11～20	7	150 000	1 050 000
		21～30	3	200 000	600 000
一般技工	120	1～10	80	70 000	5 600 000
		11～20	20	120 000	2 400 000
		21～30	5	170 000	850 000
合计	170		148		15 200 000

根据表中资料，该公司的账务处理如下：

借：管理费用　　15 200 000

　　贷：应付职工薪酬—辞退福利　　15 200 000

第四节

其他长期职工福利的确认与计量

其他长期职工福利，是指除短期薪酬、离职后福利、辞退福利之外所有的职工薪酬，包括以下各项（假设预计在职工提供相关服务的年度报告期末以后12个月内不会全部结算）：长期带薪缺勤，如其他长期服务福利、长期残疾福利、长期利润分享计划和长期奖金计划，以及递延酬劳等。

企业向职工提供的其他长期职工福利，符合设定提存计划条件的，应当按照设定提存计划的有关规定进行会计处理。符合设定受益计划条件的，企业应当按照设定受益计划的有关规定，确认和计量其他长期职工福利净负债或净资产。在报告期末，企业应当将其他长期职工福利产生的职工薪酬成本确认为下列组成部分：

（1）服务成本。

（2）其他长期职工福利净负债或净资产的利息净额。

（3）重新计量其他长期职工福利净负债或净资产所产生的变动。

为了简化相关会计处理，上述项目的总净额应计入当期损益或相关资产成本。

长期残疾福利与职工提供服务期间长短无关的，企业应当在导致职工长期残疾的事件发生的当期确认应付长期残疾福利义务。

递延酬劳包括按比例分期支付或者经常性定额支付的递延奖金等。

【例13-4】2015年初甲企业为其管理人员设立了一项递延奖金计划：将当年利润的5 %提成作为奖金，但要两年后即2016年末才向仍然在职的员工分发。假设2015年当年利润为1亿元，且该计划条款中明确规定：员工必须在这两年内持续为公司服务，如果提前离开将拿不到奖金。具体会计处理如下：

步骤一：根据预期累计福利单位法，采用无偏且相互一致的精算假设对有关人口统计变量和财务变量等作出估计，计量设定受益计划所产生的义务，并按照同时期同币种的国债收益率将设定受益计划所产生的义务予以折现，以确定设定受益计划义务的现值和当期服务成本。

假设不考虑死亡率和离职率等因素，2015年初预计两年后企业为此计划的现金流支出为500万元，按照预期累计福利单位法归属于2015年的福利为500/2 =250

（万元），选取同时期同币种的国债收益率作为折现率（5%）进行折现，则2015年的当期服务成本为2 500 000/（1+5%）=2 380 952（元）。假定2015年末折现率变为3%，则2015年末的设定受益义务现值即设定受益计划负债为2 500 000/（1+3%）=2 427 184（元）。

步骤二：核实设定受益计划有无计划资产，假设在本例中，该项设定受益计划没有计划资产，2015年末的设定受益计划净负债即设定受益计划负债为2 427 184元。

步骤三：确定应当计入当期损益的金额，如步骤一所示，本例中发生利润从而导致负债的当年，即2015年的当期服务成本为2 380 952元。由于期初负债为0，2015年末，设定受益计划净负债的利息费用为0。

步骤四：确定重新计量设定受益计划净负债或净资产所产生的变动，包括精算利得或损失、计划资产回报和资产上限影响的变动三个部分，计入当期损益。

由步骤一可知，2015年末的精算损失为46 232元。

2015年末，上述递延奖金计划的会计处理为：

借：管理费用—当期服务成本	2 380 952
—精算损失	46 232
贷：应付职工薪酬—递延奖金计划	2 427 184

同理，2016年末，假设折现率仍为3%，甲企业当期服务成本为250万元，设定受益计划净负债的利息费用=2 427 184×3%=72 816（元）。则甲企业2016年末的会计处理为：

借：管理费用	2 500 000
财务费用	72 816
贷：应付职工薪酬—递延奖金计划	2 572 816

实际支付该项递延奖金时，会计处理为：

借：应付职工薪酬—递延奖金计划	5 000 000
贷：银行存款	5 000 000

第十四章

非货币性资产交换

第一节

非货币性资产交换的认定

资产按未来经济利益流入（表现形式是货币）是否固定或可确定，分为货币性资产和非货币性资产。要正确理解非货币性资产，必须首先明确货币性资产的含义及表现形式。我国会计准则中指出，货币性资产是指企业持有的货币资金，以及能够以固定或可确定的金额计量的资产，一般包括库存现金、银行存款、应收账款和应收票据以及准备持有至到期的债券等。非货币性资产是指货币性资产以外的资产。与货币性资产相比较，虽然非货币性资产能够给企业带来经济利益，但是这些经济利益是不确定的；具体包括存货（原材料、包装物、低值易耗品、库存商品、委托加工物资、委托代销商品）、固定资产、无形资产、长期股权投资、投资性房地产、在建工程、工程物资、不准备持有至到期的债券投资等。非货币性资产交换是指企业为了各自生产经营活动的需要，以存货、固定资产、无形资产、长期股权投资等采用"以物易物"的方式进行交易的行为，这种交换不涉及货币性资产，或者只涉及极少量的货币性资产。

非货币性资产交换准则规定，认定涉及少量货币性资产的交换为非货币性资产交换，通常以补价占整个资产交换金额的比例是否低于25%作为参考比例。具体来说：从收到补价的企业来看，收到的货币性资产占换出资产公允价值（或换入资产公允价值和收到的补价之和）比例低于25%的，视为非货币性资产交换；从支付补价的企业来看，支付的货币性资产占换入资产公允价值（或换出资产公允价值和支付的补价之和）比例低于25%的，则视为非货币性资产交换；如果上述比例高于25%（含25%）的，则视为货币性资产交换，适用《企业会计准则第14号——收入》等相关准则的规定。

第二节

非货币性资产交换的确认与计量

一、非货币性资产交换的确认

对于涉及少量货币性资产交换的非货币性资产交换的认定，除了满足定义的内涵之外，还需要考虑所涉及的补价在全部资产交换价值中的比重，通常以25%为限。具体说来，只有当比重$r<25\%$时，方可作为非货币性资产交换对待；当比重$r\geqslant 25\%$，则应作为货币性资产交换对待。其中比重r=支付的补价÷换入资产公允价值（或换出资产公允价值与支付的补价之和），或者比重r=收到的补价÷换出资产公允价值（或换入资产公允价值和收到的补价之和）。

二、非货币性资产交换的计量

根据非货币性资产交换准则的规定，企业发生的非货币性资产交换，不论是一项资产换入一项资产、一项资产换入多项资产、多项资产换入一项资产，还是多项资产换入多项资产，换入资产的成本都有两种计量模式：一是公允价值计量模式，二是账面价值计量模式。

（一）公允价值计量模式

公允价值计量模式是指在非货币性资产交换过程中，假如同时符合两个条件：一是该项交换具有商业实质；二是换入资产或换出资产的公允价值能够可靠地计量。换入资产的成本=换出资产公允价值+应支付的相关税费，交换损益=换出资产公允价值−换出资产账面价值。这种情况下，换入资产入账价值和交换损益的确认与计量都是以换出资产公允价值为基础的。

就上述第一个条件而言，交换是否具有商业实质，应当按照实质重于形式的原则，综合考虑换入资产能否与换入企业的生产经营活动有机结合，能否产生更好的预期效益。根据我国会计准则规定，可视为具有商业实质的非货币性资产交换，应当满足下列两个条件之一：一是换入资产的未来现金流量在风险、时间和金额方面与换出资产显著不同；二是换入资产与换出资产的预计未来现金流量现值不同，且其差额与换入资产和换出资产的公允价值相比是重大的。

还要注意“关联方关系”对非货币资产交换是否具有商业实质的影响。一般来讲，关联关系的存在，容易产生“台下交易”“价格默契”等现象，很可能使交换不再具有商业实质。

就上述第二个条件而言，换入或换出资产的公允价值能可靠地计量，是指换入或换出资产存在活跃市场，或者换入或换出资产本身不存在活跃市场，但类似资产存在活跃市场，该资产的公允价值才能可靠计量。

在换入资产基于公允价值计价的情况下，在对损益进行具体会计处理时，应当考虑换出资产的种类。换出资产为存货时，必须按照“视同销售”行为进行账务处理；换出资产为无形资产或者固定资产，交换损益计入资产处置损益；换出资产为对外投资的长期资产，则交换损益计入投资收益。

同时，对于换入资产与换出资产涉及有关税费，如换出存货等视同销售计算的销项税额，换入资产作为存货等应当确认的可抵扣增值税进项税额，应该按照我国相关税收法律法规的规定计算确定并进行相应的税务和账务处理。

（二）账面价值计量模式

对于不具有商业实质或交换涉及的资产公允价值均不能可靠计量的以物易物交换，只能以换出资产的账面价值为基础计量换入资产的入账价值进行，不确认交易损益。如有补价，则收到或支付的补价作为确定换入资产入账金额的调整因素。

第三节

非货币性资产交换的会计处理

一、以公允价值计量换入资产成本

（一）无补价时

按照公允价值计量模式，换入资产成本=换出资产公允价值+应支付的相关税费，换出资产公允价值与换出资产的账面价值差额计入当期损益。

【例14-1】2018年9月，某施工机械厂用闲置不用的5台车床与某家具厂换取急需的办公家具一批。此项交易中，机械厂车床的账面原值为150万元，已提折旧30万元，公允价值和计税价值均为130万元。家具厂办公家具为其生产的库存商品，账面价值为130万元，公允价值和计税价值均为130万元。此项交换中，机械厂发生了车床清理费用2万元。假设机械厂换入的办公家具将作为固定资产进行管理和使用，家具厂换入的车床也做固定资产管理和使用，且均没有对换出车床计提固定资产减值准备，机械厂和家具厂均为增值税一般纳税人（增值税税率为16%），交易双方互相开具了增值税专用发票，且双方均具有足够的销项税额可供抵扣。

机械厂持有的车床与换入的办公家具虽同为固定资产，但两者产生现金流量的时间相差较大，两者之间的交换具有商业实质，而且它们公允价值均能可靠计量。因此，该项非货币性资产的交换以公允价值为基础计量。机械厂换入的办公家具的价值为130万元，钢材厂换入的车床的入账价值=130万元。

本案例机械厂应做的账务处理如下：

（1）将固定资产转入清理

借：固定资产清理	1 200 000
累计折旧	300 000
贷：固定资产—车床	1 500 000

（2）支付清理费用

借：固定资产清理	20 000
贷：银行存款	20 000

（3）换入资产的入账价值130万元

借：固定资产—办公家具	1 300 000
应交税费—应交增值税（进项税额）	208 000
贷：固定资产清理	1 220 000
应交税费—应交增值税（销项税额）	208 000
资产处置损益	80 000

本案例家具厂应作的账务处理如下：

根据增值税有关规定，企业以库存商品换入其他资产，视同销售行为发生，应计算增值税销项税额，缴纳增值税。

借：固定资产—车床	1 300 000
应交税费—应交增值税（进项税额）	208 000
贷：主营业务收入	1 300 000
应交税费—应交增值税（销项税额）	20 181 000
借：主营业务成本	1 300 000
贷：库存商品—办公家具	1 300 000

（二）涉及补价情形

这种情况下，需要考虑三个方面的问题：一是非货币资产交换的认定分析；二是换入资产入账成本及换出资产损益的确认与计量；三是涉及补价情况下交易双方的账务处理。

1. 非货币资产交换的认定分析

新准则规定，除了满足非货币性资产交换的一般条件外，对于涉及补价的，补价占换出（换入）资产公允价值的比例必须小于25%，才能认定为非货币性资产交换。

【例14-2】2018年9月，某施工机械厂用闲置不用的5台车床，向某钢材厂换取急需用的厂房一幢。如果机械厂车床的账面原值为150万元，已提折旧30万元，公允价值为130万元。钢材厂厂房账面原值为140万元，已提折旧40万元，公允价值为160万元。机械厂给钢材厂支付了30万元现金作为补价。假定资产交换过程中没有发生除增值税外其他相关税费，机械厂和钢材厂均为增值税一般纳税人，交易双方互相开具了增值税专用发票，且双方均具有足够的销项税额可供抵扣，同时钢材厂向机械厂支付增值税差额4.8万元。

补价方的钢材厂的 $r=30\div160=18.75\%<25\%$，应确认为非货币性资产交换。

作为支付补价方的机械厂的r=30÷（30+130）=18.75%<25%，也应确认为非货币性资产交换。

2. 换入资产确认与计量

作为支付补价方的机械厂的换入厂房价值=130+30+0=160（万元），应确认的损益=130–（150–30）=10（万元）。

作为收到补价方的钢材厂的换入资产车床的价值=160+0–30=130（万元），应确认的损益=160–（140–40）=60（万元）。

从上述的分析可知，在公允价值计量模式下，无论是支付补价的企业，还是收到补价的单位，其交换损益在本质上就是换出资产的损益。

3. 涉及补价情况下交易双方的账务处理

（1）支付补价方的机械厂应做如下账务处理：

1）将换出的车床转入清理

借：固定资产清理　　1 200 000
　　累计折旧　　300 000
　　贷：固定资产—车床　　1 500 000

2）换入厂房的入账价值=130+30=160万元

借：固定资产—厂房　　1 600 000
　　应交税费—应交增值税（进项税额）　　96 000（160 000×60%）
　　　　　　—待抵扣进行税额（新增不动产购进未满12月进项税额）
　　　　　　64 000（160 000×40%）
　　银行存款　　48 000
　　贷：固定资产清理　　1 200 000
　　　　应交税费—应交增值税（销项税额）　　208 000
　　　　资产处置损益　　100 000
　　　　银行存款　　300 000

（2）收到补价方的钢材厂的账务处理

1）将换出的厂房转入清理

借：固定资产清理　　1 000 000
　　累计折旧　　400 000
　　贷：固定资产—厂房　　1 400 000

2）收到补价30万元及支付增值税差额4.8万元，换入车床的入账价值=160–30=130（万元）

借：固定资产—车床　　1 300 000
　　应交税费—应交增值税（进项税额）　　208 000

银行存款　　300 000
贷：固定资产清理　　1 000 000
应交税费—应交增值税（销项税额）　　160 000
资产处置损益　　600 000
银行存款　　48 000

二、以换出资产账面价值为基础计量换入资产价值

根据非货币性资产计量模式，对于那些不具有商业实质或者交换所涉资产的公允价值均不能可靠计量的非货币性资产交换，应当采用账面价值计量模式，也即以换出资产的账面价值+应支付的相关税费作为换入资产的成本，不确认损益。

【例14-3】2018年10月，经协商，方达有限责任公司与展腾有限责任公司达成如下协议：方达公司以A材料换取展腾公司B材料。方达公司A材料账面价值为90 000元、公允价值为100 000元，展腾公司的B材料账面价值为110 000元，公允价值为100 000元。另外，双方各支付不含税运费3 000元、2 000元（双方均取得运费增值税专用发票，运费增值税税率为10%）。假定两公司换入材料均系拟直接对外销售，并且双方都没有计提存货跌价准备，增值税适用税率16%。

方达公司和展腾公司的材料交换行为中，其换入的材料均非其生产经营所用，虽然换入换出资产的公允价值能可靠地计量，但是因不具有商业实质，因此，此项非货币性资产交换应以换出资产的账面价值为基础计量换入资产的账面价值，且两公司均不应确认非货币性资产交换损益。

针对此项非货币性资产交换，方达公司换入B材料的入账价值=90 000+3 000=93 000（元），应确认准予抵扣的增值税进项税额=100 000×16%+3 000×10%=16 300（元）；同时换出的A材料应按“视同销售”确认销项税额=100 000×16%=16 000（元）。展腾公司确认换入A材料的入账价值=110 000+2 000=112 000（元），同理，相应地对展腾公司换入的A材料和换出的B材料确认进项税额（100 000×16%+2 000×10%=16 200（元））和销项税额（100 000×16%=16 000（元））。双方均不确认交换损益。因此，交易双方应分别作会计处理如下：

（1）方达公司的账务处理

借：原材料—B材料　　93 000
应交税费—应交增值税（进项税额）　　16 300
贷：原材料—A材料　　90 000
应交税费—应交增值税（销项税额）　　16 000
银行存款　　3 300

（2）展腾公司应作如下会计处理

借：原材料—A材料	112 000
应交税费—应交增值税（进项税额）	16 200
贷：原材料—B材料	110 000
应交税费—应交增值税（销项税额）	16 000
银行存款	2 200

三、涉及多项非货币性资产交换的处理

企业以一项非货币性资产同时换入另一企业的多项非货币性资产，或同时以多项非货币性资产换入另一企业的一项非货币性资产，或以多项非货币性资产同时换入多项非货币性资产，也可能涉及补价。在涉及多项非货币性资产的交换中，企业无法将换出的某一资产与换入的某一特定资产相对应。与单项非货币性资产之间的交换一样，涉及多项非货币性资产交换的计量，企业也应当首先判断是否符合非货币性资产交换准则以公允价值计量的两个条件，再分别按情况确定各项换入资产的成本。

涉及多项非货币性资产的交换一般可以分为以下几种情况：

（1）资产交换具有商业实质，且各项换出资产和各项换入资产的公允价值均能够可靠计量。在这种情况下，换入资产的总成本应当按照换出资产的公允价值总额为基础确定，除非有确凿证据证明换入资产的公允价值总额更可靠。各项换入资产的成本，应当按照各项换入资产的公允价值占换入资产公允价值总额的比例，对换入资产总成本进行分配，确定各项换入资产的成本。

（2）资产交换具有商业实质，且换入资产的公允价值能够可靠计量、换出资产的公允价值不能可靠计量。在这种情况下，换入资产的总成本应当按照换入资产的公允价值总额为基础确定，各项换入资产的成本，应当按照各项换入资产的公允价值占换入资产公允价值总额的比例，对换入资产总成本进行分配，确定各项换入资产的成本。

（3）资产交换具有商业实质，换出资产的公允价值能够可靠计量，但换入资产的公允价值不能可靠计量。在这种情况下，换入资产的总成本应当按照换出资产的公允价值总额为基础确定，各项换入资产的成本，应当按照各项换入资产的原账面价值占换入资产原账面价值总额的比例，对按照换出资产公允价值总额确定的换入资产总成本进行分配，确定各项换入资产的成本。

（4）资产交换不具有商业实质，或换入资产和换出资产的公允价值均不能可靠计量。在这种情况下，换入资产的总成本应当按照换出资产原账面价值总额为基础确定，各项换入资产的成本，应当按照各项换入资产的原账面价值占换入资

产原账面价值总额的比例，对按照换出资产账面价值总额为基础确定的换入资产总成本进行分配，确定各项换入资产的成本。

实际上，上述第（1）、（2）、（3）种情况，换入资产总成本都是按照公允价值计量，但各单项换入资产成本的确定，视各单项换入资产的公允价值能否可靠计量而分别情况处理；第（4）种情况属于不符合公允价值计量的条件，换入资产总成本按照换出资产账面价值总额确定，各单项换入资产成本的确定，按照各单项换入资产的原账面价值占换入资产原账面价值总额的比例确定。

（一）以公允价值计量的情况

【例14-4】2018年5月，甲公司和乙公司均为增值税一般纳税人，适用的增值税税率均为16%。为适应业务发展的需要，经协商，甲公司决定以生产经营过程中使用的发电设备、车床以及库存商品换入乙公司生产经营过程中使用的货运车、轿车、客运汽车。甲公司发电设备的账面原价为150万元，在交换日的累计折旧为30万元，公允价值和计税价值均为100万元；车床的账面原价为120万元，在交换日的累计折旧为60万元，公允价值和计税价值均为80万元；库存商品的账面余额为300万元，公允价值为350万元，公允价值等于计税价格。乙公司货运车的账面原价为150万元，在交换日的累计折旧为50万元，公允价值为150万元；轿车的账面原价为200万元，在交换日的累计折旧为90万元，公允价值为100万元；客运汽车的账面原价为300万元，在交换日的累计折旧为80万元，公允价值为240万元。乙公司另外以银行存款向甲公司支付补价40万元和增值税差额6.4万元。

假定甲公司和乙公司都没有为换出资产计提减值准备；整个交易过程中没有发生除增值税以外的其他相关税费；甲公司换入乙公司的货运车、轿车、客运汽车均作为固定资产使用和管理；乙公司换入甲公司的发电设备、车床作为固定资产使用和管理，换入的库存商品作为原材料使用和管理。甲公司和乙公司互相开具了增值税专用发票。

分析：本例涉及收付货币性资产，应当计算甲公司收到的货币性资产占甲公司换出资产公允价值总额的比例（等于支付的货币性资产占乙公司换出资产公允价值与支付的补价之和的比例），即：40万元÷（100+80+350）万元=7.55%<25%。可以认定这一涉及多项资产的交换行为属于非货币性资产交换，适用非货币性资产交换准则进行会计处理。对于甲公司而言，为了拓展运输业务，需要客运汽车、轿车等，乙公司为了扩大产品生产，需要发电设备、车床等设备，换入资产对换入企业均能发挥更大的作用，因此，该项涉及多项资产的非货币性资产交换具有商业实质；同时，各单项换入资产和换出资产的公允价值均能可靠计量，因此，甲、乙公司均应当以公允价值为基础确定换入资产的总成本，确认产生的相关损

益。同时，按照各单项换入资产的公允价值占换入资产公允价值总额的比例，确定各单项换入资产的成本。

甲公司的账务处理如下：

（1）根据增值税的有关规定，企业以库存商品换入其他资产，视同销售行为发生，应计算增值税销项税额，缴纳增值税。

换出原材料的增值税销项税额：350×16%=56（万元）

换出发电设备的增值税销项税额：100×16%=16（万元）

换出车床的增值税销项税额：80×16%=12.8（万元）

（2）计算换入资产、换出资产公允价值总额

换出资产公允价值总额=100+80+350=530（万元）

换入资产公允价值总额=150+100+240=490（万元）

（3）计算换入资产总成本

换入资产总成本=换出资产公允价值−补价+应支付的相关税费

=（100+80+350）−40+0=490（万元）

（4）计算确定换入各项资产的公允价值占换入资产公允价值总额的比例

货运车公允价值占换入资产公允价值总额的比例：

150÷（150+100+240）=30.61%

轿车公允价值占换入资产公允价值总额的比例：

100÷（150+100+240）=20.41%

客运汽车公允价值占换入资产公允价值总额的比例：

240÷（150+100+240）=48.98%

（5）计算确定换入各项资产的成本

货运车的成本：490×30.61%=149.99（万元）

轿车的成本：490×20.41%=100.01（万元）

客运汽车的成本：490×48.98%=240（万元）

（6）会计分录

借：固定资产清理	1 800 000
累计折旧	900 000
贷：固定资产—发电设备	1 500 000
—车床	1 200 000
借：固定资产—货运车	1 499 900
—轿车	10 001 00
—客运汽车	2 400 000
应交税费—应交增值税（进项税额）	784 000
银行存款	464 000

贷：固定资产清理　　1 800 000

主营业务收入　　3 500 000

应交税费—应交增值税（销项税额）　　848 000

借：主营业务成本　　3 000 000

贷：库存商品　　3 000 000

乙公司的账务处理如下：

（1）根据增值税的有关规定，企业以其他资产换入原材料，视同购买行为发生，应计算增值税进项税额，抵扣增值税。

换入原材料的增值税进项税额：350×16%=56（万元）

换入发电设备的增值税进项税额：100×16%=16（万元）

换入车床的增值税进项税额：80×16%=12.8（万元）

换出货运车的增值税销项税额：150×16%=24（万元）

换出轿车的增值税销项税额：100×16%=16（万元）

换出客运汽车的增值税销项税额：240×16%=38.4（万元）

（2）计算换入资产、换出资产公允价值总额

换出资产公允价值总额=150+100+240=490（万元）

换入资产公允价值总额=100+80+350=530（万元）

（3）确定换入资产总成本

换入资产总成本=换出资产公允价值+支付的补价

=490+40=530（万元）

（4）计算确定换入各项资产的公允价值占换入资产公允价值总额的比例

发电设备公允价值占换入资产公允价值总额的比例：

100÷（100+80+350）=18.868%

车床公允价值占换入资产公允价值总额的比例：

80÷（100+80+350）=15.094%

原材料公允价值占换入资产公允价值总额的比例：

350÷（100+80+350）=66.038%

（5）计算确定换入各项资产的成本

发电设备的成本：530×18.868%=100（万元）

车床的成本：530×15.094%=80（万元）

原材料的成本：530×66.04%=350（万元）

（6）会计公录

借：固定资产清理　　4 300 000

累计折旧　　2 200 000

贷：固定资产—货运车　　1 500 000

—轿车　2 000 000
—客运汽车　3 000 000
借：固定资产—发电设备　1 000 000
—车床　800 000
原材料　3 500 000
应交税费—应交增值税（进项税额）　848 000
贷：固定资产清理　4 300 000
应交税费—应交增值税（销项税额）　784 000
银行存款　464 000
资产处置损益　600 000

（二）以账面价值计量的情况

【例14-5】2018年6月，甲公司因经营战略发生较大转变，产品结构发生较大调整，原生产其产品的专有设备、专利技术等已不符合生产新产品的需要，经与乙公司协商，将其专用设备连同专利技术与乙公司正在建造过程中的一幢建筑物、乙公司对丙公司的长期股权投资进行交换。甲公司换出专有设备的账面原价为800万元，已提折旧500万元；专利技术账面原价为300万元，已摊销金额为150万元；乙公司在建工程截止到交换日的成本为350万元，对丙公司的长期股权投资账面价值为100万元。由于甲公司持有的专有设备和专利技术市场上已不多见，因此，公允价值不能可靠计量。乙公司的在建工程因完工程度难以合理确定，其公允价值亦不能可靠计量，由于丙公司不是上市公司，乙公司对丙公司长期股权投资的公允价值也不能可靠计量。假定甲、乙公司均未对上述资产计提减值准备。本案例甲乙公司均不考虑相关税费。

分析：本例不涉及收付货币性资产，属于非货币性资产交换。由于换入资产、换出资产的公允价值均不能可靠计量，甲、乙公司均应当以换出资产账面价值总额作为换入资产的总成本，各项换入资产的成本，应当按各项换入资产的账面价值占换入资产账面价值总额的比例分配后确定。

甲公司的账务处理如下：

（1）计算换入资产、换出资产账面价值总额

换入资产账面价值总额=350+100=450（万元）

换出资产账面价值总额=300+150=450（万元）

（2）确定换入资产总成本

换入资产总成本=换出资产账面价值=450（万元）

（3）计算各项换入资产账面价值占换入资产账面价值总额的比例

在建工程占换入资产账面价值总额的比例=350÷（350+100）=77.8%

长期股权投资占换入资产账面价值总额的比例=100÷（350+100）=22.2%

（4）确定各项换入资产成本

在建工程成本=450×77.8%=350（万元）

长期股权投资成本=450×22.2%=100（万元）

（5）会计分录：

借：固定资产清理	3 000 000
累计折旧	5 000 000
贷：固定资产—专有设备	8 000 000
借：在建工程	3 500 000
长期股权投资	1 000 000
累计摊销	1 500 000
贷：固定资产清理	3 000 000
无形资产—专利技术	3 000 000

乙公司的账务处理如下：

（1）计算换入资产、换出资产账面价值总额

换入资产账面价值总额=300+150=450（万元）

换出资产账面价值总额=350+100=450（万元）

（2）确定换入资产总成本

换入资产总成本=换出资产账面价值=450（万元）

（3）计算各项换入资产账面价值占换入资产账面价值总额的比例：

专有设备占换入资产账面价值总额的比例：

300÷（300+150）=66.7%

专有技术占换入资产账面价值总额的比例：

150÷（300+150）=33.3%

（4）确定各项换入资产成本

专有设备成本=450×66.7%=300（万元）

专利技术成本=450×33.3%=150（万元）

（5）会计分录：

借：固定资产—专有设备	3 000 000
无形资产—专利技术	1 500 000
贷：在建工程	3 500 000
长期股权投资	1 000 000

第十五章

政府补助

第一节

政府补助概述

一、政府补助的定义

政府补助，是指企业从政府无偿取得货币性资产或非货币性资产，但不包括政府作为企业所有者投入的资本和政府购买服务所支付的对价。政府包括各级政府及其所属机构，国际类似组织也在此范围之内。

二、政府补助的特征

（一）政府补助是无偿的、有条件的

政府向企业提供补助具有无偿性的特点。政府并不因此而享有企业的所有权，企业未来也不需要以提供服务、转让资产等方式偿还。

政府补助通常附有一定的条件，这与政府补助的无偿性并无矛盾，只是政府为了推行其宏观经济政策，对企业使用政府补助的时间、范围和方向进行了限制。所附条件主要包括：

（1）政策条件。企业只有符合政府补助政策的规定，才有资格申请政府补助。符合政策规定不一定都能够取得政府补助；不符合政策规定、不具备申请政府补助资格的，不能取得政府补助。

（2）使用条件。企业已获批准取得政府补助的，应当按照政府规定的用途使用。

（二）政府资本性投入不属于政府补助

政府以投资者身份向企业投入资本，享有企业相应的所有权，企业有义务向投资者分配利润，政府与企业之间是投资者与被投资者的关系。政府拨入的投资补助等专项拨款中，国家相关文件规定作为“资本公积”处理的，也属于资本性投入的性质。政府的资本性投入无论采用何种形式，均不属于政府补助。

企业从政府取得的经济资源，如果与企业销售商品或提供服务等活动密切相关，且来源于政府的经济资源是企业商品或服务的对价或者是对价的组成部分，应当按照《企业会计准则第14号——收入》等相关会计准则进行会计处理，不适用政府补助准则。

【例15-1】甲企业是一家生产和销售高效照明产品的企业。国家为了支持高效照明产品的推广使用，通过统一招标的形式确定中标企业、高效照明产品及其中标协议供货价格。甲企业作为中标企业，需以中标协议供货价格减去财政补贴资金后的价格将高效照明产品销售给终端用户，并按照高效照明产品实际安装数量、中标供货协议价格、补贴标准，申请财政补贴资金。2018年度，甲企业因销售高效照明产品获得财政资金8 000万元。

此例中，甲企业虽然取得财政补贴资金，但最终受益人是从甲企业购买高效照明产品的大宗用户和城乡居民，相当于政府以中标协议供货价格从甲企业购买了高效照明产品，再以中标协议供货价格减去财政补贴资金后的价格将产品销售给终端用户。实际操作时，政府并没有直接从事高效照明产品的购销，但以补贴资金的形式通过甲企业的销售行为实现了政府推广使用高效照明产品的目标，实际上政府是购买了甲企业的商品。对甲企业而言，销售高效照明产品是其日常经营活动，甲企业仍按照中标协议供货价格销售了产品，高效照明产品的销售收入由两部分构成：一是终端用户支付的购买价款；二是财政补贴资金，财政补贴资金是甲企业产品对价的组成部分。所以，这样的交易是互惠的，具有商业实质，并与甲企业销售商品的日常经营活动密切相关，甲企业收到的补贴资金8 000万元应当按照收入准则的规定进行会计处理。

【例15-2】乙企业是一家生产和销售施工机械的企业。为推动科技创新，乙企业所在地政府于2018年8月向乙企业拨付了6 000万元资金，要求乙企业将这笔资金用于技术改造项目研究，研究成果归乙企业享有。

本例中，乙企业的日常经营活动是生产和销售施工机械，其从政府取得了6 000万元资金用于研发支出，且研究成果归乙企业享有。所以这项财政拨款具有无偿性，乙企业收到的6 000万元资金应当按照政府补助准则的规定进行会计处理。

【例15-3】2018年2月，丙企业与所在城市的开发区人民政府签订了项目合作投资协议，实施“退城进园”技改搬迁。根据协议，丙企业在开发区内投资约5亿元建设电子信息设备生产基地。生产基地占地面积500亩，该宗项目用地按开发区工业用地基准地价挂牌出让，丙企业摘牌并按挂牌出让价格缴纳土地款及相关税费6 000万元。丙企业自开工之日起须在18个月内完成搬迁工作，从原址搬迁至开发区，同时将丙企业位于城区繁华地段的原址用地（250亩，按照所在地段工业用地基准地价评估为1.25亿元）移交给开发区政府收储，开发区政府将向丙企业支付补偿资金1.25亿元。

本例中，为实施“退城进园”技改搬迁，丙企业将其位于城区繁华地段的原址用地交给开发区政府收储，开发区政府为此向丙企业支付补偿资金1.25亿元。由于开发区政府对丙企业的搬迁补偿是基于丙企业原址用地的公允价值确定的，实质是政府按照相应资产市场价格向企业购买资产。企业从政府取得的经济资源是企业让渡其资产的对价，双方交易是互惠性交易，不符合政府补助无偿性的特点，所以丙企业收到的1.25亿元搬迁补偿资金不作为政府补助处理，而应作为处置非流动资产的收入。

三、政府补助的主要形式

政府补助表现为政府向企业转移资产，通常为货币性资产，也可能为非货币性资产。政府补助主要有以下形式：

（一）财政拨款

财政拨款是政府无偿拨付给企业的资金，通常在拨款时明确规定了资金用途。比如，财政部门拨付给企业用于购建固定资产或进行技术改造的专项资金，鼓励企业安置职工就业而给予的奖励款项，拨付企业的粮食定额补贴，拨付企业开展研发活动的研发经费等，均属于财政拨款。

（二）财政贴息

财政贴息是政府为支持特定领域或区域发展，根据国家宏观经济形势和政策目标，对承贷企业的银行贷款利息给予的补贴。

财政贴息主要有两种方式：

（1）财政将贴息资金直接拨付给受益企业；

（2）财政将贴息资金拨付给贷款银行，由贷款银行以政策性优惠利率向企业提供贷款，受益企业按照实际发生的利率计算和确认利息费用。

（三）税收返还

税收返还是政府按照国家有关规定采取先征后返（退）、即征即退等办法向企业返还的税款，属于以税收优惠形式给予的一种政府补助。

除税收返还外，税收优惠还包括直接减征、免征、增加计税抵扣额、抵免部分税额等形式。这类税收优惠并未直接向企业无偿提供资产，不作为本准则规范的政府补助。但是，部分减免税款需要按照政府补助准则进行会计处理。例如，小微企业在取得销售收入时，应当按照税法的规定计算应交增值税，如其销售额满足税法规定的免征增值税条件时，应当将免征的税额转入当期损益，借记“应交税费—应交增值税”科目，贷记“其他收益”科目。又如，属于一般纳税人的加工型企业根据税法规定招用自主就业退役士兵，并按定额扣减增值税的，应当将减征的税额计入当期损益，借记“应交税费—应交增值税（减免税额）”科目，贷记“其他收益”科目。增值税出口退税不属于政府补助。根据税法规定，在对出口货物取得的收入免征增值税的同时，退付出口货物前道环节发生的进项税额，增值税出口退税实际上是政府退回企业事先垫付的进项税，所以不属于政府补助。

（四）无偿划拨非货币性资产

比如，行政划拨土地使用权、天然起源的天然林等。

四、政府补助的分类

确定了来源于政府的经济利益属于政府补助后，还应当对其进行恰当的分类。根据政府补助准则规定，政府补助应当划分为与资产相关的政府补助和与收益相关的政府补助，这是因为两类政府补助给企业带来的经济利益或者弥补相关成本或费用的形式不同，从而在具体账务处理上也存在差别。

（一）与资产相关的政府补助

与资产相关的政府补助，是指企业取得的、用于购建或以其他方式形成长期资产的政府补助。通常情况下，相关补助文件会要求企业将补助资金用于取得长期资产。长期资产将在较长的期间内给企业带来经济利益，会计上有两种处理方法可供选择，一是将与资产相关的政府补助确认为递延收益，随着资产的使用而逐步结转入损益，二是将补助冲减资产的账面价值，以反映长期资产的实际取得成本。

（二）与收益相关的政府补助

与收益相关的政府补助，是指除与资产相关的政府补助之外的政府补助。此类补助主要是用于补偿企业已经发生或即将发生的费用或损失。此类补助主要是对期间费用或生产成本的补偿，受益期相对较短，所以通常在满足补助所附条件时计入当期损益或冲减相关资产的账面价值。

第二节

政府补助的会计处理

政府补助的无偿性决定了其应当最终计入损益而非直接计入所有者权益。其会计处理有两种方法：一是总额法，将政府补助全额确认为收益；二是净额法，将政府补助作为相关成本费用的扣减。与企业日常活动相关的政府补助，应当按照经济业务的实质，计入其他收益或冲减相关成本费用。与企业日常活动无关的政府补助，计入营业外收入或冲减相关损失。通常情况下，若政府补助补偿的成本费用是营业利润之中的项目，或该补助与日常销售行为密切相关如增值税即征即退等，则认为该政府补助与日常活动相关。

一、与资产相关的政府补助

修订准则第八条规定，与资产相关的政府补助，应当冲减相关资产的账面价值或确认为递延收益。与资产相关的政府补助确认为递延收益的，应当在相关资产使用寿命内按照合理、系统的方法分期计入损益。按照名义金额计量的政府补助，直接计入当期损益。

实务中，企业通常先收到补助资金，再按照政府要求将补助资金用于购建固定资产或无形资产等长期资产。企业在收到补助资金时，有两种会计处理方法可供选择：一是总额法，即借记有关资产科目，贷记“递延收益”科目，自长期资产可供使用时起，在相关资产使用寿命内按合理、系统的方法分期计入损益，借记“递延收益”科目，贷记“其他收益”科目，对于应计提折旧或摊销的长期资产，即为资产开始折旧或摊销的时点。相关资产在使用寿命结束时或结束前被处置（出售、转让、报废等），尚未分摊的递延收益余额应当一次性转入处置当期资产处置收益，不再予以递延，递延收益分配的终点是“资产使用寿命结束或资产被处置时（孰早）”。二是净额法，将补助冲减相关资产的账面价值。企业对某项经济业务选择总额法还是净额法，应当对该项业务一贯地运用该方法，不得随意变更。

实务中存在政府无偿给予企业长期非货币性资产的情况，如无偿给予的土地使用权和天然起源的天然林等。对无偿给予的非货币性资产，企业应当按照公允价值或名义金额对此类补助进行计量。对企业在收到非货币性资产时，应当借记有关资产科目，贷记“递延收益”科目，在相关资产使用寿命内按合理、系统的方法分期计入损益，借记“递延收益”科目，贷记“其他收益”科目。对以名义金额（1元）计量的政府补助，在取得时直接计入当期损益。

【例15-4】按照国家有关政策，企业购置环保设备可以申请补贴以补偿其环保支出。丁企业于2018年1月向政府有关部门提交了420万元的补助申请，作为对其购置环保设备的补贴。2018年3月15日，丁企业收到政府补助420万元，与日常活动相关。2018年4月20日丁企业购入不需要安装环保设备，实际成本为960万元，使用寿命10年，采用直线法计提折旧，不考虑净残值。2026年4月丁企业出售了这台设备，取得价款240万元。不考虑增值税等相关税费。

丁企业会计处理如下（分录中的金额以万元为单位）：

方法一：总额法会计处理

（1）2018年3月15日，实际收到财政拨款时，确认递延收益：

借：银行存款	420
贷：递延收益	420

（2）2018年4月20日购入设备：

借：固定资产	960
贷：银行存款	960

（3）自2018年5月起，每个资产负债表日（月末）计提折旧，同时分摊的递延收益：

①计提折旧（假设该设备用于污染物排放测试，折旧费用计入制造费用）：

借：制造费用	8
贷：累计折旧	8（960/10/12）

②月末分摊递延收益：

借：递延收益	3.5（420/10/12）
贷：其他收益	3.5

（4）2026年4月出售设备，同时转销递延收益余额：

①出售设备：

借：固定资产清理	192
累计折旧	768［960/10×（8+7×12+4）/12］
贷：固定资产	960
借：银行存款	240
贷：固定资产清理	192
处置资产损益	48

②转销的递延收益余额：

借：递延收益	84［420−420/10×（8+7×12+4）/12］

贷：其他收益 84

方法二：净额法会计处理

（1）2018年3月15日，实际收到财政拨款时：

借：银行存款 420

贷：递延收益 420

（2）2018年4月20日购入设备：

借：固定资产 960

贷：银行存款 960

同时：

借：递延收益 420

贷：固定资产 420

（3）自2018年5月起，每个资产负债表日（月末）计提折旧：

借：制造费用 4.5

贷：累计折旧 4.5［（960−420）/10/12］

（4）2026年4月出售设备：

借：固定资产清理 108

累计折旧 432（540/10×（8+7×12+4）/12）

贷：固定资产 540（960−420）

借：银行存款 240

贷：固定资产清理 108

处置资产损益 132

二、与收益相关的政府补助

修订准则第九条规定，与收益相关的政府补助，应当分情况按照以下规定进行会计处理：

（1）用于补偿企业以后期间的相关成本费用或损失的，在收到时应当先判断企业能否满足政府补助所附条件。如收到时暂时无法确定，则应当先作为预收款项计入“其他应付款”科目，待客观情况表明企业能够满足政府补助所附条件后，再确认为递延收益；若收到补助时，客观情况表明企业能够满足政府补助所附条件，则应当确认递延收益，并在确认相关成本费用或损失的期间，计入当期损益或冲减相关成本。

【例15−5】A企业于2018年3月15日与企业所在地地方政府签订合作协议，根据协议约定当地政府向A企业提供500万元奖励基金，用于企业的人才激励和人才引进奖励。A企业必须按年向当地政府报送详细的资金使用计划，并按规定用途使用资金。协议同时还约定，A企业自获得奖励起8年内注册地址不得迁离本区，否则政府有权追回奖励资金。A企业于2018年4月10日收到500万元补助资金。分别在2018年12月、2019年12月、2020年12月使用了200万元、150万元、150万元用于发放给总裁级别类高管作为年度奖金。

本例中，A企业在实际收到补助资金时，应先记入“递延收益”科目，实际按规定用途使用资金时再结转计入当期损益。会计处理如下（分录中的金额以万元为单位）：

①2018年4月10日A企业实际收到补助资金，客观情况表明A企业未来8年内离开该地区的可能性很小：

借：银行存款　　500

　　贷：递延收益　　500

②2018年12月、2019年12月、2020年12月A企业将补贴资金发放高管奖金时：

借：递延收益　　200

　　贷：管理费用　　200

借：递延收益　　150

　　贷：管理费用　　150

借：递延收益　　150

　　贷：管理费用　　150

（2）用于补偿企业已发生的相关成本费用或损失的，直接计入当期损益或冲减相关成本。这类补助通常与企业已经发生的行为有关，是对企业已发生的成本费用或损失的补偿，或是对企业过去行为的奖励。如果企业已经实际收到补助资金，应当按照实际收到的金额计入当期损益或冲减相关成本；如果会计期末企业尚未收到补助资金，但企业在符合了相关政策规定后就相应的获得了收款权，且与之相关的经济利益很可能流入企业，企业应当在这项补助成为应收款时按照应收的金额予以确认，计入当期损益或冲减相关成本。

【例15-6】B企业销售其自主开发生产的动漫软件，按照国家有关规定，该企业的这种产品适用增值税即征即退政策，按16%的税率征收增值税后，对其增值税实际税负超过3%的部分，实行即征即退。2019年1月，该企业实际缴纳增值税100万元。实际退回20万元，由于软件企业即征即退增值税属于与企业日常经营活动密切相关的补助，所以B企业实际收到退回的增值税额时，会计处理如下：

借：银行存款　　20

贷：其他收益 20

【例15-7】C企业2018年11月遭受重大自然灾害，并于2018年12月30日收到了政府补助资金100万元。

2018年12月30日，C企业实际收到补助资金并选择按总额法进行会计处理，其账务处理如下（分录中的金额以万元为单位）：

借：银行存款 100

贷：营业外收入 100

【例15-8】D企业是一家集芳烃技术研发、生产于一体的高新技术企业。芳烃的原料是石脑油。石脑油按成品油项目在生产环节征消费税。根据国家相关规定，对使用燃料油、石脑油生产乙烯芳烃的企业购进并用于生产乙烯芳烃类化工产品的燃料油、石脑油，按实际耗用数量退还所含消费税。假设D企业石脑油单价为5 000元/t（其中消费税2 000元/t）。本期将120t石脑油投入生产，石脑油转换率为1.2：1（即120t石脑油可生产100t乙烯芳烃），共生产乙烯芳烃100t。D企业根据当期产量及所购原料供应商的消费税证明，申请退还相应的消费税。当期应退消费税为100×1.2×2 000=240 000（元），D企业在期末结转存货成本和主营业务成本之前，会计处理如下（分录中的金额以万元为单位）：

借：其他应收款 24

贷：生产成本 24

（3）已计入损益的政府补助需要退回的，应当分别下列情况进行会计处理：①初始确认时冲减相关资产成本的，应当调整资产账面价值；②存在尚未摊销的递延收益的，冲减相关递延收益账面余额，超出部分计入当期损益；③属于其他情况的，直接计入当期损益。

【例15-9】接【例15-4】假设2019年5月，有关部门在对丁企业的检查中发现，丁企业不符合申请补助的条件，要求丁企业退回补助款。丁企业于当月退回了补助款420万元。

丁企业的会计处理如入下（分录中的金额以万元为单位）：

方法一：丁企业选择总额法进行会计处理，应当结转递延收益，并将超出部分计入当期损益。

2019年5月丁企业退回补助款时：

借：递延收益 378

其他收益 42

贷：银行存款 420

方法二：丁企业选择净额法进行会计处理，应当视同一开始就没有收到政府补助，调整相关资产账面价值，本例中应调整固定资产成本和累计折旧，将实际退回金额与账面价值调整数之间的差额计入当期损益。

2019年5月丁企业退回补助款时：

借：固定资产 420

制造费用 42

贷：银行存款 420

累计折旧 42

三、综合性项目的政府补助

对同时包含与资产相关部分和与收益相关部分的政府补助，应当区分不同部分分别进行会计处理；难以区分的，应当整体归类为与收益相关的政府补助。

【例15-10】甲公司2018年12月申请某国家级研发补贴。申报书中的有关内容如下：本公司于2018年1月启动数字印刷技术开发项目，预计总投资1 800万元、为期3年，已投入资金600万元。项目还需新增投资1 200万元（其中，购置固定资产600万元、场地租赁费300万元、人员费150万元、市场营销150万元），计划自筹资金600万元、申请财政拨款600万元。

2019年1月1日，主管部门批准了甲公司的申报，签订的补贴协议规定：批准甲公司补贴申请，共补贴款项600万元，分两次拨付。申请批准日拨付300万元，结项验收时支付300万元。该开发项目假定于2020年末完工，2021年3月1日通过验收并收到第二笔补贴款。假设按年分配递延收益。甲公司对政府补助采用总额法处理。本例属于针对综合性项目的政府补助，因为该项目包括场地租赁费、人员费等费用和购置固定资产，且不能区分哪部分政府补助属于与资产相关的政府补助，哪部分政府补助属于与收益相关的政府补助，因此应按照与收益相关的政府补助原则进行会计处理。

甲公司的会计处理如下（分录中的金额以万元为单位）：

（1）2019年1月1日，实际收到拨款300万元：

借：银行存款 300

贷：递延收益 300

（2）自2019年1月1日至2020年12月31日，每个资产负债表日，分配递延收益：

借：递延收益 150

贷：其他收益 150

（3）2021年项目通过验收，于3月1日实际收到拨付300万元：

借：银行存款　　300

　　贷：其他收益　　300

四、财政贴息

财政贴息是政府为支持特定领域或区域发展，根据国家宏观经济形势和政策目标，对承贷企业的银行借款利息给予的补贴。企业取得财政贴息的，应当区分财政将贴息资金拨付给贷款银行和财政将贴息资金直接拨付给受益企业两种情况，分别进行会计处理。

（1）财政将贴息资金拨付给贷款银行

财政将贴息资金拨付给贷款银行，由贷款银行以政策性优惠利率向受益企业提供贷款，企业可以选择下列方法之一进行会计处理：

①以实际收到的借款金额作为借款的入账价值，按照借款本金和该政策性优惠利率计算借款费用。

②以借款的公允价值作为借款的入账价值并按照实际利率法计算借款费用，实际收到的金额与借款入账价值之间的差额确认为递延收益。递延收益在借款存续期内采用实际利率法摊销，冲减相关借款费用。

企业选择了上述两种方法之一作为会计政策后，应当一致地运用，不得随意变更。

【例15-11】2015年1月1日，丙企业向银行贷款100万元，期限2年，按月计息，按季度付息，到期一次还本。由于这笔贷款资金将被用于国家扶持产业，符合财政贴息的条件，所以贷款利率显著低于丙企业取得同类贷款的市场利率。假设丙企业取得同类贷款的年市场利率为12%，丙企业与银行签订的贷款合同约定的年利率为6%，丙企业按年向银行支付贷款利息，财政按年向银行拨付贴息资金。贴息后实际支付的年利息率为6%，贷款期间的利息费用满足资本化条件，计入相关在建工程的成本。其中，借款利息计算表如表15-1所示。

借款利息计算表　　表15-1

月度	实际支付银行的利息①	财政贴息②	实际现金流③	实际现金流折现④	长期借款各期实际利息⑤	摊销金额⑥	长期借款的期末账面价值⑦
0	893 817						
1	10 000	5 000	5 000	4 951	8 938	3 938	897 755

续表

月度	实际支付银行的利息①	财政贴息②	实际现金流③	实际现金流折现④	长期借款各期实际利息⑤	摊销金额⑥	长期借款的期末账面价值⑦
2	10 000	5 000	5 000	4 902	8 978	3 978	901 733
3	10 000	5 000	5 000	4 853	9 017	4 017	905 750
4	10 000	5 000	5 000	4 805	9 058	4 058	909 808
5	10 000	5 000	5 000	4 758	9 098	4 098	913 906
6	10 000	5 000	5 000	4 710	9 139	4 139	918 045
7	10 000	5 000	5 000	4 664	9 180	4 180	922 225
8	10 000	5 000	5 000	4 618	9 222	4 222	926 447
9	10 000	5 000	5 000	4 572	9 264	4 264	930 711
10	10 000	5 000	5 000	4 527	9 307	4 307	935 018
11	10 000	5 000	5 000	4 482	9 350	4 350	939 368
12	10 000	5 000	5 000	4 437	9 394	4 394	943 762
13	10 000	5 000	5 000	4 394	9 438	4 438	948 200
14	10 000	5 000	5 000	4 350	9 482	4 482	952 682
15	10 000	5 000	5 000	4 307	9 527	4 527	957 209
16	10 000	5 000	5 000	4 264	9 572	4 572	961 781
17	10 000	5 000	5 000	4 222	9 618	4 618	966 399
18	10 000	5 000	5 000	4 180	9 664	4 664	971 063
19	10 000	5 000	5 000	4 139	9 711	4 711	975 774
20	10 000	5 000	5 000	4 098	9 758	4 758	980 532
21	10 000	5 000	5 000	4 057	9 805	4 805	985 337
22	10 000	5 000	5 000	4 017	9 853	4 853	990 190

续表

月度	实际支付银行的利息①	财政贴息②	实际现金流③	实际现金流折现④	长期借款各期实际利息⑤	摊销金额⑥	长期借款的期末账面价值⑦
23	10 000	5 000	1005 000	791 538	9 951	4 951	1 000 000
合计				893 822		106 183	

月度实际支付银行的利息①（1 000 000 × 12%/12）财政贴息②（1 000 000 × 6%/12）

注：1．893 817=5 000 ×（P/A，1%，24）+1 000 000 ×（P/F，1%，24）。为计算简便，表格中的数据均四舍五入取整数，会有尾差。

2．实际现金流折现④为各月实际现金流③5 000元按照月市场利率1%（12%/12）折现的金额。

3．长期借款各期实际利息⑤为上月长期借款账面价值⑦与月市场利率1%的乘积。

4．摊销金额⑥是长期借款各期实际利息⑤扣减每月实际利息支出③5 000元后的金额。

按方法一会计处理如下：

（1）2015年1月1日，丙企业取得银行贷款100万元。

借：银行存款　　1 000 000

　　贷：长期借款—本金　　1 000 000

（2）2015年1月31日起每月月末，丙企业按月计提利息，企业实际承担的利息支出为1 000 000×6%/12=5000（元）

借：在建工程　　5 000

　　贷：应付利息　　5 000

按方法二账务处理如下：

（1）2015年1月1日，丙企业取得银行贷款100万元。

借：银行存款　　1 000 000

　　长期借款—利息调整　　106 183

　　贷：长期借款—本金　　1 000 000

　　　　递延收益　　106 183

（2）2015年1月31日，丙企业按月计提利息：

借：在建工程　　8 938

　　贷：应付利息　　5 000

　　　　长期借款—利息调整　　3 938

同时，摊销递延收益：

借：递延收益　　3 938

　　贷：在建工程　　3 938

在这两种方法下，计入在建工程的利息支出是一致的，均为5 000元。所不同的是第一种方法下，银行贷款在资产负债表中反映账面价值为1 000 000元，第两种方法下，银行贷款的入账价值为893 817元，递延收益为106 183元，各月需要按照实际利率法进行摊销。

（2）财政将贴息资金直接拨付给受益企业

财政将贴息资金直接拨付给受益企业，由于企业先按照同类贷款市场利率向银行支付利息，所以实际收到的借款金额通常就是借款的公允价值，企业应将对应的贴息冲减相关借款费用。

【例15-12】接【例15-11】，丙企业与银行签订的贷款合同约定的年利率为12%，丙企业按月计提利息，按季度向银行支付贷款利息，以付息凭证向财政申请贴息资金。财政按年与丙企业结算贴息资金。

（1）2015年1月1日，丙企业取得银行贷款100万元。

借：银行存款	1 000 000
贷：长期借款—本金	1 000 000

（2）2015年1月31日起每月月末，丙企业按月计提利息，应向银行支付的利息金额为1 000 000×12%/12=10 000（元），企业实际承担的利息支出为1 000 000×6%/12=5 000（元），应收政府贴息为5 000元。

借：在建工程	10 000
贷：应付利息	10 000
借：其他应收款	5 000
贷：在建工程	5 000

第三节

政府补助的列报与披露

一、政府补助的列报

企业应当在利润表（表15–2）中的“营业利润”项目之上单独列报“其他收益”项目，计入其他收益的政府补助在该项目中反映。冲减相关成本费用的政府补助，在相关成本费用项目中反映。与企业日常经营活动无关的政府补助，在利润表的营业外收支项目中列报。

利润表　　表15–2

项目	本期金额	上期金额
一、营业收入		
减：营业成本		
税金及附加		
销售费用		
管理费用		
财务费用		
资产减值损失		
加：公允价值变动收益（损失以“–”号填列）		
投资收益（损失以“–”号填列）		
其中：对联营企业和合营企业的投资收益		
资产处置收益（损失以“–”号填列）		
其他收益		
二、营业利润（亏损以“–”填列）		
加：营业外收入		
减：营业外支出		
其中：非流动资产处置损失		
三、利润总额（亏损总额以“–”填列）		

二、政府补助的附注披露

企业应当在附注中单独披露与政府补助有关的下列信息：政府补助的种类、金额和列报项目；计入当期损益的政府补助金额；本期退回的政府补助金额及原因。

因政府补助涉及递延收益、其他收益、营业外收入以及成本费用等多个项目，为了全面反映政府补助情况，企业应当在附注中单设项目披露政府补助的相关信息。参考披露格式如表15-3、表15-4所示。

计入递延收益的政府补助的明细表　　表15-3

补助项目	种类	期初余额	本期新增金额	本期结转计入损益或冲减相关成本的金额	期末余额	本期结转计入损益或冲减相关成本的列报项目
科技项目经费	财政拨款					
……						

计入当期损益或冲减相关成本的政府补助的明细表　　表15-4

补助项目	种类	本期计入损益或冲减相关成本的金额	本期计入损益或冲减相关成本的列报项目
科技项目经费	财政拨款		
……			

第十六章

所得税

第一节

所得税会计概述

所得税包括企业以应纳税所得额为基础的各种境内和境外税额。我国所得税会计采用了资产负债表债务法，要求企业从资产负债表出发，通过比较资产负债表上列示的资产、负债，按照会计准则规定确定的账面价值与按照税法规定确定的计税基础，对于两者之间的差异分别应纳税暂时性差异与可抵扣暂时性差异，确认相关的递延所得税负债与递延所得税资产，并在此基础上，经综合考虑当期应交的所得税后，再确定每一会计期间利润表中的所得税费用。

一、资产负债表债务法的理论基础

资产负债表债务法在所得税的会计核算方面遵循了资产、负债的界定。从资产负债表角度考虑，资产的账面价值代表的是某项资产在持续持有及最终处置的一定期间内为企业带来经济利益的总额，而计税基础代表的是该期间内按照税法规定就该项资产可以税前扣除的总额。资产的账面价值小于其计税基础的，表明该项资产于未来期间产生的经济利益流入低于按照税法规定允许税前扣除的金额，产生可抵减未来期间应纳税所得额的因素，减少未来期间以所得税税款的方式流出企业的经济利益，应确认为递延所得税资产。反之，一项资产的账面价值大于其计税基础的，两者之间的差额会增加企业未来期间的应纳税所得额及应交所得税，对企业形成经济利益流出的义务，应确认为递延所得税负债。

二、所得税会计的一般程序

在采用资产负债表债务法核算所得税的情况下，企业一般应于资产负债表日进行所得税的核算。企业合并等特殊交易或事项发生时，在确认因交易或事项取得的资产、负债时即应确认相关的所得税影响。企业进行所得税核算一般应遵循以下程序：

（1）按照相关会计准则的规定确定资产负债表中除递延所得税资产和递延所得税负债以外的其他资产和负债项目的账面价值。资产负债的账面价值，是指企业按照相关会计准则的规定进行核算后在资产负债表中列示的金额。对于计提了减值准备的各项资产，是指其账面余额减去已计提的减值准备后的金额。例如，企业持有的应收账款账面余额为100万元，企业对该应收账款计提了5万元的坏账准备，其账面价值为95万元。

（2）按照会计准则中对于资产负债计税基础的确定方法，以适用的税收法规为基础，确定资产负债表中有关资产、负债项目的计税基础。

（3）比较资产、负债的账面价值与计税基础，对于两者之间存在差异的，分析其性质，除准则中规定的特殊情况外，分别按应纳税暂时性差异与可抵扣暂时性差异，确定资产负债表日递延所得税负债和递延所得税资产的应有金额，分别与期初递延所得税负债和递延所得税资产的余额相比，确定当期应予确认的递延所得税负债和递延所得税资产金额或应予转销的金额，作为递延所得税。

（4）就企业当期发生的交易或事项，按照适用的税法规定计算确定当期应纳税所得额，将应纳税所得额与适用的所得税税率计算的结果确认为当期应交所得税，作为当期所得税。

（5）确定利润表中的所得税费用。利润表中的所得税费用包括当期所得税（当期应交所得税）和递延所得税两个部分，企业在计算确定了当期所得税和递延所得税后，两者之和（或之差），就是利润表中的所得税费用。

第二节

资产、负债的计税基础及暂时性差异

一、计税基础

企业在取得资产、负债时，应当确定其计税基础。资产、负债的账面价值与其计税基础存在差异的，应当按照本准则规定确认所产生的递延所得税资产或递延所得税负债。

所得税会计的关键在于确定资产、负债的计税基础。在确定资产、负债的计税基础时，应严格遵循税收法规中对于资产的税务处理以及可税前扣除的费用等规定进行。

（一）资产的计税基础

资产的计税基础，是指企业收回资产账面价值过程中，计算应纳税所得额时按照税法规定可以自应税经济利益中抵扣的金额，即某一项资产在未来期间按照税法规定可以税前扣除的金额。

通常情况下，资产在取得时其入账价值与计税基础是相同的，后续计量过程中因企业会计准则规定与税法规定不同，可能产生资产的账面价值与其计税基础的差异。资产的计税基础一般为其初始取得成本；资产持续持有的过程中，其计税基础是指资产的取得成本减去以前期间按照税法规定已经税前扣除的金额后的余额。如固定资产、无形资产等长期资产在某一资产负债表日的计税基础是指其成本扣除按照税法规定已在以前期间税前扣除的累计折旧额或累计摊销额后的金额。

又如，交易性金融资产的公允价值变动。按照企业会计准则规定，交易性金融资产期末应以公允价值计量，公允价值的变动计入当期损益。如果按照税法规定，交易性金融资产在持有期间公允价值变动不计入应纳税所得额，即其计税基础保持不变，则产生了交易性金融资产的账面价值与计税基础之间的差异。假定某企业持有一项交易性金融资产，成本为800万元，期末公允价值为1 200万元，如计税基础仍维持800万元不变，该计税基础与其账面价值之间的差额400万元即为应纳税暂时性差异。

现对资产负债表中部分资产项目计税基础的确定介绍如下：

1. 固定资产

以各种方式取得的固定资产，初始确认时按照会计准则规定确定的入账价值基本上是被税法认可的，即取得时其账面价值一般等于计税基础。

固定资产在持有期间进行后续计量时，会计准则规定按照“成本—累计折旧—固定资产减值准备”进行计量，税收是按照“成本—按照税法规定已在以前期间税前扣除的折旧额”进行计量。由于会计与税收处理规定的不同，固定资产的账面价值与计税基础的差异主要产生于折旧方法、折旧年限的不同以及固定资产减值准备的提取。

①折旧方法、折旧年限的差异。会计准则规定，企业应当根据与固定资产有关的经济利益的预期实现方式合理选择折旧方法，如可以按直线法计提折旧，也可以按照双倍余额递减法、年数总和法等计提折旧，前提是有关的方法能够反映固定资产为企业带来经济利益的消耗情况。税法一般会规定固定资产的折旧方法，除某些按照规定可以加速折旧的情况外，基本上可以税前扣除的是按照直线法计提的折旧。

另外，税法还就每一类固定资产的折旧年限作出了规定，而会计处理时按照准则规定折旧年限是由企业根据固定资产的性质和使用情况合理确定的。如企业进行会计处理时确定的折旧年限与税法规定不同，也会产生固定资产持有期间账面价值与计税基础的差异。

②因计提固定资产减值准备产生的差异。持有固定资产的期间内，在对固定资产计提了减值准备以后，因税法规定按照会计准则规定计提的资产减值准备在资产发生实质性损失前不允许税前扣除，也会造成固定资产的账面价值与计税基础的差异。

【例16-1】A施工企业于2016年年末以300万元购入一项生产用固定资产，按照该项固定资产的预计使用情况，A企业估计其使用寿命为10年，按照直线法计提折旧，预计净残值为0。假定税法规定的折旧年限、折旧方法及净残值与会计规定相同。2018年12月31日，A企业估计该项固定资产的可收回金额为200万元，计提减值准备40万元。

该项固定资产在2018年12月31日的账面价值=300−300÷10×2−40=200（万元）

该项固定资产在2018年12月31日的计税基础=300−300÷10×2=240（万元）

该项固定资产的账面价值200万元与其计税基础240万元之间产生的40万元差额，在未来期间会减少企业的应纳税所得额和应交所得税。

2. 无形资产

除内部研究开发形成的无形资产以外，以其他方式取得的无形资产，初始确认时按照会计准则规定确定的入账价值与按照税法规定确定的计税基础之间一般不存在差异。无形资产的账面价值与计税基础之间的差异主要产生于内部研究开发形成的无形资产以及使用寿命不确定的无形资产。

①对于内部研究开发形成的无形资产，会计准则规定有关内部研究开发活动区分两个阶段，研究阶段的支出应当费用化计入当期损益，开发阶段符合资本化条件以后至达到预定用途前发生的支出应当资本化作为无形资产的成本。对于研究开发费用的税前扣除，税法中规定企业为开发新技术、新产品、新工艺发生的研究开发费用，未形成无形资产计入当期损益的，在按照规定据实扣除的基础上，按照研究开发费用的50%加计扣除；形成无形资产的，按照无形资产成本的150%摊销［根据《关于提高科技型中小企业研究开发费用税前加计扣除比例的通知》(财税〔2017〕34号)规定，科技型中小企业开展研发活动中实际发生的研发费用，未形成无形资产计入当期损益的，在按规定据实扣除的基础上，在2017年1月1日～2019年12月31日期间，再按照实际发生额的75%在税前加计扣除；形成无形资产的，在上述期间按照无形资产成本的175%在税前摊销］。如该无形资产的确认不是产生于合并交易，同时在确认时既不影响会计利润也不影响应纳税所得额，则按照所得税会计准则的规定，不确认有关暂时性差异的所得税影响。

②无形资产在后续计量时，会计与税收的差异主要产生于对无形资产是否需要摊销及无形资产减值准备的提取。

会计准则规定，应根据无形资产使用寿命情况区分为使用寿命有限的无形资产与使用寿命不确定的无形资产。对于使用寿命不确定的无形资产，不要求摊销，但持有期间每年应进行减值测试。税法规定，企业取得的无形资产成本应在一定期限内摊销。即税法中没有界定使用寿命不确定的无形资产，除外购商誉外所有的无形资产成本均应在一定期间内摊销。

对于使用寿命不确定的无形资产，会计处理时不予摊销，但计税时其按照税法规定确定的摊销额允许税前扣除，造成该类无形资产的账面价值与计税基础的差异。

在对无形资产计提减值准备的情况下，因税法对按照会计准则规定计提的无形资产减值准备在形成实质性损失前不允许税前扣除，即无形资产的计税基础不会随减值准备的提取发生变化，但其账面价值会因资产减值准备的提取而下降，从而造成无形资产的账面价值与计税基础的差异。

【例16-2】A企业当期为开发新技术发生研究开发支出计1 000万元，其中研究阶段支出200万元，开发阶段符合资本化条件前发生的支出为200万元，符合资本化条件后至达到预定用途前发生的支出为600万元。税法规定，研究开发支出未形成无形资产计入当期损益的，按照研究开发费用的50%加计扣除；形成无形资产的，按照无形资产成本的150%摊销。假定开发形成的无形资产在当期期末已达到预定用途（尚未开始摊销）。

A企业当期发生的研究开发支出中，按照会计准则规定应予费用化的金额为400万元，形成无形资产的成本为600万元，即期末所形成无形资产的账面价值为600万元。

A企业当期发生的1 000万元研究开发支出，按照税法规定可在当期税前扣除的金额为600万元。所形成无形资产在未来期间可予税前扣除的金额为900万元，其计税基础为900万元，形成暂时性差异300万元。该内部开发形成的无形资产的账面价值与其计税基础之间产生的300万元暂时性差异系资产初始确认产生的，确认资产既不影响会计利润也不影响应纳税所得额，按照准则规定，不确认暂时性差异的所得税影响。

3. 以公允价值计量且其变动计入当期损益的金融资产

按照《企业会计准则第22号——金融工具确认和计量》的规定，对于以公允价值计量且其变动计入当期损益的金融资产，其于某一会计期末的账面价值为该时点的公允价值。税法规定，企业以公允价值计量的金融资产、金融负债以及投资性房地产等，持有期间公允价值的变动不计入应纳税所得额，在实际处置或结算时，处置取得的价款扣除其历史成本后的差额应计入处置或结算期间的应纳税所得额。按照该规定，以公允价值计量的金融资产在持有期间市价的波动在计税时不予考虑，有关金融资产在某一会计期末的计税基础为其取得成本，从而造成在公允价值变动的情况下，对以公允价值计量的金融资产账面价值与计税基础之间的差异。

企业持有的其他债权投资、其他权益工具投资计税基础的确定，与以公允价值计量且其变动计入当期损益的金融资产类似，可比照处理。

【例16-3】2017年10月20日，A公司自公开市场取得一项权益性投资，支付价款160万元，作为交易性金融资产核算。2017年12月31日，该项权益性投资的市价为176万元。

假定税法规定对于交易性金融资产，持有期间公允价值的变动不计入应纳税所得额，待出售时一并计算应计入应纳税所得额的金额。

该项交易性金融资产的期末市价为176万元，其按照会计准则规定进行核算在2017年资产负债表日的账面价值为176万元。

因税法规定交易性金融资产在持有期间的公允价值变动不计入应纳税所得额，其在2017年资产负债表日的计税基础应维持原取得成本不变，即为160万元。

该交易性金融资产的账面价值176万元与其计税基础160万元之间产生了16万元的暂时性差异，该暂时性差异在未来期间转回时会增加未来期间的应纳税所得额，导致企业应交所得税的增加。

4. 长期股权投资

企业持有的长期股权投资，属于长期股权投资准则规范的股权投资，是根据投资方在获取投资以后，能够对被投资单位施加影响的程度来划分的，而并非一定要求持有投资的期限长短。长期股权投资的核算，按照长期股权投资会计准则规定对被投资单位能够施加的影响程度进行划分，能够对被投资单位实施控制，即对子公司的股权投资，采用成本法核算；而对被投资单位能够施加重大影响或共同控制联的股权投资，即对联营企业、合营企业的股权投资则采用权益法进行核算。

税法中对于投资资产的处理，要求按规定确定其成本后，在转让或处置投资资产时，其成本准予扣除。因此，税法中对于长期股权投资并没有权益法的概念。长期股权投资取得后，如果按照会计准则规定采用权益法核算，则一般情况下在持有过程中随着应享有被投资单位净资产份额的变化，其账面价值与计税基础会产生差异，该差异主要源于以下三种情况：

①初始投资成本的调整。采用权益法核算的长期股权投资，取得时应比较其初始投资成本与按比例计算应享有被投资单位可辨认净资产公允价值的份额，在初始投资成本小于按比例计算应享有被投资单位可辨认净资产公允价值份额的情况下，应当调整长期股权投资的账面价值，同时确认为当期收益。因该种情况下在确定了长期股权投资的初始投资成本以后，按照税法规定并不要求对其成本进行调整，计税基础维持原取得成本不变，其账面价值与计税基础会产生差异。

②投资损益的确认。对于采用权益法核算的长期股权投资，持有投资期间在被投资单位实现净利润或发生净损失时，投资企业按照持股比例计算应享有的部分，一方面应调整长期股权投资的账面价值，同时确认为各期损益。在长期股权投资的账面价值因确认投资损益变化的同时，其计税基础不会随之发生变化。按照税法规定，居民企业直接投资于其他居民企业取得的投资收益免税，即作为投资企业，其在未来期间自被投资单位分得有关现金股利或利润时，该部分现金股利或利润免税，在持续持有的情况下，该部分差额对未来期间不会产生计税影响。

③应享有被投资单位其他权益的变化。采用权益法核算的长期股权投资，除确认应享有被投资单位的净损益外，对于应享有被投资单位的其他权益变化，也应调整长期股权投资的账面价值，但其计税基础不会发生变化。

【例16-4】A公司于2017年1月2日以3 000万元取得B公司30%的有表决权股份，拟长期持有并能够对B公司施加重大影响，该项长期股权投资采用权益法核算。投资时B公司可辨认净资产公允价值总额为9 000万元（假定取得投资时B公司各项可辨认资产、负债的公允价值与账面价值相同）。B公司2017年实现净利润1 150万元，未发生影响权益变动的其他交易或事项。A公司及B公司均为居民企业，适用的所得税税率均为25%，双方采用的会计政策及会计期间相同。税法规定，居民企业之间的股息红利免税。

会计处理（会计分录中的金额单位为万元）：

借：长期股权投资　　3 000.00

　　贷：银行存款　　3 000.00

因该项长期股权投资的初始投资成本（3 000万元）大于按照持股比例计算应享有B公司可辨认净资产公允价值的份额（2 700万元），其初始投资成本无须调整。

确认投资损益：

借：长期股权投资—损益调整　　345.00

　　贷：投资收益　　345.00

该项长期股权投资的计税基础如下：

（1）取得时成本为3 000万元；

（2）期末因税法中没有权益法的概念，对于应享有被投资单位的净损益不影响长期股权投资的计税基础，其于2017年12月31日的计税基础仍为3 000万元。

5. 其他资产

因会计准则规定与税收法规规定不同，企业持有的其他资产可能造成其账面价值与计税基础之间存在差异的，如采用公允价值模式计量的投资性房地产、计提了资产减值准备的其他相关资产等。

①投资性房产，企业持有的投资性房地产进行后续计量时，会计准则规定可以采用两种模式：一种是成本模式，采用该种模式计量的投资性房地产，其账面价值与计税基础的确定与固定资产、无形资产相同；另一种是在符合规定条件的情况下，可以采用公允价值模式对投资性房地产进行后续计量。对采用公允价值模式进行后续计量的投资性房地产，其账面价值的确定类似于以公允价值计量的金融资产，因税法中没有投资性房地产的概念及专门的税收处理规定，其计税基础的确定类似于固定资产或无形资产的计税基础。

【例16-5】A公司2017年1月1日将其自用房屋用于对外出租，该房屋的成本为1 000万元，预计使用期限为20年。转为投资性房地产之前，已使用10年，企业按照年限平均法计提折旧，预计净残值为零。转为投资性房地产核算后，预计能够持续可靠取得该投资性房地产的公允价值，A公司采用公允价值模式对该投资性房地产进行后续计量。假定税法规定的折旧方法、折旧年限及净残值与会计规定相同。同时，税法规定资产持有期间公允价值的变动不计入应纳税所得额，待处置时一并计算确定应计入应纳税所得额的金额。该项投资性房地产在2017年12月31日的公允价值为600万元。

该项投资性房地产在2017年12月31日的账面价值为其公允价值600万元，其计税基础为取得成本扣除按照税法规定允许税前扣除的折旧额后的金额，即其计税基础=1 000−1 000÷20×11=450（万元）。

该项投资性房地产的账面价值600万元与其计税基础450万元之间产生了150万元的暂时性差异，在其未来期间预期能够产生600万元的经济利益流入，而按照税法规定仅能够扣除450万元的情况下，该差异会增加企业在未来期间的应纳税所得额。

②其他计提了资产减值准备的各项资产。有关资产计提了减值准备后，其账面价值会随之下降，而税法规定资产在发生实质性损失之前，预计的减值损失不允许税前扣除，即其计税基础不会因减值准备的提取而变化，造成在计提资产减值准备以后，资产的账面价值与计税基础之间的差异。

【例16−6】A公司2017年购入原材料成本为2 000万元，因部分生产线停工，当年未领用任何该原材料，2017年资产负债表日考虑到该原材料的市价及用其生产产成品的市价情况，估计其可变现净值为1 600万元。假定该原材料在2017年的期初余额为0。该项原材料因期末可变现净值低于其成本，应计提存货跌价准备，其金额=2 000−1 600=400万元，计提该存货跌价准备后，该项原材料的账面价值为1 600万元。

因计算交纳企业所得税时，按照会计准则规定计提的资产减值准备不允许税前扣除，该项原材料的计税基础不会因存货跌价准备的提取而发生变化，其计税基础应维持原取得成本2 000万元不变。该存货的账面价值1 600万元与其计税基础2 000万元之间产生了400万元的暂时性差异，该差异会减少企业在未来期间的应纳税所得额和应交所得税。

【例16−7】A公司2017年12月31日应收账款余额为3 000万元，该公司期末对应收账款计提了300万元的坏账准备。税法规定，不符合国务院财政、税务主管部门规定的各项资产减值准备不允许税前扣除。假定该公司期初应收账款及坏账准备的余额均为0。

该项应收账款在2017年资产负债表日的账面价值为2 700（即，3 000−300）

万元，因有关的坏账准备不允许税前扣除，其计税基础为3 000万元，该计税基础与其账面价值之间产生300万元暂时性差异，在应收账款发生实质性损失时，会减少未来期间的应纳税所得额。

（二）负债的计税基础

负债的计税基础，是指负债的账面价值减去未来期间计算应纳税所得额时按照税法规定可予抵扣的金额。用公式表示即：负债的计税基础=账面价值-未来期间按照税法规定可予税前扣除的金额

负债的确认与偿还一般不会影响企业的损益，也不会影响其应纳税所得额，未来期间计算应纳税所得额时按照税法规定可予抵扣的金额为0，计税基础即为账面价值。如企业的短期借款、应付票据、应付账款等负债的确认和偿还，通常不会对当期损益和应纳税所得额产生影响，其计税基础即为账面价值。但在某些情况下，负债的确认可能会影响损益，并影响不同期间的应纳税所得额，使其计税基础与账面价值之间产生差额。比如，上述企业因某事项在当期确认了100万元预计负债，计入当期损益。假定按照税法规定，与确认该负债相关的费用，在实际发生时准予税前扣除，该负债的计税基础为零，其账面价值与计税基础之间形成可抵扣暂时性差异。

1. 企业因销售商品提供售后服务等原因确认的预计负债

按照或有事项准则规定，企业对于预计提供售后服务将发生的支出在满足有关确认条件时，销售当期即应确认为费用，同时确认预计负债。如果税法规定，与销售产品相关的支出应于发生时税前扣除。因该类事项产生的预计负债在期末的计税基础为其账面价值与未来期间可税前扣除的金额之间的差额，如有关的支出实际发生时可全部税前扣除，其计税基础为0；如果税法规定对于费用支出按照权责发生制原则确定税前扣除时点，所形成负债的计税基础等于账面价值。

因其他事项确认的预计负债，应按照税法规定的计税原则确定其计税基础。某些情况下，因有些事项确认的预计负债，税法规定其支出无论是否实际发生均不允许税前扣除，即未来期间按照税法规定可予抵扣的金额为0，账面价值等于计税基础。

【例16-8】甲企业2017年因销售产品承诺提供3年的保修服务，在当年度利润表中确认了400万元的销售费用，同时确认为预计负债，当年度未发生任何保修支出。

假定按照税法规定，与产品售后服务相关的费用在实际发生时允许税前扣除。

该项预计负债在甲企业2017年12月31日资产负债表中的账面价值为400万元。因税法规定与产品保修相关的支出在未来期间实际发生时允许税前扣除，则该项负债的计税基础=账面价值−未来期间计算应纳税所得额时按照税法规定可予抵扣的金额，未来期间计算应纳税所得额时按照税法规定可予抵扣的金额为400万元，该项负债的计税基础=400万元−400万元=0。

2. 预收账款

企业在收到客户预付的款项时，因不符合收入确认条件，会计上将其确认为负债。税法中对于收入的确认原则一般与会计规定相同，即会计上未确认收入时，计税时一般亦不计入应纳税所得额，该部分经济利益在未来期间计税时可予税前扣除的金额为0，计税基础等于账面价值。

某些情况下，因不符合会计准则规定的收入确认条件未确认为收入的预收款项，按照税法规定应计入当期应纳税所得额时，有关预收账款的计税基础为0，即因其产生时已经计算交纳所得税，未来期间可全额税前扣除。

【例16−9】A公司于2017年12月20日自客户收到一笔不含增值税工程合同预付款，金额为500万元，因不符合收入确认条件，将其作为预收账款核算。假定按照适用税法规定，该款项应计入取得当期应纳税所得额计算交纳所得税。

该预收账款在A公司2017年12月31日资产负债表中的账面价值为500万元。

因假定按照税法规定，该项预收款应计入取得当期的应纳税所得额计算交纳所得税，与该项负债相关的经济利益已在取得当期计算交纳所得税，未来期间按照会计准则规定应确认收入时，不再计入应纳税所得额，即其于未来期间计算应纳税所得额时可予税前扣除的金额为500万元，计税基础=账面价值500万−未来期间计算应纳税所得额时按照税法规定可予抵扣的金额500万=0。

该项负债的账面价值500万元与其计税基础0之间产生的500万元暂时性差异，会减少企业于未来期间的应纳税所得额，使企业未来期间以应交所得税的方式流出经济利益减少。

3. 应付职工薪酬

会计准则规定，企业为获得职工提供的服务给予的各种形式的报酬以及其他相关支出均应作为企业的成本费用，在未支付之前确认为负债。税法中对于合理的职工薪酬基本允许税前扣除，但税法中如果规定了税前扣除标准的，按照会计准则规定计入成本费用的金额超过规定标准部分，应进行纳税调整。因超过部分在发生当期不允许税前扣除，在以后期间也不允许税前扣除，即该部分差额对未来期间计税不产生影响，所产生应付职工薪酬负债的账面价值等于计税基础。

【例16-10】某企业2017年12月计入成本费用的职工工资总额为800万元，至2017年12月31日尚未支付，体现为资产负债表中的应付职工薪酬负债。假定按照适用税法规定，当期计入成本费用的800万元工资支出中，按照计税工资标准的规定，可予税前扣除的金额为600万元。

会计准则规定，企业为获得职工提供的服务给予的各种形式的报酬以及其他相关支出均应作为成本费用，在未支付之前确认为负债。该项应付职工薪酬负债的账面价值为800万元。

企业实际发生的工资支出800万元与允许税前扣除的金额600万元之间所产生的200万元差额在发生当期即应进行纳税调整，并且在以后期间不能够在税前扣除，该项应付职工薪酬负债的计税基础=账面价值800万元-未来期间计算应纳税所得额时按照税法规定可予抵扣的金额0=800（万元）。

该项负债的账面价值800万元与其计税基础800万元相同，不形成暂时性差异。

4. 其他负债

企业的其他负债项目，如应交的罚款和滞纳金等，在尚未支付之前按照会计规定确认为费用，同时作为负债反映。税法规定，罚款和滞纳金不能税前扣除，即该部分费用无论是在发生当期还是在以后期间均不允许税前扣除，其计税基础为账面价值减去未来期间计税时可予税前扣除的金额之间的差额，即计税基础等于账面价值。其他交易或事项产生的负债，其计税基础应当按照适用税法的相关规定确定。

【例16-11】天华公司2017年12月因违反当地有关环保法规的规定，接到环保部门的处罚通知，要求其支付罚款100万元。税法规定，企业因违反国家有关法律法规规定支付的罚款和滞纳金，计算应纳税所得额时不允许税前扣除。至2017年12月31日，该项罚款尚未支付。

对于该项罚款，天华公司应计入2017年利润表，同时确认为资产负债表中的负债。

因按照税法规定，企业违反国家有关法律法规规定支付的罚款和滞纳金不允许税前扣除，与该项负债相关的支出在未来期间计税时按照税法规定准予税前扣除的金额为0，其计税基础=账面价值100万元-未来期间计算应纳税所得额时按照税法规定可予抵扣的金额0=100（万元）。

该项负债的账面价值100万元与其计税基础100万元相同，不形成暂时性差异。

二、特殊交易或事项中产生资产、负债计税基础的确定

除企业在正常生产经营活动过程中取得的资产和负债以外，对于某些特殊交易中产生的资产、负债，其计税基础的确定应遵从税法规定，如企业合并过程中取得资产、负债计税基础的确定。

《企业会计准则第20号——企业合并》中，视参与合并各方在合并前及合并后是否为同一方或相同的多方最终控制，分为同一控制下的企业合并与非同一控制下的企业合并两种类型。对于同一控制下的企业合并，合并中取得的有关资产、负债基本上维持其原账面价值不变，合并中不产生新的资产和负债；对于非同一控制下的企业合并，合并中取得的有关资产、负债应按其在购买日的公允价值计量，企业合并成本大于合并中取得可辨认净资产公允价值的份额部分确认为商誉，企业合并成本小于合并中取得可辨认净资产公允价值的份额部分计入合并当期损益。

对于企业合并的税收处理，通常情况下，被合并企业应视为按公允价值转让、处置全部资产，计算资产的转让所得，依法缴纳企业所得税。合并企业接受被合并企业的有关资产，计税时可以按经评估确认的价值确定计税成本。另外，在考虑有关于企业合并是应税合并还是免税合并时，还需要考虑在合并中涉及的非股权支付的比例，具体划分标准和条件应遵从税法规定。

由于会计准则与税收法规对企业合并的划分标准不同，处理原则不同，某些情况下，会造成企业合并中取得的有关资产、负债的入账价值与其计税基础的差异。因企业合并中取得可辨认资产、负债的账面价值与计税基础不同产生的暂时性差异的所得税影响，在控股合并的情况下，应于合并财务报表中确认。购买方或合并方的个别财务报表中产生的会计与税收的差异可能源于相关长期股权投资的入账价值与计税基础之间，一般在长期股权投资初始确认时，即应当确认相关的递延所得税影响。

三、暂时性差异

暂时性差异，是指资产或负债的账面价值与其计税基础之间的差额；未作为资产和负债确认的项目，按照税法规定可以确定其计税基础的，该账面价值与其计税基础之间的差额也属于暂时性差异。

应予说明的是，资产负债表债务法下，仅确认暂时性差异的所得税影响，原按照利润表下纳税影响会计法核算的永久性差异，因从资产负债表角度考虑，不会产生资产、负债的账面价值与其计税基础的差异，即不形成暂时性差异，对企业在未来期间计税没有影响，不产生递延所得税。

按照暂时性差异对未来期间应税金额的影响，分为应纳税暂时性差异和可抵

扣暂时性差异。除因资产、负债的账面价值与其计税基础不同产生的暂时性差异以外，按照税法规定可以结转以后年度的未弥补亏损和税款抵减，也视同可抵扣暂时性差异处理。

（一）应纳税暂时性差异

应纳税暂时性差异，是指在确定未来收回资产或清偿负债期间的应纳税所得额时，将导致产生应税金额的暂时性差异。该差异在未来期间转回时，会增加转回期间的应纳税所得额，即在未来期间不考虑该事项影响的应纳税所得额的基础上，由于该暂时性差异的转回，会进一步增加转回期间的应纳税所得额和应交所得税金额。在应纳税暂时性差异产生当期，应当确认相关的递延所得税负债。

应纳税暂时性差异通常产生于以下情况：

（1）资产的账面价值大于其计税基础。一项资产的账面价值代表的是企业在持续使用或最终出售该项资产时将取得的经济利益的总额，而计税基础代表的是一项资产在未来期间可予税前扣除的金额。资产的账面价值大于其计税基础，该项资产未来期间产生的经济利益不能全部税前抵扣，两者之间的差额需要交税，产生应纳税暂时性差异。例如，一项资产账面价值为200万元，计税基础如果为150万元，两者之间的差额会造成未来期间应纳税所得额和应交所得税的增加。在应纳税暂时性差异产生当期，符合确认条件的情况下，应确认相关的递延所得税负债。

（2）负债的账面价值小于其计税基础。一项负债的账面价值为企业预计在未来期间清偿该项负债时的经济利益流出，而其计税基础代表的是账面价值在扣除税法规定未来期间允许税前扣除的金额之后的差额。因负债的账面价值与其计税基础不同产生的暂时性差异，本质上是税法规定就该项负债在未来期间可以税前扣除的金额，即与该项负债相关的费用支出在未来期间可予税前扣除的金额。负债的账面价值小于其计税基础，如交易性金融负债在公允价值下跌的时候，其账面价值会低于其计税基础，则意味着就该项负债在未来期间可以税前抵扣的金额为负数，即应在未来期间应纳税所得额的基础上调增，增加未来期间的应纳税所得额和应交所得税金额，产生应纳税暂时性差异，应确认相关的递延所得税负债。

（二）可抵扣暂时性差异

可抵扣暂时性差异，是指在确定未来收回资产或清偿负债期间的应纳税所得额时，将导致产生可抵扣金额的暂时性差异。该差异在未来期间转回时会减少转回期间的应纳税所得额，减少未来期间的应交所得税。在可抵扣暂时性差异产生当期，符合确认条件的情况下，应当确认相关的递延所得税资产。

可抵扣暂时性差异一般产生于以下情况：

（1）资产的账面价值小于其计税基础，从经济含义来看，资产在未来期间产生的经济利益少，按照税法规定允许税前扣除的金额多，则就账面价值与计税基础之间的差额，企业在未来期间可以减少应纳税所得额并减少应交所得税，符合有关条件时，应当确认相关的递延所得税资产。例如，一项资产的账面价值为100万元，计税基础为150万元，则企业在未来期间就该项资产可以在其自身取得经济利益的基础上多扣除50万元。从整体上来看，未来期间应纳税所得额会减少，应交所得税也会减少，形成可抵扣暂时性差异，符合确认条件时，应确认相关的递延所得税资产。

（2）负债的账面价值大于其计税基础，负债产生的暂时性差异实质上是税法规定就该项负债可以在未来期间税前扣除的金额。即：

负债产生的暂时性差异=账面价值-计税基础

=账面价值-（账面价值-未来期间计税时按照税法规定可予税前扣除的金额）

=未来期间计税时按照税法规定可予税前扣除的金额

一项负债的账面价值大于其计税基础，意味着未来期间按照税法规定与该项负债相关的全部或部分支出可以自未来应税经济利益中扣除，减少未来期间的应纳税所得额和应交所得税。例如，企业对将发生的产品保修费用在销售当期确认预计负债100万元，但如果税法规定有关费用支出只有在实际发生时才能够税前扣除，其计税基础为0；企业确认预计负债的当期相关费用不允许税前扣除，但在以后期间有关费用实际发生时允许税前扣除，使得未来期间的应纳税所得额和应交所得税减少，产生可抵扣暂时性差异，符合有关确认条件时，应确认相关的递延所得税资产。

（三）特殊项目产生的暂时性差异

（1）未作为资产、负债确认的项目产生的暂时性差异。某些交易或事项发生以后，因为不符合资产、负债的确认条件而未体现为资产负债表中的资产或负债，但按照税法规定能够确定其计税基础的，其账面价值与计税基础之间的差异也构成暂时性差异。如企业发生的符合条件的广告费和业务宣传费支出，除另有规定外，不超过销售收入15%的部分准予扣除；超过部分准予向以后纳税年度结转扣除。该类费用在发生时按照会计准则规定即计入当期损益，不形成资产负债表中的资产。但按照税法规定可以确定其计税基础，两者之间的差异也形成暂时性差异。

【例16-12】A公司2017年发生了1 000万元广告支出，发生时已作为销售费用计入当期损益，税法规定，该类支出不超过当年销售收入15%的部分允许当期税前扣除，超过部分允许向以后纳税年度结转税前扣除。A公司2017年实现销售收入5 000万元。

该广告费用支出因按照会计准则规定在发生时已计入当期损益，不体现为资产负债表中的资产，如果将其视为资产，其账面价值为0。

因按照税法规定，该类支出税前列支有一定标准限制，根据当期A公司销售收入15%计算，当期可予税前扣除750万元（=5 000×15%），当期未予税前扣除的250万元可以向以后纳税年度结转扣除，其计税基础为250万元。

该项资产的账面价值0与其计税基础250万元之间产生了250万元的暂时性差异，该暂时性差异在未来期间可减少企业的应纳税所得额，为可抵扣暂时性差异，符合确认条件时，应确认相关的递延所得税资产。

（2）可抵扣亏损及税款抵减产生的暂时性差异。对于按照税法规定可以结转以后年度的未弥补亏损及税款抵减，虽不是因资产、负债的账面价值与计税基础不同产生的，但本质上可抵扣亏损和税款抵减与可抵扣暂时性差异具有同样的作用，均能减少未来期间的应纳税所得额和应交所得税，视同可抵扣暂时性差异，在符合确认条件的情况下，应确认与其相关的递延所得税资产。

【例16-13】甲公司于2017年因政策性原因发生经营亏损2 000万元，按照税法规定，该亏损可用于抵减以后5个年度的应纳税所得额。该公司预计其于未来5年期间能够产生足够的应纳税所得额弥补该经营亏损。

该经营亏损虽不是因比较资产、负债的账面价值与其计税基础产生的，但从其性质上来看可以减少未来期间的应纳税所得额和应交所得税，视同可抵扣暂时性差异。在企业预计未来期间能够产生足够的应纳税所得额利用该可抵扣亏损时，应确认相关的递延所得税资产。

企业应于资产负债表日，分析比较资产、负债的账面价值与其计税基础，两者之间存在差异的，确认递延所得税负债、递延所得税资产及相应的递延所得税费用（或收益）。企业合并等特殊交易或事项中取得的资产和负债，应于购买日比较其入账价值与计税基础，按照准则规定计算确认相关的递延所得税负债或递延所得税资产。

第三节

递延所得税负债及递延所得税资产的确认

企业在计算确定了应纳税暂时性差异与可抵扣暂时性差异后，应当按照所得税会计准则规定的原则确认与应纳税暂时性差异相关的递延所得税负债以及与可抵扣暂时性差异相关的递延所得税资产。

一、递延所得税负债的确认和计量

递延所得税负债产生于应纳税暂时性差异。因应纳税暂时性差异在转回期间将增加企业的应纳税所得额和应交所得税，导致企业经济利益的流出，在其发生当期，构成企业应支付税金的义务，应作为负债确认。

确认应纳税暂时性差异产生的递延所得税负债时，交易或事项发生时影响到会计利润或应纳税所得额的，相关的所得税影响应作为利润表中所得税费用的组成部分；与直接计入所有者权益的交易或事项相关的，其所得税影响应减少所有者权益；与企业合并中取得资产、负债相关的，递延所得税影响应调整购买日应确认的商誉或是计入合并当期损益的金额。

（一）递延所得税负债的确认

企业在确认因应纳税暂时性差异产生的递延所得税负债时，应遵循以下原则：

（1）除所得税准则中明确规定可不确认递延所得税负债的情况以外，企业对于所有的应纳税暂时性差异均应确认相关的递延所得税负债。

基于谨慎性原则，为了充分反映交易或事项发生后对未来期间的计税影响，除特殊情况可不确认相关的递延所得税负债外，企业应尽可能地确认与应纳税暂时性差异相关的递延所得税负债。

【例16-14】沿用【例16-3】中有关资料，假定A公司2017年除该交易性金融资产外，当期发生的交易和事项不存在其他会计与税收的差异。

2017年资产负债表日，该项交易性金融资产的账面价值176万元与其计税基础160万元之间产生16万元应纳税暂时性差异，A公司应确认相关的递延所得税负债。

（2）不确认递延所得税负债的特殊情况

有些情况下，虽然资产、负债的账面价值与其计税基础不同，产生了应纳税暂时性差异，但出于各方面考虑，所得税会计准则中规定不确认相应的递延所得税负债，主要包括：

1）商誉的初始确认。非同一控制下的企业合并中，企业合并成本大于合并中取得的被购买方可辨认净资产公允价值份额的差额，按照会计准则规定应确认为商誉。

因会计与税收的划分标准不同，按照税收法规规定作为免税合并的情况下，计税时不认可商誉的价值，即从税法角度，商誉的计税基础为0，两者之间的差额形成应纳税暂时性差异。对于商誉的账面价值与其计税基础不同产生的该应纳税暂时性差异，准则中规定不确认与其相关的递延所得税负债，原因在于：

一是确认该部分暂时性差异产生的递延所得税负债，则意味着购买方在企业合并中获得的可辨认净资产的价值量下降，企业应增加商誉的价值，商誉的账面价值增加以后，可能很快就要计提减值准备，同时其账面价值的增加还会进一步产生应纳税暂时性差异，使得递延所得税负债和商誉价值量的变化不断循环。

二是商誉本身即是企业合并成本在取得的被购买方可辨认资产、负债之间进行分配后的剩余价值，确认递延所得税负债进一步增加其账面价值会影响到会计信息的可靠性。

【例16-15】甲企业以增发市场价值为6 000万元的自身普通股（1000万股）为对价购入B企业100%的净资产，对B企业进行非同一控制下的吸收合并。假定该项合并符合税法规定的免税合并条件，购买日B企业各项可辨认资产、负债的公允价值及其计税基础如表16-1所示。

具体情况　　表16-1

单位：万元

资产项目	公允价值	计税基础	暂时性差异
固定资产	2 700	1 550	1 150
应收账款	2 100	2 100	—
存货	1 740	1 240	500
其他应付款	（300）	0	（300）
应付账款	（1 200）	（1 200）	—
合计	5 040	3 690	1 350

本例中企业适用的所得税税率为25%，该项交易中应确认递延所得税负债及商誉的金额计算如下：

可辨认净资产公允价值	5 040.00
递延所得税资产（300 × 25%）	75.00
递延所得税负债（1650 × 25%）	412.50
考虑递延所得税后可辨认资产、负债的公允价值	4 702.50
商誉	1 297.50
企业合并成本	6 000.00

因该项合并符合税法规定的免税合并条件，如果当事各方选择进行免税处理，则作为购买方其在免税合并中取得的被购买方有关资产、负债应维持其原计税基础不变。被购买方原账面上未确认商誉，即商誉的计税基础为0。

该项合并中所确认的商誉金额1 297.50万元与其计税基础0之间产生的应纳税暂时性差异，按照准则中规定，不确认相关的所得税影响。

应予说明的是，按照会计准则规定在非同一控制下企业合并中确认了商誉，并且按照所得税法规的规定该商誉在初始确认时计税基础等于账面价值的，该商誉在后续计量过程中因会计准则规定与税法规定不同产生暂时性差异的，应当确认相关的所得税影响。

2）除企业合并以外的其他交易或事项中，如果该项交易或事项发生时既不影响会计利润，也不影响应纳税所得额，则所产生的资产、负债的初始确认金额与其计税基础不同，形成应纳税暂时性差异的，交易或事项发生时不确认相应的递延所得税负债。

该规定主要是考虑到由于交易发生时既不影响会计利润，也不影响应纳税所得额，确认递延所得税负债的直接结果是增加有关资产的账面价值或是降低所确认负债的账面价值，使得资产、负债在初始确认时，违背历史成本原则，影响会计信息的可靠性。

3）与子公司、联营企业、合营企业投资等相关的应纳税暂时性差异，一般应确认相关的递延所得税负债，但同时满足以下两个条件的除外：一是投资企业能够控制暂时性差异转回的时间；二是该暂时性差异在可预见的未来很可能不会转回。满足上述条件时，投资企业可以运用自身的影响力决定暂时性差异的转回，如果不希望其转回，则在可预见的未来该项暂时性差异即不会转回，从而对未来期间不会产生所得税影响，无须确认相应的递延所得税负债。

企业在运用上述条件不确认与联营企业、合营企业等投资相关的递延所得税负债时应有明确的证据表明其能够控制有关暂时性差异转回的时间。一般情况下，企业对联营企业的生产经营决策仅能够实施重大影响，并不能够主导被投资单位包括利润分配政策在内的主要生产经营决策的制定，满足所得税会计准则规定的能够控制暂时性差异转回时间的条件一般是通过与其他投资者签订协议等，达到能够控制被投资单位利润分配政策等情况下。

对于采用权益法核算的长期股权投资，其账面价值与计税基础产生的暂时性差异是否应确认相关的所得税影响，应考虑该项投资的持有意图。

1）如果企业拟长期持有该项投资，则因初始投资成本的调整产生的暂时性差异预计未来期间不会转回，对未来期间没有所得税影响；因确认投资损益产生的暂时性差异，如果在未来期间逐期分回现金股利或利润时免税，也不存在对未来期间的所得税影响；因确认应享有被投资单位其他权益的变动而产生的暂时性差异，在长期持有的情况下，对于采用权益法核算的长期股权投资账面价值与计税基础之间的差异一般不确认相关的所得税影响。

2）对于采用权益法核算的长期股权投资，如果投资企业改变持有意图拟对外出售的情况下，按照税法规定，企业在转让或者处置投资资产时，投资资产的成本准予扣除。在持有意图由长期持有转变为拟近期出售的情况下，因长期股权投资账面价值与计税基础不同产生的有关暂时性差异，均应确认相关的所得税影响。

【例16-16】沿用【例16-4】该例中涉及的长期股权投资在长期持有的情况下，其账面价值3 345万元与计税基础3 000万元产生的345万元暂时性差异，因在未来期间取得时免税，不产生所得税影响，可以理解为适用的所得税税率为0，因而不需要确认相关的递延所得税负债；或者在长期持有的情况下，因未来期间A公司自B公司分得的现金股利或利润免税，其计税基础也可以理解为3 345万元，因而不产生暂时性差异，无须确认相关的递延所得税负债。

（二）递延所得税负债的计量

（1）所得税准则规定，资产负债表日，对于递延所得税负债，应当根据适用税法规定，按照预期清偿该负债期间的适用税率计量，即递延所得税负债应以相关应纳税暂时性差异转回期间按照税法规定适用的所得税税率计量。

在我国，除享受优惠政策的情况以外，企业适用的所得税税率在不同年度之间一般不会发生变化，企业在确认递延所得税负债时，可以现行适用税率为基础计算确定。对于享受优惠政策的企业，如经国家批准的经济技术开发区内的企业，享受一定期间的税率优惠，则所产生的暂时性差异应以预计其转回期间的适用所得税税率为基础计量。

（2）无论应纳税暂时性差异的转回期间如何，准则中规定递延所得税负债不要求折现。对递延所得税负债进行折现，企业需要对相关的应纳税暂时性差异进行详细的分析，确定其具体的转回时间表，并在此基础上，按照一定的利率折现后确定递延所得税负债的金额。实务中，要求企业进行类似的分析工作量较大、包含的主观判断因素较多，且很多情况下无法合理确定暂时性差异的具体转回时间，准则中规定递延所得税负债不予折现。

二、递延所得税资产的确认和计量

（一）递延所得税资产的确认

1. 确认的一般原则

递延所得税资产产生于可抵扣暂时性差异。资产、负债的账面价值与其计税基础不同产生可抵扣暂时性差异的，在估计未来期间能够取得足够的应纳税所得额用以利用该可抵扣暂时性差异时，应当以很可能取得用来抵扣可抵扣暂时性差异的应纳税所得额为限，确认相关的递延所得税资产。

同递延所得税负债的确认相同，有关交易或事项发生时，对税前会计利润或是应纳税所得额产生影响的，所确认的递延所得税资产应作为利润表中所得税费用的调整；有关的可抵扣暂时性差异产生于直接计入所有者权益的交易或事项的，确认的递延所得税资产也应计入所有者权益；企业合并中取得的有关资产、负债产生的可抵扣暂时性差异，其所得税影响应相应调整合并中确认的商誉或是应计入合并当期损益的金额。

确认递延所得税资产时，应关注以下问题：

（1）递延所得税资产的确认应以未来期间很可能取得的用来抵扣可抵扣暂时性差异的应纳税所得额为限。在可抵扣暂时性差异转回的未来期间内，企业无法产生足够的应纳税所得额用以利用可抵扣暂时性差异的影响，使得与可抵扣暂时性差异相关的经济利益无法实现的，则不应确认递延所得税资产；企业有明确的证据表明其于可抵扣暂时性差异转回的未来期间能够产生足够的应纳税所得额，进而利用可抵扣暂时性差异的，则应以很可能取得的应纳税所得额为限，确认相关的递延所得税资产。

在判断企业于可抵扣暂时性差异转回的未来期间是否能够产生足够的应纳税所得额时，应考虑以下两个方面的影响：

一是通过正常的生产经营活动能够实现的应纳税所得额，如企业通过销售商品、提供劳务等所实现的收入，扣除有关的成本费用等支出后的金额。该部分情况的预测应当以经企业管理层批准的最近财务预算或预测数据以及该预算或者预测期之后年份稳定的或者递减的增长率为基础。

二是以前期间产生的应纳税暂时性差异在未来期间转回时将增加的应纳税所得额。

考虑到可抵扣暂时性差异转回的期间内可能取得应纳税所得额的限制，因无法取得足够的应纳税所得额而未确认相关的递延所得税资产的，应在会计报表附注中进行披露。

（2）对与子公司、联营企业、合营企业的投资相关的可抵扣暂时性差异，同时满足下列条件的，应当确认相关的递延所得税资产：一是暂时性差异在可预见的未来很可能转回；二是未来很可能获得用来抵扣可抵扣暂时性差异的应纳税所得额。

对联营企业和合营企业等的投资产生的可抵扣暂时性差异，主要产生于权益法下被投资单位发生亏损时，投资企业按照持股比例确认应予承担的部分相应减少长期股权投资的账面价值，但税法规定长期股权投资的成本在持有期间不发生变化，造成长期股权投资的账面价值小于其计税基础，产生可抵扣暂时性差异。可抵扣暂时性差异还产生于对长期股权投资计提减值准备的情况下。

（3）对于按照税法规定可以结转以后年度的未弥补亏损（可抵扣亏损）和税款抵减，应视同可抵扣暂时性差异处理。在预计可利用可弥补亏损或税款抵减的未来期间内很可能取得足够的应纳税所得额时，应当以很可能取得的应纳税所得额为限，确认相应的递延所得税资产，同时减少确认当期的所得税费用。

可抵扣亏损是指企业按照税法规定计算确定准予用以后年度的应纳税所得弥补的亏损。与可抵扣亏损和税款抵减相关的递延所得税资产，其确认条件与其他可抵扣暂时性差异产生的递延所得税资产相同，即在能够利用可抵扣亏损及税款抵减的期间内，企业是否能够取得足够的应纳税所得额抵扣该部分暂时性差异。因此，如企业最近期间发生亏损，仅在有足够的应纳税所得额可供利用的情况下或取得其他确凿的证据表明其于未来期间能够取得足够的应纳税所得额的情况下，才能够确认可抵扣亏损和税款抵减相关的递延所得税资产。在估计未来期间是否能够产生足够的应纳税所得额用以利用该部分可抵扣亏损或税款抵减时，应考虑以下相关因素的影响：

①在可抵扣亏损到期前，企业是否会因以前期间产生的应纳税暂时性差异转回而产生足够的应纳税所得额；

②在可抵扣亏损到期前，企业是否可能通过正常的生产经营活动产生足够的应纳税所得额；

③可抵扣亏损是否产生于一些在未来期间不可能重复发生的特殊原因；

④是否存在其他的证据表明在可抵扣亏损到期前能够取得足够的应纳税所得额。

企业在确认与可抵扣亏损和税款抵减相关的递延所得税资产时，应当在会计报表附注中说明在可抵扣亏损和税款抵减到期前，企业能够产生足够的应纳税所得额的估计基础。

2. 不确认递延所得税资产的特殊情况

某些情况下，如果企业发生的某项交易或事项不属于企业合并，并且交易发生时既不影响会计利润也不影响应纳税所得额，且该项交易中产生的资产、负债的初始确认金额与其计税基础不同，产生可抵扣暂时性差异的，所得税准则中规定在交易或事项发生时不确认相关的递延所得税资产。其原因同该种情况下不确认递延所得税负债相同，如果确认递延所得税资产，则需调整资产、负债的入账价值，对实际成本进行调整将有违会计核算中的历史成本原则，影响会计信息的可靠性。

【例16-17】沿用【例16-2】，A企业进行内部研究开发所形成的无形资产成本为600万元，因按税法规定可予未来期间税前扣除的金额为900万元，其计税基础为900万元。该项无形资产并非产生于企业合并，同时在初始确认时既不影响会计利润也不影响应纳税所得额，确认其账面价值与计税基础之间产生暂时性差异的所得税影响需要调整该项资产的历史成本，准则规定。因该资产并非产生于企业合并，同时在初始确认时既不影响会计利润也不影响应纳税所得额，不应确认相关的递延所得税资产。

（二）递延所得税资产的计量

1. 适用税率的确定

同递延所得税负债的计量原则相一致，确认递延所得税资产时，应当以预期收回该资产期间的适用所得税税率为基础计算确定。

另外，无论相关的可抵扣暂时性差异转回期间如何，递延所得税资产均不要求折现。

2. 递延所得税资产的减值

所得税准则规定，资产负债表日，企业应当对递延所得税资产的账面价值进行复核。如果未来期间很可能无法取得足够的应纳税所得额用以利用可抵扣暂时性差异带来的经济利益，应当减记递延所得税资产的账面价值。

同其他资产的确认和计量原则相一致，递延所得税资产的账面价值应当代表其为企业带来未来经济利益的能力。企业在确认了递延所得税资产以后因各方面情况变化，导致按照新的情况估计，在有关可抵扣暂时性差异转回的期间内，无法产生足够的应纳税所得额用以利用可抵扣暂时性差异，使得与递延所得税资产相关的经济利益无法全部实现的，对于预期无法实现的部分，应当减记递延所得税资产的账面价值。除原确认时记入所有者权益的递延所得税资产，其减记金额亦应记入所有者权益外，其他的情况应增加减记当期的所得税费用。因无法取得足够的应纳税所得额利用可抵扣暂时性差异而减记递延所得税资产账面价值的，继后期间根据新的环境和情况判断能够产生足够的应纳税所得额利用可抵扣暂时性差异，使得递延所得税资产包含的经济利益能够实现的，应相应恢复递延所得税资产的账面价值。

另外，应当说明的是，无论是递延所得税资产还是递延所得税负债的计量，均应考虑资产负债表日企业预期收回资产或清偿负债方式的所得税影响，在计量递延所得税资产和递延所得税负债时，应当采用与收回资产或清偿债务的预期方式相一致的税率和计税基础。

三、特定交易或事项中涉及递延所得税的确认

（一）与直接计入所有者权益的交易或事项相关的所得税

与当期及以前期间直接计入所有者权益的交易或事项相关的当期所得税及递延所得税应当计入所有者权益。直接计入所有者权益的交易或事项，如对会计政策变更采用追溯调整法或对前期差错更正采用追溯重述法调整期初留存收益的、以公允价值计量且其变动计入其他综合收益的其他债权投资与其他权益工具投资公允价值的变动计入所有者权益的、同时包含负债及权益成分的金融工具在初始确认时计入所有者权益的情况等。

在特定情况下，归属于直接计入所有者权益的交易或事项的当期所得税及递延所得税难以区分时，例如。以下情况下可能涉及这类问题：（1）当税率或其他税收法规的改变，影响以前借记或贷记入权益的项目（全部或部分）相关的递延所得税资产或负债时；（2）当企业决定确认或不再全部确认一项递延所得税资产，且该项递延所得税资产与以前借记或贷记入权益的项目（全部或部分）相关时。该类情况下，与贷记或借记入权益的项目相关的当期所得税及递延所得税，应以所涉及的税收管辖区内该企业的当期所得税及递延所得税的合理分摊或以其他更为合理的方法为基础进行分配。

【例16-18】甲公司于2017年2月自公开市场以每股8元的价格取得A公司普通股100万股，占A公司有表决权股份约0.1%。甲公司将其指定为以公允价值计量且其变动计入其他综合收益的非交易性权益工具投资金融资产核算（假定不考虑交易费用），2017年12月31日，甲公司该股票投资尚未出售，当日市价每股12元的，按照税法规定，资产在持有期间公允价值的变动不计入应纳税所得额，待处理时一并计算应计入应纳税所得额的金额。甲公司适用的所得税税率为25%。假定在未来期间不会发生变化。

甲公司在期末应进行的会计处理（分录中金额单位为万元）：

借：其他权益工具投资—公允价值变动	400.00
贷：其他综合收益	400.00
借：其他综合收益	100.00
贷：递延所得税负债	100.00

假定甲公司以每股13元的价格将该股票于2018年1月对外出售，不考虑其他

因素结转该股票出售损益时：

借：银行存款	1 300.00
贷：其他权益工具投资—成本	800.00
—公允价值变动	400.00
投资收益	100.00
借：其他综合收益	300.00
递延所得税负债	100.00
贷：利润分配—未分配利润	360.00
盈余公积—法定盈余公积	40.00

（二）与企业合并相关的递延所得税

企业在发生企业合并交易或事项时，因会计准则规定与税法规定不同应当进行的处理及递延所得税的确认参见本章【例16-15】。

企业合并发生后，购买方对于合并前本企业已经存在的可抵扣暂时性差异及未弥补亏损等，可能因为企业合并后估计很可能产生足够的应纳税所得额利用可抵扣暂时性差异，从而确认相关的递延所得税资产。该递延所得税资产的确认不应为企业合并的组成部分，不影响企业合并中应予确认的商誉或是因企业合并成本小于合并中取得的被购买方可辨认净资产公允价值的份额应计入合并当期损益的金额。

在企业合并中，购买方取得被购买方的可抵扣暂时性差异，比如，购买日取得的被购买方在以前期间发生的未弥补亏损等可抵扣暂时性差异，按照税法规定可以用于抵减以后年度应纳税所得额，但在购买日不符合递延所得税资产确认条件的，不应予以确认。购买日后12个月内，如果取得新的或进一步的信息表明相关情况在购买日已经存在，预期被购买方在购买日可抵扣暂时性差异带来的经济利益能够实现的，购买方应当确认相关的递延所得税资产，同时减少由该企业合并所产生的商誉，商誉不足冲减的，差额部分确认为当期损益（所得税费用）。除上述情况以外（比如，购买日后超过12个月，或在购买日不存在相关情况但购买日以后出现新的情况导致可抵扣暂时性差异带来的经济利益预期能够实现），如果符合了递延所得税资产的确认条件，确认与企业合并相关的递延所得税资产，应当计入当期损益（所得税费用），不得调整商誉金额。

【例16-19】某非同一控制下的企业合并，因会计准则规定与适用税法规定的处理方法不同在购买日产生可抵扣暂时性差异300万元。假定购买日及未来期间企业适用的所得税税率为25%。

购买日因预计未来期间无法取得足够的应纳税所得额，未确认与可抵扣暂时性差异相关的递延所得税资产75万元。购买日确认的商誉金额为2 000万元。

在购买日之后9个月，企业预计能够产生足够的应纳税所得额用来抵扣原合并时产生的300万元可抵扣暂时性差异的影响，企业应当考虑导致该利益变为很可能实现的事实和环境是否在购买日已经存在。

如果这些事实和环境出现在购买日之后，企业应进行以下账务处理（分录中金额单位为万元）：

借：递延所得税资产	75.00
贷：所得税费用	75.00

如果这些事实和环境在购买日已经存在，企业应进行以下账务处理：

借：递延所得税资产	75.00
贷：商誉	75.00

（三）与股份支付相关的当期及递延所得税

与股份支付相关的支出在按照会计准则规定确认为成本费用时，其相关的所得税影响应区别于税法的规定进行处理：如果税法规定与股份支付相关的支出不允许税前扣除，则不形成暂时性差异；如果税法规定与股份支付相关的支出允许税前扣除，在按照会计准则规定确认成本费用的期间内，企业应当根据会计期末取得的信息估计可税前扣除的金额计算确定其计税基础及由此产生的暂时性差异，符合确认条件的情况下应当确认相关的递延所得税。其中预计未来期间可税前扣除的金额超过会计准则规定确认的与股份支付相关的成本费用，超过部分的所得税影响应直接计入所有者权益。

四、适用税率变化对已确认递延所得税资产和递延所得税负债的影响

因适用税收法规的变化，导致企业在某一会计期间适用的所得税税率发生变化的，企业应对已确认的递延所得税资产和递延所得税负债按照新的税率进行重新计量。递延所得税资产和递延所得税负债的金额代表的是有关可抵扣暂时性差异或应纳税暂时性差异于未来期间转回时，导致应交所得税金额的减少或增加的情况。因国家税收法律、法规等的变化导致适用税率变化的，必然导致应纳税暂时性差异或可抵扣暂时性差异在未来期间转回时产生应交所得税金额的变化，在适用税率变动的情况下，应对原已确认的递延所得税资产及递延所得税负债的金额进行调整，反映税率变化带来的影响。

除直接计入所有者权益的交易或事项产生的递延所得税资产及递延所得税负债，相关的调整金额应计入所有者权益以外，其他情况下产生的递延所得税资产及递延所得税负债的调整金额应确认为变化当期的所得税费用（或收益）。

第四节

所得税费用的确认、计量与列报

按照资产负债表债务法核算所得税的情况下，利润表中的所得税费用包括当期所得税和递延所得税两部分。

一、所得税费的确认

（一）当期所得税

当期所得税是指企业按照税法规定计算确定的针对当期发生的交易和事项，应缴纳给税务部门的所得税金额，即当期应交所得税，当期所得税应以适用的税收法规为基础计算确定。

企业在确定当期所得税时，对于当期发生的交易或事项，会计处理与税收处理不同的，应在会计利润的基础上，按照适用税收法规的规定进行调整，计算出当期应纳税所得额，按照应纳税所得额与适用所得税税率计算确定当期应交所得税。一般情况下，应纳税所得额可在会计利润的基础上，考虑会计与税收之间的差异，按照以下公式计算确定：

应纳税所得额=会计利润+按照会计准则规定计入利润表但计税时不允许税前扣除的费用±计入利润表的费用与按照税法规定可予税前抵扣的费用金额之间的差额±计入利润表的收入与按照税法规定应计入应纳税所得额的收入之间的差额–税法规定的不征税收入±其他需要调整的因素

当期所得税=当期应交所得税=应纳税所得额×适用的所得税税率

企业向投资者分配现金股利或利润时，如果按照适用税收法规规定需要将所分配现金股利或利润的一定比例代投资者缴纳给税务部门的即代扣代交税款，该部分代扣代交税款应作为股利的一部分计入权益。

【例16-20】A企业为设立在我国境内企业，其主要投资者为境外某企业。A企业2017年董事会决定分派现金股利，其境外投资者按照持股比例计算可分得1 000万元，假定适用税法规定，其中20%应由A企业代扣作为境外投资者在我国境内应交的所得税，则A企业就该利润分配事项应进行的会计处理为（分录中金额单位为万元）：

借：利润分配—未分配利润　　1 000.00
　贷：应付股利　　800.00
　　应交税费—应交所得税　　200.00

该种情况下，是视同将有关利润分配给投资者后，按照我国税法规定投资者需就其自我国境内取得的现金股利或利润应缴纳一部分税款的情况，是投资者自该项利润分配中获取利益的减少，原则上应是利润分配的一个组成部分。

（二）递延所得税

递延所得税是指按照所得税准则规定当期应予确认的递延所得税资产和递延所得税负债在期末应有的金额相对于原已确认金额之间的差额，即递延所得税资产及递延所得税负债当期发生额的综合结果。用公式表示即为：

递延所得税费用=（递延所得税负债的期末余额–递延所得税负债的期初余额）–（递延所得税资产的期末余额–递延所得税资产的期初余额）

应予说明的是，企业因确认递延所得税资产和递延所得税负债产生的递延所得税，一般应当计入“所得税费用”科目，但以下两种情况除外：

（1）某项交易或事项按照会计准则规定应计入所有者权益的，由该交易或事项产生的递延所得税资产或递延所得税负债及其变化也应计入所有者权益，不构成利润表中的递延所得税费用。

（2）企业合并中取得的资产、负债其账面价值与计税基础不同，应确认相关递延所得税的，该递延所得税的确认或影响合并中产生的商誉或是计入当期损益的金额，不影响所得税费用。

二、所得税费用的计量

资产负债表日，对于当期和以前期间形成的当期所得税负债（或资产），应当按照税法规定计算的预期应交纳（或返还）的所得税金额计量。

资产负债表日，对于递延所得税资产和递延所得税负债，应当根据税法规定，按照预期收回该资产或清偿该负债期间的适用税率计量。适用税率发生变化的，应对已确认的递延所得税资产和递延所得税负债进行重新计量，除直接在所有者权益中确认的交易或者事项产生的递延所得税资产和递延所得税负债以外，应当将其影响数计入变化当期的所得税费用。

递延所得税资产和递延所得税负债的计量，应当反映资产负债表日企业预期收回资产或清偿负债方式的所得税影响，即在计量递延所得税资产和递延所得税负债时，应当采用与收回资产或清偿债务的预期方式相一致的税率和计税基础。

企业不应当对递延所得税资产和递延所得税负债进行折现。

资产负债表日，企业应当对递延所得税资产的账面价值进行复核。如果未来期间很可能无法获得足够的应纳税所得额用以抵扣递延所得税资产的利益，应当减记递延所得税资产的账面价值。

在很可能获得足够的应纳税所得额时，减记的金额应当转回。

企业当期所得税和递延所得税应当作为所得税费用或收益计入当期损益，但不包括下列情况产生的所得税：

（1）企业合并。

（2）直接在所有者权益中确认的交易或者事项。

与直接计入所有者权益的交易或者事项相关的当期所得税和递延所得税，应当计入所有者权益。

计算确定了当期所得税及递延所得税以后，利润表中应予确认的所得税费用为两者之和，即：所得税费用=当期所得税+递延所得税

【例16-21】A公司2017年度利润表中利润总额为2 400万元，该公司适用的所得税税率为25%。递延所得税资产及递延所得税负债不存在期初余额。与所得税核算有关的情况如下：

（1）2017年发生的有关交易和事项中，会计处理与税收处理存在差别的有：

1）2017年1月开始计提折旧的一项固定资产，成本为1 200万元，使用年限为10年，净残值为0，会计处理按双倍余额递减法计提折旧，税收处理按直线法计提折旧。假定税法规定的使用年限及净残值与会计规定相同。

2）向关联企业捐赠现金400万元。假定按照税法规定，企业向关联方的捐赠不允许税前扣除。

3）期末持有的交易性金融资产成本为600万元，公允价值为1 200万元。税法规定，以公允价值计量的金融资产持有期间市价变动不计入应纳税所得额。

4）违反环保规定应支付罚款200万元。

5）期末对持有的存货计提了60万元的存货跌价准备。

（2）2017年度应交所得税

应纳税所得额=2 400+120+400−600+200+60=2580（万元）

应交所得税=2 580×25%=645（万元）

（3）2017年度递延所得税

该公司2017年资产负债表相关项目金额及其计税基础如表16−2所示。

该公司2017年资产负债表相关项目金额及其计税基础（单位：万元）　表16-2

项目	账面价值	计税基础	差异	
			应纳税暂时性差异	可抵扣暂时性差异
存货	1 600	1 660		60
固定资产：				
固定资产原价	1 200	1 200		
减：累计折旧	240	120		
减：固定资产减值准备	0	0		
固定资产账面价值	960	1 080		120
交易性金融资产	1 200	600	600	
其他应付款	200	200		
总计			600	180

递延所得税资产=180×25%=45（万元）

递延所得税负债=600×25%=150（万元）

递延所得税=150−45=105（万元）

（4）利润表中应确认的所得税费用

所得税费用=645+105=750（万元）

借：所得税费用　750.00

　　递延所得税资产　45.00

　　贷：应交税费—应交所得税　645.00

　　　　递延所得税负债　150.00

【例16-22】沿用【例16-21】中有关资料，假定A公司2018年当期应交所得税为924万元。资产负债表中有关资产、负债的账面价值与其计税基础相关资料如表16-3所示，除所列项目外，其他资产、负债项目不存在会计和税收的差异。

有关资产、负债的账面价值与其计税基础相关资料（单位：万元）　表16-3

项目	账面价值	计税基础	差异	
			应纳税暂时性差异	可抵扣暂时性差异
存货	3 200	3 360		160

续表

项目	账面价值	计税基础	差异	
			应纳税暂时性差异	可抵扣暂时性差异
固定资产：				
固定资产原价	1 200	1 200		
减：累计折旧	432	240		
减：固定资产减值准备	40	0		
固定资产账面价值	728	960		232
交易性金融资产	1 040	500	540	
预计负债	200	0		200
总计			540	592

（1）当期所得税=当期应交所得税=924（万元）

（2）递延所得税

1）期末递延所得税负债（540×25%）	135
期初递延所得税负债	150
递延所得税负债减少	15
2）期末递延所得税资产（592×25%）	148
期初递延所得税资产	45
递延所得税资产增加	103

递延所得税=−15−103=−118（万元）

（3）所得税费用

所得税费用=924−118=806（万元）

借：所得税费用	806.00
递延所得税资产	103.00
递延所得税负债	15.00
贷：应交税费—应交所得税	924.00

三、所得税的列报

企业对所得税的核算结果，除利润表中列示的所得税费用以外，在资产负债表中形成的应交税费（应交所得税）以及递延所得税资产和递延所得税负债应当遵循准则规定进行列报。其中，递延所得税资产和递延所得税负债一般应当分别作为非流动资产和非流动负债在资产负债表中列示，所得税费用应当在利润表中单独列示，同时还应在附注中披露与所得税有关的信息。

（1）同时满足下列条件时，企业应当将当期所得税资产及当期所得税负债以抵消后的净额列示。

1）企业拥有以净额结算的法定权利；

2）意图以净额结算或取得资产清偿债务同时进行。

对于当期所得税资产及当期所得税负债以净额列示是指，当企业实际交纳的所得税税款大于按照税法规定计算的应交税时，超过部分在资产负债表中应当列示为“其他流动资产”；当企业实际交纳的所得税税款小于按照税法规定计算的应交税时，差额部分应当作为资产负债表中的“应交税费”项目列示。

（2）同时满足下列条件时，企业应当将递延所得税资产及递延所得税负债以抵消后的净额列示。

1）企业拥有以净额结算当期所得税资产及当期所得税负债的法定权利；

2）递延所得税资产和递延所得税负债是与同一税收征管部门对同一纳税主体征收的所得税相关或者对不同的纳税主体相关，但在未来每一具有重要性的递延所得税资产和递延所得税负债转回的期间内，涉及的纳税主体体意图以净额结算当期所得税资产及当期所得税负债或是同时取得资产、清偿债务。

一般情况下，在个别财务报表中，当期所得税资产与负债及递延所得税资产及递延所得税负债可以以抵消后的净额列示。在合并财务报表中，纳入合并范围的企业中，一方的当期所得税资产或递延所得税资产与另一方的当期所得税负债或递延所得税负债一般不能予以抵消，除非所涉及的企业具有以净额结算的法定权利并且意图以净额结算。

（3）企业会计准则要求企业在财务报表附注中就所得税费用（或收益）与会计利润的关系进行说明，该说明意义在于在利润表中已列示所得税费用的基础上，对当期以会计利润为起点，考虑会计与税收规定之间的差异，计算得到所得税费用的调节过程。自会计利润到所得税费用之间的调整包括两个方面：一是未包括在利润总额的计算中，但包含在当期或递延所得税计算中的项目；二是未包括在当期或递延所得税计算中，但包含在利润总额中的项目。具体调整项目一般包括：①与税率相关的调整；②税法规定的非应税收入、不得税前扣除的成本费用和损失等永久性差异；③本期未确认递延所得税资产的可抵扣暂时性差异或可抵扣亏损的影响、使用前期未确认递延所得税资产的可抵扣亏损影响；④对以前期间所得税进行汇算清缴的结果与以前期间确认金额不同调整报告期间所得税费用等。

第十七章

财务报告

第一节

财务报告概述

一、财务报告定义及其内容

（一）财务报告的含义

财务报告是指企业对外提供的反映企业某一特定日期的财务状况和某一会计期间的经营成果、现金流量等会计信息的文件。财务报告包括财务报表和其他应当在财务报告中披露的相关信息和资料。

（二）财务报告的作用

向企业的投资者、债权人、政府及有关部门和社会公众提供决策所需的会计信息，反映企业管理层受托责任履行情况。

（三）财务报表的定义和分类

财务报表是对企业财务状况、经营成果和现金流量的结构性表述。财务报表至少应当包括下列组成部分：（1）资产负债表；（2）利润表；（3）现金流量表；（4）所有者权益（或股东权益，下同）变动表；（5）附注。财务报表的这些组成部分具有同等的重要程度。财务报表可以按照不同的标准进行下述分类。

1. 按反映经济内容不同的分类

（1）反映企业财务状况及其变动情况的报表，是反映企业在特定日期财务状况如资产负债表和在一定时期财务状况变动的报表如所有者权益变动表、现金流量表。

（2）反映企业经营成果的报表，是反映企业在一定时期经营成果的报表，如利润表。

2. 按反映资金运动形态不同的分类

（1）静态报表，是综合反映企业在特定日期资产、负债与所有者权益的报表，如资产负债表。

（2）动态报表，是综合反映企业在一定时期经营成果、所有者权益以及现金流量情况的报表，如利润表、所有者权益变动表和现金流量表。

3. 按编报期间的不同分类

（1）月报，是每个月度终了时编制的报表。

（2）季报，是季度终了时编制的报表，应当于季度终了后30天内对外提供。

（3）半年报，是每个会计年度前6个月结束后编制的报表，应当于年度中期结束后60天内对外提供。

（4）年报，是年度终了时编制的报表，全部报表在年度终了时均应上报，应当于年度终了后4个月内对外提供。年报不得晚于下年一季度报公布。

4. 按编报主体的不同分类

（1）个别财务报表，是由每一个独立核算的企业在自身会计核算的基础上对账簿记录进行加工而编制的财务报表，它主要用以反映企业自身的财务状况、经营成果和现金流量等情况。

（2）合并财务报表，是以母公司和子公司组成的企业集团为会计主体，根据母公司和所属子公司的财务报表，由母公司编制的综合反映企业集团整体的财务状况、经营成果及现金流量等的财务报表。

二、财务报告的构成

财务报告由报表本身及其附注两部分组成（表17–1），一套完整的财务报表至少应当包括资产负债表、利润表、现金流量表、所有者权益（股东权益）变动表等报表，而附注是财务报表的有机组成部分。

财务报告的组成　　表17–1

财务报告	财务报表	资产负债表
		利润表
		现金流量表
		所有者权益（股东权益）变动表
		附注
	其他需披露的信息和资料	

三、财务报表编制的基本要求

（一）以持续经营为编制基础

企业应当以持续经营为基础，根据实际发生的交易和事项，按照《企业会计准则——基本准则》和其他各项会计准则的规定进行确认和计量，在此基础上编制财务报表。企业不应以附注披露代替确认和计量。按照这一基本要求，企业在编制财务报表时，管理层应当对持续经营的能力进行估计。如果企业管理部门对持续经营能力产生重大怀疑的，应当在附注中披露导致对持续经营能力产生重大怀疑的影响因素。以持续经营为基础编制财务报表不再合理的，企业应当采用其他基础编制财务报表，并在附注中披露这一事实。如果企业管理部门正式决定或被迫在当期或将在下一个会计期间进行清算或停止营业的，表明其处于非持续经营状态，应当采用其他基础编制财务报表，并在附注中声明财务报表未以持续经营为基础列报，披露未以持续经营为基础的原因以及财务报表的编制基础。

（二）一致性

一致性，是指财务报表项目的列报应当在各个会计期间保持一致，不得随意变更，但下列情况除外：

（1）会计准则要求改变财务报表项目的列报。

（2）企业经营业务的性质发生重大变化后，变更财务报表项目的列报能够提供更可靠、更相关的会计信息。按照这一基本要求，企业应当在附注中披露变化的项目和原因，以及假设未发生变化该项目原来的列报方法和金额。

（三）重要性

重要性，是指财务报表某项目的省略或错报会影响使用者据此做出经济决策的，该项目具有重要性。重要性应当根据企业所处环境，从项目的性质和金额大小两方面加以判断。如判断项目的重要性，应当考虑该项目的性质是否属于企业日常活动等因素；判断项目金额大小的重要性，应当通过单项金额占资产总额、负债总额、所有者权益总额、营业收入总额、营业成本总额、净利润等直接相关项目金额的比重加以确定。根据会计准则的规定，性质或功能不同的项目，应当在财务报表中单独列报，不具有重要性的项目除外。性质或功能类似的项目，其所属类别具有重要性的，应当按其类别在财务报表中单独列报。

（四）可比性

可比性，是指当期财务报表的列报，至少应当提供所有列报项目上一可比会计期间的比较数据，以及与理解当期财务报表相关的说明，但其他会计准则另有规定的除外。根据企业会计准则的规定，财务报表项目的列报发生变更情况时，应当对上期比较数据按照当期的列报要求进行调整，并在附注中披露调整的原因和性质，以及调整的各项目金额。对上期比较数据进行调整不切实可行的，应当在附注中披露不能调整的原因。不切实可行，是指企业在作出所有合理努力后仍然无法采用某项规定。

（五）其他要求

1. 不得抵销要求

不得抵销要求，是指在编制财务报表时，有的项目不得相互抵销，如资产项目和负债项目的金额、收入项目和费用项目的金额不得相互抵销，但其他会计准则另有规定的除外，例如不能将应收款项与应付款项，预付款项与预收款项等相互抵销后的金额填入财务报表。但是应注意资产项目按扣除减值准备后的净额列示，不属于抵销；非日常活动产生的损益，以收入扣减费用后的净额列示，不属于抵销。

2. 应披露内容要求

应披露内容要求，是指企业应当在财务报表的显著位置披露下列各项内容：编报企业的名称；资产负债表日或财务报表涵盖的会计期间；人民币金额单位；财务报表是合并财务报表的，应当予以标明。

3. 涵盖期间要求

涵盖期间要求，是指企业至少应当按年编制财务报表。年度财务报表涵盖的期间短于一年的，应当披露年度财务报表的涵盖期间，以及短于一年的原因。

第二节

资产负债表

一、资产负债表概述

（一）资产负债表的含义

资产负债表是反映企业在某一特定日期的财务状况的会计报表。资产负债表是根据资产、负债、所有者权益之间的相互关系，依照一定的分类标准和顺序，把企业一定日期的资产、负债、所有者权益项目进行适当分类、汇总、排列编制而成的。每一会计主体都必须定期编制资产负债表。

（二）资产负债表的作用

资产负债表是基本会计报表之一，它所提供的会计信息是企业的投资人、债权人、政府有关机构以及企业自身进行决策和管理所必需的。资产负债表的作用主要表现为：

（1）反映企业某一特定日期的资产总额及其构成情况，分析企业所拥有或控制的经济资源及其分布情况，并为进一步分析企业的生产经营能力提供重要资料。

（2）反映企业某一特定日期的负债总额及其结构，了解企业面临的财务风险，分析企业目前和未来需要偿还债务的数量。

（3）反映企业所有者权益的构成情况，了解企业所有者在企业资产中享有的经济利益，考察企业资本的保全和增值情况。

（4）使报表使用者了解企业财务状况的全貌，分析企业财务结构的优劣和举债经营的合理程度，评价企业的偿债能力、支付能力、筹资能力等。

（5）了解企业未来的财务状况和财务安全程度，预测企业的发展前景。

二、资产负债表的列报格式和列报方法

（一）资产负债表的格式

资产负债表是根据“资产=负债+所有者权益”这一会计恒等式，依照一定

的分类标准和次序，将企业在一定日期的资产、负债、所有者权益项目予以适当排列。资产负债表一般有两种格式，一种是报告式，一种是账户式。报告式资产负债表是将资产、负债、所有者权益按从上到下的顺序依次排列。账户式资产负债表是将报表分为左右两方，左方列示资产各项目，右方列示负债和所有者权益各项目，左方的资产总计等于右方的负债和所有者权益总计。我国的资产负债表采用账户式。

（二）资产负债表的编制方法

1. “年初余额”的编制方法

本表中的“年初余额”栏通常根据上年末有关项目的期末余额填列，且与上年末资产负债表“期末余额”栏相一致。如果企业发生了会计政策变更、前期差错更正，应当对“年初余额”栏中的有关项目进行相应调整。如果企业上年度资产负债表规定的项目名称和内容与本年度不一致，应当对上年年末资产负债表相关项目的名称和数字按照本年度的规定进行调整，填入“年初余额”栏。

2. “期末余额”的编制方法

（1）直接根据总账科目余额填列

资产负债表中大部分项目可以根据相应的总账科目余额直接填列。例如，交易性金融资产、其他债权投资、其他权益工资投资、长期待摊费用、递延所得税资产、短期借款、持有待售负债、递延收益、递延所得税负债、实收资本（或股本）、库存股、资本公积、其他综合收益、专项储备、盈余公积等项目，应根据有关总账科目的余额填列。其中，长期待摊费用摊销年限（或期限）只剩一年或不足一年的，或者预计在一年内（含一年）进行摊销的部分，仍在“长期待摊费用”项目中列示，不转入“一年内到期的非流动资产”项目。

（2）根据几个总账科目余额计算后填列

资产负债表中有的项目需要根据若干个总账科目期末余额计算后填列。例如，“货币资金”项目，根据“库存现金”“银行存款”“其他货币资金”科目的期末余额合计填列。“其他流动资产”“其他流动负债”项目，应根据有关科目的期末余额分析填列。

（3）根据有关明细科目余额计算后填列

资产负债表中有的项目不能根据总账科目的期末余额，或几个总账科目的期末余额简单计算后填列，而需要根据明细科目的期末余额分析计算后填列。例如，“开发支出”项目，应根据“研发支出”科目中所属的“资本化支出”明细科目期末余额填列。“一年内到期的非流动资产”“一年内到期的非流动负债”项目。应根据有关非流动资产或负债项目的明细科目余额分析填列；“应付职工薪酬”项目，应根据“应付职工薪酬”科目的明细科目期末余额分析填列；“长期借款”“应付债券”项目，应分别根据“长期借款”“应付债券”科目的明细科目余额分析填列；“预计负债”项目，应根据“预计负债”科目的明细科目期末余额分析填列；“未分配利润”项目，应根据“利润分配”科目中所属的“未分配利润”明细科目期末余额填列。

（4）根据总账科目和明细科目的余额分析计算后填列

资产负债表中有的项目应根据其总账科目以及明细科目的余额分析计算后填列。例如，“长期借款”项目，应根据“长期借款”总账科目的余额扣除其所属明细科目中反映的将于一年内到期偿还金额后的余额填列。“长期借款”中将于一年内到期偿还的金额，应在流动负债类下“一年内到期的非流动负债”项目内单独反映；“应付票据及应付账款”项目，应根据“应付票据”总账科目的余额和“应付账款”“预付账款”科目所属相关明细科目的期末贷方余额合计填列；“其他流动资产”“其他流动负债”项目，应根据有关总账科目及有关科目的明细科目的期末余额分析填列；“其他非流动负债”项目，应根据有关科目的期末余额减去将于一年内（含一年）到期偿还数后的金额填列。

（5）根据总账科目余额或汇总余额减去其备抵科目余额后的净额填列

资产负债表中有些项目需要根据该科目的有关期末余额，减去其所计提的各种减值准备后的净额填列。例如，“持有待售资产”“债权投资”“长期股权投资”“在建工程”“商誉”项目，应根据其对应的相关科目的期末余额或汇总余额填列，已计提减值准备的，还应扣减相应的减值准备；“固定资产”“无形资产”“投资性房地产”“生产性生物资产”“油气资产”项目，应根据其对应的相关科目的期末余额或汇总余额扣减相关的累计折旧（或摊销、折耗）填列，已计提减值准备的，还应扣减相应的减值准备，折旧（或摊销、折耗）年限（或期限）只剩一年或不足一年的，或者预计在一年内（含一年）进行折旧（或摊销、折耗）的部分，仍在上述项目中列示，不转入“一年内到期的非流动资产”项目，采用公允价值计量的上述资产，应根据相关科目的期末余额填列；“长期应收款”项目，应根据“长期应收款”科目的期末余额，减去相应的“未实现融资收益”科目和“坏账准备”科目所属相关明细科目期末余额后的金额填列；“长期应付款”项目，应根据“长期应付款”科目和“专项应付款”科目的期末余额合计数，减去相应的“未确认融资费用”科目期末余额后的金额填列。

（6）综合运用上述方法分析填列

资产负债表中有些项目的填列，不仅限于上述的一种方法，而是综合运用两种以上的方法分析计算后填列。主要包括："其他应收款"项目，应根据"其他应收款""应收利息""应收股利"等相关科目的期末余额合计数，减去"坏账准备"科目中有关坏账准备期末余额后的金额填列；"应收票据及应收账款"项目，应根据"应收票据"科目的期末余额和"应收账款"及"预收账款"科目所属各明细科目的期末借方余额合计数，减去"坏账准备"科目中有关应收账款计提的坏账准备期末余额后金额填列；"预付款项"项目，应根据"预付账款"和"应付账款"科目所属各明细科目的期末借方余额合计数，减去"坏账准备"科目中有关预付账款计提的坏账准备期末余额后的金额填列；"合同资产"和"合同负债"项目，应根据"合同资产"科目和"合同负债"科目的明细科目期末余额分析填列，同一合同下的合同资产和合同负债应当以净额列示，其中净额为借方余额的，应当根据其流动性在"合同资产"或"其他非流动资产"项目中填列，已提减值准备的，还应减去"合同资产减值准备"科目中相应的期末余额后的金额填列，其中净额为贷方余额的，应当根据其流动性在"合同负债"或"其他非流动负债"项目中填列；"存货"项目，应根据"材料采购""原材料""发出商品""库存商品（或开发产品）""周转材料""委托加工物资""生产成本（或开发成本）""受托代销商品"等科目的期末余额及"合同履约成本"科目的明细科目中初始确认时摊销期限不超过一年或一个营业周期的期末余额合计，减去"受托代销商品款""存货跌价准备"科目期末余额及"合同履约成本减值准备"科目中相应的期末余额后的金额填列，材料采用计划成本核算，以及库存商品采用计划成本核算或售价核算的企业，还应按加或减材料成本差异、商品进销差价后的金额填列；"其他非流动资产"项目，应根据有关科目的期末余额减去将于一年内（含一年）收回数后的金额及"合同取得成本"和"合同履约成本"科目的明细科目中初始确认时摊销期限在一年或一个正常营业周期以上的期末余额，减去"合同取得成本减值准备"科目和"合同履约成本减值准备"科目中相应的期末余额填列。

三、资产负债表编制示例

【例17-1】甲施工企业为有限公司，其2016年12月31日的资产负债表（年初余额略）及2017年12月31日的科目余额表分别见表17-2和表17 3。假设甲公司2017年度除计提固定资产减值准备导致固定资产账面价值与其计税基础存在可抵扣暂时性差异外，其他资产和负债项目的账面价值均等于其计税基础。假定甲公司未来有足够的应纳税所得额用来抵扣可抵扣的暂时性差异，企业所得税税率为25%。

资产负债表 表17-2

会企01表

编制单位：甲有限公司 2016年12月31日 单位：元

资产	期末余额	年初余额	负债和所有者权益	期末余额	年初余额
流动资产：		（略）	流动负债：		（略）
货币资金	1 406 300		短期借款	300 000	
以公允价值计量且其变动计入当期损益的金融资产	15 000		以公允价值计量且其变动计入当期损益的金融负债	0	
衍生金融资产			衍生金融负债		
应收票据	246 000		应付票据	200 000	
应收账款	299 100		应付账款	953 800	
预付款项	100 000		预收款项	0	
应收利息			应付职工薪酬	110 000	
应收股利			应交税费	36 600	
其他应收款	5 000		应付利息	1 000	
存货	52 580 000		应付股利	0	
持有待售资产	0		其他应付款	50 000	
一年内到期的非流动资产	0		持有待售负债	0	
其他流动资产	100 000		一年内到的期非流动负债	1 000 000	
流动资产合计	54 751 400		其他流动负债	0	
非流动资产：			**流动负债合计**	2 651 400	
债权投资	0		非流动负债：		
其他债权投资	0		长期借款	600 000	
长期应收款	0		应付债券	0	
长期股权投资	10 250 000		其中：优先股	0	
其他权益工具投资			永续债	0	
投资性房地产	20 000 000		长期应付款		
固定资产	1 100 000		专项应付款		
在建工程	1 500 000		预计负债	0	

续表

资产	期末余额	年初余额	负债和所有者权益	期末余额	年初余额
工程物资	0		递延收益	0	
固定资产清理	0		递延所得税负债	0	
生产性生物资产	0		其他非流动负债	0	
油气资产	0		**非流动负债合计**	600 000	
无形资产	600 000		**负债合计**	3 251 400	
开发支出	0		所有者权益（或股东权益）：		
商誉	0		实收资本（或股本）	80 000 000	
长期待摊费用	0		其他权益工具		
递延所得税资产	225		其中：优先股		
其他非流动资产	200 000		永续债		
非流动资产合计	33 650 000		资本公积	5 000 000	
			减：库存股		
			其他综合收益		
			盈余公积	100 000	
			未分配利润	50 225	
			所有者权益（或股东权益）合计：	85 150 225	
资产总计	88 401 625		**负债和所有者权益总计**	88 401 625	

注意，凡是发行优先股等其他权益工具的企业，若发行的其他权益工具分类为权益工具的，应当在资产负债表“实收资本（或股本）”项目和“资本公积”项目之间增设“其他权益工具”项目，反映企业发行的除普通股以外分类为权益工具的金融工具的账面价值，并在“其他权益工具”项目下增设“优先股”和“永续债”两个项目，分别反映企业发行的权益工具的优先股和永续债的账面价值。若发行的优先股等其他权益工具分类为债务工具的，则在“应付债券”项目下增设“优先股”和“永续债”两个项目，分别反映企业发行的分类为金融负债的优先股和永续债的账面价值。若属于流动负债的，则应当比照上述原则在流动负债类相关项目列报。

此外，高危行业企业如有按国家规定提取的安全生产费的，应当在资产负债表所有者权益项下“其他综合收益”项目和“盈余公积”项目之间增设“专项储备”项目，反映企业提取的安全生产费期末余额。

另外，从2018年1月1日起，对于已执行新金融准则或新收入准则的企业，资产负债表部分有关项目进行了删除、新增及归并反映。详情如下：

（1）新增与新金融工具准则有关的“交易性金融资产”“债权投资”“其他债权投资”“其他权益工具投资”“其他非流动金融资产”“交易性金融负债”“合同资产”和“合同负债”项目。同时删除“以公允价值计量且其变动计入当期损益的金融资产”“可供出售金融资产”“持有至到期投资”以及“以公允价值计量且其变动计入当期损益的金融负债”项目。

其中“交易性金融资产”行项目，反映资产负债表日企业分类为以公允价值计量且其变动计入当期损益的金融资产，以及企业持有的直接指定为以公允价值计量且其变动计入当期损益的金融资产的期末账面价值。该项目应根据“交易性金融资产”科目的相关明细科目期末余额分析填列。自资产负债表日起超过一年到期且预期持有超过一年的以公允价值计量且其变动计入当期损益的非流动金融资产的期末账面价值，在“其他非流动金融资产”行项目反映。

“债权投资”行项目，反映资产负债表日企业以摊余成本计量的长期债权投资的期末账面价值。该项目应根据“债权投资”科目的相关明细科目期末余额，减去“债权投资减值准备”科目中相关减值准备的期末余额后的金额分析填列。自资产负债表日起一年内到期的长期债权投资的期末账面价值，在“一年内到期的非流动资产”行项目反映。企业购入的以摊余成本计量的一年内到期的债权投资的期末账面价值，在“其他流动资产”行项目反映。

“其他债权投资”行项目，反映资产负债表日企业分类为以公允价值计量且其变动计入其他综合收益的长期债权投资的期末账面价值。该项目应根据“其他债权投资”科目的相关明细科目期末余额分析填列。自资产负债表日起一年内到期的长期债权投资的期末账面价值，在“一年内到期的非流动资产”行项目反映。企业购入的以公允价值计量且其变动计入其他综合收益的一年内到期的债权投资的期末账面价值，在“其他流动资产”行项目反映。

“其他权益工具投资”行项目，反映资产负债表日企业指定为以公允价值计量且其变动计入其他综合收益的非交易性权益工具投资的期末账面价值。该项目应根据“其他权益工具投资”科目的期末余额填列。

“交易性金融负债”行项目，反映资产负债表日企业承担的交易性金融负债，以及企业持有的直接指定为以公允价值计量且其变动计入当期损益的金融负债的期末账面价值。该项目应根据“交易性金融负债”科目的相关明细科目期末余额填列。“合同资产”和“合同负债”行项目。企业应按照《企业会计准则第

14 号——收入》(2017 年修订)的相关规定根据本企业履行履约义务与客户付款之间的关系在资产负债表中列示合同资产或合同负债。

"合同资产"项目、"合同负债"项目，应分别根据"合同资产"科目、"合同负债"科目的相关明细科目期末余额分析填列，同一合同下的合同资产和合同负债应当以净额列示，其中净额为借方余额的，应当根据其流动性在"合同资产"或"其他非流动资产"项目中填列，已计提减值准备的，还应减去"合同资产减值准备"科目中相关的期末余额后的金额填列；其中净额为贷方余额的，应当根据其流动性在"合同负债"或"其他非流动负债"项目中填列。

(2)"合同取得成本"科目、"合同履约成本"科目、"应收退货成本"科目、"预计负债——应付退货款"科目按照其流动性在"其他流动资产"或"其他非流动资产"项目中列示。

其中"合同取得成本"科目，应按照《企业会计准则第14号——收入》(2017年修订)的相关规定确认为资产的合同取得成本，应当根据"合同取得成本"科目的明细科目初始确认时摊销期限是否超过一年或一个正常营业周期，在"其他流动资产"或"其他非流动资产"项目中填列，已计提减值准备的，还应减去"合同取得成本减值准备"科目中相关的期末余额后的金额填列。

"合同履约成本"科目，应按照《企业会计准则第14号——收入》(2017年修订)的相关规定确认为资产的合同履约成本，应当根据"合同履约成本"科目的明细科目初始确认时摊销期限是否超过一年或一个正常营业周期，在"存货"或"其他非流动资产"项目中填列，已计提减值准备的，还应减去"合同履约成本减值准备"科目中相关的期末余额后的金额填列。

"应收退货成本"科目，应按照《企业会计准则第14号——收入》(2017年修订)的相关规定确认为资产的应收退货成本，应当根据"应收退货成本"科目是否在一年或一个正常营业周期内出售，在"其他流动资产"或"其他非流动资产"项目中填列。

"预计负债—应付退货款"科目，应按照《企业会计准则第14 号——收入》(2017 年修订)的相关规定确认为预计负债的应付退货款，应当根据"预计负债"科目下的"应付退货款"明细科目是否在一年或一个正常营业周期内清偿，在"其他流动负债"或"预计负债"项目中填列。

(3)"应收票据"及"应收账款"项目归并至新增的"应收票据及应收账款"项目列示。"应收票据及应收账款"行项目，反映资产负债表日以摊余成本计量的、企业因销售商品、提供服务等经营活动应收取的款项，以及收到的商业汇票，包括银行承兑汇票和商业承兑汇票。该项目应根据"应收票据"和"应收账款"科目的期末余额，减去"坏账准备"科目中相关坏账准备期末余额后的金额填列。

（4）“应收利息”及“应收股利”项目归并至“其他应收款”项目列示。“其他应收款”行项目，应根据“应收利息”“应收股利”和“其他应收款”科目的期末余额合计数，减去“坏账准备”科目中相关坏账准备期末余额后的金额填列。

（5）“固定资产清理”项目归并至“固定资产”项目列示。“固定资产”行项目，反映资产负债表日企业固定资产的期末账面价值和企业尚未清理完毕的固定资产清理净损益。该项目应根据“固定资产”科目的期末余额，减去“累计折旧”和“固定资产减值准备”科目的期末余额后的金额，以及“固定资产清理”科目的期末余额填列。

（6）“工程物资”项目归并至“在建工程”项目列示。“在建工程”行项目，反映资产负债表日企业尚未达到预定可使用状态的在建工程的期末账面价值和企业为在建工程准备的各种物资的期末账面价值。该项目应根据“在建工程”科目的期末余额，减去“在建工程减值准备”科目的期末余额后的金额，以及“工程物资”科目的期末余额，减去“工程物资减值准备”科目的期末余额后的金额填列。

（7）“应付票据”及“应付账款”项目归并至新增的“应付票据及应付账款”项目列示。“应付票据及应付账款”行项目，反映资产负债表日企业因购买材料、商品和接受服务等经营活动应支付的款项，以及开出、承兑的商业汇票，包括银行承兑汇票和商业承兑汇票。该项目应根据“应付票据”科目的期末余额，以及“应付账款”和“预付账款”科目所属的相关明细科目的期末贷方余额合计数填列。

（8）“应付利息”及“应付股利”项目归并至“其他应付款”项目列示。“其他应付款”行项目，应根据“应付利息”“应付股利”和“其他应付款”科目的期末余额合计数填列。

（9）“专项应付款”项目归并至“长期应付款”项目列示。“长期应付款”行项目，反映资产负债表日企业除长期借款和应付债券以外的其他各种长期应付款项的期末账面价值。该项目应根据“长期应付款”科目的期末余额，减去相关的“未确认融资费用”科目的期末余额后的金额，以及“专项应付款”科目的期末余额填列。

（10）“持有待售资产”行项目及“持有待售负债”行项目核算内容发生变化。“持有待售资产”行项目，反映资产负债表日划分为持有待售类别的非流动资产及划分为持有待售类别的处置组中的流动资产和非流动资产的期末账面价值。该项目应根据“持有待售资产”科目的期末余额，减去“持有待售资产减值准备”科目的期末余额后的金额填列。

科目余额表（单位：元） 表17-3

科目名称	借方余额	科目名称	贷方余额
库存现金	2 000	短期借款	1 050 000
银行存款	11 805 831	应付票据	100 000
其他货币资金	7 300	应付账款	953 800
交易性金融资产	0	预收账款	0
应收票据	66 000	其他应付款	50 000
应收账款	600 000	应付职工薪酬	180 000
坏账准备	–1 800	应交税费	211 731
预付账款	100 000	应付利息	0
其他应收款	5 000	应付股利	32 215.85
材料采购	275 000	递延所得税负债	0
原材料	45 000	递延收益	0
周转材料	38 050	长期借款	11 160 000
开发产品	52 122 400	股本	80 000 000
材料成本差异	4 250	资本公积	5 000 000
其他流动资产	100 000	其他综合收益	400 000
可供出售金融资产	0	盈余公积	124 022.5
持有至到期投资	0	利润分配（未分配利润）	234 211.65
长期股权投资	10 650 000		
投资性房地产	20 000 000		
固定资产	2 401 000		
累计折旧	–170 000		
固定资产减值准备	–30 000		
工程物资	300 000		
在建工程	428 000		
无形资产	600 000		
累计摊销	–60 000		
递延所得税资产	7 950		
其他长期资产	200 000		
合计	99 495 981	合计	99 495 981

根据上述相关资料，编制甲有限公司2017年12月31日的资产负债表，如表17–4所示。

资产负债表 表17–4

会企01表

编制单位：甲有限公司 2017年12月31日 单位：元

资产	期末余额	年初余额	负债和所有者权益	期末余额	年初余额
流动资产：			流动负债：		
货币资金	11 815 131	1 406 300	短期借款	1 050 000	300 000
以公允价值计量且其变动计入当期损益的金融资产	0	15 000	以公允价值计量且其变动计入当期损益的金融负债	0	0
衍生金融资产			衍生金融负债		
应收票据	66 000	246 000	应付票据	100 000	200 000
应收账款	598 200	299 100	应付账款	953 800	953 800
预付款项	100 000	100 000	预收款项	0	0
应收利息			应付职工薪酬	180 000	110 000
应收股利			应交税费	211 731	36 600
其他应收款	5 000	5 000	应付利息	0	1 000
存货	52 484 700	52 580 000	应付股利	32 215.85	0
持有待售的资产	0	0	其他应付款	50 000	50 000
一年内到期的非流动资产	0	0	持有待售的负债	0	0
其他流动资产	100 000	100 000	一年内到的期非流动负债	0	1 000 000
流动资产合计	65 169 031	54 751 400	其他流动负债	0	0
非流动资产：			**流动负债合计**	2 577 746.85	2 651 400
债权投资	0	0	非流动负债：		
其他债权	0	0	长期借款	11 160 000	600 000
长期应收款	0	0	应付债券	0	0
长期股权投资	10 650 000	10 250 000	其中：优先股		
投资性房地产	20 000 000	20 000 000	永续债		
固定资产	2 201 000	1 100 000	长期应付款	0	0
在建工程	428 000	1 500 000	专项应付款	0	0

续表

资产	期末余额	年初余额	负债和所有者权益	期末余额	年初余额
工程物资	300 000	0	预计负债	0	0
固定资产清理	0	0	递延收益	0	0
生产性生物资产	0	0	递延所得税负债	0	0
油气资产	0	0	其他非流动负债	0	0
无形资产	540 000	600 000	**非流动负债合计**	11 160 000	600 000
开发支出	0	0	**负债合计**	13 737 746.85	3 251 400
商誉	0	0	所有者权益（或股东权益）:		
长期待摊费用	0	0	实收资本（或股本）	80 000 000	80 000 000
递延所得税资产	7 950	225	其他权益工具		
其他非流动资产	200 000	200 000	其中：优先股		
非流动资产合计	34 326 500	33 650 225	永续债		
			资本公积	5 000 000	5 000 000
			减：库存股		
			其他综合收益	400 000	
			盈余公积	124 022.5	100 000
			未分配利润	234 211.65	50 225
			所有者权益（或股东权益）合计：	85 758 234.15	85 150 225
资产总计	99 495 981	88 401 625	**负债和所有者权益总计**	99 495 981	88 401 625

第三节

利润表

一、利润表概述

（一）利润表的含义

利润表是反映企业在一定会计期间（月份、季度或年度）的经营成果（或亏损，下同）的报表。企业在一定会计期间的经营成果，一般是指企业在一定期间内实现的利润，包括收入减去费用后的净额、直接计入当期利润的利得和损失等。其中直接计入当期利润的利得和损失，是指应当计入当期损益、会导致所有者权益发生增减变动的、与所有者投入资本或者向所有者分配利润无关的利得或者损失。

（二）利润表的作用

利润表是基本会计报表之一，其作用主要表现在以下几方面：

（1）反映企业一定会计期间生产经营活动的成果。利润表揭示了利润各组成要素之间的内在联系，反映了企业利润的实现（或亏损的发生）情况。

（2）评价企业的经营绩效。利润表提供的利润指标是一项综合性信息，是企业生产经营过程中各方面工作成果的综合体现，它能够反映企业管理者的经营绩效。

（3）预测企业未来的利润发展趋势及获利能力。通过对企业提供的不同时期的利润表的相关项目数字进行比较，用以分析企业未来的利润发展趋势以及企业未来的获利能力。

二、利润表的列报格式和列报方法

（一）利润表的格式

利润表是根据“利润=收入-成本-费用+直接计入当期利润的利得-直接计入当期利润的损失”这一平衡公式，按照一定的标准和顺序，将企业一定会计期间的各项收入、成本、费用以及构成利润的各个项目予以适当排列编制而成的。

利润表通常有单步式和多步式两种格式。

单步式利润表是通过一次计算得出当期净损益，即将本期实现的所有的收入、利得列汇集在一起，将本期发生的所有的费用、损失也汇集在一起，然后将收入、利得合计减去费用、损失合计，得出企业本期的净利润。单步式利润表格式简单，编制方便，也便于报表阅读者理解。但单步式利润表不能揭示收入与费用之间的对照关系，也不便于同行业企业间报表指标的对比。

多步式利润表要通过多步计算确定企业当期的净利润。即：

①营业利润=营业收入-营业成本-税金及附加-销售费用-管理费用-研发费用（2018年从管理费用中分拆）-财务费用-资产减值损失+其他收益+（-）公允价值变动损收益（损失）+（-）投资收益（损失）+（-）公允价值变动损收益（损失）+（-）资产处置收益（损失）+其他收益

②利润总额=营业利润+营业外收入-营业外支出

③净利润（或净亏损）=利润总额-所得税费用

多步式利润表将收入、费用、利得和损失项目加以归类，分步反映净利润的构成内容，层次清楚，便于企业前后期报表及不同企业之间会计信息的对比，也有利于预测企业未来的盈利能力。

我国企业的利润表采用多步式。

（二）利润表的编制方法

1. 营业收入项目

反映企业主营业务活动和其他经营活动所取得的收入总额。本项目应根据“主营业务收入”“其他业务收入”科目的发生额分析填列。如果“主营业务收入”科目借方记录有销售退回等，应抵减本期的销售收入，按其销售收入净额填列本项目。

2. 营业成本项目

反映企业主营业务活动和其他经营活动所发生的实际成本。本项目应根据“主营业务成本”“其他业务成本”科目的发生额分析填列。如果“主营业务成本”科目贷方发生额登记有销售退回等事项的，应抵减本期的主营业务成本借方发生额，按已销产品的实际成本填列本项目。

3. 税金及附加项目

反映企业经营业务发生的消费税、城市维护建设税、资源税、教育费附加、地方教育附加、土地增值税、房产税、城镇土地使用税、车船税、印花税等相关税费，但不包括增值税。应根据“税金及附加”科目的发生额分析填列。

4. 销售费用项目

反映企业销售商品和材料、提供劳务的过程中发生的各种费用。应根据“销售费用”科目的发生额分析填列。

5. 管理费用项目

反映企业为组织和管理生产经营发生的管理费用。应根据“管理费用”科目的发生额分析填列。

6. 财务费用项目

反映企业为筹集生产经营所需资金等而发生的筹资费用等。应根据“财务费用”科目的发生额分析填列。

7. 资产减值损失项目

反映企业计提各项资产减值准备所形成的损失。应根据“资产减值损失”科目的发生额分析填列。

8. 其他收益项目

反映企业收到的与企业日常经营活动相关的政府补助。应根据“其他收益”科目的发生额分析填列。

9. 公允价值变动损益项目

反映企业应当计入当期损益的资产或负债公允价值变动的利得或损失。应根据“公允价值变动损益”科目的发生额分析填列，如为公允价值变动损失，以“–”号填列。

10. 投资收益项目

反映企业确认的投资收益或投资损失。应根据“投资收益”科目的发生额分析填列，如为投资损失，以“–”号填列。

11. 资产处置收益项目

反映企业出售划分为持有待售的非流动资产（金融工具、长期股权投资和投资性房地产除外）或处置组时确认的处置利得或损失，以及处置未划分为持有待售的固定资产、在建工程、生产性生物资产及无形资产而产生的处置利得或损失。债务重组中因处置非流动资产产生的利得或损失和非货币性资产交换产生的利得或损失也包括在本项目内。该项目应根据在损益类科目新设置的“资产处置损益”科目的发生额分析填列；如为处置损失，以“–”号填列。

12. 营业外收入项目

反映企业发生的与经营业务无直接关系的各项收入。应根据“营业外收入”科目的发生额分析填列。

13. 营业外支出项目

反映企业发生的与经营业务无直接关系的各项支出。应根据“营业外支出”科目的发生额分析填列。

14. 所得税费用项目

反映企业应从当期利润总额中扣除的所得税费用。应根据“所得税费用”科目的发生额分析填列。

15. 其他综合收益项目

具体分为“以后会计期间不能重分类进损益的其他综合收益项目”和“以后会

计期间在满足规定条件时将重分类进损益的其他综合收益项目”两类，并以扣除相关所得税影响后的净额列报。①以后会计期间不能重分类进损益的其他综合收益项目，主要包括重新计量设定受益计划净负债或净资产导致的变动、按照权益法核算的在被投资单位不能重分类进损益的其他综合收益变动中所享有的份额等。②以后会计期间在满足规定条件时将重分类进损益的其他综合收益，主要包括：按照权益法核算的在被投资单位可重分类进损益的其他综合收益变动中所享有的份额、可供出售金融资产公允价值变动形成的利得或损失、持有至到期投资重分类为可供出售金融资产形成的利得或损失、现金流量套期工具产生的利得或损失中属于有效套期的部分、外币财务报表折算差额、自用房地产或作为存货的房地产转换为以公允价值模式计量的投资性房地产在转换日公允价值大于账面价值部分等。

16. 每股收益

具包括基本每股收益和稀释每股收益两项指标。

注意，从2018年1月1日起，对于已执行新金融准则或新收入准则的企业，利润表部分有关项目进行了删除、新增及归并反映。详情如下：

（1）新增与新金融工具准则有关的“信用减值损失”“净敞口套期收益”“其他权益工具投资公允价值变动”“企业自身信用风险公允价值变动”“其他债权投资公允价值变动”“金融资产重分类计入其他综合收益的金额”“其他债权投资信用减值准备”以及“现金流量套期储备”项目。

其中“信用减值损失”行项目，反映企业按照《企业会计准则第 22 号——金融工具确认和计量》（2017年修订）的要求计提的各项金融工具减值准备所形成的预期信用损失。该项目应根据“信用减值损失”科目的发生额分析填列。

“净敞口套期收益”行项目，反映净敞口套期下被套期项目累计公允价值变动转入当期损益的金额或现金流量套期储备转入当期损益的金额。该项目应根据“净敞口套期损益”科目的发生额分析填列；如为套期损失，以“-”号填列。

“其他权益工具投资公允价值变动”行项目，反映企业指定为以公允价值计量且其变动计入其他综合收益的非交易性权益工具投资发生的公允价值变动。该项目应根据“其他综合收益”科目的相关明细科目的发生额分析填列。

“企业自身信用风险公允价值变动”行项目，反映企业指定为以公允价值计量且其变动计入当期损益的金融负债，由企业自身信用风险变动引起的公允价值变动而计入其他综合收益的金额。该项目应根据“其他综合收益”科目的相关明细科目的发生额分析填列。

“其他债权投资公允价值变动”行项目，反映企业分类为以公允价值计量且其变动计入其他综合收益的债权投资发生的公允价值变动。企业将一项以公允价值计量且其变动计入其他综合收益的金融资产重分类为以摊余成本计量的金融资产，或重分类为以公允价值计量且其变动计入当期损益的金融资产时，之前计入其他综合收益的累计利得或损失从其他综合收益中转出的金额作为该项目的减项。该项目应根据“其他综合收益”科目下的相关明细科目的发生额分析填列。

“金融资产重分类计入其他综合收益的金额”行项目，反映企业将一项以摊余成本计量的金融资产重分类为以公允价值计量且其变动计入其他综合收益的金融资产时，计入其他综合收益的原账面价值与公允价值之间的差额。该项目应根据“其他综合收益”科目下的相关明细科目的发生额分析填列。

“其他债权投资信用减值准备”行项目，反映企业按照《企业会计准则第22号——金融工具确认和计量》（2017年修订）第十八条分类为以公允价值计量且其变动计入其他综合收益的金融资产的损失准备。该项目应根据“其他综合收益”科目下的“信用减值准备”明细科目的发生额分析填列。

“现金流量套期储备”行项目，反映企业套期工具产生的利得或损失中属于套期有效的部分。该项目应根据“其他综合收益”科目下的“套期储备”明细科目的发生额分析填列。

（2）其他综合收益部分删除与原金融工具准则有关的“可供出售金融资产公允价值变动损益”“持有至到期投资重分类为可供出售金融资产损益”以及“现金流量套期损益的有效部分”。

（3）新增“研发费用”项目，从“管理费用”项目中分拆“研发费用”项目。“研发费用”行项目，反映企业进行研究与开发过程中发生的费用化支出。该项目应根据“管理费用”科目下的“研发费用”明细科目的发生额分析填列。

（4）新增“其中：利息费用”和“利息收入”项目，在“财务费用”项目下增加“利息费用”和“利息收入”明细项目。

其中“其中：利息费用”行项目，反映企业为筹集生产经营所需资金等而发生的应予费用化的利息支出。该项目应根据“财务费用”科目的相关明细科目的发生额分析填列。

“利息收入”行项目，反映企业确认的利息收入。该项目应根据“财务费用”科目的相关明细科目的发生额分析填列。

（5）“其他收益”行项目、“资产处置收益”行项目、“营业外收入”行项目、“营业外支出”行项目核算内容调整。

其中“其他收益”行项目，反映计入其他收益的政府补助等。该项目应根据“其他收益”科目的发生额分析填列。

“资产处置收益”行项目，反映企业出售划分为持有待售的非流动资产（金融工具、长期股权投资和投资性房地产除外）或处置组（子公司和业务除外）时确认的处置利得或损失，以及处置未划分为持有待售的固定资产、在建工程、生产性生物资产及无形资产而产生的处置利得或损失。债务重组中因处置非流动资产产生的利得或损失和非货币性资产交换中换出非流动资产产生的利得或损失也包括在本项目内。该项目应根据“资产处置损益”科目的发生额分析填列；如为处置损失，以“-”号填列。

“营业外收入”行项目，反映企业发生的除营业利润以外的收益，主要包括债务重组利得、与企业日常活动无关的政府补助、盘盈利得、捐赠利得（企业接受股东或股东的子公司直接或间接的捐赠，经济实质属于股东对企业的资本性投入的除外）等。该项目应根据“营业外收入”科目的发生额分析填列。

“营业外支出”行项目，反映企业发生的除营业利润以外的支出，主要包括债务重组损失、公益性捐赠支出、非常损失、盘亏损失、非流动资产毁损报废损失等。该项目应根据“营业外支出”科目的发生额分析填列。

（6）“权益法下在被投资单位不能重分类进损益的其他综合收益中享有的份额”简化为“权益法下不能转损益的其他综合收益”。

（7）“（一）持续经营净利润”和“（二）终止经营净利润”行项目，分别反映净利润中与持续经营相关的净利润和与终止经营相关的净利润；如为净亏损，以“-”号填列。该两个项目应按照《企业会计准则第42号——持有待售的非流动资产、处置组和终止经营》的相关规定分别列报。

三、利润表编制示例

【例17-2】甲有限公司2017年度有关损益类科目和“其他综合收益科目”明细科目的本年累计发生净额分别如表17-5和表17-6所示。

甲有限公司损益类科目2017年度累计发生净额（单位：元）　　表17-5

会计科目	借方发生额	贷方发生额
主营业务收入		1 250 000
主营业务成本	750 000	
税金及附加	2 000	
销售费用	20 000	
管理费用	157 100	
财务费用	41 500	
资产减值损失	30 900	
投资收益		31 500
资产处置损益		50 000
营业外支出	19 700	
所得税费用	70 075	

甲有限公司"其他综合收益"明细科目 **表17-6**

2017年度累计发生净额 单位：元

会计明细科目	借方发生额	贷方发生额
权益法下在被投资单位以后将重分类进损益的其他综合收益中享有的份额		400 000
合计		400 000

甲有限公司持有A公司40%的股份，能够对A公司施加重大影响。2016年度，A公司因持有的可供出售金融资产（2018年1月1日起变更为"其他权益工具投资"）公允价值变动计入其他综合收益的金额为100万元。假定甲有限公司与A公司适用的会计政策、会计期间相同，投资时A公司有关资产、负债的公允价值与其账面价值相同，双方在当期及以前期间均未发生任何内部交易，并且假定不考虑你交易费用及其他相关因素。

根据上述资料，编制甲有限公司2017年度利润表，如表17-7所示。

利润表 **表17-7**

会企02表

编制单位：甲有限公司 2017年度 单位：元

项目	本期金额	上期金额
一、营业收入	1 250 000	（略）
减：营业成本	750 000	
税金及附加	2 000	
销售费用	20 000	
管理费用	157 100	
财务费用	41 500	
资产减值损失	30 900	
加：其他收益		
公允价值变动收益（损失以"—"号填列）	—	
投资收益（损失以"—"号填列）	31 500	
其中：对联营企业和合营企业的投资收益	—	
资产处置收益（损失以"—"填列）	50 000	
其他收益	—	
二、营业利润（亏损以"—"填列）	330 000	
加：营业外收入		

续表

项目	本期金额	上期金额
减：营业外支出	19 700	
三、利润总额（亏损总额以“—”填列）	310 300	
减：所得税费用	70 075	
四、净利润（净亏损以“—”填列）	240 225	
（一）持续经营净利润（净亏损以“—”填列）	0	
（二）终止经营净利润（净亏损以“—”填列）	0	
五、其他综合收益的税后净额	400 000	
（一）以后不能重分类进损益的其他综合收益	0	
1．重新计量设定受益计划净负债或净资产的变动		
2．权益法下在被投资单位以后将不能重分类进损益的其他综合收益中享有的份额		
（二）以后将重分类进损益的其他综合收益	400 000	
1．权益法下在被投资单位以后将重分类进损益的其他综合收益中享有的份额	400 000	
2．可供出售金融资产公允价值变动损益		
3．持有至到期投资重分类为可供出售金融资产损益		
4．现金流量套期损益的有效部分		
5．外币财务报表折算差额		
六、综合收益总额	640 225	
七、每股收益		
（一）基本每股收益	（略）	
（二）稀释每股收益	（略）	

第四节

现金流量表

一、现金流量表概述

（一）现金流量表的含义

现金流量表是反映企业在一定会计期间的现金和现金等价物流入和流出的会计报表。它是以现金为基础编制的反映企业财务状况变动情况的一张动态报表。

（二）现金流量表的作用

1. 提供企业的现金流量信息，从而有助于评价企业的偿债能力和支付能力

现金流量表是以现金为基础编制的财务状况变动表，通过该表，可以分门别类地反映企业报告期内经营活动、投资活动、筹资活动的现金流入和流出，了解企业的现金来源和运用是否合理，企业的现金能否偿还到期债务、支付股利、支付必要的固定资产投资，以及了解企业从经营活动中获得了多少现金，企业在多大程度上依赖于外部资金。

2. 预测企业未来的现金流量

通过现金流量表所反映的企业过去一定期间的现金流量以及其他生产指标，可以预测企业未来的现金流量，从而为企业编制现金流量计划、组织现金调度，合理节约地使用现金创造条件，为债权人、投资人评价企业未来现金流量、进行投资和信贷决策提供必要的信息。

3. 分析企业的收益质量及分析影响现金净流量的因素

通过现金流量表反映的经营活动现金流量与净利润相比较，就可以从现金流量的角度了解净利润的质量，并进一步分析是哪些因素影响现金流入，从而为分析和判断企业的财务前景提供信息。

二、现金流量表的编制基础

现金流量表是以现金为基础编制的。这里的现金是广义的现金概念，是指现金及现金等价物。

现金，包括库存现金、可随时用于支付的银行存款、可随时用于支付的其他货币资金。

现金等价物，是指企业持有的期限短、流动性强、易于转换为已知金额现金、价值变动风险很小的投资。企业应当根据具体情况，确定现金等价物的范围，一经确定不得随意变更。

三、现金流量表的编制方法及程序

（一）现金流量表的编制方法

经营活动产生的现金流量应当采用直接法列示。直接法，是指通过现金收入和现金支出的主要类别列示经营活动的现金流量。采用直接法编制经营活动的现金流量时，一般以利润表中的营业收入为起算点，调整与经营活动有关的项目的增减变动，然后计算出经营活动的现金流量。采用直接法具体编制现金流量表时可以采用工作底稿法或T形账户法，也可以根据有关科目记录分析填列。

（二）现金流量表的编制程序

1. 工作底稿法

（1）将资产负债表的期初数和期末数过入工作底稿的期初数栏和期末数栏。

（2）对当期业务进行分析并编制调整分录。

调整分录大体有这样几类：第一类涉及利润表中的收入、成本和费用项目以及资产负债表中的资产、负债及所有者权益项目，通过调整，将权责发生制下的收入费用转换为现金基础；第二类是涉及资产负债表和现金流量表中的投资、筹资项目，反映投资和筹资活动的现金流量；第三类是涉及利润表和现金流量表中的投资和筹资项目，目的是将利润表中有关投资和筹资方面的收入和费用列入现金流量表投资、筹资现金流量中去。此外，还有一些调整分录并不涉及现金收支，只是为了核对资产负债表项目的期末期初变动。

在调整分录中，有关现金和现金等价物的事项，并不直接借记或贷记现金，而是分别记入“经营活动产生的现金流量”“投资活动产生的现金流量”“筹资活动产生的现金流量”有关项目，借记表明现金流入，贷记表明现金流出。

（3）将调整分录过入工作底稿中的相应部分。

（4）核对调整分录，借贷合计应当相等，资产负债表项目期初数加减调整分录中的借贷金额以后，应当等于期末数。

（5）根据工作底稿中的现金流量表项目部分编制正式的现金流量表。

2. T形账户法

（1）为所有的非现金项目（包括资产负债表项目和利润表项目）分别开设T

形账户，并将各自的期末期初变动数过入各该账户。

（2）开设一个大的“现金及现金等价物”T形账户，每边分为经营活动、投资活动和筹资活动三个部分，左边记现金流入，右边记现金流出。与其他账户一样，过入期末期初变动数。

（3）以利润表项目为基础，结合资产负债表分析每一个非现金项目的增减变动，并据此编制调整分录。

（4）将调整分录过入各T形账户，并进行核对，该账户借贷相抵后的余额与原先过入的期末期初变动数应当一致。

（5）根据大的“现金及现金等价物”T形账户编制正式的现金流量表。

四、现金流量表的编制

（一）经营活动产生的现金流量的编制

1. 销售商品、提供劳务收到的现金项目

本项目可根据“主营业务收入”“其他业务收入”“应收账款”“应收票据”“预收账款”及“库存现金”“银行存款”等科目的记录分析填列。

2. 收到的税费返还项目

反映企业收到返还的各种税费。本项目可以根据“库存现金”“银行存款”“应交税费”“税金及附加”“其他收益”等科目的记录分析填列。

3. 收到的其他与经营活动有关的现金项目

本项目反映企业除了上述各项目以外收到的其他与经营活动有关的现金流入，如罚款收入、流动资产损失中由个人赔偿的现金收入等。本项目可根据“营业外收入”“营业外支出”“库存现金”“银行存款”“其他应收款”等科目的记录分析填列。

4. 购买商品、接受劳务支付的现金项目

本项目可根据“应付账款”“应付票据”“预付账款”“库存现金”“银行存款”“主营业务成本”“其他业务成本”“存货”等科目的记录分析填列。

5. 支付给职工以及为职工支付的现金项目

本项目反映企业实际支付给职工，以及为职工支付的工资、奖金、各种津贴和补贴等，含为职工支付的养老、失业等各种保险和其他福利费用，但不含为离退休人员支付的各种费用和固定资产购建人员的工资。本项目可根据“库存现金”“银行存款”“应付职工薪酬”“生产成本”等科目的记录分析填列。

6. 支付的各项税费项目

本项目反映的是企业按规定支付的各项税费和有关费用，但不包括已计入固定资产原价而实际支付的耕地占用税和本期退回的所得税。本项目应根据“应交税费”“库存现金”“银行存款”等科目的记录分析填列。

7. 支付的其他与经营活动有关的现金项目

本项目反映企业除上述各项目外，支付的其他与经营活动有关的现金，包括罚款支出、差旅费、业务招待费、保险费支出、支付的离退休人员的各项费用等。本项目应根据“管理费用”“销售费用”“营业外支出”等科目的记录分析填列。

（二）投资活动产生的现金流量的编制

1. 收回投资所收到的现金项目

本项目反映企业出售、转让和到期收回的除现金等价物以外的交易性金融资产、长期股权投资而收到的现金，以及收回持有至到期投资本金而收到的现金，不包括持有至到期投资收回的利息以及收回的非现金资产。本项目应根据“交易性金融资产”“长期股权投资”“库存现金”“银行存款”等科目的记录分析填列。

2. 取得投资收益所收到的现金项目

本项目反映企业因股权性投资而分得的现金股利和分回利润所收到的现金，以及债权性投资取得的现金利息收入。本项目应根据“投资收益”“库存现金”“银行存款”等科目的记录分析填列。

3. 处置固定资产、无形资产和其他长期资产所收回的现金净额项目

本项目反映处置上述各项长期资产所取得的现金，减去为处置这些资产所支付的有关费用后的净额。本项目可根据“固定资产清理”“资产处置损益”“库存现金”“银行存款”等科目的记录分析填列。

4. 收到的其他与投资活动有关的现金项目

本项目反映除上述各项目以外，收到的其他与投资活动有关的现金流入。应根据“库存现金”“银行存款”和其他有关科目的记录分析填列。

5. 购建固定资产、无形资产和其他长期资产所支付的现金项目

本项目反映企业购买、建造固定资产，取得无形资产和其他长期资产所支付的现金。其中企业为购建固定资产支付的现金，不包括购建固定资产的借款利息支出和融资租入固定资产的租赁费及增值税款（小规模纳税人除外）。本项目应根据“固定资产”“无形资产”“在建工程”“库存现金”“银行存款”等科目的记录分析填列。

6. 投资所支付的现金项目

本项目反映企业在现金等价物以外进行交易性金融资产、长期股权投资、持有至到期投资所实际支付的现金，包括佣金手续费所支付的现金，但不包括企业购买股票和债券时，实际支付价款中包含的已宣告尚未领取的现金股利或已到付息期但尚未领取的债券利息。本项目应根据“交易性金融资产”“长期股权投资”“持有至到期投资”“库存现金”“银行存款”等科目的记录分析填列。

7. 支付的其他与投资活动有关的现金项目

本项目反映企业除了上述各项以外，支付的与投资活动有关的现金流出，包括企业购买股票和债券时，实际支付价款中包含的已宣告尚未领取的现金股利或已到付息期但尚未领取的债券利息等。本项目应根据“库存现金”“银行存款”“应收股利”“应收利息”等科目的记录分析填列。

（三）筹资活动产生的现金流量的编制

1. 吸收投资所支付的现金项目

本项目反映企业收到投资者投入的现金，包括以发行股票、债券等方式筹集资金实际收到的款项净额（即发行收入减去支付的佣金等发行费用后的净额）。本项目可根据“实收资本（或股本）”“应付债券”“库存现金”“银行存款”等科目的记录分析填列。

2. 借款所得到的现金项目

本项目反映企业举借各种短期借款、长期借款而收到的现金。本项目可根据“短期借款”“长期借款”“银行存款”等科目的记录分析填列。

3. 收到的其他与筹资活动有关的现金项目

本项目反映企业除上述各项以外，收到的其他与筹资活动有关的现金流入。本项目应根据“库存现金”“银行存款”和其他有关科目的记录分析填列。

4. 偿还债务所支付的现金项目

本项目反映企业以现金偿还债务的本金，包括偿还金融机构的借款本金、偿还到期的债券本金等。本项目可根据“短期借款”“长期借款”“应付债券”“库存现金”“银行存款”等科目的记录分析填列。

5. 分配股利、利润或偿还利息所支付的现金项目

本项目反映企业实际支付的现金股利、支付给投资人的利润或用现金支付的借款利息、债券利息等。本项目可根据“应付股利（或应付利润）”“财务费用”“长期借款”“应付债券”“库存现金”“银行存款”等科目的记录分析填列。

6. 支付的其他与筹资活动有关的现金项目

本项目反映除了上述各项目以外，支付的与筹资活动有关的现金流出。例如发行股票债券所支付的审计、咨询等费用。该项目可根据“库存现金”“银行存款”和其他有关账户的记录分析填列。

五、现金流量表补充资料的编制

（一）净利润项目

应根据利润表中列示的“净利润”数额直接填列。

（二）计提的资产减值准备项目

企业计提的各项资产减值准备，包括坏账准备、存货跌价准备，以及各项长期资产的减值准备等已经计入了“资产减值损失”科目，期末结转到“本年利润”账户，从而减少了净利润。但是计提资产减值准备，并不需要支付现金，即没有减少现金流量，所以应将计提的各项资产减值准备，在净利润基础上予以加回。本项目应根据“资产减值损失”账户的记录分析填列。

（三）固定资产折旧项目

企业计提的固定资产折旧，一部分增加了产品的成本，另一部分增加了期间费用（如管理费用、销售费用等），计入期间费用的部分直接减少了净利润，计入产品成本的部分，一部分转入了主营业务成本，也直接冲减了净利润；产品尚未变现的部分，折旧费用加到了存货成本中，存货的增加是作为现金流出进行调整的，而实际上全部的折旧费用并没有发生现金流出。所以，应在净利润的基础上将折旧的部分予以加回。本项目应根据“累计折旧”账户的贷方发生额的记录分析填列。

（四）无形资产摊销项目

企业的无形资产摊销是计入管理费用的，所以冲减了净利润，但无形资产摊销并没有发生现金流出。所以无形资产当期摊销的价值，应在净利润的基础上予以加回。该项目可根据“累计摊销”账户的记录分析填列。

（五）长期待摊费用摊销项目

长期待摊费用的摊销与无形资产摊销一样，已经计入了损益，但没有发生现金流出，所以本项目也应在净利润的基础上予以加回。

（六）处置固定资产、无形资产和其他长期资产的损失项目

处置固定资产、无形资产和其他长期资产发生的损益，属于投资活动产生的损益，不属于经营活动产生的损益，但却影响了当期净利润。所以在将净利润调节为经营活动现金流量时应予以剔除。如为净损失，应当予以加回；如为净收益，应予以扣除，即用“-”号列示。本项目可根据“资产处置损益”等账户所属明细账户的记录分析填列。

（七）固定资产报废损失项目

本项目反映企业当期固定资产盘亏后的净损失（或盘盈后的净收益）。企业发

生固定资产盘亏盘盈损益，属于投资活动产生的损益，不属于经营活动产生的损益，但却影响了当期净利润，所以在将净利润调节为经营活动现金流量时应予以剔除。如为净损失，应当予以加回；如为净收益，应予以扣除，即用“-”号列示。本项目可根据“营业外收入”“营业外支出”等账户所属明细账户的记录分析填列。

（八）公允价值变动损失项目

本项目反映企业持有的交易性金融资产、交易性金融负债、采用公允价值模式计量的投资性房地产等公允价值变动形成的净损失。因为公允价值变动损失影响了当期净利润，但并没有发生现金流出，所以应进行调整。如为净收益以“-”号列示。本项目可根据“公允价值变动损益”科目所属有关明细科目的记录分析填列。

（九）财务费用项目

一般企业，财务费用主要是借款发生的利息支出（减存款利息收入）。财务费用属于筹资活动发生的现金流出，而不属于经营活动的现金流量。但财务费用作为期间费用，已直接计入了企业经营损益，影响了净利润，所以在将净利润调节为经营活动现金流量时应予以剔除。财务费用如为借方余额，应予以加回；如为贷方余额，应予以扣除。本项目应根据利润表“财务费用”项目的记录填列。

（十）投资损失项目

企业发生的投资损益，属于投资活动的现金流量，不属于经营活动的现金流量。但投资损失，已直接计入了企业当期利润，影响了净利润，所以在将净利润调节为经营活动现金流量时应予以剔除。如为投资净损失，应当予以加回；如为投资净收益，应予以扣除，即用“-”号列示。本项目可根据利润表中“投资收益”项目的金额填列。

（十一）递延所得税资产减少项目

该项目反映企业资产负债表"递延所得税资产"项目的期初余额与期末余额的差额。递延所得税资产的减少增加了所得税费用，减少了利润，而递延所得税资产的减少并没有增加现金流出，所以应在净利润的基础上予以加回。相反，如果是递延所得税资产增加，则应用“-”号填列。本项目可以根据“递延所得税资产”科目分析填列。

（十二）存货的减少项目

企业当期存货减少，说明本期经营中耗用的存货，有一部分是期初的存货，这部分存货当期没有发生现金流出，但在计算净利润时已经进行了扣除，所以在将净利润调节为经营活动现金流量时应当予以加回。如果期末存货比期初增加，说明当期购入的存货除本期耗用外还剩余一部分。这部分存货已经发生了现金流出，但这部分存货没有减少净利润，所以在将净利润调节为经营活动现金流量时应予以扣除，即用“-”号列示。总之，存货的减少，应视为现金的增加，应予加回现金流量；存货的增加，应视为现金的减少，应予扣除现金流量。本项目可根据资产负债表“存货”项目的期初、期末数之间的差额填列。

（十三）经营性应收项目的减少项目

经营性应收项目的减少（如应收账款、应收票据、其他应收款等项目中与经营活动有关的部分的减少），说明本期收回的现金大于利润表中确认的主营业务收入，即将上期实现的收入由本期收回了现金，形成了本期的现金流入，但净利润却没有增加，所以在将净利润调节为经营活动现金流量时，将本期经营性应收项目减少的部分应予以加回。但上述各应收项目如果增加，即经营性各应收项目的期末余额大于期初余额，则表明本期的销售收入中有一部分没有收回，从而减少了现金的流入，在将净利润调节为经营活动现金流量时应予以扣除。本项目应根据各应收项目账户所属的明细账户的记录分析填列。

六、影响企业现金流量其他重要信息的披露

（一）企业当期取得或处置子公司及其他营业单位

现金流量表准则应用指南中列示了企业当期取得或处置其他营业单位有关信息的披露格式，主要项目包括：取得和处置子公司及其他营业单位的有关信息。其中取得子公司及其他营业单位的有关信息包括：取得的价格、支付现金和现金等价物金额，支付的现金和现金等价物净额、取得子公司净资产等信息。处置子公司及其他营业单位的有关部门信息包括：处置的价格、收到的现金和现金等价物金额、收到的现金净额、处置子公司的净资产等信息。

（二）现金结算和现金等价物有关信息

现金流量表准则要求企业在附注中披露与现金和现金等价物有关部分的下列信息：（1）现金和现金等价物的构成及其在资产负债表中的相应金额；（2）企业持有但不能由母公司或集团内其他子公司使用的大额现金和现金等价物金额。

七、现金流量表编制示例

【例17-3】沿用【例17-1】和【例17-2】的资料，甲有限公司其他相关资料如下：

1．2017年度利润表有关项目的明细资料

（1）管理费用的组成：职工薪酬17 100元，无形资产摊销60 000元，折旧费用20 000元，支付其他费用60 000元。

（2）财务费用的组成：计提借款利息11 500元，支付应收票据（银行承兑汇票）贴现利息30 000元。

（3）资产减值损失的组成：计提坏账准备900元，计提固定资产减值准备30 000元。上年年末坏账准备余额为900元。

（4）投资收益的组成：收到境内投资企业股息分红收入30 000元，与本金一起收回的交易性股票投资收益500元，自公允价值变动损益结转投资收益1 000元。

（5）资产处置损益的组成：处置固定资产净收益50 000元（其所处置固定资产原价为400 000元，累计折旧为150 000元，收到处置收入300 000元）。假定不考虑与固定资产处置有关的税费。

（6）营业外支出的组成：报废固定资产净损失19 700元（其所报废固定资产原价为200 000元，累计折旧为180 000元，支付清理费用500元，收到残值收入800元）。

（7）所得税费用的组成：当其所得税费用77 800元，递延所得税收益7 725元。

除上述项目外，利润表中的销售费用20 000元至期末均已支付。

2．资产负债表有关项目的明细资料

（1）本期收回交易性股票投资本金15 000元、公允价值变动1 000元，同时实现投资收益500元。

（2）存货中开发成本、开发间接费的组成：职工薪酬324 900元，折旧费80 000元。

（3）应交税费的组成：本期增值税进项税额42 466元，增值税销项税额212 500元，已交增值税100 000元；应交所得税期末余额为5 097元，应交所得税期初余额为0；应交税费期末数中应由在建工程负担的部分为100 000元。

（4）应付职工薪酬的期初数无应付在建工程人员的部分，本期支付在建工程人员职工薪酬200 000元。应付职工薪酬的期末数中应付在建工程人员的部分为28 000元。

（5）应付利息均为短期借款利息，其中本期计提利息11 500元，支付利息12 500元。

（6）本期用银行存款购买固定资产101 000元，购买工程物资300 000元。

（7）本期用银行存款偿还短期借款250 000元，同时新借入短期借款1 000 000元；偿还一年内到期的长期借款1 000 000元，借入长期借款10 560 000元。

根据上述资料，采用分析填列的方法，编制甲有限公司2017年度的现金流量表。

1．甲有限公司2017年现金流量表各项目金额，分析计算确定

（1）销售商品、提供劳务收到的现金

=营业收入+应交税费（应交增值税—销项税额）

+（应收账款年初余额-应收账款期末余额）

+（应收票据年初余额-应收票据期末余额）

-当期计提的坏账准备-票据贴现利息

=1 250 000+212 500+（299 100−598 200）+（246 000−66 000）

−900−30 000=1 312 500（元）

（2）购买商品、接受劳务支付的现金

=营业成本+应交税费（应交增值税—进项税额）

-（存货年初余额-存货期末余额）

+（应付账款年初余额-应付账款期末余额）

+（应付票据年初余额-应付票据期末余额）

-当期列入开发成本、开发间接费的职工薪酬及相关折旧和修理费

=750 000+42 466−（52 580 000−52 484 700）+（953 800−953 800）

+（200 000−100 000）+（100 000−100 000）−324 900−80 000

=392 266（元）

（3）支付给职工以及为职工支付的现金

=开发成本、开发间接费、管理费用中的职工薪酬+（应付职工薪酬年初余额-应付职工薪酬期末余额）-［应付职工薪酬（在建工程）年初余额-应付职工薪酬（在建工程）期末余额］=324 900+17 100+（110 000−180 000）-（0−28 000）=300 000（元）

（4）支付的各项税费

=当期所得税费用+税金及附加+应交税费（应交增值税—已交税额）

-（应交所得税期末余额-应交所得税年初余额）

=77 800+2 000+100 000−（5097−0）

=174 703（元）

（5）支付的其他与经营活动有关的现金

=其他管理费用+销售费用=60 000+20 000−80 000（元）

（6）收回投资收到的现金

=交易性金融资产贷方发生额+与交易性金融资产一起收回的投资收益

=16 000+500=16 500（元）

（7）取得投资收益收到的现金

=收到的股息收入=30 000（元）

（8）处置固定资产收回的现金净额

=300 000+（800−500）=300 300（元）

（9）购建固定资产支付的现金

=用现金购买的固定资产、工程物资+支付给在建工程人员的薪酬

=101 000+300 000+200 000=601 000（元）

（10）取得借款收到的现金

=1 000 000+10 000 000+560 000=11 560 000（元）

（11）偿还债务支付的现金

=250 000+1 000 000=1 250 000（元）

（12）偿付利息支付的现金=12 500（元）

2．将净利润调节为经营活动现金流量各项目计算分析

（1）资产减值准备=900+30 000=30 900（元）

（2）固定资产折旧=20 000+80 000=100 000（元）

（3）无形资产摊销=60 000（元）

（4）处置固定资产、无形资产和其他长期资产的损失（减：收益）

=−50 000（元）

（5）固定资产报废损失=19 700（元）

（6）财务费用=11 500（元）

（7）投资损失（减：收益）=−31 500（元）

（8）递延所得税资产减少=225−7 950=−7725（元）

（9）存货的减少=52 580 000−52 484 700=95 300（元）

（10）经营性应收项目的减少

=（246 000−66 000）+（299 100+900−598 200−1 800）

=−120 000（元）

（11）经营性应付项目的增加

=（100 000−200 000）+（953 800−953 800）+［（180 000−28 000）−110 000］+［（211 731−100 000）−36 600］=17 131（元）

3．根据上述数据，编制现金流量表（表17−8）及其补充资料（表17−9）

现金流量表 表17−8

会企03表

编制单位：甲有限公司 2017年度 单位：元

项目	本期金额	上期金额（略）
一、经营活动产生的现金流量		
销售商品、提供劳务收到的现金	1 312 500	

续表

项目	本期金额	上期金额（略）
收到的税费返还		
收到的其他与经营活动有关的现金		
经营活动现金流入小计	1 312 500	
购买商品、接受劳务支付的现金	392 266	
支付给职工以及为职工支付的现金	300 000	
支付的各项税费	174 703	
支付的其他与经营活动有关的现金	80 000	
经营活动现金流出小计	946 969	
经营活动产生的现金流量净额	365 531	
二、投资活动产生的现金流量		
收回投资所收到的现金	16 500	
取得投资收益所收到的现金	30 000	
处置固定资产、无形资产和其他长期资产所收回的现金净额	300 300	
处置子公司及其他营业单位收到的现金净额		
收到的其他与投资活动有关的现金		
投资活动现金流入小计	346 800	
购建固定资产、无形资产和其他长期资产所支付的现金	60 1000	
投资所支付的现金		
取得子公司及其他营业单位支付的现金净额		
支付的其他与投资活动有关的现金		
投资活动现金流出小计	601 000	
投资活动产生的现金流量净额	–254 200	
三、筹资活动产生的现金流量		
吸收投资所收到的现金		
取得借款所收到的现金	11 560 000	
收到的其他与筹资活动有关的现金		
筹资活动现金流入小计	11 560 000	
偿还债务所支付的现金	1 250 000	
分配股利、利润或偿还利息所支付的现金	12 500	
支付的其他与筹资活动有关的现金		
筹资活动现金流出小计	1 262 500	

续表

项目	本期金额	上期金额（略）
筹资活动产生的现金流量净额	10 297 500	
四、汇率变动对现金的影响		
五、现金及现金等价物净增加额	10 408 831	
加：期初现金及现金等价物余额	1 406 300	
六、期末现金及现金等价物余额	11 815 131	

现金流量表补充资料　　表17-9

补充资料	本期金额	上期金额（略）
1. 将净利润调节为经营活动的现金流量		
净利润	240 225	
加：资产减值准备	30 900	
固定资产折旧、油气资产折耗、生产性生物资产折旧	100 000	
无形资产摊销	60 000	
长期待摊费用摊销		
处置固定资产、无形资产和其他长期资产的损失(收益以“—”号填列)	-50 000	
固定资产报废损失(收益以“—”号填列)	19 700	
公允价值变动损失（收益以“—”号填列）		
财务费用（收益以“—”号填列）	11 500	
投资损失（收益以“—”号填列）	-31 500	
递延所得税资产减少（增加以“—”号填列）	-7 725	
递延所得税负债增加（减少以“—”号填列）		
存货的减少（增加以“—”号填列）	95 300	
经营性应收项目的减少（增加以“—”号填列）	-120 000	
经营性应付项目的增加（减少以“—”号填列）	1 7131	
其他		
经营活动产生的现金流量净额	365 531	
2. 不涉及现金收支的重大投资和筹资活动		
债务转为资本		
一年内到期的可转换公司债券		
融资租入固定资产		

续表

补充资料	本期金额	上期金额（略）
3. 现金及现金等价物净增加情况		
现金的期末余额	11 815 131	
减：现金的期初余额	1 406 300	
加：现金等价物的期末余额		
减：现金等价物的期初余额		
现金及现金等价物净增加额	10 408 831	

第五节

所有者权益变动表

一、所有者权益变动表概述

所有者权益变动表反映企业年末所有者权益增减变动的情况。所有者权益变动表应当反映构成所有者权益的各组成部分当期的增减变动情况。当期损益、直接计入所有者权益的利得和损失以及与所有者（或股东，下同）的资本交易导致的所有者权益的变动，应当分别列示。

二、所有者权益变动表的列报格式和列报方法

（一）所有者权益变动表的列报格式

企业应当反映所有者权益各组成部分的期初和期末余额及其调节情况。因此，企业应当以矩阵的形式列示所有者权益变动表：一方面，列示导致所有者权益变动的交易或事项，按所有者权益变动的来源对一定时期所有者权益变动情况进行全面反映；另一方面，按照所有者权益各组成部分（包括实收资本、资本公积、其他综合收益、盈余公积、未分配利润、库存股等）及其总额列示相关交易或事项对所有者权益的影响。

（二）所有者权益变动表的列报方法

企业应当根据所有者权益类科目和损益类有关科目的发生额分析填列所有者权益变动表“本年金额”栏，具体包括如下情况：

1. “上年年末余额”项目

应根据上年资产负债表中“实收资本（或股本）”“资本公积”“其他综合收益”“盈余公积”“未分配利润”等项目的年末余额填列。

2. “会计政策变更”和“前期差错更正”项目

应根据“盈余公积”“利润分配”“以前年度损益调整”等科目的发生额分析填列，并在“上年年末余额”的基础上调整得出“本年年初金额”项目。

3. “本年增减变动额”项目分别反映如下内容：

（1）“综合收益总额”项目，反映企业当年的综合收益总额，应根据当年利

润表中“其他综合收益的税后净额”和“净利润”项目填列，并对应列在“其他综合收益”和“未分配利润”栏。

（2）“所有者投入和减少资本”项目，反映企业当年所有者投入的资本和减少的资本，其中：

1）“所有者投入资本”项目，反映企业接受投资者投入形成的实收资本（或股本）和资本公积，应根据“实收资本（或股本）”“资本公积”等科目的发生额分析填列，并对应列在“实收资本（或股本）”和“资本公积”栏。

2）“股份支付计入所有者权益的金额”项目，反映企业处于等待期中的权益结算的股份支付当年计入资本公积的金额，应根据“资本公积”科目所属的“其他资本公积”二级科目的发生额分析填列，并对应列在“资本公积”栏。

（3）“利润分配”下各项目，反映当年对所有者（或股东）分配的利润（或股利）金额和按照规定提取的盈余公积金额，并对应列在“未分配利润”和“盈余公积”栏。其中：

1）“提取盈余公积”项目，反映企业按照规定提取的盈余公积，应根据“盈余公积”“利润分配”科目的发生额分析填列。

2）“对所有者（或股东）的分配”项目，反映对所有者（或股东）分配的利润（或股利）金额，应根据“利润分配”科目的发生额分析填列。

（4）“所有者权益内部结转”下各项目，反映不影响当年所有者权益总额的所有者权益各组成部分之间当年的增减变动，包括资本公积及盈余公积转增资本（或股本）、盈余公积弥补亏损等。其中：

1）“资本公积转增资本（或股本）”项目，反映企业以资本公积转增资本或股本的金额，应根据“实收资本（或股本）”“资本公积”等科目的发生额分析填列。

2）“盈余公积转增资本（或股本）”项目，反映企业以盈余公积转增资本或股本的金额，应根据“实收资本（或股本）”“盈余公积”等科目的发生额分析填列。

3）“盈余公积弥补亏损”项目，反映企业以盈余公积弥补亏损的金额，应根据“盈余公积”“利润分配”等科目的发生额分析填列。

三、所有者权益变动表编制示例

【例17-4】沿用【例17-1】、【例17-2】和【例17-3】的资料，甲有限公司其他相关资料为：提取盈余公积24 022.5元，向投资者分配现金股利32 215.85元。

根据上述资料，编制甲有限公司2017年度的所有者权益变动表，如表17-10所示。

表17-10

所有者权益变动表

会企04表

2017年度

编制单位：甲有限公司　　　　单位：元

项目	本年金额							上年金额（略）						
	实收资本（或股本）	资本公积	库存股（减项）	其他综合收益	盈余公积	未分配利润	所有者权益合计	实收资本（或股本）	资本公积	库存股（减项）	其他综合收益	盈余公积	未分配利润	所有者权益合计
一、上年年末余额	80 000 000	5 000 000		0	100 000	50 225	85 150 225							
1. 会计政策变更														
2. 前期差错更正														
二、本年年初余额	80 000 000	5 000 000		0	100 000	50 225	85 150 225							
三、本年增减变动金额（减少以“–”号填列）														
（一）综合收益总额				40 0000		240 225	640 225							
（二）所有者投入或减少资本														
1. 所有者投入资本（或普通股）														
2. 股份支付计入所有者权益的金额														
3. 其他														
（三）利润分配														
1. 提取盈余公积					24 022.5	–24 022.5	0							
2. 对所有者（或股东）的分配						–32 215.85	–32 215.85							

续表

项目	本年金额							上年金额（略）						
	实收资本（或股本）	资本公积	库存股（减项）	其他综合收益	盈余公积	未分配利润	所有者权益合计	实收资本（或股本）	资本公积	库存股（减项）	其他综合收益	盈余公积	未分配利润	所有者权益合计
3．其他														
（四）所有者权益内部结转														
1．资本公积转增资本（或股本）														
2．盈余公积转增资本（或股本）														
3．盈余公积弥补亏损														
4．其他														
四、本年年末余额	80 000 000	5 000 000		400 000	124 022.5	234 211.65	85 758 234.15							

注：凡是发行优先股等其他权益工具的企业，若发行的优先股等其他权益工具分类为权益工具的，企业应当在所有者权益变动表“实收资本”栏和“资本公积”栏之间增设“其他权益工具”栏，并在该栏中增设“优先股”“永续债”和“其他”三小栏。将“（二）所有者投入或减少资本”项目中的“所有者投入资本”项目改为“所有者投入的普通股”，并在该项目下增设“并在其他权益工具持有者投入资本”项目，以下顺序号依次类推。“（三）利润分配”项目中“对所有者（或股东）的分配”项目包含对其他权益工具持有者的股利分配。

第六节

附注

附注是对在资产负债表、利润表、现金流量表和所有者权益变动表等报表中列示项目的文字描述或明细资料，以及对未能在这些报表中列示项目的说明等。附注应当披露财务报表的编制基础，相关信息应当与资产负债表、利润表、现金流量表和所有者权益变动表等报表中列示的项目相互参照。

附注一般应当按照下列顺序至少披露下列内容：

（1）企业的基本情况：

1）企业注册地、组织形式和总部地址。

2）企业的业务性质和主要经营活动。

3）母公司以及集团最终母公司的名称。

4）财务报告的批准报出者和财务报告批准报出日，或者以签字人及其签字日期为准。

5）营业期限有限的企业，还应当披露有关其营业期限的信息。

（2）财务报表的编制基础。

（3）遵循企业会计准则的声明：

企业应当声明编制的财务报表符合企业会计准则的要求，真实、完整地反映了企业的财务状况、经营成果和现金流量等有关信息。以此明确企业编制财务报表所依据的制度基础。若企业编制的财务报表只是部分地遵循了企业会计准则，则附注中不得作出这种表述。

（4）重要会计政策和会计估计：

重要会计政策的说明，包括财务报表项目的计量基础和在运用会计政策过程中所做的重要判断等。重要会计估计的说明，包括可能导致下一个会计期间内资产、负债账面价值重大调整的会计估计的确定依据等。

企业应当披露采用的重要会计政策和会计估计，并结合企业的具体实际披露其重要会计政策的确定依据和财务报表项目的计量基础，及其会计估计所采用的关键假设和不确定因素。

（5）会计政策和会计估计变更以及差错更正的说明：

企业应当按照《企业会计准则第28号——会计政策、会计估计变更和差错更正》的规定，披露会计政策和会计估计变更以及差错更正的情况。

（6）报表重要项目的说明：

企业应当按照资产负债表、利润表、现金流量表、所有者权益变动表及其项目列示的顺序，对报表重要项目的说明采用文字和数字描述相结合的方式进行披露。报表重要项目的明细金额合计，应当与报表项目金额相衔接。

企业应当在附注中披露费用按照性质分类的利润表补充资料，可将费用分为耗用的原材料、职工薪酬费用、折旧费用、摊销费用等。

（7）或有和承诺事项、资产负债表日后非调整事项、关联方关系及其交易等需要说明的事项。

（8）有助于财务报表使用者评价企业管理资本的目标、政策及程序的信息。

（9）企业应当在附注中披露下列关于其他综合收益各项目的信息：

①其他综合收益各项目及其所得税影响；

②其他综合收益各项目原计入其他综合收益、当期转出计入当期损益的金额；

③其他综合收益各项目的期初和期末余额及其调节情况。

（10）企业应当在附注中披露终止经营的收入、费用、利润总额、所得税费用和净利润，以及归属于母公司所有者的终止经营利润。

终止经营，是指满足下列条件之一的已被企业处置或被企业划归为持有待售的、在经营和编制财务报表时能够单独区分的组成部分：

①该组成部分代表一项独立的主要业务或一个主要经营地区。

②该组成部分是拟对一项独立的主要业务或一个主要经营地区进行处置计划的一部分。

③该组成部分是仅仅为了再出售而取得的子公司。

同时满足下列条件的企业组成部分（或非流动资产，下同）应当确认为持有待售：该组成部分必须在其当前状况下仅根据出售此类组成部分的惯例条款即可立即出售；企业已经就处置该组成部分作出决议，如按规定需得到股东批准的，应当已经取得股东大会或相应权力机构的批准；企业已经与受让方签订了不可撤销的转让协议；该项转让将在一年内完成。

（11）企业应当在附注中披露在资产负债表日后、财务报告批准报出日前提议或宣布发放的股利总额和每股股利金额（或向投资者分配的利润总额）。

参考文献

［1］李柏生主编．财务会计学．北京：北京大学出版社，2013．

［2］龙腾．会计讲义．北京：中华工商联合出版社，2015．

［3］宋绍清．会计学（第三版）．北京：经济科学出版社，2016．

［4］肖文圣编著．财政与税收（第2版）．南京：东南大学出版社，2014．

［5］安仲文，蒙丽珍主编．纳税会计实务（第3版）．大连：东北财经大学出版社，2013．

［6］唐菁菁．建筑工程施工项目成本管理．北京：机械工业出版社，2009．

［7］王建新主编．建筑及房地产企业会计核算操作指引．立信会计出版社，2009．

［8］企业会计准则案例讲解2016版．立信会计出版社，2016．

［9］中国注册会计师协会组织编写．会计．北京：中国财政经济出版，2017．

［10］朱宾梅主编．施工企业会计．北京：冶金工业出版社，2009．

［11］李克桥，安存红，韩春丽，高祥晓．税务会计（第2版）．北京：北京大学出版社，2014．

［12］李志远主编．施工企业会计（第四版）．北京：中国市场出版社，2018．